Torben Christensen
Christus oder Jupiter

TORBEN CHRISTENSEN

Christus oder Jupiter

Der Kampf um die geistigen Grundlagen
des Römischen Reiches

VANDENHOECK & RUPRECHT
IN GÖTTINGEN

SAMMLUNG VANDENHOECK

Aus dem Dänischen von Dietrich Harbsmeier
Titel des Originals:
Romermagt, Hedenskab og Kristendom. En Kulturkamp
© G. E. C Gads Forlag 1970.

CIP-Kurztitelaufnahme der Deutschen Bibliothek

Christensen, Torben:
Christus oder Jupiter: d. Kampf um d. geist.
Grundlagen d. Röm. Reiches / Torben Christensen.
[Aus d. Dän. von Dietrich Harbsmeier]. –
Göttingen: Vandenhoeck und Ruprecht, 1981.
  (Sammlung Vandenhoeck)
  Einheitssacht.: Romermagt, hedenskab og
  kristendom ⟨dt.⟩
  ISBN 3-525-01612-3

Umschlag: Michael Rechl

Deutsche Ausgabe: © Vandenhoeck & Ruprecht. Göttingen 1981. – Printed in Germany. – Alle Rechte des Nachdrucks, der Vervielfältigung und der Übersetzung vorbehalten. Ohne ausdrückliche Genehmigung des Verlages ist es auch nicht gestattet, das Werk oder Teile daraus auf photomechanischem (Photokopie, Mikrokopie) oder akustomechanischem Wege zu vervielfältigen. – Satz und Druck: Gulde-Druck, Tübingen. – Einband: Hubert & Co., Göttingen.

Vorwort zur deutschen Ausgabe

1970 veröffentlichte ich in dänischer Sprache unter dem Titel „Romermagt, hedenskab og kristendom. En kulturkamp" eine Darstellung des Kampfes zwischen Christentum und Heidentum im Römischen Reich von den Anfängen der Kirche bis zu der Zeit, zu der das Christentum die einzige zugelassene Religion unter Kaiser Theodosius wird. Dieses Buch enthielt zwar in vielen Punkten Ergebnisse selbständiger Forschungen, sollte aber in keiner Weise eine eigentlich wissenschaftliche Arbeit sein. Das Buch wandte sich vielmehr an den gebildeten Leser, der über eingehendere Kenntnis der politischen, kulturellen und religiösen Geschichte des Römischen Reiches nicht verfügt, und wollte für ihn über ein spannendes und wesentliches Kapitel der Kulturgeschichte Europas berichten. Dies ist auch die Absicht der vorliegenden deutschen Ausgabe, die – abgesehen von einigen wenigen sachlichen Änderungen – der dänischen Vorlage genau folgt.

Bei der Veröffentlichung der deutschen Übersetzung möchte ich Dr. phil. Dietrich Harbsmeier für die sowohl sachlich als auch sprachlich ausgezeichnete Arbeit, die er bei der Übersetzung meines Buches ins Deutsche geleistet hat, aufs herzlichste danken. Ferner gilt mein Dank der Redaktion des Verlages für die sorgfältige Durchsicht des deutschen Manuskriptes. Schließlich danke ich dem dänischen „Statens humanistiske Forskningsråd" für die finanzielle Unterstützung der deutschen Ausgabe.

Torben Christensen

Inhalt

Vorwort 5

I. Roma Aeterna – das ewige Rom 7
II. Staatsreligion und religiöses Leben 22
III. Das christliche Gottesvolk im Römischen Reich .. 40
IV. Das Christentum als Herausforderung des Heidentums 54
V. Synkretistische Religionspolitik 73
VI. Politische Krise und Christenverfolgungen 91
VII. Die Erneuerung des Römischen Reiches und die Kirche 114
VIII. Konstantin und der Zusammenbruch der diokletianischen Tetrarchie 149
IX. Die entscheidende Wende: Die Ereignisse der Jahre 312 und 313 167
X. Konstantins christliches Kaisertum 203
XI. Der Sieg des Christentums über das Heidentum .. 239

Anmerkungen 283

Literaturverzeichnis 291

Namenregister 294

I. Roma Aeterna – das ewige Rom

Im Jahre 510 v. Chr. erhob sich die latinische Bevölkerung der Stadt Rom gegen die etruskische Herrschaft und errichtete eine Republik unter der Führung vornehmer Geschlechter. Um Freiheit und Selbständigkeit zu sichern, sah sich die Stadt jedoch ständig in Kämpfe mit den oft sehr starken Nachbarstädten verwickelt. Das Kriegsglück wechselte, aber die Römer vermochten stets die letzte und entscheidende Schlacht zu gewinnen. Eine Stadt nach der anderen wurde zu einem Bündnis mit Rom gezwungen, und nach zwei Jahrhunderten war Rom der unbestrittene Herrscher über ein Gebiet, das sich von der Po-Ebene in Norditalien bis zur Straße von Messina erstreckte. Die eroberten Gebiete wurden durch Freundschaftsverträge und die Anlage von Städten mit römischen und latinischen Kolonisten, durch umfangreichen Straßenbau und durch die lateinische Sprache und römische Gesetzgebung zusammengehalten. Die Städte besaßen weitgehende Autonomie, mußten aber Soldaten stellen und Roms militärischer und politischer Führung unbedingt folgen.

Karthago hatte sich zur gleichen Zeit eine Machtstellung in Nordafrika geschaffen, die ganz der Stellung Roms auf der italischen Halbinsel entsprach. Karthago beherrschte völlig den Handel im westlichen Mittelmeer. Dieses Monopol sah es bedroht, als Rom die reichen griechischen Städte in Süditalien bezwang, die seine handelspolitischen Konkurrenten gewesen waren. Bald kam es zu einer Auseinandersetzung, und es gelang Rom im Ersten Punischen Krieg (264–241 v. Chr.), die Karthager zu besiegen und damit die Herrschaft über Sizilien, Sardinien und Korsika zu gewinnen.

Karthago war in seiner Macht beschnitten, aber es war noch keineswegs niedergerungen. Die Karthager überwanden die Folgen der Niederlage schnell und bereiteten sich auf einen Vergeltungskrieg vor. Als Ersatz für die verlorenen Gebiete verschafften sie sich Zugang nach Spanien, und von da aus konnten sie die norditalische Flanke Roms bedrohen. Als

Hannibal im Zweiten Punischen Krieg (218–201 v. Chr.) mit einem Heer die Alpenpässe überschritt und in Italien eindrang, überrumpelte dieses kühne Manöver die Römer völlig. Unter der strahlenden militärischen Führung Hannibals erlitten die römischen Heere eine Niederlage nach der anderen. Rom überlebte jedoch die Krise. Ausdauernd und standhaft setzten die Römer den Kampf fort und versuchten, Hannibal, der vergeblich eine Entscheidung in offener Schlacht zu erzwingen suchte, militärisch und diplomatisch zu isolieren. Allmählich gewannen die Römer die Übermacht und konnten schließlich durch eine Invasion in Afrika Karthago zur Kapitulation zwingen. Rom war nun die stärkste Militärmacht in der damaligen Welt. Es verfügte nicht nur über kampferfahrene Legionen, sondern hatte sich auch eine schlagkräftige Flotte geschaffen.

Im Osten herrschte politische Unruhe. Makedonien und Syrien versuchten in gegenseitiger Rivalität, das Erbe Alexanders des Großen anzutreten und sein Weltreich wieder aufzurichten. Dies stieß jedoch auf den Widerstand nicht nur des ptolemäischen Ägypten, sondern auch der zahlreichen mehr oder weniger selbständigen Stadtstaaten. Rom war nicht daran interessiert, sich den Osten zu unterwerfen – es war höchstens daran interessiert, daß keine der streitenden Parteien zu große Macht gewann. Deshalb schlug es die vielen Bitten um Hilfe und Unterstützung nicht aus, mit denen sich die hellenistischen Kleinstaaten an Rom wandten. Auf diese Weise wurde die Republik aber in das politische Spiel der hellenistischen Welt hineingezogen. Bald befand sie sich in offenem Kampf mit Makedonien, das im Jahre 146 v. Chr. endgültig geschlagen und unterworfen wurde. Als Rom außerdem in Kleinasien Fuß faßte, hatte es die vollständige Kontrolle über die politische Entwicklung in den hellenistischen Königreichen und Stadtstaaten erlangt, in die das Weltreich Alexanders des Großen aufgesplittert war.

Gleichzeitig hatte Rom in zahlreichen harten Kämpfen im Westen Spanien, Norditalien und das südliche Gallien unterworfen. Ebenso hatte es im Dritten Punischen Krieg (149–146 v. Chr.) Karthago völlig vernichtet und dessen nordafrikanische Gebiete in eine römische Provinz verwandelt. Gegen

Ende des zweiten Jahrhunderts war Rom eine Weltmacht geworden, die faktisch die Herrschaft über den ganzen Mittelmeerraum ausübte.

Man kann diese Entwicklung als einen Zufall verstehen, wenn man bedenkt, daß Rom keineswegs die Weltherrschaft angestrebt hatte. *Eine* militärische oder diplomatische Aktion hatte eben eine andere nach sich gezogen. Rom war zweifellos auch nicht leicht zu seinen großen Erfolgen gekommen. Zahlreiche schmerzhafte Niederlagen mußte es auf seinem Weg zur Weltherrschaft hinnehmen, und die entscheidenden Siege errang es nur dank seiner Ausdauer und konzentrierten Willensstärke. Wenn Rom fähig war, alle Krisen abzuschütteln und alle Rückschläge zu überwinden, so verdankte es dies vor allem der Tatsache, daß sich nach den aufreibenden Kämpfen zwischen Patriziern und Plebejern im fünften Jahrhundert ein starker Zusammenhalt entwickelt hatte und politische Organe für eine effektive Staatsführung geschaffen worden waren. Die tatsächliche Macht lag in den Händen des Senats, der sich aus den aristokratischen Familien rekrutierte, und wurde von Beamten ausgeübt, die denselben Kreisen entstammten. Rom konnte eine Reihe von politischen Führern aufweisen, die sich in ihrer Pflichttreue gegenüber dem Gemeinwohl (*res publica*) ihren politischen und militärischen Aufgaben gewachsen zeigten. Sie verfügten über die Kunst der politischen Improvisation, weil sie durch ihre Erziehung einen Sinn für Recht und Ordnung und für die Forderungen erhalten hatten, die Rom im Blick auf Selbstdisziplin und Opferbereitschaft an seine Bürger stellte. Dies hatte sich auf die Bundesgenossen Roms in Italien übertragen. Deshalb konnte die Stadt über militärische Kräfte verfügen, die – rekrutiert aus dem zähen Bauernstand – der römischen Sache ergeben waren.

Rom war stolz auf seine politische Verfassung und die moralischen Qualitäten, die den inneren Zusammenhalt schufen. Es zweifelte jedoch nicht daran, daß seine politischen Erfolge dem Wohlwollen und der Hilfe der Götter zu verdanken waren.

Von der altrömischen Religion können wir nur Umrisse erkennen. So viel ist jedoch deutlich: Sie war von der Überzeugung bestimmt, daß das Göttliche eine geheimnisvolle

Kraft (*numen*) war, die das ganze Dasein durchdrang. Sie bewirkte, daß die Erde Frucht trug, das Vieh sich mehrte und Familie und Gesellschaft wohl gediehen. In allen Lebensäußerungen kam das Göttliche zum Vorschein. Sollte sein Wirken zum Segen und nicht zum Fluch werden, so mußte man dem Göttlichen Achtung und Ehrfurcht erweisen – dies war der Inhalt der *religio*. Man mußte wissen, was die göttliche Kraft, die in den verschiedenen Göttern mit ihren jeweiligen Funktionsbereichen zum Vorschein kam, vom Menschen forderte, und ihr die gebührende Verehrung zukommen lassen. Diese Verantwortung lag in der Familie beim Hausvater, in der Gesellschaft bei der politischen Führung.

Rom hatte schon früh eine kultische Rechtsordnung (*ius sacrum*) entwickelt, die genau vorschrieb, welche Götter zu verehren seien und welche Form der Verehrung anzuwenden sei. Die Wahrnehmung des Kultes, der Rom den Beistand des Göttlichen sichern sollte, lag in den Händen einiger Priesterkollegien, deren Mitglieder aus den führenden Senatorenfamilien kamen. Das Pontifikalkollegium unter der Leitung des *pontifex maximus* verwaltete das göttliche Recht, indem es dafür sorgte, daß dessen Vorschriften über Opfer und religiöse Feste eingehalten wurden. Es hatte auch die Befugnis zu bestimmen, welche neuen Götter vom römischen Volk verehrt werden sollten. Das Augurenkollegium hatte dagegen die Aufgabe, aus Vorzeichen den Willen des Göttlichen hinsichtlich kommender Ereignisse zu erforschen. Schließlich sind die fünfzehn Männer (*quindecim viri*) zu nennen, die eine Orakelsammlung – die sogenannten sibyllinischen Orakel – in allen Situationen zu befragen hatten, in denen die römische Gesellschaft göttlicher Führung und Hilfe in besonderem Maße bedurfte.

Ganz wie das Leben eines Menschen von der Wiege bis zur Bahre von religiösen Zeremonien begleitet war, so war auch das öffentliche Leben Roms von *religio* durchdrungen. Wenn politische Organe zusammentraten oder Beamte ihren Dienst aufnahmen, wurden die Götter angerufen. Kein entscheidender politischer Beschluß wurde gefaßt und kein Feldzug wurde begonnen, ohne daß man sich durch die Auguren der Zustimmung der Götter vergewissert hätte. Wenn Not und politische und militärische Niederlagen das römische Volk heimsuchten, verstand man dies als Zeichen dafür, daß man durch Versäumnisse die Götter gekränkt und ihren Zorn hervorgerufen hatte. Es war dann notwendig, die *pax deorum*, den Frieden mit den Göttern wiederherzustellen.

Äußerst aufschlußreich für die Auffassung der Römer vom Göttlichen war ihre Reaktion auf die Krise, in die sie durch Hannibals Invasion in Italien geraten waren. Wenn das Kriegsglück sie verließ, bestand kein Grund, daran zu zweifeln, daß das Göttliche ihnen seine Hilfe entzogen hatte. Es kam deshalb darauf an, die Götter zu versöhnen, und außerdem versuchte man auch noch, neue Götter zu finden, durch deren Verehrung man sich weitere Hilfe sichern konnte. Man wandte sich an die Männer, denen man die Deutung der sibyllinischen Orakel anvertraut hatte. Sie gaben – im Jahre 217 v. Chr. – den Rat, die griechischen Götter zu verehren und allen Göttern nach griechischem Brauch zu opfern. Wenige Jahre später (204 v. Chr.) empfahlen sie anläßlich einer Pest die Einführung des kleinasiatischen Kybelekultes als eines neuen Mittels, sich des Wohlwollens des Göttlichen zu vergewissern. Als die Römer im Zweiten Punischen Krieg siegten, hatten die neuen Götter und Kultformen damit ihre Funktionstüchtigkeit erwiesen. Ein bleibender Platz in der offiziellen Religion war ihnen gesichert – und damit war der Weg für eine völlige Verschmelzung der römischen mit der griechischen Götterwelt gebahnt.

Die Bereitwilligkeit, mit der Rom die neuen Götter in sein Pantheon aufnahm, war charakteristisch für die römische Religiosität. Die göttliche Kraft zeigte sich nach Auffassung der Römer in vielen Göttern und konnte durch viele Kulte zu Hilfe gerufen werden. Die römischen Götter waren zwar für das römische Volk zuständig, aber sie besaßen kein Monopol für das *numen*, die göttliche Kraft. Andere Länder und Städte hatten auch wirksame Götter, und wenn Rom sie unterwarf, war es selbstverständlich, daß man auch ihre Gottesverehrung in den römischen Kult aufnahm. Auf diese Weise wuchs Roms offizielle Götterwelt zugleich mit seiner Machterweiterung. Es ist jedoch bemerkenswert, daß die Eingliederung neuer Götter und Kulte nur durch ein Gesetz erfolgen konnte; damit sollte sichergestellt werden, daß die Rechte der bereits anerkannten Götter weiterhin respektiert wurden.

Die großen militärischen und politischen Triumphe mußten natürlich Roms Selbstbewußtsein stärken. Man sprach von der *majestas populi Romani,* der Erhabenheit und Größe des römischen Volkes, die es zum Herren der Welt gemacht hatte. Da nun aber die Weltherrschaft auf den Wohltaten der Götter beruhte, war sie gleichbedeutend mit der göttlichen Sendung Roms. Rom war erwählt, die Weltherrschaft auszuüben. Dieser Gedanke wurde weiter ausgebaut, als die führenden Kreise der Gesellschaft in Rom infolge der Eroberungen im Osten mit hervorragenden Vertretern des Stoizismus, der herrschenden Philosophie der Zeit, Kontakt bekamen. Diese Denker bewunderten die großen politischen Erfolge Roms und sahen in dem römischen Imperium den Erben des Weltreiches Alexanders des Großen. Darüber hinaus verstanden sie die römische Herrschaft als die politische Verwirklichung ihres eigenen Denkens, das die gesamte Menschheit als eine Einheit und eine Bruderschaft ansah, weil alle Menschen an der göttlichen Vernunft teilhaben, die das Universum durchdringt und ihm seine Ordnung und Harmonie schenkt; diese Philosophen gaben dem römischen Imperium eine klare Zielsetzung. Es war dazu berufen und verpflichtet, einen politischen Organismus zu schaffen, der alle Völkerschaften zu einer universalen Gemeinschaft im Gehorsam gegen die Gesetze der göttlichen Vernunft vereinte.

Die Geschichte Roms im ersten Jahrhundert vor Christus stand jedoch in krassem Gegensatz zu dem Gedanken seiner göttlichen Sendung. Die neue Stellung als weltbeherrschende Macht hatte Rom vor Aufgaben und Probleme gestellt, die die althergebrachten politischen Institutionen keineswegs zu lösen imstande waren. So hatte Rom keineswegs vermocht, Gesetz und Ordnung in den eroberten Gebieten zu schaffen. Die Vernichtung der lokalen militärischen Kräfte bedeutete, daß die Römer selbst den Kampf gegen die Barbaren, die von den reichen Kulturländern angezogen wurden, aufnehmen mußten. Die römischen Behörden verfolgten in den neuen Provinzen eine rücksichtslose Bereicherungspolitik, die die Bevölkerung immer wieder zu Aufruhr trieb. In Italien selbst führten große soziale Probleme zu ernsthaften Zersplitterungen. Die ständigen Kriege hatten zahllose Menschenleben gekostet, und dies hatte zusammen mit dem langen Militärdienst dazu geführt, daß viele Höfe unbewirtschaftet blieben. Andererseits war infolge der Kriegswirtschaft eine neue finanzkräftige Oberschicht entstanden. Sie war imstande, vom Staat Grund und Boden aufzukaufen und große Güter zu errichten, die mit den vielen Kriegsgefangenen, die als Sklaven gekauft und eingesetzt wurden, intensiv bewirtschaftet wurden. Die Kleinbauern konnten sich wegen der Konkurrenz nicht halten und wurden entweder Pächter der Gutsbesitzer oder wanderten nach Rom ab. Diese soziale Umwälzung brachte es mit sich, daß die notwendigen militärischen Kräfte nicht mehr aus der freien Bauernschaft genommen werden konnten. Statt dessen schuf man stehende Heere aus Söldnern, die hauptsächlich aus Roms besitzlosem Proletariat kamen. Das bedeutete zwar eine Erhöhung der militärischen Schlagkraft, aber es schuf auch einen neuen Machtfaktor, der von ehrgeizigen Heerführern benutzt werden konnte, wenn sie nur die Loyalität ihrer Truppen gewinnen und deren Forderungen nach Beute und Landbesitz am Ende der Dienstzeit zufriedenstellen konnten.

Zu den Schwierigkeiten in den Provinzen kamen in Italien selbst gefährliche Sklavenaufstände. Darüber hinaus schlossen sich die italischen Städte gegen Rom zusammen aus Unzufriedenheit darüber, daß sie nicht ebenso wie die Bürger Roms von der ungeheuer großen Kriegsbeute einen Anteil bekamen. Schließlich bestand in Rom selbst eine starke Spannung zwischen der wohlhabenden Oberschicht, die sich um den Senat gruppierte, und dem verarmten Proletariat.

Die Situation war dem Senat völlig über den Kopf gewachsen. Er versuchte, seine Position dadurch zu behaupten, daß er den Heerführern weitgehende Vollmachten zur Beseitigung aller Unruhen gab. Deren egoistische Machtpolitik verhinderte jedoch jegliche Reform, löste aber eine Reaktion bei all den Unzufriedenen aus, die sich gleichfalls um starke Heerführer scharten. Die Gegensätze verschärften sich und kulminierten in einem offenen Bürgerkrieg (84 v. Chr.). Dieser Krieg schleppte sich mit kleineren Unterbrechungen über

Jahrzehnte hin mit wechselnden Konstellationen, grausamen Massakern und einem häßlichen Intrigenspiel, bis es Caesar gelang, die Allianz zwischen dem Senat und Pompeius zu zerschlagen (48 v. Chr.).

Caesar hatte ein klares politisches Ziel: Sicherung der Reichsgrenzen und Schaffung eines Imperiums, in dem alle Einwohner römische Bürger mit gleichen Rechten und Pflichten sein sollten. Die Verfassung der Republik hielt er für veraltet, und er machte kein Geheimnis daraus, daß er alle Macht in seiner Person vereinigen wollte. Die Rücksichtslosigkeit, mit der er sein Ziel verfolgte, veranlaßte die Anhänger republikanischer Traditionen dazu, sich zu sammeln. Der Mord an Caesar im Jahre 44 v. Chr. war ihre Antwort.

Der Senat vermochte jedoch nicht, die Entwicklung unter Kontrolle zu bringen. Der Bürgerkrieg flammte wieder auf, mit Antonius und Octavian als den Hauptakteuren. Es gelang Octavian, Italien und den gesamten Westen fest in den Griff zu bekommen, und als er Antonius in der Schlacht bei Actium (31 v. Chr.) besiegte, hatte er allen Widerstand gebrochen. Octavian war zum Alleinherrscher über das Imperium geworden.

Durch die Bürgerkriege war das Schicksal der Republik besiegelt worden; die Kriege hatten jedoch nicht zum Zusammenbruch der römischen Herrschaft geführt. Ganz im Gegenteil: es war den Römern in dieser Zeit gelungen, Gallien zu unterwerfen (58–51 v. Chr.) und Syrien zu einer römischen Provinz zu machen sowie die Herrschaft über den hellenistischen Osten insgesamt zu festigen. Der Machtkampf zwischen den Militärdiktatoren hatte jedoch chaotische Verhältnisse geschaffen und nicht zuletzt im Osten eine allgemeine Verarmung hinterlassen. Die Wiedererrichtung des Imperiums mußte für Octavian selbstverständliches Ziel sein, und bald wurde er *Augustus* (der Erhabene) genannt, weil er das *Imperium Romanum* wieder neu hatte erstehen lassen.

Im Gegensatz zu Caesar sah Augustus Rom und Italien, die jetzt sprachlich und kulturell eine Einheit bildeten, als Schwerpunkt des Imperiums an. Sein Respekt vor den römischen Traditionen bewirkte zugleich, daß er sich die administrativen und militärischen Vollmachten vom Senat übertragen ließ; und um jeglichen Schein selbstbestallter Diktatur zu vermeiden, nannte er sich *princeps,* erster Bürger des Reiches. Da sich Augustus zugleich der Senatoren bediente und ihre sozialen Rechte unangetastet ließ, war er ihrer Bereitschaft zur Zusammenarbeit sicher. Tatsächlich besaß er die entscheidende Macht in Gesetzgebung, Verwaltung und Finanzwesen, ebenso wie das Heer allein seinem Befehl unterstand. Wenn auch nicht dem Namen nach, so war Augustus doch in Wirklichkeit Alleinherrscher.

Augustus führte eine Heeresreform durch, die verhindern sollte, daß sich die Truppen der politischen Führung widersetzten, und die sichern sollte, daß jederzeit für die Verteidigung der Grenzen kampfbereite Truppen zur Verfügung standen. Von Expansionspolitik wollte Augustus nichts wissen. Wenn er versuchte, die Nordgrenze des Reiches an die Elbe und die Donau vorzuschieben, so war dies ausschließlich von dem Wunsch bestimmt, eine Grenzlinie zu schaffen, die kurz war und leicht verteidigt werden konnte – es gelang ihm jedoch nur, die Gebiete westlich des Rheins und südlich der Donau zu erobern. Als er endgültig Spanien und Ägypten in das Römische Reich eingliederte, gab er dem Reich den Umfang, den es – abgesehen von England, das im Laufe des ersten Jahrhunderts erobert wurde – in den folgenden vierhundert Jahren behielt.

Überall wurden Ruhe und Ordnung wiederhergestellt. Die Finanzen wurden geordnet, und es wurde ein kaiserlicher Beamtenstand geschaffen, dessen Amtsführung überwacht werden sollte, um Willkür und Mißbrauch zu verhindern. Nicht zuletzt der hellenistische Osten spürte die Auswirkungen der *pax Augusta,* des vom Kaiser hergestellten Friedens, und dies sicherte dem neuen Prinzipat Sympathie und loyale Unterstützung der östlichen Provinzen.

Augustus war davon überzeugt, daß die Größe des römischen Volkes auf der Befolgung des *mos maiorum,* des durch die Tradition geheiligten Brauchs, beruhte. Damit war aber die Erhaltung der überkommenen *religio,* die die *pax deorum,* den Frieden mit den Göttern, sicherte, unlöslich verbunden. Deshalb mußte die Wiederaufrichtung des römischen Imperiums notwendigerweise auch die Religion umfassen.

Eine religiöse Reform war äußerst dringlich, da sich die römische Religion in einem Zustand völliger Auflösung befand. Der griechische Einfluß, der sich in Rom früher durch die Etrusker und die griechischen Städte in Süditalien bemerkbar gemacht hatte, erreichte seinen Höhepunkt durch die Eroberung Griechenlands im zweiten Jahrhundert v. Chr. Die griechischen Göttermythen und religiösen Festspiele hielten nun ihren Einzug in Rom und veränderten die römische Götterwelt völlig. Zahlreiche altrömische Götter wurden mit den griechischen Göttern identifiziert, andere hingegen fielen mit ihren Kulten der Vergessenheit anheim.

Noch verhängnisvoller für die römische Religion war die griechische Philosophie. In Griechenland waren die traditionellen Religionen seit dem fünften Jahrhundert einer Kritik unterworfen, die ihre inneren Widersprüche aufdecken und ihre moralische Minderwertigkeit entlarven wollte. Außerdem versuchte man, die Entstehung der Götter rein rational zu erklären. Von besonderer Bedeutung war hier Euhemeros von Messene, der im vierten Jahrhundert behauptete, daß die Götter Menschen seien, die auf Grund besonderer Wohltaten nach ihrem Tode zu Göttern erhoben worden seien und seitdem als göttliche Personen verehrt würden. Diese rationalistische Kritik führte zu Skeptizismus und Gleichgültigkeit gegenüber den traditionellen Kulten. Von diesem Denken wurde in Wirklichkeit auch der Stoizismus bestimmt, obgleich er keineswegs den Stab über die Volksreligionen brechen wollte. Die Göttermythen stellten für ihn einen poetisch-mythologischen Ausdruck jener Kräfte dar, die das Leben des Universums bestimmten. Diese Wahrheit war jedoch nur den philosophisch Geschulten zugänglich, die deshalb, recht besehen, die traditionellen Religionen nicht nötig hatten.

Theologische Spekulationen waren der altrömischen Religiosität völlig fremd gewesen. Sie war von einer rein pragmatischen Religionsauffassung bestimmt – das Göttliche war das, was sich als eine schöpferische, lebenspendende Kraft erwies. Das änderte sich, als die griechische Philosophie in der Gestalt des Stoizismus im zweiten vorchristlichen Jahrhundert ihren Einzug in Rom hielt und sich der führenden Gesellschaftskreise bemächtigte. Die griechische religiöse Diskussion wurde von den Römern aufgenommen und führte ganz wie in Griechenland dazu, daß sich die aristokratischen Familien, denen die Wahrnehmung des Kultes oblag, gegenüber den tradierten Kulten skeptisch und gleichgültig verhielten. Von hier aus breitete sich diese Haltung auf die unteren Bevölkerungsschichten aus. Die Gleichgültigkeit konnte um so leichter durchschlagen, als die römische Religion die Religion einer bäuerlichen Gesellschaft war – und mit Roms Aufstieg zu einer Weltstadt hatte sie folglich ihre sinnvolle Funktion eingebüßt. Außerdem hatte sie an Ansehen verloren, als sie in den Bürgerkriegen von den streitenden Parteien skrupellos ausgenutzt worden war.

Im ersten vorchristlichen Jahrhundert war der religiöse Verfall überall deutlich spürbar. Zahlreiche Tempel lagen in Trümmern, eine Anzahl von Priesterkollegien existierte nicht mehr, und viele Kulte waren völlig verschwunden. Die römische Religion schien am Ende – und die orientalischen Religionen, die die vielen Einwanderer mit nach Rom brachten, standen bereit, um die Lücke zu füllen.

Die Auflösung der römischen Religion fand jedoch ihre Grenze in der Überzeugung, daß Roms Größe dem Beistand des Göttlichen zu verdanken sei. Wie sehr man sich auch persönlich der rationalistischen Götterkritik anschließen mochte, so hielt man doch daran fest, daß Rom mit der *pax deorum* stand und fiel. Diese althergebrachte Religion hatte ihre Probe bestanden, als das römische Volk mit ihrer Hilfe die Tugenden entfaltete, die es befähigten, die Weltherrschaft zu erringen. Dieser Beweis ihrer Kraft machte die Forderung nach einem philosophischen Beweis überflüssig – man mußte an der Religion als Ausdruck des *mos maiorum* festhalten.

Die Bürgerkriege mit ihrer Not und ihrem Chaos hatten zugleich die Notwendigkeit der althergebrachten Religion unterstreichen können. Wenn das Römische Reich an innerer Zersplitterung zugrunde zu gehen schien, so konnte das nach römischer Denkweise nur auf Zorn und Strafe der Götter zurückzuführen sein; man hatte versäumt, sie zu verehren. Die Rettung des Römischen Reiches lag daher in einer Wiederherstellung des althergebrachten Kultes unter Ausschluß aller fremden Religionen.

Diese Überzeugung beseelte auch Augustus und lag seiner religiösen Reformpolitik zugrunde. Es war schon an sich programmatisch, daß er seinen Sieg über Antonius bei Actium als den Sieg der römischen Götter über die Götterwelt des Orients darstellte. Damit hatte er proklamiert, daß er unter deren Schutz stand. Er ergriff denn auch sogleich die Initiative zu einer Wiederbelebung der traditionellen Priesterkollegien und trug Sorge dafür, daß der Kult wieder nach dem *ius sacrum* vollzogen wurde. Um der Religion wieder Ehre und Ansehen zu verschaffen, ließ er allein in Rom nicht weniger als 82 Prachttempel errichten.

Augustus hatte sich selbst als Mitglied in die wichtigsten Priesterkollegien wählen lassen, und als er im Jahre 12 v. Chr. das Amt des *pontifex maximus* übernahm, war dies eine neuerliche Bestätigung dafür, daß der erste Mann des Reiches für die Sicherung der *pax deorum* verantwortlich war. Der Kult sollte ausschließlich den altrömischen Göttern dienen. Deshalb verweigerte er fremden Göttern die Aufnahme in das römische Pantheon und verbot die Ausübung orientalischer Religionen innerhalb des Stadtgebietes von Rom.

Es war Augustus' erklärtes Ziel, dem *mos maiorum* zu folgen und die althergebrachte Religion wieder zum Leben zu erwecken. Aber hier wie auch sonst in seiner Restaurationspolitik ging er in Wirklichkeit neue Wege. So arbeitete er ganz bewußt darauf hin, die Person des Herrschers und die offizielle Religion miteinander zu verbinden.

Augustus führte hier Bestrebungen Caesars weiter, jedoch in einer Weise, die auf die führenden Senatskreise, die in den republikanischen Traditionen verwurzelt waren, nicht als Herausforderung wirkte. Caesar hatte eine religiöse Reform gewünscht, bei der er als der absolute Herrscher nach dem Vorbild der hellenistischen Könige zum Gegenstand göttlicher Anbetung werden sollte. Um diesen Plan zu fördern, hatte er behauptet, daß seine Familie von *Venus Genetrix* abstamme, die die Stammutter des Romulus, des Gründers von Rom, und des römischen Volkes überhaupt gewesen sein soll, und er hatte sie in den offiziellen Kult aufgenommen. An dieser Vorstellung hielt Augustus fest, und er stellte ihr sogar den rächenden Mars (*Mars Ultor*) zur Seite, der seinerseits der

Vater des Aeneas gewesen sein soll, auf den Rom nach einer anderen Tradition seine Gründung zurückführen konnte. Seine göttliche Abkunft betonte Augustus außerdem dadurch, daß er sich *filius divi*, „Sohn des Göttlichen", nennen ließ: er war ja – durch Adoption – der Sohn Caesars, den der Senat nach seinem Tode in den Kreis der Götter aufgenommen hatte. Auf dem *Forum Augustum*, das er als persönliches wie nationales Heiligtum schuf, errichtete er einen Tempel für seine göttlichen Ahnen, *Mars Ultor, Venus Genetrix* und *Divus Iulius*. Auf dieses *Forum* verlegte er alle Staatsakte, die bis dahin im Jupitertempel auf dem Kapitol stattgefunden hatten. Dadurch wurde die Einheit zwischen der göttlichen Abkunft des Augustus und der von ihm geführten Politik augenfällig gemacht.

Augustus war kraft seines besonderen Verhältnisses zu den Göttern mehr als nur ein Mensch. Dies kam offiziell zum Ausdruck, als der Senat 27 v. Chr. – ohne Zweifel auf seine Veranlassung – ihm den Ehrennamen *Augustus* zuerkannte. Damit verbunden war die Vorstellung vom *numen* als der göttlichen Kraft, die im Menschen wirksam war. Zugleich lenkte es die Gedanken auf Romulus, der durch ein Vogelzeichen (*augurium*) die Zustimmung zur Gründung eines Rom erhielt, das ewig bestehen sollte – Augustus war damit der neue Romulus, der nach dem Willen der Götter die *Roma aeterna* wiederherstellte.

Daß Augustus eine besondere Stellung zwischen dem Göttlichen und dem Menschlichen einnahm, zeigte sich darin, daß es zu einer Verehrung seines *genius* kam, der gleichfalls als eine göttliche lebenspendende Kraft verstanden wurde. Nach einem Senatsbeschluß vom Jahre 30 v. Chr. mußte bei allen privaten und offiziellen Mahlzeiten vor dem Bild des kaiserlichen *genius* eine Libation, ein Trankopfer, aus ungemischtem Wein dargebracht und Weihrauch und Blumen mußten geopfert werden. Nachdem Augustus *pontifex maximus* geworden war, ließ er seinen *genius* unter die offiziellen Götter des Staates aufnehmen und fügte ihn zu den traditionellen Eidesgöttern, *Jupiter Optimus Maximus* und den Penaten, in das offizielle Eidesformular ein. Er richtete ferner in Rom selbst einen Opferkult für seinen *genius* und die Schutzgeister seiner

Familie (*lares*) ein: In allen Stadtteilen sollten Altäre errichtet werden, an denen besondere Priester zu bestimmten Festtagen ein Rind opfern sollten. Dieser Kult, der sich schnell auf ganz Italien und die Provinzen ausbreitete, diente dazu, den Gedanken vom göttlichen Wesen des Augustus in den breiten Volksmassen zu befestigen. Dazu trug weiter bei, daß Begebenheiten wie Augustus' Geburtstag, sein Sieg über Antonius, seine Rückkehr nach Rom als Triumphator und die Übernahme des Amtes des *pontifex maximus* jährlich mit großen religiösen Festen gefeiert wurden. Schließlich war die Neuschaffung der *ludi saeculares* (17 v. Chr.) ein wirksames Mittel, um zu verkünden, daß Augustus' Regierung eine glückbringende Zeitenwende bedeute: Das Chaos und die Finsternis der vergangenen Zeit waren vorbei, das goldene Zeitalter hatte begonnen.

In seiner religiösen Reformpolitik war Augustus stets eifrig darum bemüht, an die althergebrachten Kulte und religiösen Vorstellungen anzuknüpfen – der *mos maiorum* sollte wieder zu Ehre und Ansehen kommen. Dies vermag jedoch nicht die Tatsache zu verschleiern, daß Augustus das religiöse Leben mit einer solchen Souveränität reorganisierte, daß man von einer Umgestaltung der römischen Staatsreligion sprechen kann. Auch wenn der Kaiser nicht göttlich war, so waren die göttlichen Kräfte doch in seiner Person gegenwärtig. Kraft seines göttlichen *numen* vermittelte er die göttlichen Wohltaten an die Menschen. Sieg, Friede und Glück, die das Ergebnis der *pax deorum* waren, wurden dem Römischen Reich durch den Kaiser zuteil. Er war wenn nicht in seiner Person, so doch in seinem Handeln ein gegenwärtiger Gott (*deus praesens*). Der Kaiser war zum Zentrum der römischen Staatsreligion geworden. Wer sich ihm widersetzte, widersetzte sich der göttlichen Kraft, die durch ihn wirkte, und untergrub damit Frieden und Glück des Römischen Reiches. Umgekehrt war die Verehrung seines *genius* ein Bekenntnis zum *Imperium Romanum* und zu den Göttern, die dessen ewige Existenz sicherten. Die Teilnahme am Kaiserkult war gleichbedeutend mit einer politischen Loyalitätserklärung.

Augustus' religiöse Reformarbeit sollte dazu dienen, den Kaiser zum sammelnden Mittelpunkt des Römischen Reiches und seiner Bewohner zu machen. Seine Bemühungen hatten Erfolg. So radikal die religiöse Neuordnung auch war, sie stieß auf keinen Widerstand. Das lag nicht nur daran, daß Augustus sich der tradierten Formen bediente, sondern auch daran, daß die altrömische Religion im Verfall begriffen war und ihre Macht über die Menschen verloren hatte. Dazu kam, daß man Augustus, der nach den zermürbenden Bürgerkriegen Frieden und Ordnung geschaffen hatte, spontane Dankbarkeit und Begeisterung entgegenbrachte. Wenn die kaiserliche Propaganda, die sich vor allem der Münzprägung bediente und Männer wie Vergil und Horaz zur Verfügung hatte, Augustus als den Mann darstellte, der die göttlichen Wohltaten an die Menschheit vermittelt hatte, so stieß das auf wohlwollende Aufnahme bei der Bevölkerung. Die Ehrung und Anbetung, die dem Kaiser zuteil wurden, hatten in Rom und nicht weniger in Italien einen unmittelbar religiösen Charakter.

Der Widerwille der Römer, einen Menschen als göttlich anzusehen, existierte im hellenistischen Osten nicht. Da es hier keine klare Unterscheidung zwischen dem Göttlichen und dem Menschlichen gab, war es Brauch geworden, dem Herrscher eine göttliche Ehrenbezeugung und Huldigung zu erweisen entweder als Zeichen der Dankbarkeit für seine Regierung oder als Anerkennung seiner politischen Macht. Gleich nach der Übernahme der Herrschaft im Osten durch Augustus begannen die einzelnen Stadtstaaten mit dem Bau von Tempeln und der Einrichtung von Priesterkollegien zu seiner Verehrung: das Gefühl der Dankbarkeit dafür, daß Augustus wie ein Retter und Wohltäter Frieden über den durch Krieg heimgesuchten Osten gebracht hatte, schwang als ein wesentliches Motiv mit. Augustus und seine Beamten förderten diese Entwicklung, weil sie erkannten, daß der Kaiserkult ein sicheres Mittel zur Vereinigung des lateinischen Westens und des hellenistischen Ostens war in gemeinsamer Loyalität zu dem Kaiser, durch den die Götter die *Roma aeterna* erhielten und sicherten.

II. Staatsreligion und religiöses Leben

Die Reorganisation des römischen Imperiums war epochemachend. Indem Augustus faktisch die oberste gesetzgebende, richterliche und ausübende Gewalt in seiner, der Hand des Kaisers vereinigte, schuf er die feste Regierungsform, die Frieden und Ordnung des Reiches für fast zwei Jahrhunderte sicherte. Auch seine Religionspolitik war bahnbrechend. Es war kein Zufall, daß alle seine Nachfolger auf dem Kaiserthron das Amt des *pontifex maximus* übernahmen, durch die Aufnahme dieser Bezeichnung in die kaiserliche Titulatur machten sie deutlich, daß der Kaiser für die Verehrung der offiziellen Götter des Reiches unmittelbar verantwortlich war. Außerdem hielten sie in ihrer Religionspolitik an der „augusteischen Religion" als der religiösen Grundlage des Imperiums fest.

Die religiösen Reformbemühungen des Augustus hatten zu einer für alle sichtbaren Renaissance der römischen Religion und ihrer Götterwelt geführt. In Rom sorgten Priesterkollegien dafür, daß der liturgische Festkalender mit Opfern und Festen in den vielen prachtvollen Tempeln, deren Zahl ständig stieg, genau eingehalten wurde. Die zunehmend intensivere Latinisierung der westlichen Provinzen führte dazu, daß sich auch die römische Kultur überall durchsetzte. Ihre Ausbreitung wurde dadurch gefördert, daß man die römischen Götter mit den lokalen identifizierte. Da zugleich eine Verschmelzung mit Griechenlands olympischer Götterwelt stattgefunden hatte, schienen die offiziellen Götter Roms im Begriff zu sein, von allen Einwohnern des Römischen Reiches akzeptiert zu werden. Überall wurden Tempel mit Priesterkollegien zu Ehren der römischen Götter errichtet.

Auch der Herrscherkult, die religiöse Neuschöpfung des Augustus, setzte sich durch. Augustus wurde nach seinem Tode (14 n. Chr.) vom Senat für göttlich (*divus*) erklärt und in den Kreis der unsterblichen Götter aufgenommen. Damit wurde er Gegenstand eines Kultes, der von einem besonderen

Priesterkollegium (den *augustales*) wahrgenommen wurde. An der Verehrung des *genius* des herrschenden Kaisers hielt man nicht nur fest, sondern dieser Kult nahm einen immer bedeutenderen Platz in der offiziellen Religion ein – der Herrscherkult wurde sogar auf Mitglieder der kaiserlichen Familie (*domus Augusta*) ausgedehnt. Da der Kaiser als der verstanden wurde, der die göttlichen Wohltaten dem Imperium vermittelte, wurden die in der späten Republik vergöttlichten Begriffe wie Sieg, Friede, Heil und Eintracht, denen man Tempel errichtet hatte, jetzt mit der Person des Kaisers verbunden und als der kaiserliche Sieg, Friede, das kaiserliche Heil und die kaiserliche Eintracht (*victoria Augusta, pax Augusta, salus Augusta* und *concordia Augusta*) verehrt. Da es der Kaiser war, der *Roma aeterna* aufrecht erhielt und sicherte, war es nur natürlich, daß überall in den Provinzen Tempel errichtet wurden, in denen sowohl Rom als auch die Person des Kaisers verehrt wurden.

Es war gleichfalls eine Folge dieser Entwicklung, daß der Kaiser mehr und mehr mit dem kapitolinischen Jupiter, dem römischen Hauptgott, unmittelbar in Verbindung gebracht wurde. Seit Kaiser Trajan (98–117) wird der Kaiser als derjenige geschildert, den Jupiter auserwählt und ausgesandt hat, die Welt zu regieren. Jupiter hatte ihm seine eigene Kraft und Vollmacht verliehen, half ihm in allen Gefahren und schenkte ihm die Tugenden, die eine rechte Regierungsführung verlangte. Der Respekt vor den römischen Traditionen bewirkte, daß der Kaiser nicht als die Manifestation der Gottheit dargestellt wurde – er war nur das Werkzeug der Götter. Aber da die göttliche Kraft in seiner Person vereint war, mußte er rein faktisch als ein göttliches Wesen aufgefaßt werden.

In dem Maße, in dem ein Kaiser durch seine Regierung dem Reich Frieden und Wohlstand brachte, konnte der Herrscherkult Ausdruck unmittelbarer Dankbarkeit und religiöser Ehrfurcht sein. Aber selbst dann war das Entscheidende an diesem Kult sein Charakter als politische Loyalitätsreligion. Dies wurde nur bestätigt, wenn man weder von dem *genius* des Kaisers noch von den *divi Augusti*, d.h. den Kaisern, die nach Caesars und Augustus' Vorbild nach ihrem Tode vergöttlicht wurden, göttliche Wohltaten erbat. Wie sehr man auch den

Kaiser mit den unsterblichen Göttern gleichstellte, so faßte man ihn doch nicht als Gottheit auf. Man huldigte ihm als dem Vermittler der göttlichen Kraft an die Menschen. Aber Opfer und Gebet galten den Göttern, die man dadurch veranlassen wollte, dem Kaiser die für das Wohl und den Fortschritt des Reiches notwendigen Gaben zu schenken.

Es wird im allgemeinen behauptet, der römischen Religion der Kaiserzeit fehle jeder religiöse Wert – sie sei degeneriert und auf eine rein formalistische Einhaltung der althergebrachten Kultriten reduziert. Sie sei nur beibehalten worden, weil sie einen unentbehrlichen Bestandteil der ruhmreichen Traditionen Roms ausgemacht habe und weil sie – ganz wie der Herrscherkult – der rein politischen Aufgabe gedient habe, das einigende Band der Einwohner des Römischen Reiches zu sein. Diese Darstellung und Beurteilung ist jedoch schief. Man hat nämlich die römische Religion von einem vom Christentum inspirierten Religionsbegriff aus beurteilt, wonach nur das als echte Religiosität zu bewerten ist, was die gesamte Persönlichkeit engagieren und den Intellekt des Menschen, seinen Willen und seine Gefühle auf ein göttliches Wesen mit klar gezeichneten Zügen richten kann. Ein solches Verständnis lag indessen ganz außerhalb des Horizonts römischer Religiosität. Auch in der Kaiserzeit hat sie ihren ursprünglichen pragmatischen Charakter bewahrt. Man faßte das Göttliche als eine Kraft auf, deren man sich durch die Einhaltung der vorgeschriebenen Kultriten versichern konnte. Der Vollzug dieses Kultes war die einzige Forderung, die an den Menschen gestellt wurde. Es war deshalb ein Wesenszug der römischen Religion, formalistisch zu sein und nichts anderes und nicht mehr als die Wahrnehmung des Kultes zu verlangen – damit hatte man seine Schuldigkeit gegenüber den Göttern getan. Deshalb bedeutete „Gottlosigkeit" nach römischer Auffassung ganz einfach, daß man sich dem Kult entzog, auf den die Götter Anspruch hatten. Wie man persönlich die Götter auffaßte oder ob man ihre Existenz geradezu leugnete – und deshalb in altkirchlicher wie in moderner Sicht Atheist war –, war ohne Belang.

Man war davon überzeugt, daß sowohl der einzelne Mensch als auch die Gesellschaft vom Göttlichen erhalten wurde, aber genau zu wissen, wie das zu verstehen war, darauf legte man keinen Wert. Hatte sich die Verehrung der Götter Roms als wirkungsvoll erwiesen – und das hatte ja die Geschichte Roms mit aller wünschenswerten Deutlichkeit gezeigt –, so war es eine Selbstverständlichkeit und geradezu eine Pflicht, die Götter zu verehren, um sich weiterhin ihres Wohlwollens und Beistandes zu versichern. Das bedeutete konkret, daß man die Kulte zu vollziehen hatte, die ihnen traditionellerweise gewidmet waren, aber ob man begrifflich oder gefühlsmäßig etwas mit ihnen verband, war irrelevant. Dies ist die Erklärung dafür, daß das römische Pantheon uns wie eine fast unbegreifliche Größe erscheint, wo Götter im Dunkel verschwinden und wieder andere in den Vordergrund treten können. Daher konnte man ohne weiteres von „unseren Göttern" (*di nostri*) reden, ohne daß man anzugeben brauchte, um welche Götter es sich eigentlich handelte.

Religio Romana, das waren vor allem die Kulte, die von den Priesterkollegien als Roms religiösen Autoritäten sanktioniert worden waren. Sie war eine Realität, weil die Existenz des römischen Imperiums davon abhängig war, ob seine Bürger Roms Göttern durch die vorgeschriebenen Kulte die schuldige Verehrung erwiesen. Man kann daher die römische Religion sehr wohl eine politische Religion nennen, wenn man sich nur klarmacht, daß Politik für römisches Denken religiös begründet war. Da das Römische Reich ein *Imperium sacrum*, ein von der göttlichen Kraft errichtetes Reich war, war jedes politische Tun, das seine Größe festigte und erweiterte, von religiösem Charakter. Ebenso ist es wohlbegründet, den Kaiserkult als eine politische Loyalitätsreligion zu charakterisieren – diese Bezeichnung ist nur schief, wenn sie von der modernen westeuropäischen Auffassung von Politik und Religion als prinzipiell unabhängigen Größen aus verstanden wird. Die Verehrung des *genius* des Kaisers bedeutete zugleich eine Sicherung der politischen Stellung der kaiserlichen Macht und eine Anerkennung der Götter Roms, die durch ihn ihre Segnungen an das Menschengeschlecht vermittelten.

Man hat die „augusteische Religion" als Ausdruck eines romantisierenden Versuchs interpretiert, die Religion der

Väter wieder zu Ehre und Ansehen zu bringen – mit dem tatsächlichen Ergebnis, daß die römische Religion wie ein Fossil ohne innere religiöse Kraft bewahrt worden sei. An dieser Anschauung ist, wie wir sehen werden, richtig, daß die „augusteische Religion" *neben* den neuen philosophischen und religiösen Strömungen stand und unfähig war, ein lebensnahes Verhältnis zu ihnen zu gewinnen, zu den Strömungen, die in der Kaiserzeit zum Durchbruch kamen und die geistige Physiognomie der Zeit so stark prägen sollten. Aber das täuscht nicht darüber hinweg, daß die römische Religion eine Macht war, deren massive Kraft man keineswegs unterschätzen darf. Die Verehrung der römischen Götter war mit dem Leben des Imperiums so eng verbunden, daß dessen Schicksal ganz einfach mit dem der römischen Religion stand und fiel. Dies war die feste Überzeugung der Vertreter des Heidentums, und sie wurde bis zuletzt leidenschaftlich verfochten. Man hat immer wieder behauptet, die Apologeten der Kirche führten einen Schattenkampf, wenn sie so energisch die römischen Götter bekämpften. Alles deutet jedoch darauf hin, daß ihre Polemik eine richtige Adresse hatte: die römischen Götter und ihre Verehrung war für den weitaus überwiegenden Teil der Bevölkerung des Römischen Reiches handfeste Realität.

Es kann also kein Zweifel darüber bestehen, daß man die Lebenskraft der römischen Religion unterschätzt hat, weil man sie von einem ihr fremden Religionsbegriff aus verstanden hat. Allerdings können wir nicht genau angeben, wie stark sie tatsächlich war, sondern nur feststellen, daß die traditionellen Kulte trotz ihrer starken Stellung nicht die einzigen Ausdrucksformen religiösen Lebens waren. Schon in hellenistischer Zeit – in der Epoche von Alexander dem Großen bis zu Augustus – machten sich neue Strömungen und Tendenzen bemerkbar. Sie wirkten in den ersten beiden Jahrhunderten der Geschichte der Kaiserzeit wie ein Sauerteig, beeindruckten in steigendem Maße die Menschen, um schließlich im dritten Jahrhundert zu voller Entfaltung zu kommen. Wir können ferner feststellen, daß diese Entwicklung sich auf die Städte konzentrierte. Die Landgebiete wurden dagegen nur in geringem Maße von einem religiösen Aufbruch erfaßt – hier war es vielmehr das Festhalten an den traditionellen lokalen Kulten, das die religiöse Situation kennzeichnete.

Es kann jedoch nicht genug betont werden, daß sich die religiösen Verhältnisse in den einzelnen Teilen des Imperiums und innerhalb der einzelnen Gesellschaftsgruppen verschieden entwickelten. Das Bild wird dadurch noch komplizierter, daß die verschiedenen philosophischen Richtungen und religiösen Strömungen ständigen Veränderungen unterworfen waren und sich dabei gegenseitig unablässig beeinflußten. Es wirkten so viele Faktoren zusammen und so viele Tendenzen kreuzten sich, daß das religiöse Leben der Kaiserzeit als eine äußerst chaotische Größe erscheint. Zwar war ein neues Lebensgefühl entstanden, das neue religiöse Sehnsüchte und Bedürfnisse hervorbrachte, aber diese wurden auf so vielfältige und oft widersprüchliche Weise befriedigt, daß sich der Versuch von selbst verbietet, für das Heidentum einen gemeinsamen Nenner zu finden.

Wenn die „augusteische Religion" für die Einwohner des Imperiums nicht zum religiösen Sammelpunkt zu werden vermochte, so lag das im Grunde daran, daß sie das intellektuelle und religiöse Fragen, das eine veränderte gesellschaftliche Entwicklung mit sich gebracht hatte, nicht zufriedenstellen konnte. Die römische Religion war in einer bäuerlichen Gesellschaft entstanden, die eine geschlossene Gemeinschaft darstellte. Sie heiligte und sicherte die soziale und politische Ordnung, die für den einzelnen den Rahmen abgab und seinem Leben Sinn und Inhalt gab. Diese religiös bestimmte Gemeinschaft war jedoch gesprengt worden und hatte der Bildung einer neuen weltumspannenden Gesellschaft weichen müssen.

Das *Imperium Romanum* war die bis dahin größte politische Vereinigung von Völkern und Stadtstaaten. Mit seiner militärischen Macht sicherte Rom den Frieden nach außen, und durch seine Verwaltung schuf es geordnete Verhältnisse im Innern. Da außerdem ein vorzügliches Straßennetz alle Teile des Reiches miteinander verband, war die Voraussetzung für Handelsbeziehungen im großen Stil gegeben. Es herrschte eine politische und ökonomische Stabilität, die dazu berechtigte, von „der römischen Welt" (*orbis Romanus*) als identisch mit der zivilisierten Welt zu sprechen: außerhalb ihrer Grenzen herrschten Chaos und Barbarei.

Das Römische Reich mit seiner stabilen Regierung und seinem gemeinsamen Markt konnte nur die Verschmelzung von Völkern und Kulturen fördern, die schon in hellenistischer Zeit begonnen hatte. Verwaltungsbeamte, Soldaten und Handeltreibende kamen aus allen Volksgruppen und waren überall im Imperium tätig. Das schuf einen Kosmopolitismus, der sich in den Städten konzentrierte, die überall aus dem Boden schossen. Diese Städte mit ihrem einheitlichen Stadtplan und ihrer hellenistisch-römischen Architektur waren ein deutlicher Ausdruck für die kosmopolitische Zivilisation des Römischen Reiches. Sie waren auch die Heimat einer gemeinsamen Kultur und Bildung, vermittelt durch ein Bildungswesen, das nach Inhalt und pädagogischer Zielsetzung im großen und ganzen überall demselben Muster folgte.

Abgesehen davon, daß Bildung und Ausbildung den führenden Gesellschaftsgruppen vorbehalten waren, entsprach dieser kosmopolitischen Zivilisation und Kultur keine einheitliche geistige Grundlage. Die Städte waren Konglomerate von Individuen mit verschiedener nationaler und religiöser Herkunft. Sie bildeten keine Gemeinschaft, die den einzelnen tragen und seinem Leben Sinn und Richtung geben konnte. In den Religionen und Kulten, die in den lokal begrenzten bäuerlichen Gemeinschaften entstanden waren, fanden die Menschen, die in den kosmopolitischen Verhältnissen der Städte lebten, keinen Halt. Sie waren weitgehend entwurzelt und mußten ihr Leben selbst gestalten und selber eine tragfähige Lebensgrundlage finden. Deshalb war der religiöse Bereich in den Städten von größter Beweglichkeit bestimmt. Der Individualismus brachte ein neues Fragen und eine neue Offenheit gegenüber den philosophischen Richtungen und religiösen Bewegungen mit sich, die den Anspruch erhoben, die geistigen Bedürfnisse der Menschen zufriedenstellen zu können.

Man hat behauptet, die römische Kaiserzeit sei in zunehmendem Maße religiös bestimmt worden". Das ist jedoch nur sehr modifiziert richtig. Auch hier gilt, daß man die Dinge nicht auf eine einfache Formel bringen kann. Wenn man unter

Religiosität die Überzeugung versteht, daß man das menschliche Leben und das Gedeihen der Gesellschaft durch die Verehrung der Götter sichern muß, dann war die Bevölkerung des Römischen Reiches religiös eingestellt. Wenn man dagegen unter Religiosität eine persönlich engagierte Beschäftigung mit der Frage nach Ziel und Sinn des Lebens versteht, dann zeigt sich ein ganz anderes Bild. Eine handfeste Diesseitigkeit war allem Anschein nach kennzeichnend für die große Mehrheit der führenden Gesellschaftsgruppen. Ein unbekümmertes Leben in materiellem Wohlstand war für sie der Inbegriff des Glücks. Das führte oft zu Zynismus, Brutalität und Menschenverachtung und äußerte sich in einer Lebensführung, deren Ausschweifungen und Auswüchse keine Grenzen kannten. Gemessen an dem strengen Maßstab der altrömischen Moral kennzeichnete bodenlose Verderbtheit große Teile der besitzenden Klassen. Für die unteren Gesellschaftsschichten – Sklaven, Handwerker und kleine Kaufleute – war das Dasein oft ein harter und brutaler Kampf um das bloße Überleben. Geistige Abgestumpftheit war sicher der vorherrschende Zug, und wo noch Energie und Lebenskraft übrig blieben, um sich mit dem persönlichen Existenzproblem zu beschäftigen, da sehnte man sich nach Befreiung von diesem jammervollen Leben mit seiner Not und seinem Elend und richtete seine Aufmerksamkeit auf die Erlangung eines Heils jenseits von Tod und Grab.

Im antiken Hellas hatte, wie bereits erwähnt, ein philosophischer Rationalismus zu einer Entfremdung von der überlieferten Religion geführt. Das hatte zum einen oft völligen Skeptizismus zur Folge, zum anderen – wie z.B. bei Platon – wurde der Versuch gemacht, durch rationales Denken eine tragfähige Lebensgrundlage zu finden. Diese Tendenzen tauchen in der hellenistischen Zeit wieder auf. So erhob der Stoizismus den Anspruch, die Philosophie zu sein, die allein dem Menschen einsichtig machen könne, wie er seine persönliche Identität wiederfinden und behaupten könne. Auch in der römischen Kaiserzeit stand die Frage nach der Lebensanschauung im Vordergrund der philosophischen Bemühungen. Der unmittelbar religiöse Aspekt trat jedoch immer stärker hervor. Das Ziel war, zur Erkenntnis des Göttlichen zu gelangen, damit der Mensch daran teilhaben könne. Das Verständnis der inneren Ordnung der Welt und der Existenzbedingungen des Menschen diente diesem Ziel – die Philosophie war zur Theologie geworden.

Gleichzeitig war ein starkes Mißtrauen gegenüber der Fähigkeit der menschlichen Vernunft entstanden, selbst die erlösende Wahrheit zu finden. Die oft leidenschaftlichen Diskussionen zwischen den verschiedenen philosophischen Schulen – dem Platonismus, dem Aristotelismus, dem Stoizismus und dem Epikureismus – hatten bei vielen Menschen den Eindruck hinterlassen, daß das philosophische Denken nicht zu einer sicheren Wahrheitserkenntnis vorzustoßen vermochte. Dadurch wurde der Weg zu einer neuen Haltung gegenüber den Religionen gebahnt, die sich auf göttliche Offenbarungen beriefen und behaupteten, den Menschen das Heil vermitteln zu können. Man betrachtete die traditionellen Religionen nicht mehr wie der Stoizismus als einen poetisch-symbolischen Ausdruck für die Wahrheiten, zu deren adäquater Erkenntnis man durch die Vernunft gelangen könnte. Sie waren nicht etwas, was man im Grunde entbehren konnte, sondern wurden im Gegenteil als notwendig für den betrachtet, der zur Gemeinschaft mit dem Göttlichen gelangen wollte.

Der Gegensatz zwischen Kult und Philosophie war von einer engen Allianz abgelöst worden. Die Philosophen versuchten, die traditionellen Kulte und die neuen orientalischen Religionen in ihr theologisches Denken zu integrieren. Sie verstanden das Göttliche als eine Macht und Kraft, die das gesamte Universum und die Menschheit zusammenhält. Dieser Monotheismus schloß jedoch den Polytheismus nicht aus. Die verschiedenen Götter konnten als Diener der höchsten Gottheit aufgefaßt werden. Weit verbreitet war die Vorstellung, daß die unteren Götter den einzelnen Völkern als die von ihnen zu verehrenden Schutzgötter zugeteilt waren. Oder man glaubte, es sei ein und dieselbe Gottheit, die sich in den einzelnen Göttern manifestiere. Wieder andere konnten die höchste Gottheit mit einem bestimmten Gott wie z. B. dem kapitolinischen Jupiter identifizieren. Aber ganz gleich, wie man nun das Verhältnis zwischen dem obersten Gott und den verschiedenen Kultgöttern auffaßte, die Philosophie sah es jedenfalls als ihre Aufgabe an, die religiösen Traditionen des Heidentums zu bewahren und sie durch eine allegorische Deutung zu einem zusammenhängenden Lebensverständnis auszubauen. Die Philosophie war zu einem wichtigen Bestandteil des religiösen Lebens der Kaiserzeit geworden und trug ihrerseits dazu bei, den religiösen Synkretismus zu fördern, der das dritte Jahrhundert so stark bestimmen sollte.

Die immer intensivere Beschäftigung der Philosophie mit den religiösen Problemen war sehr eng mit einem veränderten Verständnis des menschlichen Lebens verknüpft. Man faßte das Leben als disharmonisch und als einen Spielball widerstreitender Kräfte auf. Der Mensch trug in sich den Gegensatz zwischen dem Leib, der ihn an die sinnliche und vergängliche Welt band, und dem Geist oder der Vernunft, die göttlichen Ursprungs waren und nach oben zu der unveränderlichen ewigen Welt strebten, zur wahren Heimat des Göttlichen. Der einzelne Mensch war außerdem in den Konflikt zwischen guten und bösen Mächten verwickelt, die das Dasein beherrschten. Sich selbst überlassen mußte er der Vernichtung entgegengehen. Dieses Verständnis von der Problematik des menschlichen Lebens rief ein persönliches Heilsverlangen hervor. Die Menschen ließen sich nicht mehr mit einer Religion zufriedenstellen, die nur die Aufgabe hatte, für das zeitliche Leben zu sorgen. Sie verlangten nach Göttern, die sie erlösen und gegen die destruktiven Mächte des Daseins schützen und ihnen ein Leben der Unvergänglichkeit im Jenseits schenken konnten. Viele glaubten, das, wonach sie suchten, in den orientalischen Religionen zu finden.

Die hellenistische Zeit war Zeuge eines großen religiösen Aufbruchs gewesen. Die lokalen Kulte in Griechenland, Kleinasien, Syrien und Ägypten wurden internationalisiert und machten zugleich tiefgreifende Veränderungen durch. Ohne völlig ihr ursprüngliches Wesen als Vegetationskulte, die Fruchtbarkeit und Wachstum sichern sollten, zu verlieren, erfuhren sie eine tiefgreifende Spiritualisierung. Ob es sich nun um die eleusinischen Mysterien und den Dionysoskult in Griechenland, den Kybelekult in Kleinasien, den Isis- und Serapiskult in Ägypten oder den ursprünglich persischen

Mithraskult handelte, das persönliche Heil und die persönliche Erlösung des Menschen standen immer im Mittelpunkt. Sie wurden dem einzelnen Menschen durch geheimnisvolle Riten zuteil – daher die Bezeichnung Mysterienreligionen – Riten, die Sünde und Schuld tilgten, Teilhabe am Göttlichen schenkten und die Unsterblichkeit sicherten. Außerdem wurde der Eingeweihte in eine Gemeinschaft eingeführt, die nun die eigentliche Grundlage seines Lebens war.

Schon in der Zeit der späten Republik begannen die orientalischen Mysterienreligionen, durch die zahlreichen Einwanderer aus dem Osten ihren Einzug in Rom zu halten. Sie trafen jedoch nur auf Ablehnung seitens der Behörden, die für die öffentliche Religion verantwortlich waren. Man fürchtete, die neuen Religionen seien ein Deckmantel für politisch-konspirative Aktivitäten. In den Augen der Römer waren sie mit ihrem religiösen Enthusiasmus und ihren fremdartigen, oft bizarren Riten ein abscheulicher Aberglaube (*superstitio*), der die wahre *religio* nur zerstören konnte. Am Widerstand gegen die orientalischen Religionen hielt man unter Augustus und seinen Nachfolgern fast das ganze erste Jahrhundert hindurch fest, aber sie ließen sich auf die Dauer nicht verdrängen. Im zweiten Jahrhundert waren sie faktisch akzeptiert, und jetzt begann ernstlich ihr Siegeszug durch das Römische Imperium.

In dieser Entwicklung spiegelt sich, wie oben angedeutet, die Tatsache wider, daß die „augusteische Religion" nicht vermocht hatte, zur einigenden Kraft für die Einwohner des Reiches zu werden. Zugleich zeugt diese Entwicklkung davon, daß Rom auf religiösem Gebiet seine führende Stellung an den hellenistischen Osten abgeben mußte – der Friede und die Ordnung, die Augustus und seine Nachfolger den Provinzen des Ostens geschenkt hatten, hatten einen wirtschaftlichen Aufschwung bewirkt, der seinerseits zu erhöhtem Selbstgefühl geführt hatte. Die orientalischen Mysterienreligionen wurden von Kleinasiaten, Syrern und Ägyptern in das gesamte Römische Reich getragen, aber der Zulauf, den sie aus allen Gesellschaftsschichten erhielten, hatte seinen Grund darin, daß sie in einzigartiger Weise als Antwort auf das religiöse Fragen und Heilsverlangen der Menschen verstanden wurden.

Der fremdartige und exotische Charakter der orientalischen Religionen erregte keinen Anstoß mehr, sondern im Gegenteil: er faszinierte. Außerdem war man längst zu einer hohen Einschätzung der „Weisheit der Barbaren" gelangt, denn sie konnte sich auf uralte, heilige Traditionen berufen – und *antiquitas* wurde im Denken der Kaiserzeit als ein fast unfehlbares Wahrheitskriterium betrachtet. Die Mysterienreligionen beschränkten sich nicht nur auf die Riten, die das Heil vermittelten, sondern sie boten auch neue Erkenntnisse des Göttlichen, der Welt und des Menschlichen. An der Spitze dieser Kulte standen oft Priester, die sich ausschließlich den religiösen Aufgaben hingaben. Sie leiteten die heiligen Kulthandlungen und nahmen sich als Seelenführer des religiösen Lebens des einzelnen an. Hier wurden die Menschen – im Gegensatz zur offiziellen Staatsreligion – zum Gegenstand persönlicher Fürsorge. Hier war ferner das Engagement des ganzen Menschen möglich. Die Riten ließen freien Spielraum für religiöse Begeisterung und Ekstase. Sie schenkten eine Wahrheitserkenntnis, die sowohl das Dunkel der Unwissenheit vertrieb als auch klare Forderungen an die Lebensführung des einzelnen stellte; und als Belohnung für den, der sich mit ganzem Herzen dem Kultgott hingab, winkte die ewige Seligkeit. Dank dieser Qualitäten vermochten die Mysterienkulte die religiös Wachen an sich zu ziehen. Wenn es wahrscheinlich auch nur eine kleine Minderheit war, die sich um die Mysterienreligionen scharte – und sie kam hauptsächlich aus dem Mittelstand der Städte –, so war doch zweifellos hier das stärkste persönliche religiöse Leben des Heidentums zu finden.

Die veränderte religiöse Situation, die den Vormarsch der Mysterienreligionen bedingte, war mit dem Aufkommen eines neuen Weltbildes eng verknüpft. Es hatte sich unter dem Einfluß der babylonischen Astralreligion entwickelt, die man in der hellenistischen Zeit wirklich kennenlernte. Unwiderstehlich machte es seinen Einfluß geltend und schuf ein neues Verständnis des Universums, das in der römischen Kaiserzeit von so gut wie allen akzeptiert wurde.

Man betrachtete die Himmelskörper mit der Sonne an der

Spitze als lebendige göttliche Wesen. Diese Sterngötter beherrschten nicht nur das Himmelsgewölbe, sondern ihre Herrschaft umfaßte die ganze Erde mit all ihrer Menschen. Daß die Sonne entscheidende Bedeutung für alles Leben auf der Erde hatte und daß ein Zusammenhang zwischen den Bewegungen der Himmelskörper und den klimatischen Verhältnissen bestand, schien eindeutig zu demonstrieren, daß das Universum eine Einheit war, in der alle Einzelteile durch eine innere „Sympathie" miteinander verbunden waren. Dies führte zu der Auffassung, daß die Sterngötter des Himmelsgewölbes über das Leben der Menschen bestimmten und es lenkten. Alles, was auf Erden geschah, war nur ein Reflex der göttlichen Sternenwelt. Und man kann hinzufügen, daß diese Grundkonzeption der babylonischen Astralreligion in der griechisch-römischen Welt mit sowohl philosophischen als auch traditionell religiösen Vorstellungen in Verbindung gebracht wurde. Deshalb treffen wir sie in den verschiedensten und oft widersprüchlichsten Formen an.

Die Sternenverehrung hatte bei den Babyloniern den Anstoß zur Astronomie gegeben, die durch Beobachtungen der Bewegungen der Himmelskörper die Gesetzmäßigkeit und Harmonie zeigte, die die Himmelssphären beherrschten – sie trat deshalb als eine wahre Wissenschaft auf. Ein göttliches Prinzip oder eine höchste Gottheit mußte diese „Sphärenharmonie" hervorgebracht haben. Die Stoiker nahmen aus diesem Grunde die babylonische Astralreligion mit Begeisterung auf. Sie war für sie das deutlichste Zeichen für einen Kosmos, in dem *eine* göttliche Kraft alles in einer harmonischen Gesetzmäßigkeit zusammenhielt. Weil das Leben des einzelnen Menschen vom Schicksal (*fatum*), der allguten göttlichen Notwendigkeit, bestimmt war, deshalb bestand die wahre Lebensführung darin, sich ihr zu beugen und in Übereinstimmung mit ihr zu leben.

Auch der pythagoreisch-platonische Dualismus zwischen der Seele, die himmlischen Ursprungs war, und dem Körper, der der sinnlichen Welt angehörte, wurde mit der Astralreligion verbunden. Dies führte zu der sogenannten Astraleschatologie. Zuoberst befand sich der Fixsternhimmel, die Wohnung der ewigen Götter, darunter die Planeten. In dem sublunaren Raum zwischen Mond und Erde befanden sich die vier Elemente -- Feuer, Wasser, Erde und Luft -, die allem sichtbar Existierenden zugrunde lagen. Die Seelen stiegen vom himmlischen Licht durch die Planetensphären herab und nahmen Körperlichkeit an. Diese legten sie nach dem Tode wieder ab und kehrten, sofern sie sich philosophische Erkenntnis und ethische Vollkommenheit erworben hatten, wieder in die göttliche Welt zurück. Nach dieser Betrachtungsweise befanden sich der Hades und die „Insel der Seligen" in verschiedenen Gebieten des Himmelsraumes.

Die Vorstellung der Stoiker von der göttlichen Harmonie des Universums, die von der allwaltenden Vorsehung gelenkt wurde, stimmte für viele Menschen nicht mit der tatsächlichen Wirklichkeit überein. Sie betrachteten das „Schicksal" als eine launische, despotische Macht, die die Menschen in schonungslosem, eisernen Griff hielt, und deshalb sehnten sie sich nach Befreiung von diesem „Schicksal". Das „Schicksal" wurde gern mit den sieben Planeten identifiziert, die über die kristallartigen Planetensphären herrschten, welche die Erde umgaben und eine undurchdringliche Barriere zwischen der Erde und dem Himmel der Götter bildeten. Von ihrem bösen und schädlichen Einfluß mußte sich der Mensch befreien – ihr Einfluß mußte neutralisiert werden, damit der Mensch, ohne Schaden zu leiden, durch die Planetensphären hindurchdringen konnte hin zu der Wohnung der Götter, in der das ewige Leben wartete.

Die Zeit bewegte die Sterne und bewirkte die verschiedenen Konstellationen der Sterne. Diese Konstellationen standen kraft der besonderen Eigenschaften der einzelnen Sterne für einen ganz bestimmten Inhalt, der sich dank der „kosmischen Sympathie" sowohl in der Natur als auch im Leben der Menschen hier auf Erden widerspiegelte. Das Himmelsgewölbe war sozusagen ein Buch, in dem man das Schicksal, das die einzelnen Menschen erwartete, lesen konnte. Je genauer man den Zusammenhang zwischen den Konstellationen der Sterne und den Ereignissen, die sie auf Erden bewirkten, zu erforschen vermochte, desto zuverlässiger konnte man voraussagen, was künftig geschehen würde. Eine wissenschaftliche Astronomie lag also der Astrologie zugrunde, die durch

Sterndeutung das Schicksal der Menschen voraussagte. Diese Astrologie gewann in der Kaiserzeit immer größeren Einfluß und stellte oft Orakel und Zeichendeutungen in den Schatten. Erkannte man, was die einzelnen Sternkonstellationen an Bösem und Gutem mit sich bringen würden, dann – so meinte man – konnte man den Augenblick ausfindig machen, in dem ein Handeln mit Sicherheit von Erfolg gekrönt sein würde.

Der Glaube, daß die göttlichen Sterne alle irdischen Vorgänge bestimmten, war häufig mit der Überzeugung verbunden, daß die Sterne zu beeinflussen seien. Das war in Wirklichkeit inkonsequent, erklärte sich aber daraus, daß die Sterngötter mit den Gestalten der Göttermythologie identifiziert wurden, die man ja durch Gebete und Opfer beeinflussen konnte. Durch den Kult auf diese Weise konnte man einerseits die bösen Sterngötter versöhnen, milder stimmen, ihre schädlichen Wirkungen abwenden und sich andererseits das Wohlwollen der guten Sterngötter erzwingen. Dasselbe Ergebnis konnte man aber auch durch Magie erreichen, indem man mit Hilfe geheimnisvoller Formeln und Handlungen Segen und Fluch auf die Menschen herabrufen konnte. Auch dies beruhte auf der Überzeugung, daß das Universum eine Einheit sei, in der die einzelnen Teile kraft der „kosmischen Sympathie" aufeinander einwirkten.

Wir haben gesehen, wie die offizielle Reichsreligion mit ihrer Verehrung der römischen Götter ausschließlich auf die Aufrechterhaltung des Staatswesens zielte. Deshalb vermochte sie nicht, das individualistische Heilsverlangen zufriedenzustellen und im intellektuellen Bereich eine gültige Deutung des Daseins zu geben. Die persönliche Religiosität und das intellektuelle Suchen nach der Wahrheit konnten deshalb nur außerhalb des Rahmens der Staatsreligion zur Entfaltung kommen und befriedigt werden. Wenn dies nicht zu einer dauernden und tiefgreifenden religiösen Spaltung innerhalb des Heidentums führte, so lag das daran, daß weder die offizielle römische Religion noch die lokalen Kulte und die orientalischen Mysterienreligionen exklusiv waren.

Für die Kaiser war es selbstverständlich, daß diejenigen, die römisches Bürgerrecht besaßen – und sie machten in den ersten Jahrhunderten nur einen kleinen Teil der Bevölkerung des Römischen Reiches aus –, die offiziellen Götter und den *genius* des Kaisers zu verehren hatten. Aber unter dieser Voraussetzung stand es ihnen frei, zugleich an anderen Kulten teilzunehmen und sich in die Mysterienreligionen einweihen zu lassen. Rom verlangte dem römischen Religionsverständnis zufolge keineswegs persönlichen Glauben oder ein persönliches Bekenntnis – worauf es ankam, war die Ausübung des Kultes selbst. Außerdem akzeptierte man, daß die verschiedenen Völker innerhalb des Römischen Reiches genau wie das römische Volk selbst ihre eigenen Götter hatten, zu deren Verehrung sie verpflichtet waren. Jeder Kult und jede Religion waren zugelassen, sofern sie nicht eine Gefahr für die Autorität des Kaisers und für Frieden, Gesetz und Ordnung darstellten. Dort, wo man gegen nicht-römische Kulte und Religionen einschritt, geschah dies stets aus Rücksicht auf die politische Sicherheit und die öffentliche Moral. Im ersten Jahrhundert, als das Prinzipat, die augusteische Staatsform, noch nicht völlig gesichert war, versuchte man deshalb in Rom verschiedentlich, die orientalischen Religionen einzudämmen. Im zweiten Jahrhundert, als die kaiserliche Staatsform von allen anerkannt war, konnte sich indessen jeder Kult und jede Religion – mit Ausnahme des Christentums – ungehindert entfalten.

Augustus' religiöse Reformbestrebungen hatten letzten Endes das Ziel, die Bevölkerung des gesamten Imperiums in der römischen Religion zu einen. An diesem Punkt ist seine Religionspolitik jedoch gescheitert. Es blieb aber die feste Überzeugung aller, daß die Einheit des Reiches nur durch eine für alle gemeinsame religiöse Grundlage gesichert werden konnte. Deshalb blieb das Problem der religiösen Einheit bestehen und mußte als ein entscheidendes Moment in die Religionspolitik der einzelnen Kaiser eingehen.

Während das erste Jahrhundert dadurch gekennzeichnet war, daß Rom und Italien, so wie Augustus es angestrebt hatte, das Zentrum des Imperiums bildeten, verschob sich der Schwerpunkt im zweiten Jahrhundert auf die Provinzen. Viele Faktoren trugen zu dieser Entwicklung bei. Als Folge der *pax Romana* erlebten die Provinzen einen wirtschaftlichen Aufschwung, der Italien weit hinter sich ließ; hier stagnierten das wirtschaftliche Leben und der Handel. Die intensive Latinisierung der westlichen Provinzen hatte diese sowohl kulturell wie religiös das Niveau der römische Kernlande erreichen lassen, und da die östlichen Provinzen zugleich ein starkes Selbstbewußtsein an den Tag legten, konnte die führende Stellung des strengen römischen Traditionalismus nicht mehr aufrecht erhalten werden. Politisch bedeutete das, daß der Gedanke eines Imperiums, dessen Einwohner gleichberechtigte Bürger waren, auf Kosten von Augustus' italienorientierter Reichspolitik an Boden gewann. Auf religiösem Gebiet hatte es zur Folge, daß die Kaiser sehr viel stärker als früher in ihrer Religionspolitik auf die neuen lebenskräftigen religiösen Bewegungen, die sich im Imperium bemerkbar machten, Rücksicht nehmen mußten.

Auch wenn die Vorherrschaft der römischen Religion unangetastet blieb, so ist es doch kein Wunder, daß sich die großen „Bürgerkaiser" des zweiten Jahrhunderts – charakteristischerweise stammten sie alle aus den Provinzen – einer kosmopolitischen Religionspolitik zuwandten. Je nach ihrer speziellen Vorliebe ließen sie sich in die eine oder andere der orientalischen Mysterienreligionen einweihen und versuchten auf diese Weise, ihnen einen offiziellen Status zu verleihen. Das ließ sich ohne Schwierigkeiten machen, da diese ebenso wenig exklusiv waren wie die lokalen Kulte; ihre Götter ließen sich ohne Schwierigkeit mit den römischen Göttern identifizieren. Da jedermann im zweiten Jahrhundert den Kaiser und die ihm von den Göttern verliehene Macht als die selbstverständliche Kraftquelle des *Imperium Romanum* anerkannte, stieß auch der Kaiserkult weder auf Widerspruch noch auf Widerstand.

Trotz ihres Respekts vor der römischen Religion förderte die neue kosmopolitische Religionspolitik der „Bürgerkaiser" die Verschmelzung der verschiedenen Religionen im Imperium und schien den Weg für eine neue religiöse Sammlung zu bahnen, die die Einheit und den Zusammenhalt des Imperiums sichern konnte. Unterdessen hatte jedoch eine andere orientalische Religion – das Christentum – ihren Einzug in das Römische Reich gehalten. Sie vermochte kraft ihres religiösen

Ausschließlichkeitsanspruches nicht nur die religiöse Einheitspolitik der kaiserlichen Regierung zu durchkreuzen, sondern auch die Götter und Kulte des Heidentums so herauszufordern, daß es als eine Verneinung der Lebensgrundlagen des *Imperium Romanum* verstanden werden mußte, wenn man sich ihr zuwandte.

III. Das christliche Gottesvolk im Römischen Reich

Augustus hatte die Grundlagen des Römischen Reiches geschaffen. Unter seinem Nachfolger Tiberius trat in Galiläa in Palästina ein Jude auf, Jesus von Nazareth, und verkündete ein Reich Gottes, das diese Welt total verändern sollte. Sein Kommen sollte Gericht und Untergang für alles bringen, was sich Gottes Willen widersetzte. Aber es sollte auch Heil bringen für die, die mit der Welt brachen und allein in der Erwartung des Reiches Gottes lebten, des großen göttlichen Wunders, dessen Vollbringung bevorstand. Die Menschen nahmen daran teil, wenn sie in Glauben und Gehorsam Jesu Worte annahmen und seine Jünger wurden. Alle Sorge um das tägliche Brot und die politische und soziale Ordnung sollten sie fahren lassen. Diese Welt hatte allen Sinn und Inhalt verloren – allein um das Kommen des Gottesreiches als Gottes eigener machtvoller Tat sollten sich die Menschen kümmern. Das war die Pointe in den Worten Jesu an die, die ihm eine Stellungnahme zu der aktuellen politischen Frage abverlangten, ob es für die Juden richtig sei, dem römischen Kaiser die veranlagte Kopfsteuer zu bezahlen und damit das *Imperium Romanum* anzuerkennen: „Gebet dem Kaiser, was des Kaisers ist, und Gott, was Gottes ist" (Matthäus 22,21). Ausdrücklich distanzierte Jesus sich auch von den nationalpolitischen Bewegungen seiner Zeit; er war nicht der Mann, der an die Spitze einer Erhebung treten sollte, die die römische Fremdherrschaft abschütteln und ein jüdisches Herrlichkeitsreich errichten wollte. Sein Weg war, die Menschen in das Reich Gottes einzuladen und durch sein Leiden und seinen Tod ein neues Gottesvolk zu schaffen.

Der Konflikt mit den religiösen Führern der Juden ließ nicht auf sich warten. Die souveräne Vollmacht, mit der Jesus unter Mißachtung des heiligen Gesetzes der Juden und der Überlieferungen der Väter Ungerechte und Sünder annahm und ihnen Teilhabe am Reich Gottes verhieß, faßte man als gefährliche Gotteslästerung auf. Er war ein religiöser Aufrührer, dessen Worte und Taten die bestehende religiöse Ordnung bedrohten – und dies mußte notwendigerweise sowohl politische wie soziale Konsequenzen haben. Vor diese Problematik gestellt hatte Pontius Pilatus, der für Ruhe und Ordnung verantwortliche römische Prokurator in Palästina, es nicht schwer, eine Entscheidung zu treffen: Jesus mußte als ein politischer Aufrührer gekreuzigt werden. Auf dem Hügel Golgatha außerhalb der Mauern Jerusalems wurde das Todesurteil etwa im Jahre 29 vollzogen.

Auf dem Kreuz hatte man über dem Kopf des Gekreuzigten eine Inschrift mit den Worten „König der Juden" angebracht, um auf diese Weise mit derbem Sarkasmus zu verkünden, welches Los den politischen Unruhestiftern, die die *pax Romana* in Gefahr brachten, zuteil werden würde. Aber für die Jünger wurde das Kreuz nicht zum tragischen Schlußstein des Handelns Jesu. Sie sahen ihn bald leibhaftig vor sich – Gott hatte ihn von den Toten auferweckt und ihm Anteil an seiner eigenen göttlichen Macht und Herrlichkeit gegeben. Er war der Erlöser und Herr über Lebendige und Tote. Durch die Jünger als seine Sendboten und Werkzeuge würde er sein Wirken fortführen und ein Volk sammeln, das beim Kommen des Reiches Gottes des Heils teilhaftig werden würde.

Die Jünger begannen sogleich, in Jerusalem vor ihren jüdischen Landsleuten den gekreuzigten und auferstandenen Jesus als den Erlöser zu verkünden. Diejenigen, die sich bekehrten und Buße taten, wurden durch die Taufe in das neue Gottesvolk aufgenommen und bekamen beim Abendmahl einen Vorgeschmack von der Erlösung und dem Sieg über Sünde, Tod und Teufel, die beim endgültigen Anbruch des Reiches Gottes Wirklichkeit werden sollten.

Durch die neue Verkündigung entwickelte sich bald ein Gegensatz zwischen der Urgemeinde in Jerusalem und den Repräsentanten des offiziellen Judentums. Das exklusive Bekenntnis der jungen Kirche zu Jesus als demjenigen, in dem Gott die Verheißungen an das jüdische Volk erfüllt und ein neues Gottesvolk, das wahre Israel, hatte entstehen lassen, bedeutete an sich schon eine Herausforderung für den traditionellen jüdischen Glauben. Als Stephanus an der Spitze einer Gruppe hellenistischer Judenchristen, die sich in Jerusalem niedergelassen hatte, die absolute Gültigkeit des mosaischen Gesetzes und des Tempels bestritt, begann die offene Verfolgung. Stephanus selbst wurde gesteinigt, und seine Gesinnungsgenossen wurden aus Jerusalem vertrieben. Dieser Versuch, die radikalen Fürsprecher des neuen Jesusglaubens zu beseitigen, verfehlte jedoch völlig sein Ziel. Die vertriebenen Judenchristen gaben ihre Überzeugung nicht auf, sondern warben für ihren Glauben in Samaria, in den hellenistischen Küstenstädten, auf Cypern und in der Weltstadt Antiochia.

Ihre Missionsverkündigung richtete sich vor allem an die dort ansässigen Juden, wandte sich aber auch an die Heiden, die sich zum Judentum hingezogen fühlten. Überall entstanden christliche Gemeinden. Auch diese wurden von den Juden heftig bekämpft, und das beschleunigte geradezu die Verselbständigung der christlichen Kirche gegenüber dem Judentum. Draußen in der „Diaspora", d. h. in der griechisch-römischen Welt, behauptete man bald, daß der Glaube an Christus und die Annahme der Taufe der einzige Weg zur Seligkeit seien. Das bedeutete im Blick auf die bekehrten Heiden, daß man weder Beschneidung noch Einhaltung der Vorschriften des mosaischen Gesetzes verlangte. Dagegen war es unbedingt erforderlich, daß sie den Göttern des Heidentums abschwuren und den jüdischen Monotheismus annahmen. Abrahams, Isaaks und Jakobs Gott war der einzige wahre Gott. Er allein war der Schöpfer und Herr des Menschen und hatte mit der Erwählung des jüdischen Volkes die Heilsgeschichte begonnen, die in Jesu Tod und Auferstehung und in der Errichtung eines neuen Gottesvolkes, welches sowohl Juden wie Heiden umfaßte, ihren Höhepunkt fand.

Wenn sowohl Heiden als auch Juden in Antiochia nach kurzer Zeit die Jesusgläubigen „Christen", d. h. Anhänger Christi, nannten, so war das sachlich berechtigt. Wie sehr die neuen Gemeinden auch auf den Schultern des Judentums standen, so war es doch das Bekenntnis zu Christus als dem von Gott verheißenen Messias, das ihre Eigenart bestimmte. Die Überlieferung von Jesu Worten und Taten und von seinem Leiden, seinem Tod und seiner Auferstehung war Grundlage ihres Glaubens, von hier aus deuteten sie das Alte Testament, und hier suchten sie Anleitung für das Leben der Kirche und fanden die Lösung aller Probleme und Schwierigkeiten. Die junge Kirche war davon überzeugt, daß Christus durch seinen Geist gegenwärtig war und seinen Gläubigen die Erlösung brachte; der entscheidende Akzent jedoch lag auf der Erwartung, daß er bald in göttlicher Kraft und Herrlichkeit kommen, das Urteil über die Welt fällen und seinen Auserwählten das Reich Gottes schenken würde. Dieser Haltung verlieh Paulus prägnanten Ausdruck, als er an die Gemeinde in Philippi schrieb: „Unsere Bürgerschaft (griech. *politeuma*) ist im Himmel, von dannen wir auch warten des Heilandes Jesus Christus, des Herrn" (Philipper 3,20).

Die Christen waren Fremde in dieser Welt, hier hatten sie keine Heimat. Vollkommener Gehorsam gegen Gott sollte ihr Leben beherrschen. Dies bedeutete nicht nur Selbstverleugnung und selbstaufopferndenDienst, sondern auch die Pflicht, Zeugnis (gr. *martyria*) von Gottes erlösender Tat in Christus abzulegen. Die Einheit mit Christus, die ihnen in der Taufe widerfahren war, bedeutete, daß ihr Leben zu seiner Nachfolge in Leid und Tod bestimmt war. Widerstand und Verfolgung waren daher das Los der Christen in dieser Welt; ein Jünger konnte ja nicht über seinem Meister sein.

Die Erwartung des nahen „Tages des Herrn" mit Gericht und Erlösung hatte die Konsequenz, daß die bestehende Welt und ihre Probleme die Aufmerksamkeit der Christen weder beanspruchen konnten noch sollten. Auch hier faßte Paulus präzise die Einstellung der ersten Christen zusammen: „Die Zeit ist kurz, deshalb sollen die, die Frauen haben, sein, als hätten sie keine, und die, die weinen, als weinten sie nicht, und die, die sich freuen, als freuten sie sich nicht, und die, die kaufen, als besäßen sie es nicht, und die, die diese Welt gebrauchen, als mißbrauchten sie sie nicht; denn das Wesen dieser Welt geht seinem Untergang entgegen" (1.Korinther 7,29–31).

„Welt" bedeutete für die Christen nicht nur das Heidentum mit seiner Götzenverehrung, sondern auch die politische und soziale Ordnung des Römischen Reiches und die griechisch-römische Kultur und Zivilisation. Obwohl all dies zum Untergang in der Stunde Gottes bestimmt war, so waren die Christen doch keine Anarchisten. Die bestehende Gesellschaftsordnung mußte respektiert werden. Ohne jede Einschränkung schärfte Paulus in Römer 13,1–7 der Gemeinde in Rom ein, daß sich die Christen der politischen Führung des Römischen Reiches unterordnen sollten, da seine Vollmacht und Autorität von Gott gegeben sei. Die Obrigkeit war von ihm verordnet und dazu bestimmt, als sein Diener die Bösen zu richten und zu strafen; sie sollte mit anderen Worten Recht und Ordnung sichern. Darum mußte sie respektiert werden, ebenso wie man verpflichtet war, die Steuern und Abgaben zu entrichten, zu denen die Obrigkeit ihre Untertanen veranlagte. Wer sich der Macht der Römer widersetzte und ihr den Gehorsam verweigerte, wurde nicht nur mit Recht bestraft, sondern wurde obendrein von Gott verurteilt. Vieles scheint ferner dafür zu sprechen, daß Paulus 2.Thess. 2,6–7 die römische Staatsmacht als das Mittel ansah, welches Gott benutzte, um die hemmungslose Machtentfaltung des Bösen zu bremsen und dadurch das Wachstum der Kirche zu sichern.

Eine positive Einstellung zum römischen Staat war für die älteste Christenheit um so selbstverständlicher, als ihr von dieser Seite keine Gefahr drohte. Wenn die Behörden überhaupt auf die Existenz der verstreuten und zahlenmäßig kleinen Gemeinden aufmerksam wurden, dann hielten sie sie für eine jüdische Sekte, und damit waren sie in den Religionsfrieden eingeschlossen, der den Juden zugesichert war.

Nicht zuletzt im Osten gab es in allen größeren Städten zahlenmäßig starke jüdische Kolonien. Sie waren als religiöse Korporationen organisiert, in denen ein Ältestenrat die judikative Vollmacht über Lehre und Leben besaß. Diese sogenannten Diasporajuden fühlten sich dem auserwählten Volke Jahwes zugehörig, sie hielten an der Beschneidung fest und befolgten das mosaische Gesetz und seine rituellen Heiligkeitsvorschriften mit Sabbat und Neumondfest.

Der jüdische Monotheismus verlangte ferner, daß sich die Juden von jedem Kontakt mit der Götzenverehrung und mit der vom Heidentum infizierten Gesellschaft fernhielten. Diese exklusive Haltung, die außerdem mit einer scharfen Ablehnung von Kulten und Götterglauben des Heidentums verbunden war, schuf Widerwille und Ablehnung. Die Juden wurden der Gottlosigkeit und des „Hasses gegen das Menschengeschlecht" angeklagt, weil sie nicht wie die übrigen Bürger der Gesellschaft die Götter des Staates und der einzelnen Städte verehrten. Damit hatten sie sich außerhalb der politischen und sozialen Ordnung gestellt.

Trotz dieser vom römischen Standpunkt aus berechtigten Kritik, die wiederholt zu antisemitischen Ausschreitungen und Pogromen führte, hatte Julius Caesar und später Augustus den Juden durch Edikte gestattet, ihrer religiösen Überzeugung zu folgen, und ihr Recht auf Bildung selbständiger Gemeinschaften anerkannt. Diese privilegierte Stellung des Judentums war der Tatsache zu verdanken, daß sich die Juden im Gegensatz zur hellenistischen Stadtbevölkerung gegenüber der römischen Obrigkeit als kooperationsbereit gezeigt hatten, als Rom im ersten vorchristlichen Jahrhundert den gesamten hellenistischen Osten in seine Gewalt brachte. Dazu kam – als ganz entscheidend –, daß man den jüdischen Glauben als Ausdruck der Eigenart des jüdischen Volkes verstand; und die Sitten und Bräuche der verschiedenen Völker wünschten die Römer zu respektieren, solange sie keine Bedrohung der *pax Romana* in sich bargen.

Der Religionsfriede, der dem Judentum zugestanden war, kam, wie gesagt, auch der Kirche in den ersten Jahrzehnten ihrer Existenz zugute. Die Situation änderte sich jedoch bald. Immer stärker empfand das offizielle Judentum die Kirche als ein fremdes Element, das den althergebrachten Glauben untergrub. Der Gegensatz verschärfte sich, als ein Teil der Kirche mit Paulus an der Spitze draußen in der Diaspora unter den Heiden Mission trieb und Beschneidung und Einhaltung des mosaischen Gesetzes direkt ablehnte. Man begründete das damit, daß Gottes Offenbarung für Israel, wie sie sich in der *Thora*, dem heiligen Gesetz der Juden, darstelle, nur die erste Phase in Gottes Heilsgeschichte und mit dem Kommen Christi aufgehoben sei.

Allenthalben leiteten die Juden einen heftigen Kampf gegen die Christusgläubigen ein. Sie verstießen sie nicht nur aus den Synagogen, sondern machten auch die Behörden mit großem Eifer darauf aufmerksam, daß Kirche und Judentum zweierlei seien und die Kirche folglich keinen Anspruch auf den Religionsfrieden, der dem Judentum zugesichert war, erheben könne. Diese Kampagne trug Früchte. Das erste deutliche Zeugnis war die Verfolgung, der die Gemeinde in Rom unter Kaiser Nero (54–68) ausgesetzt war.

Im Jahre 64 brach in Rom ein Brand aus, der große Teile der Stadt in Schutt und Asche legte. Der römische Geschichtsschreiber Tacitus erzählt etwa im Jahre 115[1], daß die Römer alsbald Nero im Verdacht hatten, die Brandstiftung veranlaßt zu haben. Da weder Leugnung und Bestechungsgeschenke des Kaisers noch seine Opfer an die Götter den Verdacht zu beseitigen vermochten, fand er einen Ausweg, indem er die Christen für den Brand verantwortlich machte. Eine große Zahl von ihnen wurde vor die Gerichte geschleppt und dazu verurteilt, den wilden Tieren in der Arena vorgeworfen, gekreuzigt oder als lebende Fackeln verbrannt zu werden. Tacitus war empört über die Grausamkeit, die Nero bei der Verurteilung der Christen an den Tag legte, unterließ es aber nicht zu betonen, daß sie im Grunde das Schicksal erlitten, das sie verdient hätten. Sie stünden für einen verderblichen Aberglauben (*exitiabilis superstitio*), zeichneten sich durch ihre menschenfeindliche Haltung (*odium generis humani*) aus und seien wegen ihrer schändlichen Handlungen (*flagitia*) verhaßt – wahrscheinlich eine Anspielung auf schwarze Magie und rituelle Obszönitäten. Mit dieser Charakteristik wollte Tacitus zweifellos sagen, daß die Christen eine religiöse Sekte seien, die auf Grund ihrer Lehre und ihres Kultes mit der religiösen und politischen Ordnung des *Imperium Romanum* unvereinbar sei. Dieselbe Auffassung wird bei Sueton angedeutet, der in seiner Biographie Neros etwa aus dem Jahre 120 kurz erwähnt, Nero habe „die Christen, eine Art von Menschen, die mit einem neuen und verbrecherischen Aberglauben (*superstitio nova et malefica*) behaftet waren, mit harten Strafen" belegt[2]. Mit dem Brand Roms brachte er die neronische Christenverfolgung jedoch nicht in Verbindung.

Man hat gelegentlich gemeint, Nero habe ein Gesetz erlassen, das das Christentum verbot. Das ist jedoch kaum der Fall. Neros Vorgehen gegen die Christen war ausschließlich von dem Wunsch bestimmt, Leute zu finden, die für den Brand Roms verantwortlich gemacht werden konnten – und dazu eigneten sich die unpopulären und verhaßten Christen ganz vorzüglich. Trotzdem blieb die neronische Verfolgung für das Verhältnis von römischem Staat und christlicher Kirche nicht ohne Folgen. Sie schuf einen gefährlichen Präzedenzfall, da sie deutlich gemacht hatte, daß die Christen eine Sekte waren, die für die Interessen des Römischen Reiches im Grunde schädlich war.

In Palästina hatten sich die Christen geweigert, an der nationalen Freiheitsbewegung teilzunehmen, die im Jahre 66 den jüdischen Aufstand auslöste. Als schließlich die römischen Legionen unter der Führung des späteren Kaisers Titus im Jahre 70 Jerusalem eroberten und den jüdischen Kult in dem zerstörten Tempel verboten, war das Judentum vom völligen Untergang bedroht. Unter der Führung der Pharisäer setzte jedoch eine geistige Wiederaufbauarbeit ein. Um die Religion der Väter zu bewahren, lehnte man alle jüdischen Bewegungen ab, die aus orthodoxer Sicht eine Gefahr für die Reinheit des jüdischen Glaubens bildeten. Dazu gehörte vor allem das Christentum, das man mit allen zur Verfügung stehenden Mitteln zu bekämpfen suchte. Gegen Ende des ersten Jahrhunderts war die völlige Trennung von Kirche und Synagoge eine Tatsache. Trotz seines jüdischen Ursprungs und obwohl es in seiner Liturgie, seiner Frömmigkeit und in seiner Organisation durch das Judentum geprägt war, stand das Christentum jetzt als eine selbständige Religion da.

Daraus ergab sich jedoch keine Erleichterung für die Kirche im Römischen Imperium. Die Bevölkerung des Römischen Reiches betrachtete die Kirche mit Haß und Verachtung; und die Juden waren, wie gesagt, mehr als eifrig darum bemüht, das Feuer zu schüren. Man glaubte zu wissen, daß bei den Zusammenkünften der Christen die schlimmsten Schandtaten stattfanden. Hier war der Ort für Kannibalismus und Orgien und ein Leben in Blutschande: so jedenfalls verstand man es, wenn die Christen behaupteten, daß sie beim Abendmahl Leib und Blut des toten und auferstandenen Christus zu sich nähmen und daß sie eine Gemeinschaft seien, in der sie wie Brüder und Schwestern in gegenseitiger Liebe miteinander lebten. Hiermit mischte sich dann die Furcht, sie trieben Magie und betätigten sich als Konspiratoren. Außerdem war man verärgert über die exklusive Lebensweise der Christen. Denn sie weigerten sich kategorisch, die Götter des Römischen Reiches und der einzelnen Städte zu verehren – für sie handelte es sich nur um böse Dämonen. Ebenso lehnten sie es ab, irgend etwas mit der griechisch-römischen Kultur und Zivilisation zu tun zu haben, da damit für sie die Verehrung von Götzen verbunden gewesen wäre. Ihre Verurteilung der Lebensweise des Römischen Reiches befremdete die Menschen – ihr Glaube und ihre Lebensführung seien, meinte man, vom *odium generis humani,* vom Haß gegen das Menschengeschlecht, gekennzeichnet. Durch ihre Weigerung, an dem Kult teilzunehmen, den man den Göttern des Staates um des Bestehens des Römischen Reiches willen schuldete, erwiesen sie sich zugleich als Gottlose (*impii*) und als Staatsfeinde (*hostes rei publicae*). Sowohl aus religiöser als auch aus politischer Sicht mußte man das Christentum als einen neuen und verbrecherischen Aberglauben (*superstitio nova et malefica*) ansehen.

Die wachsende Unpopularität der Christen in der Bevölkerung des Römischen Reiches führte zu zahlreichen Schikanen. Es kam jedoch erst unter Kaiser Domitian (81–96) zu einer neuen Verfolgung von seiten des Staates. Domitian hielt sich selbst wie früher Nero für göttlich, deshalb nannte er sich „Herr und Gott" (*dominus et deus*). Mit großem Eifer wachte er über den kaiserlichen Absolutismus und schlug hart zu gegen alles, was ihn untergraben konnte. Diejenigen, die sich weigerten, am Kaiserkult teilzunehmen und bei dem *genius* des Kaisers zu schwören – er war der erste, der diese Anordnung traf –, waren in seinen Augen „Atheisten" und damit Staatsverbrecher. In Rom fielen sowohl hochgestellte Juden als auch Christen dieser Politik zum Opfer, und aus der Offenbarung des Johannes geht hervor, wie viele Menschen in Kleinasien den Märtyrertod erlitten, weil sie den Kaiserkult ablehnten.

Die Domitiansche Verfolgung währte nur kurz und war wahrscheinlich auf Rom und Kleinasien begrenzt. Sie verfestigte jedoch den Eindruck, daß die römische Staatsmacht die Kirche als unerwünscht und als für die Interessen des Römischen Reiches schädlich betrachtete. Das Bekenntnis zu Christus selbst wurde als ein Staatsverbrechen angesehen. Das war jedenfalls am Anfang des zweiten Jahrhunderts so, wie Plinius der Jüngere beweist.

Plinius, ein gewissenhafter und gradliniger Beamter, war von Kaiser Trajan (98–117) etwa im Jahre 112 als Prokonsul nach Pontus und Bithynien in Kleinasien entsandt worden, um dort geordnete Verhältnisse herzustellen. Unter den vielen Schwierigkeiten, mit denen er sich konfrontiert sah, war auch das Christenproblem. Darüber berichtet er in einem Brief an Trajan. Die Christen waren sowohl in den Städten als auch in den ländlichen Gebieten so zahlreich, daß die heidnischen Tempel fast verlassen waren; die Lieferanten von Opfervieh für den Tempelkult konnten daher ihre Ware nicht loswerden. Infolgedessen hatte man die Christen bei der Obrigkeit verklagt. Plinius zweifelte ebenso wenig wie die Kläger daran, daß diejenigen, die sich zum Christennamen bekannten, mit dem Tode bestraft werden müßten. Diejenigen, die trotz wiederholter Überredungsversuche, sie von Christus abzubringen, an ihrem Glauben festhielten, ließ er hinrichten; wenn es sich um römische Bürger handelte, wurden sie römischer Rechtspraxis entsprechend nach Rom gesandt, um dort den Tod zu erleiden. Plinius hegte keinen Zweifel an der Richtigkeit dieses Vorgehens, da die Christen – ganz abgesehen von der Frage nach ihrem Glauben – dadurch, daß sie seiner Aufforderung nicht nachkamen, „einen starren und unbeugsamen Trotz" (*pertinacia et inflexibilis obstinatio*) an den Tag gelegt hätten – sie hatten sich mit anderen Worten des ernsten Verbrechens des Widerstandes gegen die römische Staatsgewalt schuldig gemacht.

Plinius' Verhalten förderte indessen die Denunziation, wie er selbst berichtet. Man schickte ihm eine Liste vermeintlicher Christen zu. Die nähere Untersuchung zeigte dann jedoch, daß viele von ihnen gar keine Christen mehr waren. Sie wurden augenblicklich freigelassen, wenn sie Christus verfluchten, zu den Göttern beteten und dem Bild des Kaisers, das zusammen mit den Bildern der römischen Staatsgötter im Gerichtssaal aufgestellt war, ein Trankopfer darbrachten und Weihrauch und Wein opferten. Der Umfang der Prozesse ließ es Plinius geraten erscheinen, zu untersuchen, was da eigentlich bei den Zusammenkünften der Christen vor sich ging. Die abgefallenen Christen behaupteten, ihr einziges Verbrechen habe darin bestanden, daß „sie die Gewohnheit gehabt hätten, sich an einem bestimmten Tage vor Sonnenaufgang zu versammeln, einen Hymnus auf Christus als ihren Gott im Wechselgesang zu singen und sich durch Eid (*sacramentum*) nicht zu irgendwelchen Verbrechen, sondern dazu zu verpflichten, keine Diebstähle, keine Räubereien und keine Ehebrüche zu begehen, ihr Wort nicht zu brechen und anvertrautes Gut nicht zu behalten. Danach sei es bei ihnen Sitte gewesen, auseinanderzugehen und dann wieder zusammenzukommen, um ein Mahl einzunehmen, jedoch ein gewöhnliches und harmloses." Für die Richtigkeit dieser Darstellung, die sich wahrscheinlich auf Taufe und Abendmahl der Christen bezieht, hatte Plinius eine Bestätigung von zwei christlichen Diakonissen erhalten, die er hatte foltern lassen. Er konnte daher gegenüber Trajan den Schluß ziehen, daß der Glaube der Christen zwar ein hysterischer und pervertierter Aberglaube (*superstitio prava et immodica*) sei, daß er aber nicht mit Handlungen verbunden sei, die das öffentliche Gesetz und die öffentliche Ordnung verletzten.

Kaiser Trajan billigte in seinem Antwortschreiben das Vorgehen des Plinius völlig. Er stellte fest, daß sich keine klaren rechtlichen Regelungen dafür aufstellen ließen, wie die Christen zu behandeln seien. Es stand jedoch fest, daß das Bekenntnis zu Christus ein Verbrechen war, das bestraft werden mußte. Leugnete dagegen ein Mensch seinen Christenglauben und bewies er dies, „indem er unsere Götter verehrte", so sollte er vor weiterer rechtlicher Verfolgung sicher sein. Doch sollte nach den Christen nicht gefahndet werden, und anonyme Denunziation dürfte nicht zur Grundlage ihrer rechtlichen Verfolgung gemacht werden, „da dies ein schlechtes Beispiel geben würde und unserer Zeit nicht würdig wäre".

Trajans Reskript – das war der technische Ausdruck für die kaiserliche Antwort auf die Anfrage eines Beamten – hatte juristisch betrachtet nur für Pontus und Bithynien Gültigkeit. Tatsächlich aber wurde es als ein wichtiger Präzedenzfall bestimmend für die Stellung der römischen Behörden gegenüber den Christen bis zur Regierungszeit des Kaisers Decius (249–251). Es stand fest, daß das Bekenntnis zu Christus an sich schon ein Verbrechen war, das ohne weiteres mit dem Tode bestraft werden konnte – eine weitere Ursache für die Haltung Trajans scheint dann die Halsstarrigkeit gewesen zu sein, mit der die Christen die Anbetung der Götter des Römischen Reiches verweigerten. Andererseits erkannte die kaiserliche Regierung, daß die Sekte der Christen keine unmittelbare Gefahr für das Römische Reich bot. Daher sollte von seiten der Behörden nicht nach ihnen gefahndet werden, ebenso wie man nicht wünschte, daß die Einwohner des Römischen Reiches aus der rechtlosen Stellung der Christen persönlichen Vorteil ziehen konnten. Im übrigen war es den Provinzstatthaltern überlassen, das Problem der Christen frei und so, wie sie es für richtig hielten, zu lösen. Als diejenigen Beamten, die souveräne Regierungsgewalt (*imperium*) über die Provinzbevölkerung besaßen und deshalb Anspruch auf Gehorsam gegenüber ihren Befehlen hatten, hatten sie die sogenannte *coercitio* inne. Sie gab ihnen das Recht, auf eigene Initiative gegen alle einzuschreiten, die den Frieden und die Ordnung des Reiches bedrohten. In den Fällen, wo von seiten der Bevölkerung Klage gegen die Christen eingereicht wurde, konnten die Provinzstatthalter diese nach den sogenannten *cognitio*-Prozessen verurteilen, wonach sowohl die Urteilsfindung als auch das Strafmaß ganz ihrem eigenen Ermessen überlassen war. Diese Prozeßform wurde am häufigsten gegen die Christen angewandt.

Rechtlich gesehen hingen die Verfolgungen der Christen somit völlig von der Einstellung und Situationsbeurteilung der einzelnen Statthalter ab. Obwohl es feststand, daß die Sekte der Christen im Römischen Reich verboten war, ließ man sie doch im großen und ganzen in Frieden. Man schritt gegen die Christen nur ein, wenn sie, wie es in Pontus und Bithynien der Fall war, eine Bedrohung der öffentlichen Ordnung darstellten. Und selbst dann kam es nur zu einer gerichtlichen Verfolgung der Christen, wenn von seiten der Bevölkerung Klage gegen sie eingereicht worden war.

An und für sich genügte es, die Christen allein wegen ihres Bekenntnisses zum Christentum anzuklagen, aber bald wurde es üblich, klar definierte Anklagepunkte zu verlangen. So betonte Kaiser Hadrian (117–138) etwa im Jahre 125 in einem Reskript an Gaius Minucius Fundanus, den Prokonsul der kleinasiatischen Provinz Asien, daß die Provinzbevölkerung Klagen gegen die Christen nur dann einreichen dürfe, wenn sie beweisen könne, daß diese die bestehenden Gesetze übertreten hätten – und war das der Fall, so sollten sie nach der Art der verbrecherischen Handlungen bestraft werden. Die Absicht des Reskripts war ganz offensichtlich, Christenpogrome zu verhindern und die Denunziation der Christen durch die heidnische Provinzbevölkerung vor dem Prokonsul einzudämmen, der allein die Macht besaß, Todesurteile zu fällen. Das Reskript bedeutete außerdem eine Erleichterung für die Situation der Christen, weil es im Gegensatz zu Trajans Reskript hervorhob, daß sie nur auf der Grundlage erwiesener Verbrechen verurteilt werden dürften. Ganz unmittelbar konnte man angesichts des Inhaltes des Reskripts den Eindruck gewinnen, daß das Bekenntnis zum Christennamen selbst nicht mehr strafbar war. Das war jedoch nicht der Fall, was sowohl die Schriften der christlichen Apologeten als auch die Märtyrerakten unverkennbar deutlich machen.

Es lag in der Machtbefugnis der Provinzstatthalter, eine eingereichte Klage gegen die Christen abzuweisen. Nahmen sie sie dagegen an und leiteten sie einen Prozeß ein, dann beschränkten sie sich selten darauf, aufgrund des bloßen Bekenntnisses, ein Christ zu sein, ein Urteil zu fällen. Man versuchte oft, das Urteil mit konkreten Verbrechen zu begründen. Anfangs spielte die Vorstellung von den schändlichen Handlungen (*flagitia*) wie Kannibalismus, Blutschande und Magie, die, wie man meinte, bei den Zusammenkünften der Christen stattfänden, zweifellos eine wesentliche Rolle bei der Verurteilung der Christen. Als man die Unhaltbarkeit dieser Beschuldigungen erkannte, sah man einen hinreichenden Grund zur Verurteilung in der Widersetzlichkeit (*contumacia*), mit der die Christen die Verehrung der Götter des Römischen Reiches ablehnten. Die Christen konnten ebenso wegen Majestätsbeleidigung (*crimen laesae maiestatis*) verurteilt werden, ein Begriff, der alles umfassen konnte, was Sicherheit und Ordnung des Römischen Reiches verletzte.

Schließlich konnte das Urteil wegen Gotteslästerung (*sacrilegium*) und Gottlosigkeit (*impietas*) gefällt werden, die die Christen an den Tag legten, wenn sie durch ihre Weigerung, die römischen Götter zu verehren, die offizielle Religion des Staates mißachteten.

Trotz der prinzipiellen Absage an die Kirche als einen verbotenen Kult (*religio illicita*), war deutlich, daß die römische Regierung bewußt darum bemüht war, kein großes Aufheben um die Christen zu machen. Stellten sie keine Bedrohung der öffentlichen Ordnung dar, konnten sie unangetastet bleiben. Wo sie durch ihre Zahl Anlaß zu Unruhen seitens der heidnischen Bevölkerung gaben, sah man sich allerdings gezwungen, gegen sie einzuschreiten. Viele erlitten den Märtyrertod, aber häufig beschränkten sich die Provinzstatthalter darauf, die Angeklagten mit Gefängnis, Ausweisung, Deportation in Bergwerke und, soweit es sich um Frauen handelte, in Bordelle zu bestrafen.

Das Zögern der römischen Regierung bedeutete, daß die Christenverfolgungen sowohl zahlenmäßig gering als auch von kurzer Dauer waren. Die Behörden wurden nur aktiv, wenn die heidnische Bevölkerung verlangte, daß sie gegen die unpopulären Christen einschritten – in ihrem Widerwillen und Haß gegen die Kirche lag die wirkliche Ursache der Christenverfolgungen. Wenn die Ruhe wiederhergestellt war, ließen die Behörden gern die Christen in Frieden. Alles in allem wurden sie faktisch toleriert. Das schloß jedoch nicht aus, daß sowohl die Regierung als auch die heidnische Bevölkerung das christliche Gottesvolk als im *Imperium Romanum* unerwünscht betrachtete. Man empfand die Kirche mehr oder weniger bewußt als einen Feind der Gesellschaft, dessen ganze Lebenseinstellung im Widerspruch zu dem politischen, religiösen und kulturellen Wesen des Römischen Reiches stand. Auf Grund ihrer geringen numerischen Stärke hielt man es ja doch bis auf weiteres für die klügste Politik, sich so wenig wie nur irgend möglich mit ihr zu befassen. Sollten die Christen eine akute Gefahr bilden, besaß man ja immer noch die Möglichkeit, sie auszuschalten.

IV. Das Christentum als Herausforderung des Heidentums

Die Beschuldigungen, Schikanen und Verfolgungen, denen die Christen von seiten der Juden, der Heiden und der römischen Kaiser ausgesetzt waren, betrachteten sie selbst als normale Bedingungen des Lebens in Christo. Da sie in der Taufe mit Christus eins geworden waren, mußten sie ihm in seinem Leiden und Tod nachfolgen, um danach an seiner Auferstehung teilzuhaben. Der Getaufte war Christi Soldat, der gegen die Sünde und den Teufel und dessen böse Dämonen kämpfte. Drangsal und Widerstand waren nur Reaktionen, die die Christen zu erwarten hatten, wenn sie zum Angriff auf die Herrschaft des Satans übergingen.

Im Martyrium erreichte der Kampf des Christen gegen die Mächte des Bösen seinen Höhepunkt. In den Christenverfolgungen versuchte der Teufel, die Gläubigen zur Verleugnung Christi als ihres Retters zu bringen. Wer diesen Versuch zurückwies und sich statt dessen Leid und Tod unterwarf, der folgte in Wahrheit Christus nach und wurde ihm gleich. Christus selbst kam dann denen, die im Gefängnis saßen und den Märtyrertod erwarteten, zu Hilfe; in Wirklichkeit litt und starb *er* in ihnen. Die Märtyrer waren deshalb „Christusträger". Der Siegeskranz für ihr Martyrium war nicht nur die vollständige Vergebung aller ihrer Sünden, sondern auch die unmittelbare Aufnahme in das Paradies, wo sie mit den Heiligen des Alten Testaments und den Aposteln gemeinsam herrschten.

Das Verlangen nach dem Martyrium hatte die Sinne so stark eingenommen, daß viele Christen es geradezu als eine Pflicht ansahen, das Martyrium zu suchen. Deshalb traten sie gelegentlich den Behörden gegenüber so provozierend auf, daß diese ganz einfach gezwungen waren, sie wegen ihrer offensichtlichen Aufsässigkeit zum Tode zu verurteilen. Andere Christen rieten zwar von einem provozierenden Auftreten gegenüber den Repräsentanten der römischen Macht ab, aber jeder Christ wußte, daß das Bekenntnis zu Christus die Pflicht bedeutete, alles um seinetwillen zu dulden und zu erleiden, und daß einem Menschen nichts Höheres widerfahren konnte als der Märtyrertod. Die Christen konnten also durch Androhung von Gewalt und Hinrichtung nicht zur Aufgabe ihres Glaubens bewegt werden. Für sie stand fest, daß man Gott mehr als den Menschen gehorchen mußte (vgl. Apostelgeschichte 4,19). Gottes Forderung an die Menschen hatte unbedingte Gültigkeit, und ihr gegenüber mußte alles andere zurückstehen.

Rom hatte der Kirche eine prinzipielle Absage erteilt und das Christentum für eine verbotene Religion erklärt, weil es den Interessen des Reiches schadete. Dies bewirkte indessen bei den meisten Mitgliedern der Kirche keine Änderung ihrer Haltung zum Römischen Reich. Bis zur Ankunft des Herren mußten sie dem Kaiser und seinen Statthaltern gehorchen „als Männern, die von Gott zur Bestrafung derer gesandt sind, die das Böse tun, und zum Lobe derer, die das Gute tun". So ermahnte der Verfasser des 1. Petrusbriefes die kleinasiatischen Gemeinden etwa gegen Ende des ersten Jahrhunderts. Die Christen sollten sich über die Leiden freuen, die um Christi willen über sie kamen (vgl. 1.Petrus 4,12–14), aber in allem sollten sie pflichttreu gegenüber den Behörden sein. Ihre politische Loyalität sollten sie durch Gebete für den Kaiser und die *pax Romana* bekunden.

Im 1. Klemensbrief, etwa aus dem Jahre 95, ist uns ein Kirchengebet überliefert, daß direkt berichtet, wie die Gemeinde in Rom trotz der neronischen und der diokletianischen Verfolgung das Römische Reich in ihr Gebet einschloß: „Gib Eintracht und Frieden uns und allen, die auf der Erde wohnen, wie du unseren Vätern gegeben hast, die dich fromm in Glauben und Wahrheit angerufen haben, da wir gehorsam sind deinem allmächtigen und herrlichen Namen und unseren Herrschern und Fürsten auf Erden. Du, Herr, hast ihnen die Herrschergewalt gegeben kraft deiner erhabenen und unsagbaren Macht, auf daß wir die Herrlichkeit und Ehre erkennen können, die du ihnen gegeben hast, und ihnen gehorchen können, indem wir in nichts gegen deinen Willen stehen. Gib ihnen, Herr, Gesundheit, Frieden, Eintracht und Ruhe, so daß sie ohne Tadel die Herrschaft, die du ihnen verliehen hast, ausüben können. Denn du, himmlischer Herr, König der Äonen, gibst den Menschen Herrlichkeit, Ehre und Macht über das, was auf Erden ist. Lenke du, Herr, ihre Beschlüsse nach dem, was gut und wohlgefällig ist vor dir, damit sie fromm und in Frieden und Sanftmut die Herrschaft ausüben, die du ihnen verliehen hast, und so bei dir Barmherzigkeit finden" (Kap. 60,4–61,2).

Dieses Gebet, das die Christen ohne Zweifel vom Diasporajudentum übernommen hatten, brachte eine bedingte Loyalität gegenüber der römischen Herrschaft zum Ausdruck. Die starke Betonung der Tatsache, daß die politische Macht von Gott verliehen war, weist eindeutig auf die Grenze für die Ausübung der Macht: sie war nach Gottes Willen dazu bestimmt, Gerechtigkeit, Frieden und Eintracht zu schaffen. Die Herrscher waren Gott gegenüber verantwortlich für ihre politische Amtsführung, und das schloß die Möglichkeit ein, sie zu verurteilen, falls sie ihre Vollmacht für eigene Zwecke mißbrauchten. Aus dieser Auffassung von Obrigkeit ergab sich weiterhin, daß man ihr vorbehaltlos zu gehorchen hatte, sofern ihre Gesetze und Verordnungen nicht gegen Gottes Willen verstießen; im entgegengesetzten Fall galt unbedingt, daß man Gott mehr gehorchen mußte als den Menschen.

Die Erwartung der Wiederkunft Christi in Macht und Herrlichkeit wurde in der ältesten Christenheit mit Vorstellungen und Bildern geschildert, die auf die spätjüdische Apokalyptik zurückgingen. Eine harte Zeit der Bedrängnis sollte der „Ankunft des Herrn" vorausgehen (vgl. Markus 13 par. und 2.Thessalonicher 2,1–12). Krieg und Katastrophen, Not und Elend waren Zeichen des bevorstehenden Weltendes. Die Mächte des Bösen würden sich vereinigen und in einer gewaltigen Anstrengung das christliche Gottesvolk auszurotten versuchen. Die Christen würden harten Verfolgungen ausgesetzt sein, die Gotteslästerung würde Triumphe feiern, und es würden Männer auftreten, die sich durch Zeichen und Wunder als Retter und Propheten ausgeben würden, um die Gläubigen in die Irre zu führen. Das Martyrium war das Kennzeichen der wahren Kirche, und es war zugleich ein Vorzeichen dafür, daß

Christus bald kommen und sein Volk aus aller Bedrängnis befreien würde.

Auch die Absage an die Kirche durch die römische Regierungsgewalt wurde von vielen Christen unter dieser apokalyptischen Perspektive verstanden. Die Offenbarung des Johannes schildert z.B., wie der Gegensatz zwischen dem *Imperium Romanum* und der Kirche Ausdruck des unerbittlichen Kampfes zwischen dem Teufel und Gott war. Es war der Teufel, der hinter dem Römischen Reich stand. Er hatte dem Kaiser Macht und Vollmacht gegeben, über alle Völker zu herrschen (vgl. 13,2–7). Als der Diener und das Werkzeug des Teufels war der Kaiser der Antichrist selbst, dessen gotteslästerliches Wesen sich darin kundtat, daß er sich als göttlich proklamierte und die eigene Anbetung verlangte (13,8). Er hatte, so wird in 13,11–18 berichtet, einen Propheten, der eifrig für den Kaiserkult Propaganda machte und die Vollmacht zu dessen Durchsetzung und zur Ausrottung all derer besaß, die Anbetung und Opfer für das Bild des Kaisers ablehnten. Der Konflikt zwischen der antichristlichen römischen Herrschaftsgewalt und der Kirche spitzte sich so auf die Frage nach dem Kaiserkult zu. Mäyrtyrer der Kirche waren die, die sich weigerten, den Kaiser als eine göttliche Person zu verehren. Doch die verfolgte Kirche sollte getrost aushalten, da Christus bald kommen und das Römische Reich vernichten würde.

Für den Verfasser der Offenbarung des Johannes mußte das Bekenntnis zu Christus zum Konflikt mit der Macht des römischen Kaisers als der Macht des Antichristen selbst führen. Eine friedliche Koexistenz war unmöglich, der Gegensatz zwischen Imperium und Kirche war prinzipieller Natur. Diese Auffassung war, wie wir gesehen haben, keineswegs einhellig. Doch war das apokalyptische Verständnis der Christenverfolgungen eine kräftige Strömung im Leben der Kirche. Wann immer Verfolgungen über die Christen kamen, so lösten sie eine starke apokalyptische Stimmung aus und ließen die Verfolgten das Römische Reich als das Reich der Gottlosigkeit auffassen, das zum Untergang bei der Ankunft Christi verurteilt war. Die Begeisterung für das Martyrium und die Apokalyptik verschmolzen und verstärkten so nur die Aufsässigkeit (*contumacia*) der Christen gegen die Machthaber des Römischen Reiches.

Der Verfasser der Offenbarung des Johannes hatte klar erkannt, daß das *Imperium Romanum* und die Kirche ihrem ganzen Wesen nach einen Gegensatz zueinander bildeten und daß es deshalb zu einem Konflikt auf Leben und Tod kommen mußte. Obwohl diese Ansicht von der der römischen Machthaber im Prinzip nicht abwich, liefen deren Bestrebungen, wie wir gesehen haben, ganz eindeutig darauf hinaus, das Christenproblem zu minimalisieren. Soweit es überhaupt angesichts des Widerwillens und Hasses der heidnischen Bevölkerung gegen die Christen möglich war, ließ man die Christen in Frieden; sollten sie eine Bedrohung der öffentlichen Ordnung heraufbeschwören, so konnte man ja jederzeit gegen sie einschreiten. Obwohl die Kirche eine verbotene Sekte war, erhielt sie so faktisch die Möglichkeit, sich auszubreiten, ihr religiöses Leben zu entfalten und eine feste Organisation zu schaffen.

Gegen Ende des ersten Jahrhunderts war das Christentum eine gegenüber dem Judentum selbständige Religion. Seine Anhänger waren jedoch nur ein verschwindend kleiner Teil der Bevölkerung des Römischen Reiches. Christliche Gemeinden gab es – von wenigen Ausnahmen abgesehen – nur in den großen Städten im Osten und in Rom und Karthago im Westen. Obgleich also an Zahl und Bedeutung gering – hinzu kam, daß ihre Anhänger im großen und ganzen den unteren Gesellschaftsschichten angehörten –, besaß die Kirche ein erstaunliches Selbstbewußtsein. Sie behauptete, die neue Menschheit zu repräsentieren, die Christus von den Mächten des Bösen erlöst habe. Die unerschütterliche Überzeugung, daß Christus allein der Erlöser und Richter der Welt sei und daß die Botschaft von ihm dazu bestimmt sei, an alle Menschen hinauszugehen, gab der Kirche einen dynamischen, expansiven Charakter. Es war ganz einfach die Pflicht der Christen, Missionare zu sein.

Die Verkündigung der Kirche war klar und eindringlich. Sie versprach den Menschen Befreiung von der Macht der bösen Dämonen, Gemeinschaft mit dem einen wahren Gott, Auferstehung von den Toten und ein ewiges Leben mit Gott. Bedingung für diese Erlösung war, daß man allen falschen Göttern abschwor und ein heiliges Leben nach Gottes Willen führte. Wer bereit war, zu glauben und zu leben, was die Kirche lehrte, und Ja dazu sagte, der wurde durch die Taufe in das christliche Gottesvolk aufgenommen. Dieses Gottesvolk war eine wirkliche Gemeinschaft, die ihren höchsten Ausdruck im Sonntagsgottesdienst bei der Feier des Abendmahls fand. Zum auserwählten Volk Gottes zu gehören bedeutete, daß man verpflichtet war, einander zu lieben, und das schlug sich konkret in der Forderung nieder, einander bei Krankheit, Armut und jeder Form zeitlicher Not zu helfen.

Im Laufe des zweiten Jahrhunderts entwickelte die Kirche eine Organisation, die überall dasselbe Muster aufwies. Die einzelnen Gemeinden wurden von einem Bischof geleitet; Diakone und Presbyter halfen ihm, die religiösen und sozialen Aufgaben zu erfüllen. Der Bischof leitete die gottesdienstlichen Handlungen und war verantwortlich für die Reinheit der Lehre und die Heiligkeit der Gemeinde.

Die Kirche trat im zweiten Jahrhundert als ein „Staat im Staate" auf. Sie war eine fest organisierte Gemeinschaft, die auf den ganzen Menschen Anspruch erhob. Sie repräsentierte eine Lebensanschauung und eine Lebensweise mit klaren Konturen. Sie konnte durch ihren Kult das Erlösungsverlangen der Menschen befriedigen und hatte zugleich eine Gemeinschaft entwickelt, die den einzelnen tragen und einen Rahmen um sein Dasein bilden konnte. Diese religiösen und sozialen Qualitäten waren eine wesentliche Ursache für die Ausbreitung der Kirche im römischen Imperium. Die Kirche war wirklich eine neue Menschheit, die sich auf jede Weise von der übrigen Bevölkerung des Reiches unterschied. In und durch ihre Existenz selbst war die Kirche eine Herausforderung für das Römische Reich.

Das Wachstum der Kirche verstärkte nur den Widerwillen und die Kritik der heidnischen Bevölkerung. Der Glaube und die Lebensführung der Christen waren allerdings inzwischen so bekannt, daß die Beschuldigungen, sie treibe Magie und verübe Ritualmord, nicht mehr die Hauptanklagepunkte waren – sie wurden jedoch weiterhin beständig wiederholt, bis weit in das dritte Jahrhundert hinein. Alle Nicht-Christen stimmten jedoch darin überein, daß die Christen sich der „Gottlosigkeit" und des „Hasses gegen das Menschengeschlecht" schuldig machten. Es stand fest, daß die Kirche eine Lebensauffassung vertrat und eine Lebensführung forderte, die mit religiöser und politischer Illoyalität gegenüber dem römischen Imperium gleichbedeutend waren.

In dem Maße, in dem die missionarische Verkündigung um sich griff und begann, in die höheren Gesellschaftsschichten Eingang zu finden, wurden auch die philosophisch Gebildeten auf die neue Religion aufmerksam. Ihre Reaktion bestand in einer glatten Ablehnung des Christentums als eines schwärmerischen Aberglaubens (*superstitio*). Es war nicht nur gesellschaftsschädlich, sondern auch eine kulturlose Barbarei, die in eklatantem Widerspruch zur griechisch-römischen Kultur stand. Eine nähere Untersuchung des christlichen Glaubens brachte sie zu der Überzeugung, daß er aus einer Anhäufung von vernunftwidrigen Mythen bestand; vor allem richteten sie ihr Augenmerk auf die Auffassung, daß Christus als Gottes Sohn Mensch geworden war und den Tod am Kreuz erlitten hatte, und auf die Vorstellung von der Auferstehung des Leibes. Solche ungereimten Behauptungen konnte man nur den gutgläubigen kleinen Leuten aufbinden, da diese ja ohne jede philosophische Einsicht und Bildung waren. Die soziale Zusammensetzung der Kirche bestätigte dies nur: sie war eine Ansammlung des Auswurfs der Menschheit. Die unwissende Masse war von der Zusage der Kirche angezogen worden, daß Gott mit ihren Sünden nachsichtig sei, sich ihrer als seiner Kinder annehme und ihnen das ewige Leben schenken werde. Dies war für den philosophisch Gebildeten gleichbedeutend mit: menschliche Dummheit und Schlechtigkeit zu belohnen und die *humanitas* geringzuschätzen, die unter dem wahren Menschen den verstand, der durch philosophische Bildung und Erziehung auf Grund seiner intellektuellen und moralischen Kräfte eine innere Harmonie zu schaffen und seinen natürlichen Platz im Universum zu finden vermochte.

Durch die Kritik und die Angriffe der Philosophen auf das Christentum hatte der Unwille über die Kirche neue Schärfe und Kraft gewonnen. Die geistige Elite hatte sich der Absage des Staates an die Kirche angeschlossen – und dies hatte Gewicht, da sie im zweiten Jahrhundert die kaiserliche Gewalt vollständig akzeptiert hatte und mit ihr davon überzeugt war, daß es die göttliche Bestimmung des Römischen Reiches sei, der Menschheit Kultur und Zivilisation zu schenken.

Die Kirche hatte, wie wir gesehen haben, von Anfang an den Gläubigen eingeschärft, daß sie alle Anklagen, Ungerechtigkeiten und Verfolgungen mit demütigem und sanftmütigem Sinn hinnehmen sollten. Niemand durfte sich selbst zu seinem Recht verhelfen. Christus selbst würde die Gottlosen und Ungerechten bei seinem baldigen „Kommen mit den Wolken des Himmels" richten. Auch im zweiten Jahrhundert fühlte die Kirche sich als das auserwählte Volk Gottes, dessen Leben hier auf Erden nur den Charakter der Vorläufigkeit hatte. Man erwartete jedoch nicht mehr den unmittelbaren Untergang der Welt. Die Verzögerung des Kommens des Reiches Gottes gab dem Verhältnis der Kirche zur Welt eine ganz neue Aktualität. Die Kirche mußte sich darauf einstellen, bis auf weiteres im Römischen Reich zu leben – und das bedeutete, daß sie um ihre Existenzrecht kämpfen mußte.

Gegen Mitte des zweiten Jahrhunderts war es der Kirche gelungen, für ihren Glauben Menschen zu gewinnen, die eine literarische und philosophische Bildung genossen hatten. Als Christen sahen sie es nun als ihre Aufgabe an, die Gebildeten für das Christentum zu gewinnen. Sollte es überhaupt gelingen, der christlichen Botschaft Gehör zu verschaffen, war es jedoch notwendig, die Unhaltbarkeit der Beschuldigungen aufzuzeigen, die gegen die Christen erhoben wurden, und all die Vorurteile abzubauen, die der Kirche gegenüber entstanden waren. Nicht zuletzt war ihnen an dem Nachweis gelegen, daß die negative Einstellung des römischen Staates zur Kirche jeder sachlichen Grundlage entbehrte. Mit diesen sogenannten Apologeten, den Verteidigern der christlichen Lehre, begann die Kirche von der Mitte des zweiten Jahrhunderts an, sich auf literarischer Ebene auf eine Diskussion mit dem Römischen Reich, seinen Religionen und seiner Philosophie einzulassen.

Die literarischen Fürsprecher der Kirche wurden nicht

müde zu betonen, daß die Behandlung des Christenproblems durch die römische Regierung und Verwaltung gegen alles, was recht und billig ist, verstieß. Es sei ungerecht, die Christen wegen ihres Bekenntnisses zu Christus zu bestrafen. Die Christen dürften nur bestraft werden, sofern sie sich gegen die geltenden Gesetze vergangen hätten. Ihre Handlungen und nicht allein der bloße Name sollten die Grundlage für jede rechtliche Verfolgung sein.

Man beschuldigte zwar die Christen der Gottlosigkeit und mangelnder Loyalität gegenüber dem Römischen Reich und seinen Interessen. Aber dies geschah im Grunde nur aus Unkenntnis des Christentums. Ganz abgesehen davon, daß der Staat ja nicht Leute verfolgte, die die Götter lästerten, war es völlig unbegründet, die Christen der Gottlosigkeit zu beschuldigen. Es war richtig, daß sie sich weigerten, an den traditionellen Kulten teilzunehmen, aber der Grund war doch, daß diese nichts anderes als ein großer religiöser Betrug waren. Die Christen waren ganz im Gegenteil die einzigen Frommen, weil sie den einen wahren Gott anbeteten, der sein Wesen und seinen Willen im Alten Testament und in Christus offenbart hatte. Sie enthielten keineswegs dem Römischen Reich göttliche Hilfe und Schutz vor. Sie riefen ja gerade den Schöpfer des Himmels und der Erde an, damit er die Kaiser beschütze und durch sie dem Römischen Imperium Frieden und Ordnung, Glück und Fortschritt schenke.

Daß die Christen feindlich gegen die Gesellschaft eingestellt sein sollten, war ebenfalls eine Beschuldigung, die jeder Grundlage entbehrte. Wenn sie auch den römischen Kaiser nicht als göttlich anbeten konnten, so achteten und respektierten sie ihn doch höher als irgendeinen anderen Menschen auf Erden. Es war richtig, daß die Christen ein göttliches Reich verkündeten, aber man mißverstand die Sache völlig, wenn man meinte, daß die Christen damit gegen das Römische Imperium konspirierten. Das Reich Gottes, welches sie erwarteten, war nicht von dieser Welt und bedeutete deshalb keine Bedrohung der kaiserlichen Macht. Das Verhalten der Christen bestätigte dies mit aller wünschenswerten Deutlichkeit. Sie bezahlten bereitwillig ihre Steuern und Abgaben und befolgten die Gesetze des Reiches.

Die römische Staatsgewalt hätte verstehen müssen, daß die Christen – weit davon entfernt, gesellschaftsschädlich zu sein – in Wirklichkeit die besten Helfer waren, wenn es galt, Recht, Frieden und Ordnung zu sichern. Die Apologeten bemühten sich mit großem Eifer zu beweisen, wie die Forderungen, die das Christentum an seine Anhänger stellte, gerade zur Sicherung der *pax Romana* beitrugen, die sie vorbehaltlos als die Zielsetzung der kaiserlichen Politik akzeptierten. So war es den Christen verboten, zu morden sowie Unzucht und Ehebruch zu treiben und überhaupt irgendeine Ungerechtigkeit zu begehen. In Wirklichkeit verlangte die christliche Ethik hier nichts anderes als die alten römischen Tugenden. Darüber hinaus wurde den Christen auferlegt, jeden Menschen zu lieben – auch ihre Feinde. Außerdem übertraf das Christentum bei weitem die kaiserliche Gesetzgebung. Sie konnte nur die bestrafen, die notorisch die Gesetze übertraten – und die Einwohner des Römischen Reiches konnten sich ohne große Schwierigkeiten dem Arm des Gesetzes entziehen. Ganz anders verhielt es sich mit der christlichen Ethik. Sie verlangte unter Androhung von Gericht und ewiger Strafe nicht nur die Taten der Gerechtigkeit, sondern auch eine gerechte Gesinnung. Dem allmächtigen, allwissenden und alles sehenden Gott konnte niemand entgehen. Jeder mußte sich am Tage des Gerichts für alle seine Gedanken, Worte und Taten verantworten, und einen stärkeren Ansporn für eine rechtschaffene Lebensführung gab es nicht. Das Christentum konnte daher im Gegensatz zu Kaiser und Reich die wahre göttliche Autorität zur Grundlage ihrer ethischen Verkündigung machen.

Die Apologeten waren davon überzeugt, daß die römische Staatsgewalt, wenn sie erst erkannte, was die Kirche versprach, ihr das Existenzrecht im Imperium einräumen müsse. Dazu war sie verpflichtet, wenn sie sich auf Recht und Wahrheit berief und nicht an menschliche Traditionen und Vorurteile gebunden war. Verstand sie ihr eigenes Wohl richtig, so mußte sie ganz einfach die Kirche anerkennen – die Kirche war kraft ihrer religiösen und ethischen Qualitäten schlicht unentbehrlich für das Römische Imperium.

Der Kampf der Apologeten für die rechtliche Anerkennung der Kirche blieb ohne Erfolg. Ihre Schriften trugen ganz im

Gegenteil nur dazu bei, den Eindruck zu verfestigen, daß Christentum gleichbedeutend mit Auflösung des Römischen Imperiums sei. Der Appell an die politischen Machthaber war alles andere als respektvoll. Unmißverständlich wurde festgestellt, daß der christliche Gottesglaube die absolute Priorität besitze und daß der Kaiser wie jeder andere Mensch zum Gehorsam gegen den Gott der Christen verpflichtet sei und folglich sich für seine Taten am Tage des Gerichts verantworten müsse. Dem Kaiser wurde jede Göttlichkeit abgesprochen, und damit wurde natürlich auch der Kaiserkult abgelehnt.

Die Apologeten wollten Lehre und Wesen des Christentums darstellen, um alle Mißverständnisse und Vorurteile auszuräumen. Dieses Unternehmen wurde jedoch von einer scharfen Polemik gegen das Heidentum begleitet. Das Heidentum habe nichts mit der wahren Gottesverehrung zu tun. Was die Bevölkerung des Römischen Reiches Götter nenne, seien entweder schlicht und einfach menschliche Hirngespinste oder böse Dämonen, die auf das Verderben und den Untergang der Menschheit sännen. In der griechisch-römischen Göttermythologie fanden die Apologeten ein willkommenes Material, um zu beweisen, wie willkürlich die Götter seien und wie sehr sie in der Gewalt ihrer Leidenschaften gefangen seien, so daß sie die schändlichsten Taten begingen. Die Verehrung solcher Götter könne nur dazu dienen, das Böse und die Unmoral zu fördern, und das sei es eben, worauf es die bösen Dämonen abgesehen hätten. Auch die heidnischen Kulte kamen nicht mit heiler Haut davon. Es sei höchst absurd und geradezu gotteslästerlich zu glauben, daß man das Göttliche verehren könne, indem man Götterbilder, die Menschen aus vergänglichem Material wie Holz und Metall verfertigt hätten, anbetete.

Wollten die Apologeten die Heiden für ihren Glauben gewinnen – und das war die wirkliche Absicht ihrer Schriften –, so mußten sie mit der Kritik der Gebildeten am Christentum als einer kulturlosen Barbarei, die bar jeder philosophischen Einsicht war, abrechnen. Dieser Kritik fehlte in ihren Augen jede sachliche Grundlage. Wenn man, wie es die führenden Philosophen der Zeit taten, unter Philosophie die Erkenntnis „der göttlichen und menschlichen Dinge" verstand, dann mußte ganz besonders das Christentum eine Philosophie genannt werden, ja, es allein konnte den Anspruch erheben, die wahre Philosophie zu sein. Der Glaube der Christen baute ja auf Gottes Offenbarung. Sie fand man im Alten Testament und in der Inkarnation, in der Christus als die Vernunft Gottes („logos") in menschlicher Gestalt erschien. Hier fand man eine unverbrüchlich sichere Erkenntnis Gottes und des Menschen. Dies stand im schärfsten Gegensatz zur Arbeit der Philosophen, auf die die Gebildeten hinwiesen, um das Christentum zu diskriminieren. Daß man hier die philosophische Wahrheit nicht gefunden hatte, dafür war in den Augen der Apologeten die Existenz der Philosophenschulen selbst das beste Zeugnis. Es gab hier nichts, worin sich die Philosophen einig werden konnten. Alles stand zur Debatte und war Gegenstand der unterschiedlichsten Auffassungen. Dazu kam, daß das, was die einzelnen Philosophen als Wahrheit ausgaben, einer kritischen Prüfung nicht standzuhalten vermochte. Die wenigen Funken der Wahrheit, die die Philosophen vortrugen, waren mit so vielen falschen Meinungen vermengt, daß sie völlig verdunkelt wurden. Auch hier trieben die Dämonen ihr Spiel und versuchten, Menschen zu Irrtum und Betrug zu verführen.

Bis ins einzelne bemühten sich die Apologeten zu zeigen, wo die verschiedenen Philosophen Falsches über Gott und den Menschen lehrten. Wo sie Wahres lehrten, da war es jedoch nicht ihr eigenes Verdienst. Sie hatten diese Einsicht entweder aus dem Alten Testament gewonnen, oder sie hatten sie sich durch Christus angeeignet, der als der göttliche „logos" ihnen eine gewisse Wahrheitserkenntnis geschenkt hatte. Da das, was die Philosophen richtigerweise erkannt hatten, christlichen Ursprungs war, war es folglich ganz überflüssig, sich an sie zu halten, nachdem Christus als Gottes Wahrheit selbst Mensch geworden war. Im Christentum war das wahre Wissen deutlich und unverfälscht dargestellt. Auch in anderer Hinsicht übertraf die Philosophie der Christen die des Heidentums. Diese war denjenigen vorbehalten, die eine philosophische Schulung erhalten hatten, der offenbarten Wahrheit des Christentums konnten dagegen alle teilhaftig werden. Sie war für jeden bestimmt und vermochte ungebildete Menschen zu Philosophen zu machen, die an Erkenntnis des Göttlichen alle heidnischen Philosophen übertrafen.

Die Verteidigung des Christentums durch die Apologeten lief auf eine Ablehnung des Heidentums und der griechisch-römischen Philosophie hinaus. In ihrer Kritik machten sie fleißig von der philosophischen rationalistischen Kritik an den Volksreligionen Gebrauch, und sie nutzten weitgehend die Argumente aus, mit denen die einzelnen Philosophen einander bombardiert hatten. Ihr Angriff wurde mit größter Konsequenz geführt. Schonungslos stellten sie alle Schwächen und Widersprüche im religiösen und philosophischen Denken ihrer Zeit bloß. Dem *mos maiorum,* den althergebrachten Traditionen, sprachen sie jede apriorische Gültigkeit ab. Der Tradition durfte man nicht kritiklos folgen, sie war von der Wahrheit aus zu beurteilen, auf die allein der Mensch verpflichtet war.

Die Wahrheit war indessen der christliche Glaube, der Gott als den persönlichen Schöpfer und Erlöser und den Menschen als zum verantwortlichen Gehorsam Gottes Willen gegenüber geschaffen ansah. Von dieser Grundlage aus konnten die Apologeten ihren Angriff auf das Heidentum mit fester und sicherer Hand führen. Sie besaßen einen eindeutigen Maßstab für das, was zu verwerfen war, und das, wovon sie Gebrauch machen konnten. Hier gab es nichts von dem Zögern und der Unsicherheit, die so vieles in der Behandlung der religiösen Fragen durch die Philosophie kennzeichneten. Wenn man unter Rationalität Zusammenhang und Folgerichtigkeit versteht, dann war das Christentum die einzige rationale Religion in der Kaiserzeit! Es stellte seine Zeit vor die Forderung nach Klarheit und Konsequenz gegenüber allen religiösen Problemen – und dies war in höchstem Maße eine Herausforderung an die Philosophen, die in oft widersprüchlicher Weise versuchten, philosophisches Denken mit Loyalität gegenüber den traditionellen Religionen und Kulten zu verbinden.

Die Angriffe auf die religiöse Vorstellungswelt und das philosophische Denken des Heidentums dienten dem Ziel, dem Christentum den Weg zu bahnen. Das Christentum war eine klare Alternative zum Lebensverständnis des Heidentums. Alles war orientiert an dem Glauben an Gott als den

Schöpfer Himmels und der Erden, der in seiner Allmacht alles nach seinem Willen lenkte. Von ihm als dem einzigen Gott war alles andere abhängig und dazu bestimmt, seinem Willen zu folgen. Dies schloß die Entmythologisierung des Universums ein, da es als Geschaffenes Gottes Herrschaft unterworfen war. Deshalb mußten die Christen die Astralreligion und den damit verbundenen Schicksalsglauben verwerfen. Die Natur war weder göttlich noch geheimnisvollen Kräften unterworfen, die der Mensch zu fürchten hatte – der Mensch war im Gegenteil als die höchste Schöpfung dazu bestimmt, sich die Erde im Gehorsam gegen Gottes Willen untertan zu machen. Die Geschichte war weder Ausdruck blinder Zufälligkeit, noch verlief sie in einem ewigen Kreislauf. Der Verlauf der Geschichte hatte einen Sinn und diente einem bestimmten Ziel. Hier verwirklichte Gott seinen Erlösungswillen, und hier sollte der Mensch in freiem und verantwortlichem Handeln Gottes Bestimmung seines Lebens erfüllen.

Das Christentum stellte also ein Lebensverständnis von innerer Geschlossenheit dar, das eine neue Problemstellung in das religiöse und philosophische Leben der Spätantike einführte. Sein kompromißloser Charakter, der die scharfen Angriffe auf das Heidentum und dessen philosophisches Denken bestimmte und der außerdem durch die Bereitschaft seiner Anhänger, für ihre Überzeugung den Tod zu erleiden, eindrucksvoll bestätigt wurde, bürgte dafür, daß man es hörte.

In der zweiten Hälfte des zweiten Jahrhunderts hatte sich die Kirche so sehr gefestigt, daß es unmöglich war, ihre Existenz außer acht zu lassen. Sie wuchs stetig, zugleich aber hatte sie durch ihre Schriftsteller deutlich gemacht, daß sie in unvereinbarem Gegensatz zu den politischen, religiösen und philosophischen Traditionen des Römischen Reiches stand.

Daß die Kirche eine Herausforderung darstellte, die man nicht unbeachtet lassen konnte, zeigt der platonische Philosoph Kelsos. Er verfaßte etwa im Jahre 170 eine Schrift „Die wahre Lehre", eine umfassende Abrechnung mit dem Christentum. Sie gab auf eine äußerst instruktive Weise die ablehnende Haltung der Gebildeten gegenüber dem christlichen Glauben wieder. Neu war allerdings, daß Kelsos' Angriff auf einer eingehenden Kenntnis des Christentums aufbaute, und dies verlieh zusammen mit der ausführlichen Begründung seiner Kritik seiner Schrift Durchschlagskraft.

Auch bei Kelsos hatte es Befremden hervorgerufen, daß die Christen sich von der übrigen Menschheit losgesagt und dem Römischen Imperium mit seiner politischen Ordnung, seinen religiösen Traditionen und seinem philosophischen Denken Geringschätzung entgegengebracht hatten. Er begriff aber, daß diese exklusive und intolerante Haltung eine einfache Konsequenz ihres Glaubens war: die Christen waren das auserwählte Volk, das Gott durch die Inkarnation seines Sohnes von der Welt erlöst hatte. Diese Auffassung war indessen für Kelsos ganz ungeheuerlich und in Wirklichkeit Ausdruck eines ganz unwürdigen Gottesverständnisses. Die alten Lehren hatten mit Recht hervorgehoben, daß „Gott gut und schön und glücklich ist und in dem schönsten Zustand existiert. Wenn er zu den Menschen herabsteigt, muß er eine Veränderung durchmachen, eine Veränderung vom Guten zum Bösen, vom Schönen zum Schändlichen, vom Glück zum Unglück und von dem, was das beste ist, zu dem, was am bösesten ist. Wer würde eine solche Veränderung wählen? Es ist allein die Eigenart eines sterblichen Wesens, sich zu verändern und zu verwandeln, während es die Eigenart eines unsterblichen Wesens ist, ohne Veränderung derselbe zu bleiben. Folglich konnte sich Gott einer solchen Veränderung nicht unterziehen"[3]. Es war ebenso völlig lächerlich, wenn die Christen glaubten, Gott habe es nötig, seinen himmlischen Thron zu verlassen, um sich mit dem Menschen zu befassen. Ging es darum, den Menschen besser zu machen, so konnte er das wohl mit seiner göttlichen Kraft tun, ohne Menschengestalt anzunehmen. Daß die Menschen erst durch Christus zur Gotteserkenntnis gekommen sein sollten, war auch ziemlich unsinnig, da es voraussetzte, daß sich Gott bis dahin überhaupt nicht um die Menschheit gekümmert hatte.

Wenn ein solch absurder Glaube sich überhaupt hatte einbürgern können, so war das nach Kelsos' Auffassung darauf zurückzuführen, daß Christus und seine Jünger durch Betrug und magische Künste Menschen, denen man bei ihrem Mangel an philosophischer Bildung alles aufbinden konnte, verführt hatten. Die Anhänger des Christentums waren daher ganz konsequent, wenn sie jegliche Beschäftigung mit der Philosophie ablehnten und sagten, daß der bloße Glaube genüge. Die Scharen der Christen waren denn auch eine offensichtliche Demonstration dieses kulturlosen Aberglaubens. Die christlichen Gemeinden bestanden aus ungebildeten Sklaven, Handwerkern, Frauen und jungen Leuten, weil nur hier die aggressive und stumpfsinnige Missionspropaganda der Kirche die Möglichkeit hatte, sich durchzusetzen. Das Christentum war in jeder Hinsicht eine Religion der Verdummung, die nur im Auswurf der Menschheit gedeihen konnte. Deshalb war nichts Merkwürdiges daran, daß die Christen sich absonderten und ihr Spiel im Dunkeln trieben – sie vertrugen keine Konfrontation mit dem klaren Licht der philosophischen Erkenntnis.

Mit bissigem Sarkasmus geißelte Kelsos die Christen und ihren Glauben. Fast gegen seinen Willen mußte er jedoch zugeben, daß Jesus und seine Jünger viele gute und richtige Dinge gesagt hatten. Das hob jedoch ihren verbrecherischen Charakter nur noch deutlicher hervor. Was sie nämlich an Wahrheiten gesagt hatten, hatten sie von der griechischen Religion und Philosophie mit Platon als ihrem vornehmsten Vertreter übernommen. Sie hatten aber alles mißverstanden und verdreht. Das Christentum besaß folglich keine besondere Wahrheitserkenntnis, die es erforderlich machte, ihr zu folgen. Was gut daran war, war nicht neu, und das Neue an ihr war so, daß es sie völlig kompromittierte.

Die Leidenschaft, mit der Kelsos das Christentum bekämpfte, verriet an sich schon, in welchem Maße das Christentum zu einem Problem für das Heidentum geworden war. Es mußte entlarvt und in seiner armseligen Blöße dargestellt werden, damit sich das Volk vor ihm in acht nehmen konnte. Aber dabei konnte man nicht stehenbleiben. Die Kirche hatte dazu beigetragen, die religiösen Traditionen des Heidentums zu problematisieren, und die Forderung erhoben, man müsse die Wahrheit einer unkritischen Übernahme der alten Tradition vorziehen. Diese Herausforderung nahm Kelsos an. Er suchte zu zeigen, daß es „eine wahre Lehre gab, die von Anfang an existiert hat und die durch alle Zeiten von den weisesten Nationen und Städten und von weisen Männern bewahrt worden ist"[4]. Sein ganzes Anliegen war in Wirklichkeit darzutun, daß die religiösen und philosophischen Traditionen des Heidentums alle Wahrheit besaßen und daß das Christentum ganz wie das Judentum nur einen Abfall von dieser tradierten Wahrheit bedeutete. Gegenüber dem destruktiven Wirken des Christentums wollte er zur Sammlung um diese „wahre Lehre" aufrufen, die göttlich inspirierte Dichter, Gesetzgeber und Philosophen als die Wegweiser der Menschheit gelehrt hatten.

So veranlaßten die Angriffe des Christentums die Anhänger des Heidentums zur Selbstbesinnung, denn sie waren gezwungen, ihre Religion und Kultur mit Argumenten zu verteidigen. Nicht weniger wichtig ist die Tatsache, daß Kelsos in seiner Verteidigung des Heidentums von der christlichen Polemik bestimmt war. Sie hatte neue Fragen gestellt, zu denen er Stellung nehmen mußte, und Antworten gegeben, deren er sich – wenn auch mit negativem Vorzeichen – bediente. Das war charakteristisch für die Situation. Das Christentum zwang das Heidentum, Rechenschaft über sich selbst abzulegen. Der Umstand, daß der christliche Glaube in seiner Exklusivität alle Religionen und philosophischen Richtungen ablehnte, bewirkte, daß sich deren Vertreter in einer gemeinsamen Frontstellung gegen das Christentum zusammenfanden. Kelsos zeigt, daß sich schon am Ende des zweiten Jahrhunderts eine Auseinandersetzung auf Leben und Tod zwischen Heidentum und Christentum anbahnte.

Es bestand für Kelsos kein Zweifel darüber, daß die Christen auf Grund ihrer Ablehnung der Traditionen, die die Lebensform des Römischen Imperiums bestimmten, als Aufrührer und Feinde der politischen und religiösen Ordnung verfolgt werden müßten. Die christlichen Gemeinden stellten verbotene Korporationen (*collegia illicita*) dar, gegen die die Behörden auf Grund ihres verbrecherischen Charakters einschreiten mußten. Zugleich war er jedoch eifrig darum bemüht, die Christen für seine Auffassung zu gewinnen und sie in die große Gemeinschaft der Menschheit zurückzuführen, die er, wie seine Zeit es auch tat, mit dem Römischen Imperium identifizierte. Er wußte genau, daß die Christen glaubten, ihr Gott beschütze das Römische Reich, wenn seine

Einwohner ihn allein anbeten würden. Die Tatsachen hatten diese Überzeugung jedoch als eine reine Illusion entlarvt: „Ihr könnt wahrhaftig nicht sagen, daß, wenn die Römer von euch überzeugt würden und die traditionellen Ehrenbezeugungen für sowohl Götter als auch Menschen versäumen und euren ‚höchsten Gott' oder welchen Namen auch immer ihr nun vorzieht, anrufen würden, er dann herabkommen und auf deren Seite kämpfen würde, und daß sie keine andere Verteidigung nötig hätten. In früheren Zeiten gab dieser Gott auch solche Verheißungen und sogar, wie ihr sagt, noch größere für die, die ihn ehrten. Aber seht nun, welche Hilfe er für sowohl sie [die Juden] als auch für euch gewesen ist! Statt Herren über die ganze Welt zu werden, ist ihnen kein Land und keine Heimstatt irgendeiner Art geblieben. Und was euch angeht, wenn irgend jemand beständig im Verborgenen wandelt, so wird er gesucht und zum Tode verurteilt."[5]

Inständig forderte Kelsos die Christen auf, ihre religiöse Exklusivität aufzugeben. Sie hätten darin recht, daß es einen höchsten Gott gebe, aber sie verstünden nicht, daß er die Welt durch eine Reihe von untergeordneten Gottheiten lenke. Jedes Volk habe seine Gottheiten, die als Diener des höchsten Gottes wirkten, und wer eine von ihnen anbete, bete auch den höchsten Gott an, der alle Zeit in seiner himmlischen Wohnstatt verbleibe. Mit den religiösen Traditionen der einzelnen Nationen zu brechen sei daher gleichbedeutend mit Widerstand gegen die göttliche Ordnung.

Ebenso wie die Christen die verschiedenen Religionen im Römischen Reich respektieren sollten, sollten sie den Kaiser als den anerkennen, dem der höchste Gott die Macht über das Erdenreich geschenkt hatte. Der Kaiser habe Anspruch auf Verehrung, weil er allein ein geordnetes Zusammenleben der Menschen nach dem Willen des Göttlichen schaffe und sichere. Deshalb bedeute die Ablehnung des göttlichen Ursprungs der kaiserlichen Macht durch die Christen eine so tödliche Gefahr: „Wenn jeder dasselbe wir ihr tun wollte, gäbe es nichts, was verhindern würde, daß er im Stich gelassen und einsam und verlassen dastehen würde, während die irdischen Dinge unter die Herrschaft der gesetzlosesten und wildesten Barbaren kommen würden, und man würde von eurer

Gottesverehrung oder von der wahren Weisheit nichts mehr hören."[6] Es lag somit im wohlverstandenen eigenen Interesse der Christen, sich um die kaiserliche Macht zu scharen, mit der das Römische Reich und dessen Kultur und Zivilisation stand und fiel. Kelsos appellierte direkt an die Christen, dem Kaiser mit all ihrer Kraft beizustehen und mit ihm zusammenzuarbeiten, um alles zu fördern, was gut sei. Sie sollten als seine Soldaten und Offiziere Dienst tun, wenn er es verlangte, und überhaupt jedes öffentliche Amt übernehmen, wenn es zur Sicherung von Gesetz, Ordnung und Frömmigkeit nötig sein sollte.

Kelsos' Aufforderung an die Christen zur verantwortlichen Mitarbeit am Bestehen des Römischen Reiches kommt ohne Zweifel überraschend, wenn man an die totale Verurteilung denkt, die er ihnen hatte zuteil werden lassen. Diese widerspruchsvolle Haltung war jedoch symptomatisch. Einerseits erkannte man klar, daß die Christen auf Grund ihres kompromißlosen Festhaltens an ihrem monotheistischen Glauben keinerlei Existenzberechtigung im Römischen Imperium besaßen. Andererseits stellten sie eine so gut organisierte Gruppe im Reich dar, daß ihre Ausschaltung mit großen Schwierigkeiten verbunden gewesen wäre. War es nicht um des Imperiums selbst willen besser, sie in die Gesellschaft zu integrieren und ihren Glauben zu akzeptieren als eine unter den vielen Religionen, die im Imperium Eingang gefunden und ein Heimatrecht erhalten hatten? Kelsos hatte in Wirklichkeit das Dilemma deutlich gemacht, in dem sich die kaiserliche Macht befand und das ihr Verhältnis zu den Christen durch das ganze dritte Jahrhundert hindurch bestimmen sollte.

V. Synkretistische Religionspolitik

Geschickt und gewissenhaft hatten die großen Bürgerkaiser – Trajan (98–117), Hadrian (117–138) und Antoninus Pius (139–161) – das römische Imperium regiert. Die Reichsgrenzen waren sicher, die kaiserliche Verwaltung sorgte für Recht und Ordnung, und Hochkonjunkturen bestimmten das wirtschaftliche Leben. Die führenden Gruppen der Gesellschaft innerhalb des Reiches wurden nicht nur durch starke wirtschaftliche Bande vereint, sondern auch durch die griechisch-römische Kultur miteinander verbunden. Sie scharten sich loyal um den Kaiser als das Fundament des Imperiums. Sie waren stolz darauf, zum *orbis Romanus*, zu der von Rom regierten Welt, zu gehören, in der allein Zivilisation und Kultur zu Hause waren. Man zweifelte nicht daran, daß das Imperium ewigen Bestand hatte.

Es war daher ein Schock, als das Unheil unter Mark Aurel (161–180) über das Imperium hereinbrach. Am Euphrat drohten die Parther mit einer Invasion, deren Abwehr ein großes Aufgebot von Truppen erforderte. Dadurch wurde die Nordflanke geschwächt. Die Markomannen, die sich eine Führerstellung unter den germanischen Völkern geschaffen hatten, nutzten die Gelegenheit, in das Reich einzufallen, und gelangten sogar bis nach Norditalien. Darüber hinaus wurde das Reich von Hungersnot und einer furchtbaren Pest heimgesucht. Die Situation erweckte den Eindruck, daß der Untergang des Reiches nur noch eine Frage der Zeit sei.

Wie in früherer Zeit sah die Bevölkerung des Römischen Reiches auch in diesem Unheil eine Strafe der Götter; man habe ihnen nicht die Verehrung erwiesen, auf die sie Anspruch hatten. Es galt daher, ihr Wohlwollen wiederzugewinnen. Daß Mark Aurel persönlich dem Stoizismus huldigte, hinderte nicht, in der offiziellen Religionspolitik den römischen Staatsgöttern zu vertrauen, da sie allein die Sicherheit des Reiches verbürgen konnten. Ebenso charakteristisch war es für seine Verbundenheit mit den religiösen Traditionen

Roms, daß er zur Abwehr der furchtbaren Geißel der Pest in Rom Versöhnungsfeste abhalten ließ, um die Götter zu besänftigen und ihren Zorn abzuwenden. Da er obendrein die Verachtung der Gebildeten für das Christentum teilte, ist es verständlich, daß er die Verfolgungen, denen die Christen in seiner Regierungszeit ausgesetzt waren, zuließ und daß er in einzelnen Fällen sogar direkt dazu aufforderte.

Wo es Christen in größerer Zahl gab, zögerte die heidnische Bevölkerung nicht, sie als die für das Unheil, das über das Imperium gekommen war, eigentlich Verantwortlichen hinzustellen; hatten sie doch vor aller Augen die Verehrung der Reichsgötter verweigert. Es kam zu Pogromen, bei denen man forderte, daß die Behörden gegen die Christen einschreiten sollten. Um die Unruhen zu beenden, hatten die Behörden keine andere Wahl, als diesem Verlangen zu entsprechen. So haben wir Zeugnisse von harten und grausamen Christenverfolgungen in Kleinasien, Südgallien und dem lateinischen Nordafrika.

Durch eine große Kraftanstrengung war es Mark Aurel gelungen, alle Angriffe von außen abzuwehren, die Reichsgrenzen zu sichern und Frieden und Ordnung wiederherzustellen. Die Christenverfolgungen hörten auf, und die Kirche konnte ohne größere Beeinträchtigungen von seiten der heidnischen Bevölkerung ihre missionierende und kirchliche Arbeit weiterführen.

Als Kaiser Commodus, der Sohn Mark Aurels, im Jahre 192 ermordet wurde, begann sofort ein Machtkampf um den Kaiserthron. Sieger wurde Septimius Severus (193–211), und mit ihm begann eine neue Epoche in der Geschichte des Römischen Reiches. Er war vom Donauheer, dessen Truppen in Illyrien und Pannonien rekrutiert waren, zum Kaiser gekürt worden, und er verdankte es nur der Kriegstüchtigkeit seiner Soldaten, daß er nach harten Kämpfen die übrigen Kronprätendenten aus dem Felde schlagen und seine Herrschaft festigen konnte (197). Damit war das Heer zum entscheidenden Machtfaktor im Imperium aufgerückt.

Die Krise, in die das Imperium unter Mark Aurel geraten war, erwies sich als Dauerkrise. Die germanischen Stämme westlich des Rheins und nördlich der Donau waren in Bewegung geraten und wollten in das Imperium einfallen, um an seinen Reichtümern teilzuhaben. Gleichzeitig war die Ostgrenze ununterbrochen bedroht. Es gelang Septimius Severus jedoch, mit entschlossener Beharrlichkeit allen Invasionsversuchen Einhalt zu gebieten und die Grenzen durch den Bau neuer Verteidigungsanlagen zu sichern. Dank seiner Person und der Loyalität der Truppen gegenüber der severischen Dynastie (193–211) blieb das Imperium für mehr als eine Generation funktionsfähig.

Im Lauf des zweiten Jahrhunderts war deutlich geworden, daß Rom und Italien auf Grund des wirtschaftlichen Rückgangs und der Stagnation des Bevölkerungswachstums nicht mehr das Rückgrat des Imperiums sein konnten. Die Provinzen, in denen der Gedanke des *Imperium Romanum* zugleich starke Wurzeln geschlagen hatte, begannen zu dominieren. Septimius Severus, der selbst aus dem lateinischen Nordafrika stammte, beschleunigte diese Entwicklung dadurch, daß er ganz bewußt Roms und Italiens Vormachtstellung beschnitt und die Interessen der Provinzen förderte. Z.B. wurde die Zusammensetzung des Senats so geändert, daß die Provinzbewohner die Mehrheit besaßen. Es war daher nur konsequent, wenn sein Sohn Caracalla (211–217) ein Gesetz erließ, die *Constitutio Antoniana,* die fast allen Einwohnern des Imperiums das römische Bürgerrecht schenkte. Das Gesetz führte allerdings nicht zu größeren Veränderungen im Leben des Imperiums, da das römische Bürgerrecht schon in großem Ausmaß an Städte und Einzelpersonen verliehen war. Trotzdem darf man die Bedeutung dieses Gesetzes nicht unterschätzen. Es war Teil eines Programms, das mit Roms und Italiens bisheriger Vormachtstellung brach und das Imperium als eine Gemeinschaft verstand, die die gesamte Menschheit umspannte und in der alle die gleichen Rechte und Pflichten hatten. Es war kein Zufall, daß die severische Dynastie Alexander den Großen als ihr politisches Vorbild betrachtete.

Kelsos hatte es in seiner Schrift gegen die Christen als eine ideale Lösung dargestellt, wenn man „alle Bewohner Asiens, Europas und Libyens, sowohl Griechen als auch Barbaren, selbst an den fernsten Grenzen, unter *einem* Gesetz („nomos") vereinen" könnte[7]. Obwohl er selbst nicht an eine Verwirklichung glaubte, hatte er hier doch ein Problem angeschnitten, das in zunehmendem Maße die Gemüter bewegen sollte.

Im gleichen Maße, wie der Gedanke vom Imperium als einer universalen Gemeinschaft um sich griff, mußte sich die Frage nach der religiösen Einheit stellen. Da es für alle feststand, daß jede Gemeinschaft, wenn sie Bestand haben sollte, auf einer religiösen Grundlage beruhen mußte, lief die Reichseinheitspolitik der Severer mit innerer Notwendigkeit darauf hinaus, die Bevölkerung des Imperiums unter einem gemeinsamen „Gesetz" zu vereinen. Dies war besonders dringlich angesichts der Entwicklung, die das religiöse Leben seit Kaiser Augustus genommen hatte.

Wir haben gesehen, wie die offiziellen Götter Roms auf Grund des Romanisierungsprozesses und dank des Umstandes, daß sie in den einzelnen Provinzen mit den lokalen Göttern identifiziert wurden, eine große Verbreitung gefunden hatten. Zugleich hatten sich aber auch die orientalischen Religionen stetig weiter ausgebreitet und waren im Lauf des zweiten Jahrhunderts in alle Teile des Imperiums gelangt – das gilt nicht zuletzt vom ägyptischen Isis- und Serapiskult. Obwohl die Gottheiten der Mysterienreligionen oft als mit den römischen Göttern und den lokalen Kultgöttern identisch aufgefaßt wurden, kann man keineswegs von einer Verschmelzung sprechen. Die einzelnen Religionen und Kulte bewahrten weitgehend ihre Selbständigkeit und Eigenart.

Dieser religiösen Mannigfaltigkeit stand indessen der Henotheismus entgegen, der nicht zuletzt unter den philosophisch Gebildeten viele Anhänger hatte. Über den einzelnen Göttern erhob sich eine höhere Gottheit, die alle Macht und Kraft besaß. Ob nun diese Gottheit mit einem einzelnen Kultgott identifiziert oder ob die einzelnen Götter als die konkrete Manifestation der einen und selbigen Gottheit verstanden oder ob sie geradezu als deren Diener aufgefaßt wurden, in all diesen Fragen herrschte grundsätzlich Toleranz gegenüber allen althergebrachten Religionen. Es handelte sich nur um verschiedene Wege, auf denen Menschen zum Göttlichen gelangen konnten. Gleichgültig, welchen Einzelgott man verehrte, die Verehrung galt immer der höchsten Gottheit. Die orientalischen Mysterienreligionen und der philosophisch bestimmte Theismus waren die Bewegungen, die die stärkste Anziehungskraft auf die Gemüter ausübten. Sie waren zugleich ein Zeichen dafür, daß die Provinzen auch in religiöser Hinsicht auf Kosten Roms und Italiens die Vorherrschaft erreicht hatten. Dies mußte für eine Religionspolitik, deren Ziel die Sammlung des Reiches unter einem gemeinsamen „Gesetz" war, Konsequenzen haben.

Die offizielle Religionspolitik war von Kaiser Augustus bis Mark Aurel in allen wesentlichen Dingen von der Dominanz der römischen Religion bestimmt gewesen. Diese Linie wurde jedoch durch Commodus (180–192) abgebrochen. Sein Nachruhm ist der schlimmste gewesen, den man sich denken kann, auf Grund seiner despotischen Regierung und seiner persönlichen Launen, die sich unter anderem in so hemmungslosen sexuellen Ausschweifungen äußerten, daß es selbst im keineswegs zart besaiteten heidnischen Rom Befremden auslöste. Es ist unbestreitbar, daß ihm das Pflichtbewußtsein und der Respekt Mark Aurels vor den römischen Traditionen fehlten und daß seine absolutistische Politik von einer Neigung zu wirklichkeitsfremder Phantasterei nicht freigesprochen werden kann. Dennoch stand diese Politik für eine Linie, der, wie sich zeigen sollte, die Zukunft gehörte. Bewußt arbeitete er für ein Imperium, das allein vom Kaiser als einer göttlichen Person zusammengehalten wurde. Er war ein begeisterter Anhänger der orientalischen Religionen und ließ sich in den Kybele-, Mithras- und Isis- und Serapiskult einweihen. Damit hatten die Götter der Mysterienkulte den gleichen Rang erhalten wie die römischen Götter; beide gewährten dem Kaiser als dem Mittler zwischen dem Göttlichen und dem Menschlichen ihren Beistand. Schließlich führte Commodus die Verehrung des *Jupiter Summus Exsuperatorius* ein: Jupiter oder Zeus war die höchste Gottheit, die als der einzige Lebensspender über allen anderen Göttern stand. Dieser heidnisch verstandene Theismus sollte die religiöse Grundlage des Imperiums bilden. Damit war der Synkretismus offiziell anerkannt.

Der Senat hatte Commodus unmittelbar nach seinem Tode

zu ewigem Vergessen verurteilt *(damnatio memoriae)*. Wenn Septimius Severus ihn trotzdem zum Gott ausrufen ließ – der jetzt ohnmächtige Senat folgte ohne weiteres der kaiserlichen Parole –, so konnte das nur als ein bewußtes Anknüpfen an Commodus' Politik verstanden werden. Jedenfalls setzte er in seiner Religionspolitik die Linie fort, die Commodus eingeschlagen hatte. Ohne daß von einer Vernachlässigung der traditionellen Götter Roms die Rede sein konnte, kam es zu einer starken Bevorzugung der orientalischen Kulte. Persönlich hatte er eine große Vorliebe für den Isis- und Serapiskult – und vieles deutet geradezu darauf hin, daß er in Serapis die höchste Gottheit sah und ihn zum Hauptgott des Reiches zu machen wünschte.

Eine nicht minder entscheidende Rolle spielte die Kaiserin Julia Domna, die Tochter des Priesterkönigs von Emesa, der den syrischen Sonnengott Elagabal verehrte. Sie war hoch gebildet und versammelte gemeinsam mit ihrer Schwester Julia Maesa eine Reihe bedeutender Männer und Frauen am Hof, die alle an philosophischen und religiösen Problemen interessiert waren. In diesem Milieu war der theistische Religionsbegriff eine Selbstverständlichkeit, und er gab die prinzipielle Begründung für die synkretistische Religionspolitik, die die Regierung der Severer kennzeichnete.

Einen charakteristischen Ausdruck für diese religiöse Haltung finden wir zweifellos in Philostrats *Leben des Apollonius,* das auf Julia Domnas direkte Veranlassung hin entstanden ist. Apollonius von Tyana, ein neupythagoreischer Philosoph, der unter Domitian starb, wird hier als ein Führer der Menschheit zur wahren Gotteserkenntnis geschildert. Auf seinen ausgedehnten Reisen, die ihn bis nach Babylon und Indien führten, lehrte er, wie man die Götter durch Askese und durch Taten der Gerechtigkeit recht verehren sollte. Man sollte am Kult der verschiedenen Götter teilnehmen, es war aber notwendig zu wissen, daß sie nur Repräsentanten des höchsten Gottes waren, der mit dem Sonnengott identifiziert wurde.

Philostrats Biographie fand sogleich weite Verbreitung. Seine Darstellung des Apollonius bewirkte, daß man in ihm einen der großen religiösen Führer der Menschheit sah; es entstand geradezu ein Apolloniuskult, ein beredtes Zeugnis dafür, in welchem Maße die Philosophie der Zeit in Apollonius eine Manifestation des wahren religiösen Lebens sah. Deshalb wurde er auch als das heidnische Gegenstück zu Christus hingestellt, als die Auseinandersetzung zwischen Heidentum und Christentum in ihre alles entscheidende Endphase trat.

Inwieweit Philostrats Apolloniusbiographie der kaiserlichen Religionspolitik dienen sollte, indem sie ihr eine ideologische Grundlage gab, läßt sich nicht entscheiden. Jedenfalls war es den Severern darum zu tun, eine religiöse Sammlung im Imperium zu schaffen und alle in einer gemeinsamen Verehrung der Staatsgötter zu vereinen. Dies geht aus der *Constitutio Antoniana* hervor, in der direkt gesagt wird, daß Caracalla durch die Verleihung des römischen Bürgerrechts an fast alle Einwohner des Reichs den Göttern neue Anbeter in einer der göttlichen Majestät würdigen Anzahl verschaffen wollte.

Julia Domna hatte großen politischen Einfluß ausgeübt. Als Caracalla bei einer Palastrevolution ermordet wurde, schickte der neue Kaiser Marcinus (217–218) sie zusammen mit Julia Maesa und deren beiden Töchtern Julia Somnia und Julia Mamaea sofort nach Emesa zurück. Es gelang ihnen jedoch durch ein meisterliches Intrigenspiel schnell, Julia Somnias vierzehnjährigen Sohn durch das Orientheer zum Kaiser ausrufen zu lassen und seine Anerkennung durch den Senat zu erreichen (218). Elagabal (218–222), wie er dann nach dem emesischen Sonnengott genannt wurde, war aber nur ein Strohmann – die tatsächliche Regierungsmacht lag in den Händen seiner Mutter und seiner Großmutter. Elagabal selbst empfand sich vor allem als Priester des Sonnengottes von Emesa – *sacerdos Invicti Elagabali*. Er hatte den konischen schwarzen Stein von Emesa mitgebracht, in dem sich der Sonnengott manifestiert haben sollte. Diesen Stein legte er in einem Tempel, dem *Elagabalium* nieder, den er auf dem Palatin aufführen ließ. Der emesische Gott sollte der Reichsgott sein, dem alle anderen Götter zu dienen hatten. Der junge Kaiser leitete selbst die Kultzeremonien mit den farbenprächtigen Umzügen, heiligen Tänzen und Opfern in genauer Befolgung der emesischen Tradition. Obwohl man mit den orientalischen Kulten und ihren fremden, oft sinnlich-orgiastischen

Bräuchen schon vertraut war, erregte Elagabals Auftreten doch Anstoß bei den Römern. Hier ging es um eine offensichtliche Verleugnung der römischen Traditionen. Man wurde Elagabals und des syrischen Frauenregiments bald überdrüssig. Bei einem Aufstand kamen er selbst und seine Mutter ums Leben. Der schwarze Stein wurde nach Emesa zurückgesandt, um so deutlich zu machen, daß man Elagabals Sonnengott nicht als höchsten Reichsgott haben wollte.

Trotz dieser eklatanten Niederlage gelang es der severischen Dynastie, sich auf dem Thron zu halten. Julia Mamaea manövrierte so geschickt, daß ihr Sohn Alexander Severus zum Kaiser gewählt wurde (222–235). Er hat einen strahlenden Nachruhm erhalten. Man hat ihn als einen Gegner des kaiserlichen Absolutismus und als einen hervorragenden Regenten geschildert, der in Zusammenarbeit mit dem Senat die Grenzen sicherte und eine umfassende Reform durchführte. Er sei persönlich fromm gewesen und habe sich in jeder Hinsicht durch ein tugendhaftes Leben ausgezeichnet. Er habe den größten Respekt vor dem Christentum besessen und in Christus eine der hervorragenden Gestalten der Menschheit gesehen. In seiner Hauskapelle, dem *lararium,* habe er Bilder der großen vergotteten Kaiser und der größten Heiligen, zu denen er Apollonius, Christus, Abraham und Orpheus rechnete, aufstellen lassen. Er habe auch den Wunsch gehabt, einen Tempel für Christus zu errichten und ihn in den Kreis der Götter aufzunehmen. Er habe die Kirche und ihre Organisation sehr bewundert. So habe er zum Beispiel daran gedacht, für die Ernennung von Provinzstatthaltern eine Ordnung nach der Regelung zu schaffen, die in der Kirche bei der Wahl von Bischöfen angewandt wurde: Das Volk sollte die Möglichkeit erhalten, gegen die vorgeschlagenen Kandidaten zu protestieren, und nur diejenigen, deren Amtsführung untadelig gewesen sei, sollten ernannt werden können. Als einfache Konsequenz dieser Haltung soll Alexander Severus der Kirche das Recht auf freie Betätigung zugestanden haben. Unter seiner Regierung habe völlige Gleichheit zwischen allen Religionen im römischen Imperium bestanden.

Diese Darstellung der Person und der Politik des Alexander Severus finden wir in einer Biographie, die angeblich von einem Heiden namens Lambridius verfaßt ist[8]. Das scheint für ihre Verläßlichkeit zu sprechen. Kritische Untersuchungen zeigen jedoch, daß die Biographie von Alexander Severus etwa am Ende des vierten Jahrhunderts mit dem Ziel verfaßt worden ist, von heidnischer Seite einen „Fürstenspiegel" aufzustellen, der mit polemischer Spitze gegen die Religionspolitik der christlichen Kaiser eine völlige religiöse Toleranz im Römischen Reich verfocht. Die Vertreter des Heidentums forderten deshalb nichts anderes als denselben Respekt und dieselbe Freiheit, die Alexander Severus den Christen hatte zuteil werden lassen.

Tatsächlich war es Alexander Severus' Mutter Julia Mamaea, die für ihren jungen Sohn das Reich regierte, und sie besaß genügend politisches Fingerspitzengefühl, um sich mit tüchtigen Ratgebern zu umgeben und eine Herausforderung der römischen Traditionen zu vermeiden. Sowohl sie selbst als auch ihr Sohn waren sehr religiös und philosophisch interessiert und setzten die synkretistische Religionspolitik fort. Zwar hatten sie beide eine gewisse Sympathie für das Christentum – Julia Mamaea ließ zum Beispiel den großen christlichen Denker Origenes an den Hof rufen, um mit ihm religiöse Fragen zu diskutieren. Sie waren aber keineswegs Christen, und es konnte keine Rede davon sein, daß sie das Christentum als *religio licita* zugelassen hätten.

Alle Severer hatten eine persönliche Vorliebe für die orientalischen Religionen erkennen lassen – und das war eine der Ursachen für den großen Aufschwung, den diese jetzt erlebten. Sie wurden in das religiöse Leben des Imperiums integriert, und ihre Götter wurden oft mit römischen Göttern gleichgestellt – in diesem Sinne kann man von einem Sieg des Orientalismus in Rom sprechen. Abgesehen von Elagabal gab es jedoch keine Anzeichen dafür, daß man die römische Religion hintansetzte. Auch ihre Götter verehrte man mit ebenso großem Eifer wie die Person des Kaisers. Die Position des Kaiserkultes war so stark wie eh und je: der Kaiser war der Mittler jener göttlichen Kräfte, die das Imperium zusammenhielten und ihm Frieden und stetiges Gedeihen schenkten. Wer das göttliche Wesen der kaiserlichen Herrschaft leugnete, lehnte sich gegen die Götter des Römischen Reiches auf.

Synkretistische Religionspolitik

Wir haben gesehen, wie man sich am Hof der Severer bemühte, den Theismus zum einigenden Zentrum für die vielen Götter und Kulte im Römischen Reich zu machen, ebenso wie man die Notwendigkeit einer persönlichen religiösen Lebenshaltung zu betonen versuchte. Dieser philosophisch bestimmte Reformeifer hatte jedoch in den breiten Schichten des Volkes keinen besonderen Erfolg. Er ist aber charakteristisch für die Neuorientierung, die die Religionspolitik der Severer kennzeichnete. Die Severer richteten ihre Politik in viel stärkerem Maße als die Kaiser vor Commodus nach den religiösen Strömungen aus, die sich im Imperium bemerkbar machten, und sie sahen es als ihre Aufgabe an, sie zu vereinen, so daß alle Einwohner des Reiches auch in religiöser Hinsicht unter *einem* gemeinsamen „Gesetz" vereint werden konnten. Die Severer erkannten, daß die Vorstellung von einem Imperium, das von *einem* Kaiser zusammengehalten wurde, ein Aufgeben der exklusiven Stellung der römischen Religion bedeuten mußte. Sie glaubten, in einer synkretistischen Religionspolitik die Lösung für das Problem der religiösen Einheit des Imperiums gefunden zu haben.

Die rechtliche Stellung der Kirche änderte sich unter den Severern nicht. Ihr war, wie gesagt, weiterhin das Recht auf freie Religionsausübung versagt. Es kam am Anfang des dritten Jahrhunderts in Alexandria, Antiochia, Rom und Karthago sogar zu Verfolgungen, die vor allem die Katechumenen und diejenigen Lehrer trafen, die sie unterrichteten, bevor sie die Taufe empfangen konnten. Diese gelegentlichen Pogrome auf lokaler Ebene gehörten jedoch zu den Ausnahmen. Die severischen Kaiser ließen die Kirche in Frieden. Sie konnte unter den Severern im großen und ganzen unbehindert existieren. Man kann sogar von einer *de facto*-Anerkennung der Kirche sprechen, da sie in eigenem Namen Gebäude für Gottesdienste und Begräbnisstätten besitzen konnte. Dies war zum Beispiel in Rom der Fall, was implizierte, daß die römische Gemeinde juristisch als eine anerkannte Körperschaft (*collegium licitum*) betrachtet wurde.

Die Kirche nutzte die faktische Friedenszeit, die sie unter den Severern erlebte. Sie hatte gerade eine bedrohliche innere

Krise überwunden bei der Auseinandersetzung mit den gefährlichen Lehren der Markioniten und christlichen Gnostiker, die den radikalen Gegensatz zwischen dem jüdischen Schöpfergott und dem Gott und Vater Jesu Christi behaupteten. Der Kampf gegen diese sogenannten Ketzer hatte zu einer prinzipiellen Klarstellung des Inhalts der apostolischen Lehrtradition geführt und die Entstehung des Neuen Testaments als der heiligen Schriftsammlung des Neuen Bundes beschleunigt. Er hatte zugleich den organisatorischen Ausbau der Kirche gefördert und zur Schaffung fester Formen für das religiöse und liturgische Leben beigetragen. Um das Jahr 200 stand die Kirche so einig und geschlossen wie nie zuvor. Sie hatte klare Glaubensnormen und Lebensformen entwickelt, die sie sowohl vom Judentum als auch vom Heidentum deutlich unterschieden.

Nach der Abwehr der ketzerischen Bedrohung konnte die Kirche sich ganz auf ihre missionierende Aufgabe konzentrieren. Die schon existierenden Gemeinden wuchsen kräftig, und neue Gemeinden entstanden in fast allen Gebieten, die von der griechisch-römischen Kultur geprägt waren. In Kleinasien und Ägypten sowie in Rom und im lateinischen Nordafrika stellten die Christen schon jetzt eine bedeutende Minderheit dar. Der weitaus größte Teil der Christen kam immer noch aus den unteren Bevölkerungsschichten. Das Christentum hatte jedoch auch begonnen, in den höheren Gesellschaftskreisen Terrain zu gewinnen. Am Hof und in der Provinzverwaltung gab es Christen, und nicht zuletzt innerhalb der Aristokratie konnte die Kirche zahlreiche Frauen zu ihren Anhängern zählen.

Kelsos hatte die Kirche als eine Ansammlung von kulturellen Banausen charakterisiert – nur auf sie konnte das Christentum als die Religion der Verdummung Eindruck machen. Schoß diese Beurteilung schon zu Kelsos' Zeit weit über das Ziel hinaus, so ließ sie sich in der ersten Hälfte des dritten Jahrhunderts überhaupt nicht mehr aufrechterhalten. Die Kirche besaß zu dieser Zeit eine Reihe bedeutender Persönlichkeiten, die ihr gesamtes Wissen und literarisches Können in den Dienst der Kirche stellten. Im lateinischen Nordafrika schrieb Tertullian († etwa 220) nach seiner Bekehrung (etwa

195) Werke, die sich in literarischer Hinsicht mit den besten seiner Zeit messen konnten. In Alexandria stellte die Kirche Männer wie Clemens von Alexandria († etwa 215) und Origenes († etwa 253), die die gesamte griechische Philosophie beherrschten und sie für das christliche Denken fruchtbar zu machen verstanden. Diese Männer waren imstande, auf höchster geistiger Ebene für den christlichen Glauben zu argumentieren und sich auf eine kritische Auseinandersetzung mit dem Heidentum und seinem philosophischen Denken einzulassen. Was die Apologeten begonnen hatten, setzten diese christlichen Theologen auf eine Weise fort, die sie an die vorderste Front in der religiösen und philosophischen Diskussion der Zeit stellte. Es war daher ein Zeichen der Zeit, daß Julia Mamaea Origenes an den Hof berief, um mit der christlichen Philosophie bekannt zu werden, die behauptete, sie allein besitze die wahre Erkenntnis, die zur Gemeinschaft mit Gott hinführen könne.

Man hätte erwarten sollen, daß Kelsos' scharfe und gut begründete Angriffe auf das Christentum unmittelbar eine Antwort provoziert hätten. Das geschah indessen nicht. Der Grund lag wahrscheinlich nicht nur darin, daß die Aufmerksamkeit der Kirche auf ihren Kampf gegen Irrlehrer gerichtet war, sondern ebenso sehr darin, daß sich die Christen nicht in der Lage sahen, sich mit Kelsos auseinanderzusetzen. Da seine Schrift fortgesetzt ein gefährliches Instrument für den Kampf des Heidentums gegen das Christentum war, war es unbedingt notwendig, sie zu widerlegen. Origenes ließ sich von seinen Freunden überreden und nahm den Auftrag an. Mit größter Unlust machte er sich an die Aufgabe. Seine Gegenschrift *Contra Celsum* (etwa 248) war jedoch – nach dem Maßstab der Zeit – eine intellektuelle Leistung, die zeigte, welche Fortschritte das christliche Denken seit den Tagen des Kelsos gemacht hatte.

An philosophischem Wissen und dialektischer Fähigkeit übertraf Origenes seine Gegner bei weitem. Er deckte die Schwächen und Widersprüche in Kelsos' philosophischer Position auf. Nicht minder wichtig war, daß Origenes dem Heidentum ein Christentumsverständnis vorstellte, das eine Synthese aus der Lehrtradition der Kirche und der platonischen Philosophie war und das die intellektuellen Probleme und Schwierigkeiten, die sowohl für die christlichen Irrlehrer als auch für die heidnischen Philosophen willkommene Angriffsziele geboten hatten, direkt zu lösen versuchte. Zugleich handelte es sich um eine christliche Philosophie, die in ihrer Selbständigkeit und inneren Geschlossenheit eine wirkliche Alternative zum philosophischen Denken des Heidentums darstellte. Origenes' Verständnis des Christentums, das das theologische Denken der griechisch sprechenden Kirche entscheidend prägen sollte, zeigte, wie die Kirche bei der griechischen Philosophie in die Lehre gegangen war und sich ihrer bei der Formulierung der christlichen Lehre bedient hatte, so daß sie, ohne ihre Eigenart – das persönliche Gottesverhältnis – zu verlieren, von den philosophisch Gebildeten verstanden werden konnte. Auch im Blick auf *paideia*, Kultur und Wissenschaft, konnte das Christentum im dritten Jahrhundert nicht mehr als Religion der Verdummung charakterisiert werden.

Es ist berechtigt, in der faktischen Anerkennung der Kirche durch die Severer eine Konsequenz ihrer synkretistischen Religionspolitik zu sehen – das Christentum war eine der orientalischen Religionen, die das Wohlwollen der Severer genossen. Die Wahrscheinlichkeit spricht auch dafür, daß sie bereit waren, ihm die Gleichberechtigung mit den übrigen Religionen und Kulten des Römischen Reiches zuzugestehen. Abgesehen davon, daß das Christentum in mancherlei Hinsicht ihrem philosophischen Theismus entgegenkam, mußten rein politische Überlegungen eine solche Lösung des Christenproblemes nahelegen. Die Christen waren jetzt so zahlreich, daß eine Politik, die die Einheit des Imperiums vor Augen hatte, versuchen mußte, sie in das Reich zu integrieren. Die Bedingung für eine solche Integration hatte bereits Kelsos unmißverständlich deutlich gemacht: Die Kirche mußte ihre Exklusivität aufgeben, sie mußte aufhören, die anderen Religionen und Kulte des Römischen Reiches zu verurteilen, und durch Teilnahme am Kaiserkult ihre Loyalität gegenüber dem Kaiser zeigen, mit dem das Schicksal des Reiches auf Gedeih und Verderb verbunden war.

Die Kirche lehnte jedoch diese Bedingung ab. Trotz des

Respekts der Christen gegenüber den Severern und trotz der Tatsache, daß die Kirche in allen Gesellschaftsschichten Anhänger besaß und weit mehr als früher mit der griechisch-römischen Kultur ins Gespräch gekommen war, hielt die Kirche an ihrer religiösen und sozialen Exklusivität fest. Ihr Blick war fortgesetzt auf das Reich Gottes gerichtet, das nicht von dieser Welt war. Ihr monotheistischer Gottesglaube verlangte, daß man sich von allem fernhielt, was auch nur im geringsten mit Götzendienst zu tun hatte. Die Polemik gegen die Religionen und Kulte des Heidentums wurde mit unverminderter Stärke fortgesetzt und erhielt sogar noch größere Durchschlagskraft, da sie von Männern vorgetragen wurde, die die gesamte Bildung ihrer Zeit in sich vereinten. Die Vorstellung von einer Integration der Christen in das Römische Reich war der Kirche völlig fremd. Eine Integration wäre in ihren Augen gleichbedeutend mit einem Kompromiß mit dieser Welt und ihrem Götzendienst gewesen, und sie hätte damit die Leugnung des *einen* wahren Gottes bedeutet. So sehr die Christen auch davon überzeugt waren, daß das *Imperium Romanum* nach Gottes Willen zur Sicherung von Frieden und Ordnung in der Welt bestimmt war, konnten sie sich doch nicht mit ihm solidarisieren, solange sein politisches und soziales Leben vom Heidentum durchdrungen war.

Provozierend und unmißverständlich verlieh Tertullian dieser Haltung der Christen Ausdruck. Sie müßten in Kauf nehmen, wegen unrömischer Aktivitäten angeklagt zu werden[9]. Das könne auch gar nicht anders sein, da sowohl den römischen Göttern als auch allen nicht-römischen Göttern, die man überall frei verehren dürfe, alle Göttlichkeit abgesprochen werden müsse. Auch die Ablehnung der Verehrung des kaiserlichen *genius* sei Christenpflicht: ein *genius* sei nichts anderes als ein böser Dämon, den die Christen beschwören, um ihn auszutreiben, anstatt ihm zu huldigen[10]. Damit war klar, daß von einer Integration der Christen in das Imperium keine Rede sein konnte, solange es mit dem Kaiser an der Spitze den wahren Gott verleugnete und sich dem Götzendienst hingab. In dieser Situation waren die Christen verpflichtet, hervorzutreten und „gegen die Traditionen der Väter, die Autorität der Traditionen, die Gesetze der Herrscher, die Beweisführungen der juristischen Experten, gegen die alten Zeiten, die Gewohnheit und den Zwang und gegen Beispiele, Zeichen und Wunder [zu kämpfen], welche alle diese falsche Göttlichkeit gefestigt haben"[11]. Mit anderen Worten: es ergab sich aus dem Gottesglauben der Christen, daß sie die politischen und sozialen Traditionen, die in den Augen der heidnischen Mitwelt den göttlichen Charakter des Römischen Reiches konstituierten, bekämpfen mußten.

Tertullian und die anderen christlichen Denker des Westens beschränkten sich auf den Nachweis, daß die Christen sich weigern mußten, die Pflichten zu erfüllen, die das Imperium seinen Bürgern auferlegte, wenn sie in irgendeiner Weise in Gegensatz zu ihrem Gottesglauben standen. Die Vorstellung von der Welt als einer dämonischen Welt, die Christus bald vernichten würde, erfüllte sie so sehr, daß es völlig außerhalb ihrer Möglichkeiten lag, sich ein christliches *Imperium Romanum* vorzustellen.

In der Ablehnung des vom Götzendienst durchdrungenen römischen Imperiums befanden sich die christlichen Denker des Ostens in voller Übereinstimmung mit denen des Westens. Das platonisch beeinflußte Christentum eines Clemens von Alexandria und eines Origenes hatte jedoch einen anderen Charakter als das der westlichen Theologen. Hier waren die apokalyptischen Erwartungen in den Hintergrund getreten. Das Entscheidende war, daß sich der einzelne Mensch durch die Gemeinschaft mit Christus als dem göttlichen Logos von der Welt der Zeitlichkeit zu Gott erhob, der in einem übersinnlichen Licht lebte. Hier wurde Christus dargestellt als der, der überall wirksam war und Menschen an sich zog. Die Geschichte der Menschheit war daher der Bericht über seine göttliche Führung und Erziehung der Menschen zur Gemeinschaft mit Gott. Dies schloß auch das römische Imperium ein.

Kelsos hatte, wie wir gesehen haben, als wünschenswertes Ziel aufgestellt, daß alle Völker unter *einem* Gesetz vereint werden könnten. Er hielt dies jedoch für unerreichbar, da das Römische Reich eine große Zahl von Völkern mit ihren jeweiligen traditionellen Kulten umfaßte. Origenes bemerkte dazu, daß die Vorstellung von der religiösen Einheit ganz und gar nicht so utopisch sei, da ja Christus eben durch seine Heilstat die gesamte Menschheit vereine[12]. Wo Christus die Herrschaft über die Menschen gewinne, verschwänden alle Trennungslinien – auch die nationalen.

In anderem Zusammenhang[13] stellte Origenes dar, in welchem Sinne die von Kaiser Augustus hergestellte *pax Romana* eine Erfüllung des Schriftwortes sei: „Zu seinen Zeiten soll blühen die Gerechtigkeit und großer Friede sein" (Psalm 72,7). Dies habe mit der Geburt Christi begonnen: „Gott bereitete die Völker für seine [Christi] Lehre vor, indem er sie *einem* römischen Kaiser unterstellte, und indem er die feindliche Haltung der Völker gegeneinander, verursacht durch die vielen Königreiche, brach, machte er es leichter für die Jünger Jesu, das auszuführen, was er ihnen befohlen hatte, als er sagte: ‚Gehet hin, und lehret alle Völker!' Es ist klar, daß Jesus unter Augustus geboren ist, unter dem Mann, der die vielen Königreiche auf Erden zu einer Einheit reduziert hatte, so daß er ein einziges Reich hatte. Es hätte die Ausbreitung der Lehre Jesu über die ganze Welt verhindert, wenn es viele Königreiche gegeben hätte, nicht nur aus den eben angeführten Gründen, sondern auch, weil die Menschen überall gezwungen gewesen wären, Kriegsdienst zu leisten und für die Verteidigung ihrer Länder zu kämpfen."[14] Das römische Imperium war also für Origenes eine wichtige Phase in Gottes Heilsplan mit der Menschheit.

Die Vorstellung von *einem* Imperium unter *einem* Kaiser könne jedoch erst dann völlige Wirklichkeit werden, behauptete Origenes, wenn die Menschen unter *einem* Gesetz vereint seien, so daß sie auch geistig eine Einheit bildeten. Weder die verschiedenen Religionen noch die philosophischen Schulen könnten aber diese Einheit schaffen. Nur das Christentum sei imstande, eine Basis für die Einheit des Imperiums zu werden. Es besitze nicht nur die vollkommene Wahrheit, sondern auch die Geschichte selbst sei deutliches Zeugnis dafür, daß ihm der Sieg zufallen werde. Nichts vermöge den Vormarsch des Christentums aufzuhalten – durch Gottes Hilfe habe Christus sich fähig erwiesen, alle zu überwinden, die sich der Ausbreitung seiner Lehre in den Weg stellten, mochten es Kaiser, Statthalter, der römische Senat oder das gemeine Volk sein[15]. Verstand man, den Gang der

Geschichte zu deuten, so konnte über den Ausgang kein Zweifel bestehen: „Eines Tages wird allein die Gottesverehrung der Christen herrschen, da das Wort [Christus] die Herrschaft über immer mehr Seelen gewinnt."[16] Weit davon entfernt, den Untergang des Römischen Reiches zu bedeuten, bürge der Sieg des Christentums allein für sein Bestehen. Er werde alle Menschen in einer wahren Gottesverehrung vereinen und eine Gemeinschaft der Liebe schaffen – und das Gebet der Christen werde sicherstellen, daß Gott dem Imperium gegen alle seine Feinde zu Hilfe kommen werde[17].

Es ist wichtig zu betonen, daß Origenes' Vorstellungen von einem römischen Imperium, das im Christentum seine geistige Grundlage besaß, durch Kelsos' Vorwurf gegen das Christentum, es vernichte das Römische Reich, motiviert waren. Sie waren deshalb jedoch nicht weniger bedeutungsvoll, weil sie zeigten, daß der Gedanke eines *Imperium Romanum Christianum* nicht mehr außerhalb des Horizonts der Christen lag. Unzweideutig machte die Kirche klar, daß sie das römische Imperium nicht akzeptieren konnte, solange es vom Polytheismus beherrscht war. Die Annahme des Christentums würde indessen keineswegs die Auflösung des Römischen Reiches bedeuten. Sie würde ganz im Gegenteil dazu führen, daß das Römische Reich seine Idee und Bestimmung verwirklichen und eine Gemeinschaft werden konnte, die die gesamte Menschheit umfaßte.

Die Kirche besaß also eine Lösung für das fundamentale politische Problem der Zeit, wie nämlich die Bürger des Römischen Reiches in einer gemeinsamen *religio* und *pietas* zu vereinen waren. Ihre Antwort konnte nicht mehr ohne weiteres als utopische Phantasterei zurückgewiesen werden. Die Kirche war zahlenmäßig so stark geworden, und sie war so gut organisiert, daß sich die für das Imperium und seine Zukunft Verantwortlichen über ihre Haltung gegenüber dem politischen Denken der Christen klar werden mußten. Da die Kirche nicht bereit war, eine Kompromißlösung, wie sie in der synkretistischen Religionspolitik der Severer enthalten war, zu akzeptieren, zwang sie faktisch die römische Staatsmacht zu einer Wahl zwischen Heidentum und Christentum. Sollte das Heidentum weiterhin das geistige Fundament des Römischen Reiches sein, dann mußte die Kirche vernichtet werden. Wünschte man dagegen eine Integration der Christen in das Leben des Imperiums, so konnte das nur unter den Bedingungen der Christen geschehen, was in seiner Konsequenz bedeutete, daß das Christentum die Reichsreligion wurde. Dem Christentum die gleiche Existenzberechtigung wie den Religionen des Heidentums zu geben, war auf lange Sicht völlig ausgeschlossen. Die Bürger des Imperiums konnten dann nicht unter ein gemeinsames Gesetz gestellt werden. Die abweisende und aggressive Haltung der Christen gegenüber dem Heidentum würde nur endlose Unruhen hervorrufen und die Bürger des Reiches in zwei Lager spalten, die einander heftig bekämpfen würden.

Aus dem Gesagten ergibt sich, was in dem Jahrhundert nach der severischen Dynastie das Hauptproblem der kaiserlichen Religionspolitik sein sollte. Der Kampf zwischen Kaiser, Heidentum und Kirche trat in seine entscheidende Phase. Die kompromißlose Haltung der Kirche erzwang, daß es nur *einen* Sieger geben konnte. Das Christentum mußte entweder triumphieren oder zugrunde gehen.

VI. Politische Krise und Christenverfolgungen

Septimius Severus war mit Hilfe des Heeres an die Macht gekommen. Das vergaß er nicht, und deshalb versuchte er, das Heer noch enger an die Person des Kaisers zu binden, indem er ihm die bestmöglichen Bedingungen schuf. Seine Nachfolger verfolgten die gleiche Linie. Das Heer war zum stärksten Machtfaktor im Imperium geworden – es entschied letzten Endes, wer Kaiser sein sollte. Wenn daraus keine politische Anarchie entstand, so lag das an der Loyalität des Heeres gegenüber der severischen Dynastie. Daher konnten die Severer trotz immer größerer Schwierigkeiten die Reichsgrenzen sichern und Frieden und Ordnung im Römischen Reich aufrechterhalten. Es herrschte wirtschaftlicher Wohlstand; beredtes Zeugnis dafür ist die umfangreiche Bautätigkeit in dieser Zeit.

Scheinbar hatten die Severer die politischen Traditionen des Prinzipats geachtet. Tatsächlich aber hatten sie eine Politik verfolgt, die zu einer Umwandlung des Imperiums in einen absolutistischen Staat unter der unumschränkten Herrschaft des Kaisers führen mußte. Die althergebrachten Rechte des Senats waren kräftig beschnitten worden. Die Exekutive lag völlig in den Händen von Beamten, die vom Kaiser persönlich ernannt worden waren. Der bis dahin vorhandene Unterschied zwischen Rom und Italien und den Provinzen bestand nur noch dem Namen nach. Die Verwaltung der Provinzen unterstand vollständig den kaiserlichen Beamten. Die relative Selbständigkeit, die die Städte besessen hatten, wurde stark eingeschränkt. Die Zentralisierungsbestrebungen erfaßten auch das wirtschaftliche Leben. Sowohl Landwirtschaft als auch Handel und Industrie gerieten derart unter die Kontrolle der kaiserlichen Machtbefugnisse, daß man nicht ganz ohne Grund von Staatssozialismus gesprochen hat. Die Entwicklung vom Prinzipat zum Dominat brachte politische und soziale Wirren und Spannungen mit sich, die nur die Kraft schwächen konnten, die nötig war, um die großen außen- und innenpolitischen Probleme zu meistern, mit denen das Römische Reich bald konfrontiert werden sollte.

Der Druck auf die Reichsgrenze an Rhein und Donau wurde ständig größer. Die germanischen Stämme organisierten sich zunehmend in größeren Verbänden unter der Führung mächtiger Stammesfürsten. So treffen wir an der unteren Donau auf die Goten, am Niederrhein auf die Franken und am Oberrhein auf die Alemannen. Sowohl in ihrer Ausrüstung als auch in ihrer Strategie waren die Germanen den Römern überlegen. Sie benutzten schwerbewaffnete Reiterei – die Panzerabteilungen der damaligen Zeit – und Bogenschützen. Die auf diese Weise erreichte Beweglichkeit ermöglichte es ihnen, weit in das Imperium vorzustoßen und den römischen Soldaten auszuweichen, die vor allem für den Nahkampf ausgebildet waren. Als ebenso nachteilig erwies sich, daß die Verteidigung der Grenzen aus Befestigungen mit stationären Truppen bestand – waren sie erst einmal umgangen, konnte nichts die germanischen Angriffe mehr aufhalten.

Die Situation war um so ernster, als die Perser zur gleichen Zeit die östlichen Provinzen des Reiches bedrohten. Im Partherreich hatten sich die Perser unter der Führung des Sassaniden Ardaschir erhoben, im Jahre 226 die schwache arsakidische Dynastie gestürzt und sich zu den tatsächlichen Herrschern des Landes aufgeworfen. Ardaschir und sein Sohn Schapur I. (241–273) schufen eine starke Regierung und sicherten darüber hinaus die Einheit des neuen Reiches, indem sie den Zoroastrismus zur Staatsreligion erklärten. Bald gingen sie zur Offensive über in der Absicht, die römischen Besitzungen am östlichen Mittelmeer zu unterwerfen. Mit ihren berittenen Bogenschützen und gepanzerten Reitern konnten die Perser ohne Schwierigkeit die östliche Verteidigungslinie des Römischen Reiches durchbrechen. Aber auch andernorts bekamen die Römer den Druck auf die Grenzen zu spüren. In Syrien und Palästina konnten die Araber ohne nennenswerten Widerstand in das Reich einfallen. Die Blemmyer – ein anderes Wüstenvolk – überschwemmten das südliche Ägypten, und das lateinische Nordafrika war unaufhörlich von berberischen Stämmen bedroht.

Schon in den letzten Regierungsjahren des Alexander Severus stand das Römische Reich in einem Zweifrontenkrieg. Ardaschir fiel in Mesopotamien ein und bedrohte Kleinasien und Syrien. Mit großer Eile sammelte man alle verfügbaren Truppen, darunter Soldaten aus dem Rhein- und Donauheer. Es gelang, Ardaschir aufzuhalten, aber inzwischen hatten die Germanen die Gelegenheit genutzt, und die geschwächte Frontlinie an Rhein und Donau durchbrochen. Der Kaiser mußte sein Hauptquartier nach Gallien verlegen, wurde aber im Jahre 235 von seinen Truppen, die mit seiner unentschlossenen Kriegsführung und dem unzureichenden Sold unzufrieden waren, ermordet.

Die Truppen riefen als seinen Nachfolger Maximinus Thrax (235–238) zum Kaiser aus, und damit wurde ganz unverhohlen deutlich, daß das Heer die Macht hatte, Kaiser abzusetzen und einzusetzen, völlig nach eigenem Gutdünken. Im Gegensatz zu Septimius Severus gelang es jedoch Maximinus ebenso wenig wie den späteren Kaisern, eine Dynastie zu begründen, der gegenüber die Truppen Loyalität empfanden. Ganz im Gegenteil führte eine starke Rivalität zwischen den verschiedenen Armeekorps am Rhein, an der Donau und im Osten in Verbindung mit einem ausgesprochenen Lokalpatriotismus dazu, daß die einzelnen Heeresteile unaufhörlich ihre eigenen Führer zu Kaisern ausriefen. Die Zeit von 235 bis 285 war erfüllt von einer langen Reihe von Bürgerkriegen zwischen verschiedenen Thronprätendenten. Es war charakteristisch für die Situation, daß fast alle Kaiser in dieser Periode eines gewaltsamen und blutigen Todes starben. Die vielen Kaiser und Gegenkaiser gaben den lokalen Interessen glänzende Möglichkeiten, sich zu entfalten. Teile des Reiches etablierten sich zeitweilig als selbständige Staaten mit eigenen Herrschern.

Die politische Anarchie machte eine feste Regierungsführung unmöglich und erschwerte die Koordination der militärischen Kräfte und die Abwehr der vielen Angriffe auf die Flanken des Reiches. Gelang es einmal, unter großen Anstrengungen *einem* Einfall Einhalt zu gebieten, so wurde die Frontlinie an anderen Stellen so geschwächt, daß sie ohne Schwierigkeiten überrannt werden konnte. Die Sassaniden brachten sich wiederholt in den Besitz von Syrien, und die Germanen hausten in Gallien, Illyricum, Griechenland und drangen sogar in Italien ein. Verwüstungen und Plündereien begleiteten den Marsch der Invasionsheere und vermehrten nur die Not und das Elend, welche die häufigen Bürgerkriege den Einwohnern des Imperiums beschert hatten – auch die römischen Heere verwüsteten das Land und plünderten, wo sie hinkamen. Das Ergebnis war wirtschaftlicher Niedergang: Die Produktion ging zurück, und der Handel nahm ab. Immer wieder gab es Hungersnöte, und die geschwächte Bevölkerung wurde zu einer leichten Beute für die Pestseuchen, die im Imperium wüteten. Es kam zu einer starken Verminderung der Bevölkerungszahl. Große Gebiete wurden entvölkert und lagen brach, wodurch sich die Produktion noch mehr verringerte.

Der wirtschaftliche Niedergang war um so ernster, als die militärische Situation ein größeres öffentliches Budget verlangte. Wenn das Imperium überhaupt überleben sollte, waren große stehende Heere notwendig. Eine Erhöhung der Steuern hätte jedoch eine ernste Belastung für die ohnehin schon angestrengte wirtschaftliche Lage des Reiches bedeutet. Da das römische Steuersystem auf Abgaben für Grundbesitz und festes Eigentum beruhte, war es der kaiserlichen Verwaltung unmöglich, auf diesem Wege die Einnahmen wesentlich zu verbessern. Um die nötigen finanziellen Mittel zu beschaffen, schritt man zu einer Wertminderung der Münzen, indem man ihren Silbergehalt herabsetzte. Diese Geldpolitik hatte aber nur eine Inflation zur Folge, die sehr bald den Staat selbst betraf, da sich der Wert der festen Steuern und Abgaben verringerte.

Die Soldaten und Offiziere des Heeres verlangten indessen ihren Sold – und sämtliche Heerführer mußten darauf eingehen und oft sogar noch aus eigener Tasche zuzahlen, um sich die Loyalität der Truppen zu erhalten. Um den Unterhalt der Legionen zu decken, schritt man mehrfach zu Zwangsrequirierungen. Für die Herstellung der Ausrüstung des Heeres, den Ausbau von Verteidigungsanlagen und die Aufrechterhaltung des Transportwesens requirierte man Arbeitskräfte, oder man verpflichtete die verschiedenen Handwerkerschaften dazu, die erforderlichen Arbeiten auszuführen. Das Reich schien im Begriff, in ein Zwangsarbeitslager verwandelt zu werden, in dem die Regierung völlig über die Arbeitskraft der Bürger verfügen konnte.

In den ersten beiden Jahrhunderten war das kaiserliche Arbeitsgebiet verhältnismäßig begrenzt gewesen; es hatte sich darauf beschränkt, die Grenzen zu sichern und Frieden und Ordnung zu bewahren. Der äußerst einfache Verwaltungsapparat hatte nur die Aufgabe gehabt, eine Art Oberaufsicht über die einzelnen Provinzen zu führen. Denn man hatte sich darauf verlassen können, daß die leitenden Beamten in den einzelnen Städten, die Dekurionen, selbst die Verantwortung für die Eintreibung der Steuern und Abgaben wahrnahmen und die Ausgaben für Straßenbau, Transport und die Errichtung öffentlicher Gebäude aus eigener Tasche bezahlten, ebenso wie sie die Kosten für den Kaiserkult und die religiösen Feste sowie für Schauspiele und Wettkämpfe, die zum Leben einer gut verwalteten Stadt gehörten, aus eigenen Mitteln bestritten. Das Amt des Dekurionen wurde als eine Ehre betrachtet, und die Welle des wirtschaftlichen Wohlstands hatte ihnen die Möglichkeit gegeben, selbst die großen Ausgaben zu tragen, die mit dem Amt verbunden waren. Der wirtschaftliche Niedergang bewirkte dagegen, daß man immer häufiger das Dekurionenamt zu umgehen suchte. Das war verständlich, da die kaiserliche Macht immer mehr Aufgaben auf die Städte abwälzte und die Dekurionen persönlich dafür verantwortlich machte, daß sie gelöst wurden. Durch die Einsetzung kaiserlicher Beamter übernahm die Reichsregierung die tatsächliche Kontrolle über die Städte. Von jetzt an war es mit deren Selbständigkeit vorbei.

Die militärische, politische und wirtschaftliche Krise rief tiefgreifende soziale Veränderungen hervor. Die römische Senatsaristokratie besaß jetzt überhaupt keine politische Bedeutung mehr; Heerführer und hohe Beamte kamen nicht mehr mit Selbstverständlichkeit aus ihren Reihen. Die Kaiser wählten statt dessen ihre persönlichen Ratgeber und höchsten Beamten aus dem Ritterstand. Überhaupt konnte jeder, der – ohne Rücksicht auf seine soziale Herkunft – Fähigkeit und Tüchtigkeit unter Beweis stellte, auf die höchsten Regierungsposten gelangen. Die unruhige Zeit der Soldatenkaiser bot

Emporkömmlingen große Chancen. Persönlicher Ehrgeiz und Bereicherungsdrang erhielten glänzende Entwicklungsmöglichkeiten, und da sich dies auch in den höchsten Regierungskreisen bemerkbar machte, trug das nicht gerade zur Stärkung der kaiserlichen Autorität bei. Bestechung und Korruption gehörten zur Tagesordnung. Haß, Bitterkeit und Neid bestimmten das Verhältnis zwischen den verschiedenen Gesellschaftsschichten. Man war auf das eigene Durchsetzungsvermögen angewiesen, und die meisten dachten nur an ihr eigenes Fortkommen. Empfand man Loyalität, so war sie ausschließlich auf die eigene soziale Gruppe oder das eigene Volk gerichtet. Der Partikularismus breitete sich auf Kosten der Einheit des Imperiums aus. Die große Mehrheit der Bürger des Römischen Reiches empfand keinerlei Verpflichtungen gegenüber der *Roma aeterna* und ihrer göttlichen Sendung. Das Imperium befand sich in einem Zustand der Auflösung, und es schien nur eine Frage der Zeit, wann sein Untergang zur Tatsache würde.

Diese Entwicklung bedeutete zugleich eine Krise der offiziellen Religion. Die Funktion der Götter war es ja gerade, das Bestehen des Reiches zu sichern, und die Not und Bedrängnis, die die Bürger durchlebten, mußten deshalb die Frage aufwerfen, ob die Staatsgötter etwa ohnmächtige Götter waren oder ob die Ohnmacht des Imperiums darauf zurückzuführen war, daß man ihre Verehrung vernachlässigt hatte. In religiöser Hinsicht war das Römische Reich in seinen Grundfesten erschüttert. Es fehlte, wie wir sehen werden, nicht an Anstrengungen, um alle äußeren und inneren Schwierigkeiten zu überwinden und das Reich wieder aufzurichten. Da jedoch Politik und Religion eine Einheit waren, mußten alle Wiederbelebungsversuche mit innerer Notwendigkeit die Frage nach der religiösen Grundlage des Reiches stellen. Daher nahm die Religionspolitik einen hervorragenden Platz im Kampf ums Überleben des Imperiums ein.

Nicht alle hatten die synkretistische Religionspolitik der Severer gutgeheißen. Unter den römischen Senatoren rief sie Kritik hervor, weil sie eine Gefahr für die römischen Götter bedeutete, deren Ehre und Achtung zu wahren sie als ihre

Aufgabe ansahen. Dio Cassius (ca. 150–ca. 235), der selbst zum senatorischen Adel gehörte, verlieh dieser Haltung in einer Rede deutlichen Ausdruck, die er den Senator Maecenas vor Augustus halten ließ: „Verehre du selbst das Göttliche auf jede Weise und überall nach den althergebrachten Bräuchen und zwing die anderen dazu. Aber diejenigen, die neue Dinge in die Gottesverehrung einführen, sollst du verachten und strafen, nicht nur um der Götter willen, deren Verächter ja keine Ehrfurcht vor ihnen besitzt, sondern auch, weil diese Menschen, indem sie von sich aus neue Gottheiten einführen, viele dazu verleiten, nach fremden Bräuchen zu leben. Daraus entstehen Verschwörungen, Spaltungen und heimliche Zusammenschlüsse, die eine Gefahr für die Monarchie bedeuten. Gestatte deshalb niemandem, gottlos oder Zauberer zu sein... Magier darf man nicht zulassen. Denn indem sie bald Falsches, bald Wahres reden, verführen sie viele zur Unruhestiftung. Aber dasselbe tun auch nicht wenige, die sich als Philosophen ausgeben. Daher rate ich dir, auch vor denen auf der Hut zu sein."[18]

Dies religionspolitische Programm war deutlich von der Überzeugung getragen, daß die Einheit und der Zusammenhalt des Reiches unter der Herrschaft des Kaisers allein durch die Verehrung der römischen Götter nach den althergebrachten Traditionen gesichert werden konnten und sollten. Der Kaiser selbst sollte dabei der erste sein und den Bürgern des Reiches mit gutem Beispiel vorangehen. Aber er war darüber hinaus dazu berufen, die religiöse Einheit im Imperium durchzusetzen. Er sollte alle Kulte und religiösen Bewegungen verbieten, die die römische Staatsreligion untergruben, und er hatte obendrein die Pflicht, alle zur Verehrung der römischen Götter zu zwingen.

So war es unter den Senatoren in Rom zu einer Renaissance der römischen Religion gekommen – eine Reaktion auf die große Verbreitung der orientalischen Religionen, zu denen unter anderen auch das Christentum gehörte. Da die Sicherheit des Reiches von der Verehrung der römischen Götter abhing, mußte die Forderung nach einer religiösen Zwangspolitik aufkommen – dies war das Neue im religionspolitischen Programm der Senatoren.

Maximinus Thrax war gegen den Willen der Senatoren Kaiser geworden und bekämpfte deshalb konsequent den römischen Senat als einen beharrlichen Gegner seiner Kaiserwürde. In seiner Religionspolitik schien er jedoch dieselbe Linie zu verfolgen wie die Senatoren, als er die Hinrichtung der Kirchenführer verfügte. Der primäre Grund für die Verfolgung der Kirche war jedoch zweifellos politischer Art. Er wollte jede Bedrohung seiner Herrschaft beseitigen, indem er die Anhänger der severischen Dynastie aus dem Wege räumte, und zu ihnen gehörten nach seiner Meinung gerade die Christen[19]. Außerdem war er überzeugt, daß der Einfluß der Kirche zurückgedrängt werden mußte, weil hier Gefahr für das Imperium bestand, auch er sah höchst wahrscheinlich in der römischen Religion den einzigen Garanten für das Bestehen des Imperiums. Auf eine direkte Verfolgung der Christen verzichtete er. Er hielt es für ausreichend, gegen den Klerus als den für die Gemeinden und die Ausbreitung des Christentums Verantwortlichen vorzugehen. War die Kirche erst einmal ihrer Führung beraubt, würde sie bald zusammenbrechen. Wir besitzen Zeugnisse dafür, daß in Rom und Caesarea in Palästina Kleriker abgesetzt wurden, aber im allgemeinen scheint Maximinus' Anordnung nicht in nennenswertem Maße befolgt worden zu sein.

Maximinus hatte sich durch seine entschlossene, aber äußerst rücksichtslose Regierungsführung im gesamten Imperium verhaßt gemacht. Eine Erhebung in Nordafrika breitete sich schnell aus und führte zu seinem Fall. Ihm folgte Gordianus III. (238–243), der wiederum durch den aus dem Ostjordanland stammenden Philippus Arabs (243–249) verdrängt wurde. Es kam zwar immer wieder vor, daß sich in einzelnen Städten soviel Haß auf die Christen ansammelte, daß es zu Pogromen kam, aber von seiten der staatlichen Behörden wurde die Tätigkeit der Kirche in keiner Weise beeinträchtigt. Alles spricht außerdem dafür, daß Philipp unter Wiederaufnahme der synkretistischen Religionspolitik der Severer den Christen mit Sympathie gegenüberstand. Sowohl er als auch die Kaiserin Octacilia Severa haben mit Origenes im Briefwechsel gestanden, aber nicht nur das – seine Haltung den Christen gegenüber läßt vermuten, er selbst sei Christ gewesen. Jedenfalls konnte der Bischof Dionysios von Alexandria sagen, daß Philipps Regierung den Christen freundlich gesonnen sei[20]. Sie genossen praktisch völlige Religionsfreiheit. Niemand hinderte sie, Ämter in Heer und Verwaltung zu übernehmen. Alles schien darauf hinzudeuten, daß Kaiser und Behörden die Feindseligkeiten eingestellt hatten und eine Integration der Kirche in das Imperium für wünschenswert hielt.

Die Christen waren auf Grund der großen Fortschritte, die sie in der ersten Hälfte des dritten Jahrhunderts gemacht hatten, nicht ohne Siegeszuversicht. Gegen Mitte des Jahrhunderts war die Kirche gleichsam eine stetig wachsende Armee, deren Anhänger aus allen Gesellschaftsschichten kamen. In fast jeder Stadt gab es fest organisierte Gemeinden, und sogar in den ländlichen Gebieten begann das Christentum Fuß zu fassen. Es übertraf alle anderen orientalischen Religionen an Zahl und Einfluß. Nicht zuletzt im Osten war es so stark geworden, daß Origenes in der Zerstörung der Mauern Jerichos durch den Hall der Posaunen ein Bild für den Untergang von Götzenverehrung, heidnischer Philosophie und dem Wirken der Dämonen durch das Wort Christi sowie der Apostel und Evangelisten sehen konnte. Die Dämonen hatten „durch Erfahrung gelernt, daß sie durch die Märtyrer der Wahrheit besiegt und überwunden waren, und sie fürchteten sich zurückzukehren, um Rache zu nehmen"[21] – und dieses sei der Grund, warum die Kirche solange in Frieden habe leben können.

Gleichzeitig hielt Origenes es jedoch für nötig, die Christen vor einem falschen Gefühl der Sicherheit zu warnen. Der Konflikt zwischen Kirche und Welt konnte jeden Augenblick wieder aufbrechen: „Es ist wahrscheinlich, daß die Freiheit von Furcht um ihr Leben, die die Glaubenden jetzt genießen, aufhört, sobald diejenigen, die das Christentum auf jede erdenkliche Weise angreifen, wieder die vielen Glaubenden für den Aufruhr, der jetzt so stark ist, verantwortlich machen, indem sie meinen, daß der Grund dafür der ist, daß die Glaubenden vom Kaiser nicht mehr wie in früheren Zeiten verfolgt werden. Aber wir haben durch das Christentum gelernt, uns weder in Friedenszeiten zu beruhigen und der

Muße hinzugeben noch, wenn wir von der Welt verfolgt werden, die Liebe zu dem Gott des Universums in Jesus Christus zu verlieren und aufzugeben. Wir zeigen klar das heilige Wesen unseres Ursprungs und verbergen es nicht, da wir ja die jüngst Bekehrten Verachtung der Götzen und aller Götzenbilder lehren und dazu noch ihre Gedanken von der Anbetung des Geschaffenen statt Gottes abwenden und sie zum Schöpfer des Universums erheben."[22]

Damit hatte Origenes die Situation der Kirche in den letzten Regierungsjahren des Philippus Arabs, in denen seine Schrift gegen Kelsos erschien, deutlich umrissen. Die Kirche stand jederzeit für ein und dieselbe Sache ein, ob sie nun in Frieden lebte oder Verfolgungen ausgesetzt war: die Bekämpfung des Heidentums und die Bekehrung der Menschen zum einzigen wahren Gottesglauben. Da die große Schar der gläubigen Christen es unterließ, die offiziellen Götter zu verehren, konnten sich die Ablehnung und der Haß des Heidentums leicht wieder verschärfen. Denn in den Augen der Heiden waren die Christen für alles Unheil verantwortlich, das gerade gegen Mitte des Jahrhunderts wie eine Sturmflut über das Reich hereinbrach und es fortzufegen drohte. Deshalb hielt Origenes es für dringend geboten, seine Glaubensgenossen davor zu warnen, sich einschläfern zu lassen, und er ermahnte sie, auf ein Wiederaufleben des offenen Kampfes zwischen der Kirche und dem römischen Imperium mit seinen Götzendienern vorbereitet zu sein.

Origenes' Warnung war durchaus angebracht: die Renaissance der römischen Religion als des einzigen Fundaments des Imperiums, auf die wir in den römischen Senatorenkreisen gestoßen sind, hatte an Boden gewonnen und erhielt weitere Nahrung, als man im Jahre 248 Roms tausendjähriges Bestehen feierte. Durch große religiöse Feste verehrte man Roms Götter, die die *Roma aeterna* geschaffen hatten und die den Bürgern des Reiches ein neues glückbringendes Jahrtausend bescheren würden. Die Christen mußten sich natürlich jedweder Teilnahme enthalten und offenbarten dadurch mit aller wünschenswerten Deutlichkeit ihre gottlose und antirömische Gesinnung. Das gab denn auch z.B. in Alexandria Anlaß zu einem furchtbaren Pogrom gegen die Christen.

Sowohl unter Gordianus III. als auch unter Philippus Arabs war es nach harten Kämpfen gelungen, die Germanen und die Perser aufzuhalten und im Reich selbst Ruhe und Ordnung zu bewahren. Es gärte jedoch überall, und in Philippus' letzten Regierungsjahren nahm die Entwicklung von neuem einen dramatischen Verlauf. In verschiedenen Teilen des Reiches brachen Militärrevolten aus, und die Germanen nutzten sogleich die Gelegenheit zu einem Einfall in das Reich. Philippus sandte den Illyrer Decius, einen seiner fähigsten Generale, in das von der Unruhe betroffene Gebiet, um die Situation bereinigen zu lassen. Dies besorgte Decius so kraftvoll und effektiv, daß das Donauheer ihn zum Kaiser ausrief – es wünschte seinen eigenen Mann an der Stelle von Philippus, den die Legionen des Ostens gekürt hatten. Decius rückte sogleich in Italien ein, wo er bei Verona die Truppen des Philippus besiegte. Philippus selbst fiel auf dem Schlachtfeld (249).

Diese politische Umwälzung bedeutete, daß nun Illyrien und Pannonien in den Brennpunkt der Ereignisse rückten: sie hielten das Schicksal des Reiches in ihrer Hand. Das war kein Zufall. Seit dem Ende des zweiten Jahrhunderts hatten die illyrischen und pannonischen Soldaten, der Kern des Donauheeres, durch die unaufhörlichen Kämpfe mit den Germanen eine Zähigkeit und Kampfmoral erworben, die sie zu den besten Truppen des Reiches machten. Da das Donaugebiet obendrein eine der wichtigsten Regionen für den Schutz der Reichsgrenzen war, mußten die dort stationierten Truppen in einer Zeit, in der das Heer die Kaiserwahl bestimmte, den entscheidenden Einfluß erhalten.

Ebenso wichtig war, daß Illyrien und Pannonien seit ihrer Eingliederung in das Reich im ersten Jahrhundert weitgehend romanisiert worden waren. Hier hatte die Vorstellung von der *Roma aeterna* bereitwillige Aufnahme gefunden, und ebenso war man davon überzeugt, daß die Verehrung der römischen Götter der einzige Bürge für die Einheit und Sicherheit des Reiches war. Nicht minder bedeutsam war, daß man hier zum Kampf für Roms Größe und göttliche Sendung bereit war. Auf all dies wies Decius hin und nach ihm die Reihe illyrischer Kaiser, die die Retter des Imperiums werden sollten.

Decius, der selbst Senator war, wollte das Römische Reich in Übereinstimmung mit den ruhmreichen Traditionen, die vom Senat erhalten und bewahrt wurden, wiedererrichten. Programmatisch brachte er das zum Ausdruck, indem er sich den Beinamen *Traianus* zulegte. Decius war davon überzeugt, daß die Ursache für die Notlage des Reiches im Grunde in der Mißachtung der römischen Götter durch seine Bürger zu sehen sei. Deshalb mußte die primäre politische Aufgabe in der Sorge dafür bestehen, daß die römischen Götter ihre rechtmäßige Verehrung empfingen – und damit hatte er mit der synkretistischen Religionspolitik des Philippus Arabs gebrochen.

Obwohl die *Constitutio Antoniana* fast allen Einwohnern des Römischen Reiches das römische Bürgerrecht verliehen hatte, hatte dies keineswegs zu der damit beabsichtigten religiösen Einheit des Imperiums geführt. Diese Einheit durch eine Sammlung um Roms Götter zu schaffen, blieb daher das Ziel der Religionspolitik des Decius. Da aber bedeutende Teile der Bevölkerung, und zwar vor allem die Christen als die schärfsten und kompromißlosesten Gegner der Staatsreligion, ihre eigenen Wege gegangen waren, mußte er Zwangsmaßnahmen anwenden, um die Verehrung der römischen Götter sichern zu können. Seine Religionspolitik befolgte mit anderen Worten in jeder Hinsicht das Programm, welches Dio Cassius dem Maecenas in seiner Rede an Kaiser Augustus in den Mund gelegt hatte.

Wahrscheinlich im Februar 250 erließ Decius ein Edikt mit dem Ziel, die religiöse Einheit im Reich zu erzwingen. Den genauen Wortlaut kennen wir nicht, aber so viel ist sicher, daß nach seiner Anordnung alle Bürger des Reiches ohne Ausnahme ein Opfer für die Götter darbringen, ein Weinopfer ausgießen, an der Opfermahlzeit teilnehmen und zugleich schriftlich erklären sollten, daß sie allezeit und ohne Unterbrechung den Göttern geopfert hätten. Der Kaiser verlangte mit anderen Worten zusammen mit einer Opferhandlung *(supplicatio)* ein offenes Bekenntnis zu den Göttern. Obwohl das Edikt nicht überliefert ist, können wir aus anderen Quellen schließen, daß es sich um die vom Senat anerkannten römischen Götter *(di publici Romani populi)* und zwar vor allem um die kapitolinischen Götter handelte: *Jupiter Optimus Maximus, Juno* und *Minerva*.

Das Edikt erwähnte nicht, daß man dem Kaiser oder dem *genius* des Kaisers opfern sollte. Der Grund dafür lag in der Verwendung traditioneller römischer Formeln. Wir wissen jedoch, daß man im dritten Jahrhundert überall den Kaiser als den Auserwählten der römischen Götter betrachtete. Das Opfer für die römischen Götter schloß daher die Verehrung des Kaisers als des Vermittlers der göttlichen Kraft ein. Dies wird dadurch bestätigt, daß Decius wahrscheinlich angeordnet hatte, die vorgeschriebene Opferhandlung im Juni am *dies imperii*, dem Jahrestag seiner Übernahme der kaiserlichen Macht, stattfinden zu lassen. Ein solcher Tag wurde als ein Fest begangen, an dem man durch große religiöse Zeremonien mit Opfern und einer Opfermahlzeit den Kaiser als Sendboten und Werkzeug der Götter feierte, der Glück und Segen über das Imperium gebracht hatte. Der *dies imperii* war daher äußerst geeignet als der Tag, an dem die Bevölkerung des Römischen Reiches die verlangte *supplicatio* ausführen sollte, die sowohl als ein Dankopfer an die Götter für ihre Wohltaten als auch als eine Bitte um ihre weitere Hilfe und Unterstützung für den Kaiser als den Retter der Menschheit zu verstehen war.

Decius hatte ferner angeordnet, daß überall Kommissionen – in der Regel mit Dekurionen besetzt – eingerichtet werden sollten, die dafür zu sorgen hatten, daß alle Bürger des Reiches die befohlene Opferhandlung vollzogen. Damit sich niemand seiner religiösen Bürgerpflicht entzog, sollte jeder einzelne zur Kontrolle einen Ausweis *(libellus)* erhalten, in dem er sich zu den römischen Göttern bekannte und erklärte, daß er das vorgeschriebene Opfer durchgeführt habe, und in dem die Mitglieder der Opferkommission schriftlich bezeugten, daß der Betreffende das Opfer in ihrer Gegenwart vollzogen habe.

Aus Ägypten besitzen wir etwa fünfzig solcher *libelli*. Sie sind fast gleichlautend. Es handelt sich wahrscheinlich um ein von der kaiserlichen Kanzlei verfaßtes Standardformular. Es lautete zum Beispiel:

„An diejenigen, die zur Überwachung der Opfer gewählt

sind. Von Aurelia Kamis aus dem Dorf Filagris, wohnhaft in der Ortschaft Theadelphia. Ich habe immer und ohne Unterbrechung den Göttern geopfert, und auch jetzt habe ich in Eurer Gegenwart geopfert und ein Trinkopfer dargebracht und vom Opferfleisch gekostet, wie es befohlen war. Ich bitte euch darum, mir dies zu bescheinigen. Lebt wohl.

Wir, Aurelius Serenus und Aurelius Hermos, sind Zeugen dafür, daß Sie geopfert haben.

Im ersten Regierungsjahr des Imperator Caesar Gaius Messius Quintus Traianus Decius Pius Felix Augustus, am 22. Juni."

Wer zum festgesetzten Termin seiner Opferpflicht nicht nachgekommen war, erhielt eine neue Frist, um vor der Opferkommission dem kaiserlichen Befehl Folge zu leisten; Volkszählungs- und Steuerlisten waren hier ein gutes Mittel, die Säumigen zu finden. Lehnte man weiterhin das Opfer für die römischen Götter ab, so beging man das Verbrechen der Majestätsbeleidigung *(crimen laesae maiestatis)*. Die Strafe dafür war Gefängnis, Verbannung oder sogar Hinrichtung.

Unmittelbar nach seiner Machtübernahme hatte Decius – ebenso wie Maximinus Thrax vor ihm – mehrere Bischöfe der Kirche gefangensetzen lassen, um Organisation und Handlungsfähigkeit der Kirche lahmzulegen. Als er nun sein Edikt erließ, waren die Christen überzeugt, daß mit diesem Gesetz die Kirche ausgerottet und sie selbst wieder zur Götzenverehrung gezwungen werden sollten. Diese Deutung war nicht falsch. Zwar wurde formell nicht verlangt, daß die Christen ihren Glauben abschwören sollten, aber die Forderung, daß sie ebenso wie die übrigen Bürger des Reiches die römischen Götter verehren sollten, war mit dem christlichen Gottesglauben unvereinbar. Decius' Edikt war daher in Wirklichkeit ein Ultimatum an die Kirche: entweder mußte sie sich dem Kaiser und seiner religiösen Politik unterordnen, oder sie wurde vernichtet. Für die Kirche gab es keine Wahl: sie mußte es ablehnen, Decius' Edikt zu befolgen. Kaiser und Kirche befanden sich im offenen Krieg.

Decius glaubte mit gutem Grund, daß sich seine Religionspolitik durchführen ließ. Die Anhänger der verschiedenen heidnischen Kulte kamen ohne Zögern und ohne Bedenken dem kaiserlichen Opferbefehl nach. Alles scheint auch darauf hinzudeuten, daß es ihm gelingen sollte, die Kirche, das einzige echte Hindernis der religiösen Einheit des Reiches, entscheidend zu treffen.

Während des Friedens, der im wesentlichen in der ersten Hälfte des dritten Jahrhunderts zwischen Staat und Kirche bestanden hatte, hatte sich, wie oben erwähnt, die große Mehrheit der Christen daran gewöhnt, es als eine Selbstverständlichkeit zu betrachten, daß man sich ohne Gefahr für Gut und Blut zu Christus bekennen konnte. Deshalb war Decius' Edikt ein Schock für die Gemeinden. Die Auswirkungen schienen katastrophal. Dionysios, Bischof in Alexandria von 245 bis 268, erzählt uns von der Reaktion in seiner Gemeinde: „Alle waren bestürzt. Von den Vornehmeren fanden sich viele aus Furcht auf der Stelle [vor der Opferkommission] ein, andere, die öffentliche Ämter bekleideten, kamen eben deshalb, wieder andere wurden von ihren Freunden hingeschleppt. Namentlich aufgerufen traten sie zu den unreinen und unheiligen Opfern, die einen bleich und zitternd, als wollten sie nicht opfern, sondern als sollten sie selbst Opfer und Schlachttiere für die Götzen sein. So wurden sie zum Spott der großen umherstehenden Menge, und ihre Feigheit sowohl vor dem Sterben als auch vor dem Opfern trat offen an den Tag. Andere gingen bereitwillig zu den Altären und behaupteten verwegen, sie seien auch früher keine Christen gewesen... Von den übrigen folgten die einen diesen, die anderen jenen, wieder andere flohen. Und wieder andere wurden verhaftet. Von diesen wurden die einen gefesselt und eingesperrt, einige sogar für mehrere Tage, dann aber, noch ehe sie vor einen Richter kamen, schwuren sie den Glauben ab. Andere ertrugen lange Zeit Qualen, um sich dann doch vom Glauben loszusagen."[23]

Was sich in Alexandria vollzog, wiederholte sich in fast allen Gemeinden. Aus Verwirrung und Furcht vor den strengen Strafen und oft erst nach Gefangenschaft und Tortur vollzogen viele Christen die vorgeschriebene Opferhandlung, obwohl dies als eine Verleugnung des Glaubens Ausschluß aus der Kirche mit ewiger Verdammnis als Folge bedeutete. In Ägypten, im lateinischen Nordafrika und in Rom überstieg die

Zahl der Abtrünnigen wahrscheinlich die Zahl derer, die fest zum Bekenntnis standen. Besonders bitter war, daß die meisten Abtrünnigen unter den Christen der oberen Gesellschaftsschichten zu finden waren. Noch ernster war, daß viele Gemeinden ihrer Führer beraubt wurden. Viele Kleriker vollzogen die Opferhandlung, viele entzogen sich dem Opferbefehl durch Flucht, wieder andere wurden verhaftet und hingerichtet.

Trotzdem ließ sich die Kirche nicht auslöschen. Zahlreiche Christen – wir wissen nicht, wieviele – lehnten die Teilnahme an der verordneten Opferhandlung ab, obwohl das Gefangennahme und Tortur bedeutete und zur Hinrichtung führen konnte. Es war den Behörden bald klar, daß die völlige Durchsetzung des Edikts eine blutige Angelegenheit werden würde. Mehrere Beamte, die Decius' Eifer für die römischen Götter nicht teilten, fanden dies zweifellos allzu rigoros. Jedenfalls vermieden sie die strenge Durchführung des Edikts, als ihnen der unbeugsame Widerstandswille, der so viele Christen beseelte, bewußt wurde. Teilweise wurde die Durchführung durch die Erlaubnis sabotiert, daß sich die Christen auf das Abbrennen von Weihrauch vor den Altären beschränken konnten, und in vielen Fällen wurden – gratis oder gegen Bezahlung – Opferbescheinigugnen an Christen ausgestellt, obwohl diese die vorgeschriebene Opferhandlung überhaupt nicht vollzogen hatten. Auch scheinen die lokalen Behörden keinen allzu großen Eifer bei der Suche nach denen, die sich durch Flucht ihrer Opferpflicht entzogen hatten, an den Tag gelegt zu haben. Abgesehen davon waren die Christen trotz allem so zahlreich und der Verwaltungsapparat so unvollkommen, daß eine erfolgreiche Durchführung der Religionspolitik des Decius unmöglich war.

Kaiser Decius hatte allem Anschein nach den Beamten strenge Strafen angedroht, falls sie die Bestimmungen des Edikts nur nachlässig durchführten. Er bekam jedoch bald andere Sorgen als die Überwachung der Durchführung seiner Religionspolitik. Die Goten waren in das Donaugebiet eingefallen. Decius begab sich zum Kriegsschauplatz und fiel 251 in einer Schlacht. Sein Nachfolger Gallus (251–253) wünschte wahrscheinlich eine Fortsetzung des Kampfes gegen die Christen, aber es gab nur einige vereinzelte Verfolgungen in Rom und Karthago. Seine ganze Aufmerksamkeit wurde bald vom Kampf gegen einen gefährlichen Gegenkaiser in Anspruch genommen. Nach seiner Ermordung wurde er schnell durch Valerianus (253–260) ersetzt, der die Kirche bis auf weiteres in Frieden ließ.

Die decische Verfolgung der Kirche war hart, aber von kurzer Dauer gewesen. Die Kirche war erschüttert worden, besaß aber die innere Kraft, sich schnell zu erholen. Wie sehr auch die Kirche und ihre Führer gegen Decius als den von Christus geweissagten Antichrist, der die Auserwählten Gottes verführen sollte (vgl. Matthäus 24,24), gewütet hatten, sie betrachteten die Verfolgung doch als Gottes Strafe für die Weltlichkeit, die unter den Christen um sich gegriffen hatte. Faktisch bedeutete die Verfolgung nur, daß sich die Kirche von denen trennte, die nur dem Namen nach Christen waren. Ein besonderes Problem wurde jedoch die große Zahl der Abtrünnigen. Viele bereuten schnell ihre Handlungsweise und wollten wieder in die Kirche aufgenommen werden. Dieses Problem wurde von den Bischöfen mit großem Geschick und großer Klugheit gelöst. Man sah ein, daß die Abtrünnigen sich nicht über einen Kamm scheren ließen, und entschied, daß sie nach einer kürzeren oder längeren Zeit der Buße, die sich nach der Art ihres Abfalls und der Ehrlichkeit ihrer Reue richtete, wieder in die Kirche aufgenommen werden konnten – man wollte sie nicht durch den endgültigen Ausschluß aus der Kirche dem Heidentum in die Arme treiben.

Daß den Bischöfen allein die Verantwortung für die Wiederaufnahme der Bußfertigen überlassen wurde, stärkte ihre Stellung. Alle Macht und Autorität konzentrierte sich in ihren Händen, so daß die Kirche als Organisation noch schlagkräftiger wurde. Sie konnte bald ihre Missionsarbeit wieder aufnehmen und Breschen in das Heidentum schlagen. Innerhalb von wenigen Jahren hatte sie die Folgen der decischen Verfolgung überwunden. Sie war so stark wie nie zuvor und besaß Anhänger in allen Gesellschaftsschichten.

Valerian hatte seinen Sohn Gallienus als Mitregenten eingesetzt, um die fast unüberschaubaren Probleme besser lösen zu können, denen sich die Regierung gegenüber sah. Das Reich befand sich in einem Zweifrontenkrieg, da sowohl die Germanen als auch die Perser zur Offensive übergegangen und weit in das Römische Reich vorgestoßen waren. Im Imperium selbst herrschten Unruhe und Unfriede durch die zahlreichen Räuber- und Piratenbanden, die ganz nach Lust und Laune zu hausen schienen. Und dazu kam die Pest, die seit Beginn der fünfziger Jahre auf das furchtbarste gewütet hatte. Der Zorn der Götter hatte das Imperium getroffen.

Valerian war Decius' rechte Hand gewesen, und als Abkömmling einer römischen Senatorenfamilie war er mit dessen Religionspolitik völlig einverstanden. Auch er betrachtete die Ablehnung der römischen Götter durch die Christen als die eigentliche Ursache des Unheils, das sich wie ein gewaltiges Göttergericht über das Imperium ausbreitete. Eine entscheidende Auseinandersetzung mit dem religiösen Ausschließlichkeitsanspruch des Christentums war daher für ihn politisch wie religiös eine Notwendigkeit. Warum Valerian dennoch die Kirche in den ersten vier Jahren seiner Regierung völlig in Frieden ließ, dafür geben unsere Quellen keine zufriedenstellende Erklärung. Im August 257 erließ er jedoch ein Edikt, das verlangte, daß der Klerus der Kirche – Bischöfe, Presbyter und Diakone – den Göttern des Reiches opfern sollte, und das unter Androhung der Todesstrafe Gottesdienste und auch Zusammenkünfte an den Begräbnisstätten der Christen verbot.

Dem Edikt war wahrscheinlich eine kaiserliche Instruktion mit Ausführungsbestimmungen hinzugefügt. Die Statthalter sollten sich jeder offenen Gewaltanwendung enthalten und statt dessen die Bischöfe vorladen, um sie durch Überredung zur Verehrung der Kaiser und Staat schützenden Götter zu bewegen. Vollzogen die Christen ebenso wie alle anderen Bürger des Römischen Reiches pflichtgemäß die Verehrung der Götter, konnten sie weiterhin auch ihren eigenen Gott verehren. Lehnten sie ab, trat das Gottesdienstverbot in Kraft.

Dieses Vorgehen zeigt eine neue Taktik im Kampf um die Entmachtung der Kirche und um ihre Einordnung in das Imperium. Valerian hatte offenbar durch die decische Verfolgung gelernt, daß es der kaiserlichen Verwaltung auch bei sorgfältigster Planung nicht gelungen war, die Christenheit als ganzes zur Verehrung der römischen Götter zu zwingen. Die angewendete Praxis führte nur zu Blutvergießen und verschärfte den Widerstand der Christen gegen die Staatsmacht. Man mußte andere Wege einschlagen, wenn man das gewünschte Ergebnis erzielen wollte. Es verriet große Einsicht in die kirchlichen Verhältnisse, daß der Kaiser und seine Ratgeber es vorzogen, gegen die Bischöfe und Priester vorzugehen. Waren sie erst einmal überredet, dem Willen des Kaisers zu gehorchen, würde ihre Autorität die Laien veranlassen, ihnen zu folgen. Verweigerten sie jedoch den Gehorsam, konnte man durch ein Verbot des gottesdienstlichen Lebens – einschließlich Taufe und Abendmahl – unterbinden, was der Kirche ihren inneren Halt und ihre Widerstandskraft gab.

Die Führer der Kirche lehnten indessen jeden Kompromiß ab. Als Bischof Dionysios von Alexandria vor den Statthalter Ägyptens geladen wurde, erklärte ihm dieser nach dem offiziellen Protokoll des Verhörs[24], daß das kaiserliche Edikt ein wohltätiger Akt sei; es biete den Christen die Möglichkeit der Rettung, wenn sie sich „der natürlichen Lebensweise zuwendeten und die Götter anbeteten, die deren [der Kaiser] Reich bewahrten, und die Götter vergäßen, die gegen die Natur seien." Dionysios antwortete darauf nur, daß der kaiserliche Opferbefehl völlig sinnlos und überflüssig sei, da die Christen „den *einen* Gott anbeteten, den Schöpfer des Alls, der auch den von Gott geliebten Kaisern Valerian und Gallienus die Herrschaft geschenkt habe; und wir beten ständig zu ihm, daß ihre Herrschaft unerschütterlich sein möge." Auch als der Statthalter ihm vorhielt, daß die Christen ihren eigenen Gott zusammen mit den Staatsgöttern verehren könnten, änderte das nichts an Dionysios' Haltung. Genau dieselbe Antwort erhielt der Statthalter im lateinischen Nordafrika von dem Bischof Cyprian von Karthago: „Ich bin Bischof und Christ. Ich kenne keine anderen Götter als den einen und wahren Gott, der Himmel und Erde, das Meer und alles, was in ihnen ist, geschaffen hat. Diesem Gott dienen wir Christen, zu ihm beten wir Tag und Nacht für euch und für alle Menschen und für die Sicherheit des Kaisers selbst."[25]

Trotz dieser widerspenstigen und aufrührerischen Haltung

beschränkten sich die Behörden auf Verbannung der Bischöfe. Es gelang diesen jedoch, die Verbindung mit ihren Gemeinden aufrechtzuerhalten, ebenso umging man das Gottesdienstverbot, indem man sich an geheimgehaltenen Orten traf, obwohl die Gefahr bestand, verhaftet und zu Zwangsarbeit im Bergwerk oder zum Tode verurteilt zu werden. Dafür gab es zahlreiche Beispiele.

Der milde Kurs war also fehlgeschlagen. Neue Methoden mußten angewendet werden, um diese religiöse Halsstarrigkeit zu brechen und die Christen zur römischen Gottesverehrung zurückzuführen – und das war umso dringender erforderlich, als die Lage mit den Jahren sowohl militärisch als auch wirtschaftlich noch verzweifelter geworden war. Vor diesem Hintergrund wurde im Sommer 258 ein neues Edikt erlassen. Es forderte, daß Bischöfe, Priester und Diakone öffentlich hinzurichten seien, wenn sie das Opfer für die römischen Götter verweigerten. Die Senatoren, die Ritter und die hohen Beamten sollten Rang und Besitz verlieren und, falls sie auf ihrem Glauben beharrten, auch das Leben, die adligen Frauen *(matronae)* sollten verbannt werden, nachdem ihr Eigentum konfisziert worden war. Schließlich sollten alle Personen in kaiserlichem Dienst *(caesariani)* ihr Eigentum verlieren und zu Sklavenarbeit auf den kaiserlichen Domänen verurteilt werden.

Die scharfen Bestimmungen des Edikts zeigen, daß Valerian fest entschlossen war, den aufrührerischen Trotz der kirchlichen Führer zu brechen und den Einfluß der Kirche durch eine Säuberungsaktion in den höheren Gesellschaftsschichten zu neutralisieren. Es mußte ein für allemal unmißverständlich deutlich gemacht werden, daß Loyalität dem Kaiser und dem römischen Imperium gegenüber mit dem christlichen Bekenntnis unvereinbar war. Der grundsätzliche Gegensatz wurde mit aller wünschenswerten Schärfe herausgestellt, als der Statthalter im lateinischen Nordafrika den Bischof von Karthago, Cyprian, mit folgender Begründung zum Tode verurteilte: „Lange hast du mit einer gottlosen Gesinnung gelebt und sehr viele Menschen in einer verbrecherischen Verschwörung um dich gesammelt, und du hast bewiesen, daß du ein Feind der römischen Götter und der heiligen Riten bist."[26] Die harten Strafen, die den Christen in Aristokratie und kaiserlicher Verwaltung bestimmt waren, sollten jedem, der nach sozialem Prestige und Einfluß strebte, die Lust nehmen, Christ zu werden. Zugleich sollten die Konfiskationen der leeren Staatskasse neues Kapital zuführen.

Über das Ausmaß der Valerianschen Verfolgung sind wir nur unzureichend unterrichtet. Die erhaltenen Quellen lassen jedoch erkennen, daß hart durchgegriffen wurde und die Kirche im gesamten Imperium betroffen war. Zahlreiche Christen erlitten den Märtyrertod, so z. B. Cyprian und der Bischof von Rom, Xystus. Gotteshäuser und Begräbnisstätten wurden von den Behörden konfisziert. Abtrünnige in nennenswerter Zahl scheint es nicht gegeben zu haben. Die Kirche hielt stand und lehnte die Verehrung der römischen Götter ab.

Valerian hatte seit 256 sein Hauptquartier in Antiochia aufgeschlagen, um den Krieg sowohl gegen die Goten, die mit ihrer Flotte das östliche Mittelmeer unsicher machten, als auch gegen die Perser, die erfolgreich die Eroberung der östlichen Provinzen betrieben, besser führen zu können. Während eines Feldzuges im Jahre 260 wurde er jedoch von den Persern gefangengenommen und mußte Erniedrigungen und Demütigungen ertragen, ehe ihn der Tod ereilte. Der Bericht über das Schicksal Valerians versetzte der Bevölkerung des Imperiums einen lähmenden Schock – zum ersten Mal war ein römischer Kaiser in Gefangenschaft geraten und umgekommen. Neue Rückschläge folgten bald. Gallien hatte sich unter einem eigenen Kaiser losgerissen (258), die Donaufront war unter dem Druck der germanischen Angriffe dem Zusammenbruch nahe, und im Osten war die kaiserliche Autorität völlig zerfallen. Das Imperium war zusammengeschrumpft und bestand in Wirklichkeit nur noch aus Italien, dem lateinischen Nordafrika sowie Illyrien und Pannonien.

Gallienus wurde nach dem Tode seines Vaters Alleinherrscher des Reiches (260–267). Er erkannte mit sicherem politischen Instinkt, daß nur ein absolutistisches Kaisertum die feste Regierungsführung garantieren konnte, die zur Rettung des Imperiums notwendig war. Er veranlaßte wichtige Reformen, die unter Umgehung des Senats sichern sollten, daß die Ämter in Heer und Verwaltung nur mit bestqualifizierten Männern, die dem Kaiser treu zu dienen bereit waren, besetzt wurden. Auch in der Frage der Religionspolitik ging er eigene Wege. Er hob sogleich alle Edikte seines Vaters gegen die Christen auf und befahl die Rückgabe der konfiszierten Gotteshäuser und Begräbnisstätten an die Kirche; ebenso ordnete er an, daß die Bischöfe ihrer Tätigkeit frei nachgehen konnten[27]. Damit waren die christlichen Gemeinden als *collegia licita* mit dem Recht auf eigenen Besitz anerkannt – sie waren somit als juristische Personen unter den Schutz des römischen Staates gestellt. Obwohl durch kein Gesetz festgelegt wurde, daß das Christentum eine *religio licita* war, bedeutete die Tatsache, daß Gallienus den Bischöfen die Erlaubnis zu freier Wahrnehmung ihrer Aufgaben gab, faktisch, daß der Kirche das Existenzrecht im Reich zugestanden war.

Den Grund für den plötzlichen Umschwung können wir nur erraten. Wahrscheinlich hat Gallienus sowohl aus dem Verlauf der decischen als auch aus dem der valerianischen Verfolgung den Schluß gezogen, daß sich die Kirche mit Gewalt nicht ausrotten ließ. Er muß ferner befürchtet haben, daß fortgesetzte blutige Verfolgungen nur dazu beitragen würden, die feindliche Haltung der Christen zum Römischen Reich und seinen Kaisern zu verstärken. In einer Situation, in der das Imperium um seine Existenz kämpfte, verlangte die politische Klugheit, sich um ein friedliches Verhältnis zwischen Kirche und Staat zu bemühen, um so die Loyalität der Gläubigen zu gewinnen. Die Erfahrung hatte jedoch gezeigt, daß die Christen zur Solidarität mit dem Imperium nicht bereit sein würden, wenn diese die Verehrung der römischen Götter einschloß. Deshalb gab es für Gallienus keinen anderen Ausweg, als diese Forderung aufzugeben und den Christen die Gottesverehrung, die sie für richtig hielten, zu gestatten. Die Kirche schien damit dank ihrer unbeugsamen Glaubensstärke das bessere Los gezogen und den Staat zum Friedensschluß unter ihren Bedingungen gezwungen zu haben.

Für Gallienus handelte es sich jedoch allem Anschein nach nur um einen taktischen Rückzug, der durch die katastrophale politische Situation notwendig geworden war. Er hegte persönlich keine Sympathie für das Christentum. Dagegen war er ein begeisterter Anhänger der eleusinischen Mysterien und der griechischen Philosophie überhaupt. Es war kein Zufall, daß er sich der Philosophie Plotins zuwandte. Plotin und seine Schüler betrachteten das Christentum als den eigentlichen Feind, der sowohl für die griechische Philosophie als auch für das Heidentum, für das sie bewußt in die Bresche sprangen, eine Bedrohung darstellte. Möglicherweise hat Gallienus in der neuplatonischen Philosophie die Macht gesehen, die dem Imperium seine kulturelle und religiöse Einheit zurückgeben sollte. Der Friede, den er mit der Kirche geschlossen hatte, war deshalb für ihn nur ein Waffenstillstand, der dem Heidentum Zeit geben sollte, seine geistigen Kräfte zu mobilisieren, um dann die Kirche endgültig aus dem Feld zu schlagen. Gallienus' neuer religionspolitischer Kurs beruhte also auf der Erkenntnis, daß die römische Staatsreligion zur Zeit nicht die innere Kraft besaß, die religiöse Grundlage des Imperiums zu bilden. Die Kirche ließ sich nicht überwinden, bevor das Heidentum fähig war, eine Alternative anzubieten, die die Menschen erobern konnte. Gallienus hat auch in seiner Religionspolitik bewußt mit der Vergangenheit gebrochen und die Notwendigkeit einer dynamischen Religion als des einzigen Mittels zur Einheit des Imperiums erkannt.

Die politischen und militärischen Aufgaben erforderten jedoch so sehr seine Aufmerksamkeit, daß er weder die Zeit noch die Kraft hatte, für die Verwirklichung seines religionspolitischen Langzeitprogramms zu arbeiten. Ständig mußte er sich der vielen Usurpatoren, die sich gegen ihn erhoben, erwehren. In den ersten Jahren gelang es ihm, den Einbruch der Germanen zu stoppen, und dank einer klugen Zusammenarbeit mit Odaenathus, dem Herrscher über Palmyra, konnte er das Perserreich daran hindern, sich in den Besitz der östlichen Provinzen zu bringen. All dies schien jedoch nur eine Galgenfrist zu sein. Bald waren die Germanen von neuem im gesamten Donaugebiet im Anzuge, und er selbst wurde 268 von seinen Generalstabsoffizieren ermordet. Trotz seiner weitsichtigen Reformpolitik hatte er die politische und militärische Lage nicht entscheidend ändern können. Die Gefahr, daß das Reich zusammenbrach, war so groß wie nie zuvor.

VII. Die Erneuerung des Römischen Reiches und die Kirche

Die Verschwörung gegen Gallienus war von illyrischen Offizieren ausgegangen. Damit waren diese – gestützt auf das starke Donauheer – zu den wirklichen Herren des Imperiums geworden. Aus ihren Reihen gingen die Kaiser hervor, die mit der Zeit alle äußeren und inneren Schwierigkeiten zu überwinden und das römische Imperium zu erneuern vermochten. Charakteristisch für die illyrischen Kaiser war, daß sie von einfacher Herkunft waren und sich ausschließlich auf Grund ihrer Tüchtigkeit zu den höchsten Offiziersposten emporgearbeitet hatten. Sie waren nicht nur vortreffliche Heerführer, die die Ergebenheit ihrer Truppen zu gewinnen verstanden, sondern die harte militärische Schulung hatte auch die Tatkraft und Entschlossenheit entwickelt, die das Römische Reich so bitter nötig hatte. Und schließlich dienten sie treu und bereitwillig dem Imperium Romanum. Die altrömische Tugend *(virtus)* und Frömmigkeit *(pietas)* waren die verpflichtenden Ideale der illyrischen Kaiser.

Der führende Mann der Offiziersverschwörung wurde der neue Kaiser unter dem Namen Claudius II. (268–270). Seine Aufmerksamkeit wurde sofort von den Goten in Anspruch genommen, die in großen Scharen den gesamten Balkan überschwemmt hatten und mit ihrer Flotte die kleinasiatischen Provinzen bedrohten. Claudius sammelte umgehend alle verfügbaren Truppen und rieb die gotischen Streitkräfte in mehreren erbitterten Schlachten vollständig auf – dies brachte ihm den Beinamen *Gothicus* ein. Daß das gelingen konnte, war einer Heeresreform zu verdanken, zu der Gallienus den Grund gelegt hatte. Man hatte das bisherige starre Grenzverteidigungssystem aufgegeben. Die Grenzfestungen sollten nur den feindlichen Einmarsch aufhalten und verzögern. Die eigentliche Streitmacht stand hinter den Grenzen als eine Reserve, die überall einsetzbar war, wo die Verhältnisse es erforderten. Sie bestand neben dem Fußvolk jetzt auch aus gepanzerter Reiterei, was ihr erhöhte Beweglichkeit und Schlagkraft verlieh. Diese neue Taktik war eine wesentliche Voraussetzung dafür, daß das Römische Reich die militärische Überlegenheit schnell zurückgewinnen konnte.

Durch die Vertreibung der Goten hatte Claudius dem Reich die Donaugebiete und Kleinasien erhalten und sich eine sichere Grundlage für weitere militärische Operationen geschaffen. Er wurde jedoch von der Pest dahingerafft, die damals ständig wütete. Sein Nachfolger wurde ein anderer illyrischer Offizier, Aurelianus (270–275), der sich schnell als einer der tüchtigsten Herrscher erwies, die je den römischen Kaiserthron bestiegen haben.

Als er die Regierung übernahm, war die Lage alles andere als verheißungsvoll. Gallien und Britannien hatten sich losgerissen und mehr als zehn Jahre ein selbständiges Kaiserreich gebildet. Palmyra war unter der entschlossenen Königin Zenobia zum Mittelpunkt eines neuen selbständigen Reiches geworden, das sich von Kleinasien bis nach Ägypten erstreckte. Schließlich waren die germanischen Stämme, die Juthunger und Alemannen, bis in die Poebene vorgedrungen und bedrohten nun Rom unmittelbar, während zu gleicher Zeit die Vandalen Pannonien zu erobern versuchten. Aurelian nahm sofort den Kampf gegen die Germanen auf. Nach anfänglichen Niederlagen gelang es ihm, sie zu schlagen und die gesamte Donaufront zu sichern. Damit hatte er die Hände frei für die Auseinandersetzung mit der palmyrischen Herrschaft. In zwei großen Feldzügen, 272 und 273, besiegte er Zenobias starkes Heer und konnte so die östlichen Provinzen wieder in das Reich eingliedern. Sein militärischer Triumph wurde dadurch gekrönt, daß er 274 das gallische Sonderreich vernichtete. Mit Recht konnte er sich in Rom als *restitutor orbis Romani*, als Wiederhersteller der römischen Welt, feiern lassen.

Obwohl militärische Aufgaben Aurelians Zeit und Kraft in so hohem Umfang in Anspruch nahmen, sah er seine eigentliche Aufgabe in einer durchgreifenden Reorganisation des römischen Imperiums. Er erkannte deutlich, daß sich diese nur mit einem absolutistischen Kaisertum verwirklichen ließ.

Rücksichtslos vernichtete er alles, was die kaiserliche Herrschaft bedrohte. Es gelang ihm, die Disziplin in den römischen Heeren wiederherzustellen und sie zu einem gehorsamen Werkzeug des Kaisers zu machen. Er griff gegen den Senat hart durch, als dieser versuchte, eine eigene Politik zu machen, und er verschärfte überall die Kontrolle über die Provinzen. Die Überlegenheit und Unabhängigkeit, die Aurelians Regierungsführung auszeichneten, zeigten sich ebenfalls in seiner Religionspolitik.

Auch für Aurelian stand fest, daß das Imperium auf einer religiösen Grundlage beruhte. Einheit und Zusammenhalt des Reiches gründeten sich letztlich darauf, daß seine Bürger in einer gemeinsamen Gottesverehrung vereint waren. Die Durchsetzung der religiösen Einheit im Reich mußte daher eine seiner vornehmsten politischen Aufgaben sein. Es war kein Zufall, daß er unmittelbar nach seinen erfolgreichen Feldzügen eine religiöse Reform in Angriff nahm. Sie sollte die Krönung seiner Arbeit an der Wiederherstellung des Römischen Reiches sein.

274 machte Aurelian die Sonne zum obersten Reichsgott und unterstellte das Imperium ihrer Obhut und ihrem Schutz. Dies belegen zahlreiche Münzen, die die Inschrift tragen: „Die Sonne, Herr des Römischen Reiches" *(Sol Dominus Imperii Romani)*. Er ließ in Rom einen prachtvollen Sonnentempel errichten und gründete ein Priesterkollegium, dessen Aufgabe in der Verehrung der Sonne bestand *(pontifices Dei Solis)*. Das Kollegium wurde mit Mitgliedern des Senates besetzt und in jeder Hinsicht dem alten Pontifikalkollegium gleichgestellt, dem die Verantwortung für die Verehrung der römischen Götter oblag. Um den neuen Reichsgott im Bewußtsein der Bevölkerung zu verankern, ordnete er an, daß alle vier Jahre ein Fest *(Agôn solis)* zu Ehren des Sonnengottes veranstaltet werden sollte. Das erste Fest dieser Art fand 274 statt, wahrscheinlich im Zusammenhang mit der Einweihung des neuen Sonnentempels in Rom. Auch erklärte er, soweit wir wissen, den 25. Dezember zu einem religiösen Festtag, dem „Geburtstag der unbesiegbaren Sonne" *(dies natalis Solis Invicti)*.

Gleichzeitig mit der Einführung des Sonnenkultes ließ sich Aurelian als der erste Kaiser überhaupt offiziell „Gott und

Herr" nennen und proklamierte durch Münzinschriften, daß die göttliche und absolute Herrscherstellung zu seinem Wesen gehörte – er war „als Gott und Herr geboren" *(Deus et Dominus natus)*. An den Münzbildern können wir ferner erkennen, daß ein enger Zusammenhang zwischen der Sonne als dem neuen Reichsgott und der neuen Kaisertitulatur bestand: der Sonnengott stand hinter dem Kaiser und hatte ihn als sein Werkzeug zur Wiederherstellung des Reiches auserwählt. Wie die Sonne über das gesamte Universum herrschte, so war der Kaiser als ihr Stellvertreter derjenige, der mit göttlichem Recht die Herrschaft über die Erde ausübte. Der kaiserliche Absolutismus war also nicht Ausdruck menschlicher Willkür und Zufälligkeit. Sein göttliches Wesen garantierte, daß das Imperium seine gottgegebene Bestimmung erfüllen und ewigen Bestand haben würde.

So viel können wir auf Grund von Inschriften und der Münzprägung, dem offiziellen Propagandamittel der kaiserlichen Macht, über Aurelians neue Religionspolitik sagen. Eine Biographie Aurelians[28] vom Ende des vierten Jahrhunderts geht allerdings bedeutend weiter. Darin wird berichtet, Aurelians Mutter sei Priesterin in einem Sonnentempel[29] bei Sirmium gewesen. Während Aurelians erstem Feldzug gegen Zenobia habe eine der entscheidenden Schlachten bei Emesa stattgefunden, das die Zufahrt nach Palmyra beherrschte. Die Truppen seien aus Müdigkeit im Begriff gewesen, der palmyrischen Streitmacht zu unterliegen, hätten aber ihren Kampfesmut wiedergewonnen, als plötzlich „eine göttliche Kraft in einer gewissen göttlichen Gestalt sie aufmunterte"[30]. Nach dem Sieg habe Aurelian seinen Einzug in Emesa gehalten, wo er sich sogleich zum Tempel Elagabals begeben habe, und „hier sah er jene Gestalt einer Gottheit, die er in der Schlacht als seinen Helfer wahrnahm"[31]. Zum Dank habe er sie reich beschenkt und viele Tempel für den emesischen Sonnengott errichtet, darunter den prächtigsten von allen: den Soltempel in Rom.

Der Sonnengott soll also nach der Darstellung dieser Aurelianbiographie kein anderer gewesen sein als der emesische Sonnengott, den Kaiser Elagabal bereits ein halbes Jahrhundert zuvor in Rom eingeführt hatte. Wenn dieser nun Gegenstand der kaiserlichen Gunst wurde, so hatte das seinen Grund darin, daß er Aurelian in der für seine politische Laufbahn entscheidenden Schlacht bei Emesa den Sieg geschenkt hatte. Diese Darstellung sollte jedoch nicht ohne weiteres übernommen werden. Inschriften und Münzen nennen nie den emesischen Elagabal, sondern sprechen nur von der „Sonne" ohne erklärende Zusätze. Aurelians Biograph hat entweder selbst diese Identifikation vorgenommen oder, vielleicht eher, sie schon in der Quelle vorgefunden, die er für seine Biographie benutzt hat. Manches deutet geradezu darauf hin, daß seine Schilderung des göttlichen Eingreifens in der Schlacht von Emesa als das heidnische Gegenstück zu der Tradition gedacht ist, nach der der Gott der Christen in der Schicksalsschlacht an der Milvischen Brücke Konstantin den Sieg über Maxentius schenkte. So viel steht jedenfalls fest, daß Aurelian in bewußtem Gegensatz zu den christlichen Kaisern des vierten Jahrhunderts als das heidnische Herrscherideal geschildert ist[32]. Diese Darstellung steht indessen in so vielen Punkten in krassem Widerspruch zu dem Aurelian, den die sicheren Quellen uns enthüllen, daß man zu den Angaben der Aurelianbiographie kein Vertrauen haben kann – und das gilt auch für die Frage, warum Aurelian den Sonnengott zu seinem eigenen und des Reiches Schutzgott wählte.

Die Erklärung dafür, daß die Sonne oberster Reichsgott wurde, ist vielmehr in der religiösen Situation der Zeit zu suchen. Die politischen Unruhen und die Anarchie der vorangehenden Jahrzehnte hatte, wie bereits erwähnt, zu einem bedenklichen Prestigeverlust der römischen Religion geführt. Roms Götter hatten sich als ohnmächtig erwiesen und nicht vermocht, das Unheil zu verhindern, das den Untergang des Römischen Reiches herbeizuführen schien. Daß dies Gefühl sehr verbreitet war, läßt sich an der Tatsache ablesen, daß seit der Mitte des Jahrhunderts viele der römischen Kulte langsam eingeschlafen und viele Tempel verfallen waren. Da Rom außerdem jede politische Bedeutung eingebüßt hatte, schien die römische Religion außerstande, die Grundlage der religiösen Einheit des Reiches zu bilden.

Der Partikularismus, der das Reich praktisch in eine Reihe mehr oder weniger selbständiger Gebiete aufgeteilt hatte,

hatte nur die Bedeutung der lokalen Kulte erhöht. Da die orientalischen Mysterienreligionen zugleich eine bedeutende Blüte erlebt hatten, war der religiöse Pluralismus so stark wie nie zuvor. Eine Erhebung des lokalen emesischen Sonnengottes zum obersten Gott des Reiches konnte daher für das Problem der religiösen Einheit des Reiches überhaupt keine Lösung sein – die Erinnerung an Kaiser Elagabals Versuch in dieser Richtung forderte nicht gerade zur Nachahmung auf.

Dagegen hatte der solare Henotheismus in zunehmendem Maße von den Gemütern Besitz ergriffen. Die Sonne war der Herrscher über den Kosmos, den sie beseelte und dem sie Leben gab. Sie war die höchste Gottheit, die alle anderen Götter mit ihrer göttlichen Kraft beschenkte. Die Ausbreitung der Sonnenverehrung wurde noch verstärkt, als die neuplatonischen Philosophen sie in ihr religiöses Denken integrierten. Zwar betrachteten sie die Sonne nicht als den höchsten Gott, da diese Bezeichnung „dem Einen" vorbehalten war, dem vollkommenen Sein und Geist, das keine Differenzierung kannte. Dies hatte seinerseits die Sonne hervorgebracht, die als Träger des göttlichen Seins dieses an den sichtbaren Kosmos vermittelte. Trotz des Unterschiedes zwischen dem göttlichen Einen und der Sonne, war diese doch in Wirklichkeit Herr und König. Alle anderen Götter waren Diener der Sonne, und verteilten deren lebenspendende Kraft über den ganzen Erdkreis.

Dieser solare Henotheismus war in der Tat vorzüglich geeignet, die gesamte Bevölkerung des Römischen Reiches zu einen. Er fand nicht nur Aufnahme bei den tonangebenden heidnischen Philosophen, sondern konnte auch zum einenden Element für sämtliche Religionen und Kulte im Imperium werden. Wer die Sonne anbetete, erkannte damit auch die anderen Götter an, und wer die lokalen Götter verehrte, betete damit auch die Sonne als deren Herr an. All diese Götter hatten teil am Wesen der Sonne und konnten daher als ihre konkreten Manifestationen aufgefaßt werden.

Was Aurelian unmittelbar dazu veranlaßt hat, die Sonne zum obersten Reichsgott zu machen, können wir nicht mit Bestimmtheit sagen. Wir wissen jedoch, daß man im Mithraskult Mithras als den Sonnengott selbst ansah. Da diese orientalische Religion vor allem im Heer ihre Anhänger fand und nach archäologischen Zeugnissen in Illyrien und Pannonien weit verbreitet war, ist die Annahme nicht unbegründet, daß Aurelians Sonnenverehrung ihren Ursprung im Mithraskult hatte. Der Umstand, daß er allein von der Sonne spricht, ohne sie mit besonderen Gottheiten zu identifizieren, findet seine Erklärung vielleicht darin, daß er auch von der philosophischen Sonnentheologie beeinflußt war. Jedenfalls ist seine Religionspolitik Ausdruck der weitsichtigen Erkenntnis, daß keine der althergebrachten Religionen eine Basis für die religiöse Einheit des Reiches abzugeben vermochte. Es mußte ein neuer Reichsgott proklamiert werden, der den religiösen Pluralismus überwinden und alle Bürger des Reiches in einer gemeinsamen Gottesverehrung vereinen konnte. So erwies sich Aurelian auch in seiner Religionspolitik als ein Staatsmann, der – frei vom Zwang der Tradition – bereit war, den Kurs abzustecken, den die tatsächliche religiöse Situation nach seiner Auffassung erforderlich machte.

Diese Feststellung darf jedoch nicht dazu verleiten, die Reichweite von Aurelians religiösen Reformen zu überschätzen. Sie wurden, soweit wir das beurteilen können, nicht als etwas radikal Neues empfunden. Die Erhebung der Sonne zum obersten Reichsgott war eigentlich nichts anderes als die offizielle Anerkennung der Rolle, die die Sonne bereits im religiösen Bewußtsein der Zeit spielte. Hierzu kam noch, daß nicht nur Mithras, sondern auch viele andere Götter wie z. B. Apollo und Serapis – ganz zu schweigen von den syrischen Baals – schon mit der Sonne identifiziert waren. Auf lokaler Ebene hat Aurelians Reformpolitik offenbar keine nennenswerten Veränderungen bewirkt.

Wir kennen die Reaktion der Kirche auf Aurelians Religionspolitik nicht. Wir wissen jedoch, daß die Kirche die astrale Religion und damit auch den Sonnenkult als Götzenverehrung ablehnte: auch die Sterne mit Mond und Sonne waren von Gott geschaffen. Die christlichen Denker waren wie die Menschen der Antike von der harmonischen Schönheit des Himmelsgewölbes ergriffen, aber dies war für sie nur ein weiterer Beweis für die Majestät und Weisheit des Christengottes und eine nachdrückliche Aufforderung, ihn allein anzubeten. Andererseits gab es Hinweise, die ganz unmittelbar zu der Annahme verleiten konnten, daß auch die Christen Christus mit der Sonne identifizierten. So wurde er geschildert als „die Sonne der Gerechtigkeit" (vgl. Maleachi 4,2), als „der Aufgang aus der Höhe" (Lukas 1,78), als das Licht, das die Menschen aus der Finsternis der Sünde und der Unwissenheit rettete. Die Christen hielten außerdem ihre Gottesdienste am Sonntag, am „Tag der Sonne", und sie beteten mit nach Osten gerichtetem Blick, von wo sie Christi Auferstehung ebenso wie die aufgehende Sonne erwarteten. Vor diesem Hintergrund ist es nicht unverständlich, daß die Christen als Sonnenverehrer betrachtet werden konnten[33].

Wie weit Aurelian diese Auffassung geteilt hat und deshalb der Meinung war, daß auch die Christen sich der Verehrung der Sonne als des obersten Reichsgottes anschließen würden, wissen wir nicht. Jedenfalls ergibt sich aus dem Zusammenhang seiner gesamten Politik, daß sich auch die Kirche im Verein mit der übrigen Bevölkerung dem kaiserlichen Absolutismus unterordnen und die Sonne als den Beschützer des Reiches verehren sollte. Eine solche Forderung mußte jedoch von den Christen abgelehnt werden. Da Aurelian nicht zuließ, daß sich jemand seinem Willen widersetzte, haben wir allen Grund, den christlichen Schriftstellern zu glauben, die berichten, daß er eine Verfolgung zur Vernichtung der Kirche plante. Laktanz z.B. berichtet, daß Aurelian „blutige Edikte" (*cruenta scripta*) unterzeichnet habe, daß diese aber noch nicht in alle Gegenden des Imperiums gelangt seien, als ihn der Tod ereilte[34]. Damit spielt Laktanz darauf an, daß Aurelian bei Byzanz ermordet wurde, als er im Begriff stand, einen Feldzug gegen Persien zu unternehmen, um Mesopotamien wieder an das Reich zu binden. Mit Aurelians Tod verlief die beabsichtigte Verfolgung im Sande.

Aurelians Nachfolger auf dem Kaiserthron vermochten nicht, sein Erbe zu bewahren. Obwohl sie nicht ohne Geschick alle Angriffe auf das Reich abwehren – die Germanen z.B. waren sogleich in Gallien eingefallen und hatten es aufs furchtbarste verwüstet –, gelang es ihnen nicht, den reichsauflösenden Kräften Einhalt zu gebieten. Das Imperium wurde erneut von Unruhen und Kriegen zwischen den verschiedenen Generälen heimgesucht, die von ihren Heeren zu Kaisern gekürt worden waren.

Im Jahre 284 rief das Orientheer den Illyrer Diokles zum Kaiser aus. Der rechtmäßige Kaiser Carinus versuchte sofort, den neuen Usurpator niederzuwerfen. Er vermochte ihm eine militärische Niederlage beizubringen, aber da er unmittelbar nach seinem Sieg von einem seiner Offiziere ermordet wurde, war Diokles der alleinige Herrscher des Reiches (285). Daß er den Kaisernamen Gaius Aurelius Valerius Diocletianus annahm, sollte kundtun, daß Marcus Aurelius sein politisches Vorbild war. Er wollte das Römische Reich erneuern und ihm die Stabilität und Größe verleihen, die es unter den großen „Bürgerkaisern" des zweiten Jahrhunderts besessen hatte.

Diokletian war von einfacher Herkunft, hatte sich aber wie die übrigen illyrischen Kaiser durch die verschiedenen Ränge hinaufgedient und dabei so große Tüchtigkeit an den Tag gelegt, daß er sich in den Augen der Soldaten die Kaiserwürde verdient hatte. Diokletians militärische Fähigkeiten waren unbestritten. Vor allem war er jedoch ein großer Organisator und Administrator. Er besaß die Fähigkeit, von seinen Vorgängern zu lernen und erkannte genau, welche Reformen notwendig waren, um das Reich wiederaufzurichten. Fleiß und Energie zeichneten ihn aus, er besaß großen Überblick, und es gelang ihm, die Zügel der Regierung fest in den Händen zu behalten. Das Wohl des Reiches ging ihm über alles, und deshalb zögerte er nicht, die Regierungsmacht mit anderen zu teilen, wenn dadurch die Bemühungen um die Wiederherstellung des Reiches gefördert werden konnten. Er verstand es, die richtigen Mitarbeiter auszuwählen, und seine persönliche Autorität und seine Führungsqualitäten bewirkten, daß diese sich in loyaler Zusammenarbeit seinem Willen beugten. Auch wenn man Diokletian keinesfalls eine konstruktive staatsmännische Begabung nennen kann, so besaß er doch politische Eigenschaften, welche ihn befähigten, die Wiederherstellung des Reiches (*restitutio Imperii Romani*) zu verwirklichen.

Diokletian erkannte sofort, daß die Aufgaben, vor denen er als Kaiser stand, so umfassend waren, daß sie nicht von einem einzelnen Mann gelöst werden konnten. Die politischen Unruhen hatten die Germanen zu neuen Angriffen ermutigt. Sie fielen sowohl in die Donaugebiete als auch in Gallien ein, und als hier obendrein ein gefährlicher Bauernaufstand ausbrach, beschloß Diokletian, die Verteidigung der Grenze am Rhein Maximian zu übertragen, einem tüchtigen illyrischen Offizier, der das volle Vertrauen des Kaisers genoß. Er ernannte ihn zum *Caesar*. Als Maximian die aufrührerischen Bauern niedergeschlagen hatte, machte Diokletian ihn zu seinem Mitkaiser und teilte ihm den Westen als seinen Herrschaftsbereich zu: die Macht des Kaisers wurde jetzt von zwei *Augusti* ausgeübt. Diokletian selbst war mit der Verteidigung der Grenzen an Donau und Euphrat und mit der Abwehr der Angriffe von seiten der Araber und Blemmyer in Syrien bzw. Ägypten beschäftigt.

Es stellte sich bald heraus, daß das Doppelkaisertum nicht ausreichte, um die militärischen und politischen Aufgaben zu lösen. Im Westen hatte Maximian nicht zu verhindern vermocht, daß sich unter der Führung des Carausius, der sich zum Kaiser hatte ausrufen lassen, Britannien und Teile Galliens losrissen. Die militärischen Aktionen ließen Diokletian auch nicht die erforderliche Zeit, um sich mit der notwendigen Reformarbeit zu befassen. Deshalb ernannte er 293 die illyrischen Offiziere Konstantius und Galerius zu Caesaren für den Westen bzw. den Osten.

Mit ihrer Ernennung war die sogenannte Tetrarchie – die Ausübung der kaiserlichen Macht durch vier Regenten – eine Tatsache. Ohne formelle Festlegung erhielt jeder der vier einen Teil des Imperiums. Im Westen regierte Maximianus von Mailand aus Italien, Afrika und Spanien, während Konstantius mit dem Regierungssitz in Trier die Verantwortung für Gallien und Britannien übernahm. Im Osten beherrschte Diokletian von Nikomedia aus die östlichen Provinzen vom Bosporus bis Ägypten, und Galerius herrschte von Sirmium aus über die Gebiete südlich der Donau.

Diese Einteilung bedeutete indessen nicht die Aufteilung des Imperiums in vier selbständige Gebiete. Es gab nur *eine* unteilbare kaiserliche Macht, sie wurde jetzt lediglich von vier Regenten ausgeübt. Deshalb ergingen alle Gesetze im Namen der vier Herrscher, und für den Kaiserkult waren Standbilder aller vier Regenten aufgestellt, denen das Opfer in gleicher Weise galt. Zum Beweis der kaiserlichen Einheit hatten Diokletian und Maximian Galerius bzw. Konstantius als ihre Söhne adoptiert, und die Verbindung wurde darüber hinaus dadurch gefestigt, daß die Caesaren Töchter ihres jeweiligen *Augustus* heirateten. Wenn die vier Herrscher nicht nur formal, sondern auch real als eine Einheit auftraten, so ist das Diokletian zu verdanken. Er war die unbestrittene Autorität, der sich die anderen willig beugten und die die oberste Befugnis der Gesetzgebung besaß und das entscheidende Wort bei der Formulierung der kaiserlichen Politik hatte.

Die Tetrarchie war gewissermaßen Ausdruck eines Stücks politischer Improvisationskunst – eine Viererregierung war einfach notwendig, um den großen Schwierigkeiten zu begegnen, denen sich das Reich gegenübergestellt sah. Diokletian hielt sie jedoch bald für die einzig effektive Regierungsform. Außerdem barg die tetrarchische Herrschaftsform in seinen Augen den großen Vorteil, daß man durch sie das Problem der Nachfolge lösen konnte. Dem politisch einflußlosen Senat konnte man diese Aufgabe nicht anvertrauen, und daß man die Frage durch die Armeen entscheiden ließ, hatte nur allzu oft dazu geführt, daß das Reich von Bürgerkriegen zerrissen wurde. Abgesehen davon, daß Diokletian keinen Sohn hatte, war die dynastische Erbfolge auch keine Garantie dafür, daß der tüchtigste Mann an die Regierung gelangte. Dagegen hatte sich die Gewohnheit der großen Bürgerkaiser, einen ihrer besten Mitarbeiter zu adoptieren und ihn damit als Nachfolger zu designieren, vortrefflich bewährt. Ein solches Adoptionsverfahren wollte Diokletian zum Prinzip der Tetrarchie machen. Die Wahl von Caesaren sollte ausschließlich auf militärischen und politischen Fähigkeiten und Tüchtigkeiten beruhen. Durch die Ausübung ihres Amtes als Caesaren sollten sie in der Regierungsführung geschult werden, so daß sie fähig waren, Nachfolger ihrer jeweiligen *Augusti* zu werden; als Augusti sollten sie danach selbst neue Caesaren zu ihren Nachfolgern ernennen. Durch diese Regelung glaubte Diokletian dem Imperium eine effektive und kontinuierliche Regierung sichern zu können.

Die Kette überraschender Ereignisse, die ihn auf den Kaiserthron gebracht hatte, verstand Diokletian als eine göttliche Fügung. In besonderem Maße fühlte er sich als Schützling Jupiters. Dieser römische Hauptgott, „der beste und der größte" *(Optimus Maximus)*, der die Herrschaft über das gesamte Universum besaß, habe ihn berufen und ausgesandt, damit er durch ihn auf Erden herrsche. Daher ließ er sich *Jovius* nennen, der, „der Jupiter gehört". Auch Maximians Herrscherwürde war göttlichen Ursprungs. Er stand unter dem Schutz des Herkules, Jupiters Sohn, der den Willen seines Vaters ausführte und alle Mächte des Bösen besiegte. Daher erhielt Maximian den Beinamen *Herculius*. Durch diese Zuordnung wurde zugleich deutlich, daß Diokletian auf Grund göttlichen Rechts über Maximian stand, ganz wie Jupiter über Herkules stand. Da auch die beiden Caesaren unter dem Schutz von Jupiter und Herkules standen, war „die kaiserliche Familie" göttlichen Charakters. Die römischen Götter standen hinter ihnen und sicherten ihrem Handeln Glück und Erfolg.

Dadurch, daß Diokletian Jupiter und Herkules zu den Hauptgöttern der Tetrarchie erhoben hatte, hatte er praktisch Aurelians Erhebung des Sonnengottes zum obersten Reichsgott rückgängig gemacht. Roms Götter nahmen wieder den Ehrenplatz in der Reichsreligion ein. Diokletian war der römischen religiösen Tradition auch darin treu, daß er sich selbst und seine Mitregenten nicht als inkarnierte Götter auffaßte. Sie waren Menschen, die von den Göttern dazu berufen waren, das römische Imperium zu lenken und zu regieren. Aber da sowohl Jupiters als auch Herkules' göttliche Kraft in ihnen wirksam war, hatte die Tetrarchie dennoch am Göttlichen teil. Diese politische Theologie diente zur Festigung der kaiserlichen Autorität und begründete, warum weder der Senat noch die Legionen die Wahl der Herrscher des Reiches auf irgendeine Weise beeinflussen sollten.

Die Vorstellung vom erhabenen Wesen des Kaisertums trat auch im Hofzeremoniell hervor, das Diokletian in Weiterführung früherer Ansätze festlegte. Zu den kaiserlichen Insignien gehörten Szepter und Globus als Zeichen des Rechts zur Ausübung der Herrschaft über die Welt. Bei den Audienzen trugen die Herrscher ein Gewand aus Goldbrokat und saßen auf einem baldachingeschmückten, mit Gold und Edelsteinen verzierten Thron, welcher im Innersten der kaiserlichen Empfangssäle aufgestellt war. Niemand durfte ihnen nahen, ohne sich ihnen zu Füßen zu werfen und ihnen zu huldigen. Alles, was den einzelnen Herrscher und seinen Palast betraf, sollte vor der Bevölkerung des Reiches in göttlicher Pracht und Herrlichkeit erscheinen. Daher wurden sie auch mit einem Strahlenkranz als Symbol der göttlichen Kraft abgebildet, die ihre Person durchdrang und durchstrahlte. Sichtbar und handgreiflich sollte für alle deutlich gemacht werden, daß das tetrarchische Kaisertum die von Jupiter und Herkules gelenkte göttliche Weltordnung widerspiegelte.

Die Tetrarchie zeigte bald ihre Effektivität. Konstantius rang den Usurpator Carausius nieder und führte die von diesem okkupierten Gebiete wieder in das Reich zurück (296). Ebenso sicherte er die Grenze am Rhein, und durch die Anlage neuer Grenzfestungen hinderte er die angriffslustigen Germanen, in das Römische Reich einzufallen. In Nordafrika schob Maximian den Invasionen der Berber einen Riegel vor. Galerius verteidigte geschickt die Donaufront. Seinen größten militärischen Triumph errang er jedoch, als er – nachdem er zunächst eine empfindliche militärische Niederlage erlitten hatte – die Perser besiegte und durch einen Friedensschluß Mesopotamien in das Reich eingliedern und Armenien zu einem römischen Vasallenstaat machen konnte. Gleichzeitig hatte Diokletian einen Aufruhr in Ägypten erstickt und die Wüstenstämme an der römischen Grenze in Oberägypten befriedet. Im Verlauf nur weniger Jahre waren so alle feindlichen Invasionstruppen zurückgeworfen und die ausgedehnten Grenzen gesichert. Frieden und Sicherheit waren wieder in das schwer geprüfte römische Imperium eingekehrt.

Diokletian hatte sich bemüht, so schnell wie möglich von den militärischen Aufgaben entlastet zu werden, um sich ganz dem inneren Wiederaufbau des Reiches widmen zu können. Es ging ihm darum, eine wirksame Verteidigung zum Schutz der Reichsgrenzen aufzustellen, eine funktionstüchtige Verwaltung zu schaffen, Ordnung in die Finanzen des Staates zu bringen, die wirtschaftliche Stabilität wiederzugewinnen und nicht zuletzt die geistige und religiöse Einheit des Reiches wieder herzustellen.

Diokletian erkannte, daß die Bedrohung, die Germanen und Perser für die Sicherheit des Reiches bildeten, andauerte. Es kam daher auf eine starke Verteidigungsbereitschaft an, um jederzeit gegen eventuelle Angreifer gerüstet zu sein. Er verdoppelte die Zahl der Legionen, so daß das stehende Heer nun etwa eine halbe Million Mann umfaßte. Durch die Errichtung kaiserlicher Fabriken, die die Heere mit Waffen und anderer militärischer Ausrüstung belieferten, erhöhte er ihre Schlagkraft beträchtlich. An den Grenzen des Reiches wurden starke Forts errichtet, die durch die Anlage von Straßen miteinander verbunden wurden. Um dem Heer eine politische Einflußnahme unmöglich zu machen, wurde überall die militärische Verwaltung fast vollständig von der zivilen getrennt. Die Generäle sollten sich ausschließlich mit den militärischen Aufgaben befassen, während Rechtsprechung und Administration in den Händen ziviler Beamter lagen.

Die Verwaltung reorganisierte Diokletian so, daß der kaiserliche Machtapparat überall im Reich ordnend und regulierend eingreifen konnte. Alle Fäden liefen in den Amtsräumen der Regierung am kaiserlichen Hof zusammen, und von hier aus ergingen die Gesetze und Erlasse, die die kaiserlichen Beamten in den Provinzen auszuführen hatten. Bei einer neuen Einteilung der Provinzen wurde zur Erleichterung der Verwaltung deren Anzahl fast verdoppelt, während sie zugleich in ihrer Ausdehnung vereinheitlicht wurden. Italien wurde dabei zum ersten Mal in Provinzen aufgeteilt. Um die Kontrolle der Provinzverwaltungen zu erleichtern, wurden die einzelnen Provinzen zu zwölf Diözesen zusammengefaßt, deren oberste Beamte der Zentralregierung verantwortlich waren.

Dieser Aufbau des Regierungsapparates erforderte, daß die Anzahl der kaiserlichen Beamten beträchtlich zunahm, und das stellte in Verbindung mit der Erhöhung der Truppenstärke eine große Belastung für die ohnehin schon unzureichenden Staatsfinanzen dar. Eine Erhöhung der staatlichen Einnahmen wurde notwendig. Deshalb führte Diokletian ein neues Steuersystem ein, mit dem er eine gerechte Verteilung der Steuerlasten anstrebte und das einfach und überschaubar sein sollte. Wesentlicher Punkt der Steuerreform war, daß die wirtschaftliche Ertragslage zugrunde gelegt wurde. Nicht mehr Bodengröße und Kopfzahl, sondern der Ertragswert der Grundstücke und die Arbeitskraft des Menschen sowie die wirtschaftliche Leistung des Viehs wurden besteuert. Eigens dazu angestellte Schätzer nahmen das gesamte Imperium auf, um festzustellen, wieviel Steuern der einzelne zu zahlen hatte. Um ein gerechtes Verfahren zu sichern, sollte eine solche Schätzung in regelmäßigen Abständen stattfinden. Auf diese Weise hatte sich die Regierung zum ersten Mal einen verläßlichen Überblick über die wirtschaftlichen Ressourcen des Reiches verschafft und war imstande, da die Einziehung der notwendigen Steuern jederzeit möglich war, einen verläßlichen Haushaltsplan aufzustellen.

Die Schwäche des diokletianischen Steuersystems war jedoch, daß die Großgrundbesitzer sich weitgehend ihrer Steuerpflicht entziehen konnten. Die hohen Steuern lasteten hauptsächlich auf den kleinen Bauern, die sie nur schwer zu entrichten vermochten und häufig ihre Höfe verließen. Durch Zwangsmaßnahmen versuchte man deshalb, sie daran zu hindern. Zugleich war es notwendig, den einzelnen Zünften in großem Umfang Dienstleistungen aufzuerlegen, und um sicherzustellen, daß die erforderliche Arbeitskraft immer vorhanden war, wurde der Zunftzwang eingeführt: Niemand durfte seinen Beruf wechseln, und die Söhne waren verpflichtet, den gleichen Beruf wie der Vater auszuüben.

Die Zeitgenossen und auch die Nachwelt haben die Bürokratie und die strenge Wirtschaftspolitik Diokletians kritisiert und darauf hingewiesen, daß alles dem kaiserlichen Absolutismus untergeordnet wurde. Es fällt auch nicht schwer nachzuweisen, daß Diokletians Versuch, durch eine Münzreform das Vertrauen in die kaiserliche Währung wieder herzustellen, und sein Kampf gegen die Inflation fehlschlugen. Tatsache bleibt jedoch, daß Diokletian, trotz aller Unvollkommenheiten, mit seinen Reformen von Heer, Verwaltung und Finanzwesen das Reich wieder funktionsfähig machte und dessen Existenz für fast hundert Jahre sicherte.

Für Diokletian war die Aufgabe der Wiederherstellung des

Römischen Reiches keineswegs dadurch gelöst, daß eine effektive Regierung geschaffen wurde, die die Grenzen schützte und Frieden und Ordnung aufrechterhielt. Das Imperium konnte nur bestehen, wenn es eine allen Bürgern gemeinsame moralische und religiöse Grundlage gab, die die Gegensätze zwischen den einzelnen Völkern und Gesellschaftsschichten beseitigte und Einheit und Zusammenhalt zwischen allen seinen Bürgern schuf. Es ging vor allem darum, alle in der Verehrung der Götter zu vereinen, die allein den Bestand und die Entwicklung des Reiches gewährleisten konnten.

Für den Illyrer Diokletian war es selbstverständlich, daß nur Roms Traditionen das geistige Fundament des Imperiums bilden konnten. In einem Edikt von etwa 297, das die Ehe zwischen nahen Verwandten verbot, verlieh er seiner Auffassung programmatisch Ausdruck: „Da das, was rein und heilig durch die römischen Gesetze verordnet ist, unserem frommen und redlichen Sinn in höchstem Grade des Respekts und der Bewahrung in ewiger Ehrfurcht *(religio)* würdig erscheint, so glauben wir, daß wir das nicht geringschätzen dürfen, was von manchen in der Vergangenheit verbrecherisch und unkeusch begangen worden ist [Ehe zwischen nahen Verwandten]; wenn etwas unterdrückt oder sogar bestraft werden muß, so gemahnt uns die Ordnung *(disciplina)* unserer Zeit einzugreifen. Denn es besteht kein Zweifel darüber, daß die unsterblichen Götter selbst dem römischen Volk *(Romanum nomen)* günstig und versöhnlich gesinnt sind, so wie sie es immer gewesen sind, wenn wir dafür Sorge getragen haben, daß alle unter unserer Herrschaft in jeder Hinsicht ein frommes, religiöses und ruhiges und keusches Leben nach der Sitte der Ahnen *(mos maiorum)* führen."

Die Erneuerung des Imperiums war also für Diokletian gleichbedeutend mit einer Rückkehr zu römischer *virtus* und *pietas*. Schon die Tatsache, daß die Tetrarchie unter dem Schutz des kapitolinischen Jupiter und seines Sohnes Herkules stand, war an und für sich ein Bekenntnis zu dieser Auffassung. Diokletian und seine Mitregenten nahmen denn auch selbst gewissenhaft am Kult der römischen Götter teil. Nicht nur durch ihr persönliches Beispiel, sondern auch durch den

Bau und die Wiedererrichtung von Tempeln und Altären versuchten sie, die römische Religion zu fördern. Die kapitolinische Göttertriade, *Jupiter Optimus Maximus, Juno* und *Minerva*, wurde wieder zu den führenden Göttern des Reiches. Dies schloß jedoch nicht aus, daß Diokletian auch Mithras und dem mit diesem verwandten *Sol Invictus* seine Aufmerksamkeit widmete.

Wenn das Imperium mit der althergebrachten Verehrung der römischen Götter stand und fiel, dann mußte folgerichtig gegen alles eingeschritten werden, was deren Existenz leugnete und den *mos maiorum* geringschätzte. Diokletian erkannte das deutlich und verlieh seiner Auffassung in einem Edikt von etwa 297 Ausdruck. Das Edikt verbot den von dem Perser Mani (216–277) begründeten Manichäismus, einen synkretistischen Gnostizismus, der sich im Römischen Reich auszubreiten begann. Diokletian gab eine ausführliche Begründung für sein Verbot: „Allzu großer Müßiggang veranlaßt zuweilen Menschen von schlechterer Wesensart, das Maß der menschlichen Natur zu überschreiten, und fordert dazu auf, gewisse höchst wertlose und schändliche Arten abergläubischer Lehre *(disciplina superstitionis)* einzuführen, so daß sie mit ihrer falschen Lehre auch viele andere zu verlocken scheinen. Aber die unsterblichen Götter haben es in ihrer Voraussicht für würdig befunden, zu verordnen und zu bestimmen, daß das, was gut und wahr ist, durch Beschluß und Überlegung vieler guter und hervorragender Männer und der Weisesten ungeschmälert als unverletzlich bewiesen und festgelegt werde. Sich diesem zu widersetzen und Widerstand zu leisten, ist Frevel, und die alte Religion darf nicht von einer neuen kritisiert werden. Es ist nämlich das größte Verbrechen, das zu leugnen, was – einmal von den Alten festgesetzt und bestimmt – seine Form und seinen Kurs hält und besitzt. Daher sind wir mit großem Eifer darum bemüht, die unsinnige Widerspenstigkeit *(pertinacia)* dieser höchst nichtswürdigen Menschen zu strafen; nämlich derer, die neue und unbekannte Lehren *(sectae)* den alten Kulten entgegenstellen, so daß sie nach eigenem verkehrten Gutdünken ausschließen, was uns einst auf göttliche Weise geschenkt worden ist." Es ist, so dekretiert das Edikt, unerbittlich gegen die manichäischen

Führer einzuschreiten – sie sollen zusammen mit ihren abscheulichen Schriften dem Feuer übergeben werden. Ihre Gesinnungsgenossen, die hartnäckig an der manichäischen Lehre festhalten, sollen hingerichtet und ihr Besitz von der Staatskasse eingezogen werden. Angehörige der Oberschicht, die sich dem Manichäismus angeschlossen haben, sollen in die Bergwerke geschickt und ihr Vermögen beschlagnahmt werden.

Das Edikt erklärt, daß der Manichäismus „im persischen Volk, unserem Feind," entstanden sei und daß man befürchten müsse, daß die Manichäer mit der Zeit „durch die fluchwürdigen Gewohnheiten und schlimmen Gesetze der Perser Menschen von unschuldigerer Natur, das maßvolle und ruhige römische Volk, gleichsam mit Gift... infizieren" würden. Man hat diese Worte oft so verstanden, daß Diokletian gegen die Manichäer vorgehen wollte, weil er befürchtete, sie würden innerhalb des Römischen Reiches eine Fünfte Kolonne des persischen Imperialismus bilden. Das hieße jedoch, Zahl und Bedeutung der Manichäer völlig zu überschätzen. Viel eher ging es Diokletian um die Ausschaltung einer Bewegung, die die religiösen Traditionen Roms ablehnte. Jedenfalls zeigt das Manichäeredikt, daß Diokletian nicht davor zurückschreckte, diejenigen zu bekämpfen und auszurotten, die durch ihren Glauben und ihre Lehre die römische Religion untergruben.

Was Diokletian als Begründung für die Vernichtung des Manichäismus anführte, ließ sich mit gleichem Recht auch gegenüber dem Christentum geltend machen. Es war möglicherweise in noch größerem Maße ein offener Feind der offiziellen Götter und Kulte Roms. Es ist jedoch eine Tatsache, daß Diokletian fast zwanzig Jahre lang die Kirche völlig in Ruhe ließ und erst gegen Schluß seiner Regierungszeit eine Verfolgung einleitete, und zwar mit genau der gleichen Begründung, mit der er gegen die Manichäer vorgegangen war. Ursache dieses Zögerns war zweifellos, daß Diokletian auf Grund der Erfahrungen bei den Verfolgungen unter Decius und Valerianus erkannt hatte, welch schwierige Aufgabe es sein würde, die starke und gut organisierte Kirche aus dem Feld zu schlagen. Erst wenn die kaiserliche Macht ihre Stellung gefestigt und der Friede im Innern und an den Grenzen gesichert sein würden, konnte die letzte und wichtigste Aufgabe gelöst werden: die Sammlung aller Bürger um die römische Religion, deren notwendige Voraussetzung die Vernichtung der christlichen Kirche war.

Wenn Diokletian gegen den Manichäismus einschritt, die Kirche jedoch weiterhin unbehelligt ließ, so hatte das gewiß seine Ursache darin, daß die Manichäer zahlenmäßig noch so schwach waren, daß man sie ohne größere Schwierigkeiten ausrotten konnte. Es gibt somit keinen Grund für die Annahme, daß Diokletian eigentlich eine friedliche Koexistenz zwischen dem Imperium und der Kirche anstrebte, sich aber unter dem Einfluß seines Caesars Galerius zu einer Verfolgung der Kirche bewegen ließ. Diese Auffassung, die sich unter den Christen schnell verbreitete und auch heute von vielen Forschern vertreten wird, übersieht, daß es Diokletian war, der die kaiserliche Politik bestimmte, ebenso wie sie die Einstellung Diokletians der Kirche gegenüber mißversteht. Die Kirche war für ihn immer ein Fremdkörper im römischen Imperium. Wenn er sie fast zwanzig Jahre lang unangetastet ließ, so lag das ausschließlich daran, daß seine Macht noch nicht gefestigt genug war, um mit der Kirche abzurechnen. In dieser Angelegenheit wie auch sonst verstand es Diokletian, bei den verschiedenen Aufgaben Prioritäten zu setzen – er nahm sich nicht mehr vor, als er bewältigen konnte.

Diokletians Zögern, gegen die Kirche einzuschreiten, war besonders wohlbegründet. Seit dem Edikt des Gallienus von 260 hatten die Christen in völligem Frieden gelebt. Sie konnten ihre Mission ungehindert fortsetzen, und die unsicheren politischen und sozialen Verhältnisse verstärkten nur die Aufnahmebereitschaft für die christliche Verkündigung. Die Krise, der die offizielle Staatsreligion und die traditionellen Kulte infolge der ständigen Rückschläge, welche das Imperium erlebte, ausgesetzt waren, brachte es mit sich, daß diese mehr und mehr ihre Macht über die Gemüter verloren. Die Abkehr von den religiösen Traditionen erleichterte es den Menschen, sich dem Christentum anzuschließen.

Die Kirche erlebte einen kräftigen Zuwachs. Am stärksten war ihre Position im Osten, wo die Christen in Ägypten,

Syrien und dem westlichen Kleinasien ansehnliche Minoritäten bildeten. Aber auch im lateinischen Nordafrika und in Rom waren die Christen zahlreich. Wir sind nicht in der Lage, die zahlenmäßige Stärke der Christen im Römischen Reich anzugeben. Soviel ist jedoch sicher, daß sie in den hellenisierten und romanisierten Gebieten einen bedeutenden Teil der Bevölkerung ausmachten. Das Christentum erhielt weiterhin seinen größten Zulauf in den Städten, aber in Ägypten und Kleinasien sowie im lateinischen Nordafrika war es auch in die ländlichen Gebiete vorgedrungen. Der größte Teil der Christen kam immer noch aus den unteren Bevölkerungsschichten; langsam aber sicher verstärkte die Kirche jedoch ihren Einfluß auch in den oberen Gesellschaftsschichten. Die Expansion des Christentums war umso augenfälliger, als sie von einem Ausbau der kirchlichen Organisation begleitet war. Die Bischöfe hatten die uneingeschränkte Leitung des Gemeindelebens, und der innere Zusammenhalt wurde noch verstärkt durch Synoden, zu denen sich die Bischöfe versammelten, um über alle Fragen von allgemein-kirchlichem Interesse gemeinsame Beschlüsse zu fassen. Durch die Opferbereitschaft der Gläubigen verfügte die Kirche über bedeutende ökonomische Mittel. Dadurch sah sie sich in der Lage, Kirchen zu bauen, Begräbnisplätze anzulegen, Priester und Bischöfe zu besolden und einer umfangreichen karitativen Tätigkeit nachzugehen. Das christliche Gottesvolk war in Wahrheit ein „Staat im Staate".

Die Kirche hatte an ihrer totalen Ablehnung des Heidentums in all seinen Erscheinungsformen festgehalten. Ihre Missionsverkündigung war weiterhin von einer scharfen Kritik am Polytheismus begleitet: Der Gott der Christen war der einzige wahre Gott, und alle, die darüber hinaus als „Götter" galten, waren lediglich böse Dämonen. Die Abgrenzung des Christentums von den übrigen Religionen des Römischen Reiches blieb eindeutig und kompromißlos. Man mußte zwischen dem Christentum als der Wahrheit und dem falschen *mos maiorum* wählen.

Gleichzeitig war jedoch im sozialen Bereich unverkennbar, daß die Trennung zwischen den Christen und der übrigen Bevölkerung des Römischen Reiches in mancherlei Hinsicht im Schwinden begriffen war. Ein großer Teil der Christen hielt zwar weiter daran fest, daß der christliche Glaube ganz buchstäblich einen Bruch mit der Welt forderte. Viele andere fanden es aber mit ihrer christlichen Überzeugung durchaus vereinbar, Militärdienst zu leisten, Ämter in der kaiserlichen Verwaltung zu bekleiden und im heidnischen Schulwesen als Lehrer tätig zu sein. Aber auch diese erwarteten das Reich Gottes, das diese Welt vernichten und den Gläubigen Erlösung schenken sollte. Das Kommen des Gottesreiches lag jedoch in der Zukunft: Gelehrte Theologen hatten sogar den Beweis zu erbringen versucht, daß dieses Ereignis sich erst in einigen hundert Jahren zutragen würde. Bis dahin war das Römische Imperium der selbstverständliche Rahmen für das irdische Leben. Die Christen waren – jedenfalls solange die Kirche vom römischen Staat geduldet wurde – davon überzeugt, daß Gott den Kaisern ihre Macht und Befugnis übertragen habe; deshalb hatten diese Anspruch auf Gehorsam. Abgesehen von den Problemen im Zusammenhang mit der Verehrung der römischen Staatsgötter hatte die Kirche in der Tat das Römische Imperium akzeptiert.

Aber auch die heidnische Bevölkerung schien im Begriff, die Christen zu akzeptieren. Man hatte entdeckt, daß sie keineswegs Aufrührer waren. Sie hatten sich nicht mit den Feinden des Reiches verschworen, und es hatte seinen Eindruck nicht verfehlt, daß sie in Notzeiten bereit waren, auch der heidnischen Bevölkerung zu helfen. Man war im großen und ganzen geneigt, großzügig zu sein, wenn christliche Offiziere und Beamte es unterließen, an den vorgeschriebenen Kultzeremonien teilzunehmen – eine der Ursachen dafür war, daß man diesen keine besondere religiöse Bedeutung beimaß.

Für alle mußte es so aussehen, als ob eine friedliche Koexistenz zwischen dem römischen Staat und der Kirche im Entstehen begriffen war. Man schien auch ohne viel Aufhebens die Feindseligkeiten begraben und sich allen Meinungsverschiedenheiten zum Trotz miteinander abgefunden zu haben. So jedenfalls faßten viele Christen die Situation auf. Einem beredten Zeugnis dafür begegnen wir in der Darstellung des Kirchengeschichtsschreibers Eusebius über die Stellung der Kirche im Römischen Reich in der Zeit unmittelbar vor dem

Ausbruch der diokletianischen Verfolgung: „Es übersteigt meine Kräfte, in würdiger Weise die Größe und Art der Ehre und Freiheit zu schildern, die – vor der Verfolgung meiner Tage – das durch Christus der Welt verkündete Wort der Frömmigkeit gegenüber dem Gott des Alls bei allen Menschen, Griechen wie Barbaren, genossen hat. Beweise hierfür dürften die Gunstbezeigungen der Herrscher gegenüber den Unsrigen sein. Sie betrauten sie sogar mit der Leitung von Provinzen und entbanden sie dabei gemäß dem großen Wohlwollen, das sie für die Lehre hegten, von der Qual der Opferpflicht. Was soll man von den Leuten in den kaiserlichen Palästen und den obersten Beamten sagen? Diese ließen es zu, daß die Hofleute, Frauen, Kinder und Sklaven offen in ihrer Gegenwart in Wort und Tat den Glauben bekannten, und sie gestatteten ihnen geradezu, sich ihrer Glaubensfreiheit zu rühmen. Sie bevorzugten sie in besonderer Weise gegenüber den Mitbediensteten... Man konnte sehen, welch freundlicher Aufnahme sich die Leiter der einzelnen Kirchen bei allen Zivil- und Militärbeamten erfreuten. Wer gar vermöchte zu schildern jene tausendköpfigen Gemeinden und die Massen derer, die Stadt für Stadt zusammentraten, und die berühmten Zusammenkünfte in den Bethäusern? Da man infolge hiervon mit den alten Gebäuden nicht mehr zufrieden war, erbaute man in allen Städten ganz neue und geräumige Kirchen. Dieses mähliche Vorwärtskommen und dieses tägliche Zunehmen an Stärke und Größe konnte kein Neid verhindern und kein böser Dämon bannen oder durch menschliche Hinterlist aufhalten."[35]

Eusebs Schilderung trifft weitgehend zu. Er hat jedoch die Einstellung der führenden Gesellschaftsschichten zur Kirche in allzu hellen Farben dargestellt. Sie war bei weitem nicht so wohlwollend, wie er es beschreibt. Diejenigen, die sich an die althergebrachte Religion gebunden fühlten und in der Aufrechterhaltung der tradierten Kulte die einzige Garantie für die Größe des Römischen Reiches sahen, mußten mit Sorge und Unmut feststellen, wie diese Religion und diese Kulte im Begriff waren, ihre Macht über die Gemüter zu verlieren. Der christliche Autor Arnobius hat um das Jahr 300 in einer apologetischen Schrift die Situation treffend dargestellt, wenn er diejenigen, die sich für den offiziellen Kult verantwortlich fühlten, sagen läßt: „Die Götter werden vernachlässigt, und die Tempel werden nur noch äußerst selten besucht. Die alten Rituale sind Gegenstand von Gelächter und Spott und die ehrwürdigen Kulte, die einst als heilig galten, sind durch den Aberglauben der neuen Religionen zugrunde gegangen."[36] Das gesamte Imperium sei erfüllt von „gottlosen Religionen und unerhörten Kulten"[37]. Wo nicht Skeptizismus und Materialismus den Glauben an die römischen Götter ausgehöhlt hatten, hatten die orientalischen Religionen ihnen den Glanz genommen. Die Mysterienreligionen z. B. hatten einen großen Aufschwung erlebt; in der zweiten Hälfte des dritten Jahrhunderts erreicht ihr Einfluß im Römischen Reich seinen Höhepunkt. Doch dies alles stand in keinem Vergleich zur Bedeutung des Christentums. Das Christentum war zu diesem Zeitpunkt so stark, daß es zur großen Herausforderung für das Heidentum geworden war. Niemand konnte sich mehr der Notwendigkeit entziehen, dafür oder dagegen Stellung zu beziehen.

Unter den vielen, die bereit waren, die Christen zu akzeptieren, gab es auch philosophisch Gebildete. Sie fanden manchen wertvollen Gedanken in Christi Lehre und im Glauben und in der Lebensführung der Christen. Sie waren jedoch außerstande, die religiöse Exklusivität der Christen zu verstehen. Ein großer Teil der Unterschiede, die die Christen stets so nachdrücklich betonten, beruhte nach ihrer Meinung nur auf unterschiedlichem Sprachgebrauch. Auch die frommen Heiden erkannten eine höchste Gottheit an, und wenn sie von Göttern sprachen, die ihr als Diener untergeordnet waren, so verstanden sie darunter doch nur dasselbe wie die Christen unter den Engeln, die Gott dienten und seinen Willen ausführten. Die Bekämpfung und die Ablehnung des Heidentums durch das Christentum war überhaupt unbegründet und ungerecht, da doch in zahlreichen Punkten sachliche Übereinstimmung herrschte. So war man im Begriff, die Rollen zu tauschen: Es war nicht länger die Kirche, die die Repräsentanten des Heidentums um eine vorurteilsfreie Untersuchung ihres Glaubens bat, sondern jetzt ersuchten diese, in die Defensive gedrängt, unter Hinweis auf die vielen Gemeinsamkeiten zwischen Christentum und Heidentum die Kirche um Verständnis und Einsicht.

Diese Einstellung zum Christentum war indessen nicht repräsentativ für den überwiegenden Teil der tonangebenden Kreise. Hier hatte ganz im Gegenteil der starke Zuwachs der Kirche eine kräftige Opposition ausgelöst. Das Christentum wurde von ihnen unbesehen für alles verantwortlich gemacht, was das Römische Reich an Not und Elend betroffen hatte: „Schon als das Christenvolk in der Welt zu existieren begann, ging die zivilisierte Welt *(terrarum orbis)* zugrunde, die Menschheit wurde von mannigfachem Unheil getroffen, und die himmlischen Wesen selbst wurden aus dem irdischen Bereich vertrieben, nachdem die religiösen Kulte aufgegeben worden waren, die zuvor ihre stetige Fürsorge für unsere Angelegenheiten bewirkt hatten."[38] Alles, was man vom Vordringen des Christentums befürchtet hatte, ist jetzt bittere Wirklichkeit geworden: „Die Welt hat sich von den natürlichen Gesetzen losgesagt, die Götter sind in weite Ferne vertrieben worden, und Riesenschwärme tödlichen Unheils sind über das Menschengeschlecht hereingebrochen."[39] Das Christentum untergrub indessen nicht nur das menschliche Zusammenleben, sondern es führte ein Verständnis der Welt und des Menschen ein, das alle Zivilisation und Kultur auflöste. All die Anklagen, schreibt Arnobius, die jahrelang gegen die Kirche gerichtet worden seien, würden nun verstärkt von denen erhoben, die das Römische Reich als die einzige Form einer zivilisierten Welt schützen wollten.

Alle, die diese Einstellung teilten, sahen es als notwendig an, die Achtung vor Roms religiösen Traditionen wiederherzustellen. Ein Propagandafeldzug, in dem mit dem Christentum abgerechnet werden mußte, war die Voraussetzung, um dieses Ziel zu erreichen. Neu war dabei, daß die geistige Elite die Notwendigkeit dieser Aufgabe einsah und sich mit einer deutlichen Absage an das Christentum direkt für das Heidentum einsetzte.

Wir haben gesehen, wie Gallienus aller Wahrscheinlichkeit nach versucht hat, Plotin und seine Schüler zu veranlassen, die geistigen Waffen zu schmieden, die den Sieg des Heidentums zu sichern vermochten. Plotin hatte sich jedoch trotz einer wohlwollenden Haltung dem Heidentum gegenüber ganz seiner philosophischen Arbeit gewidmet, und obwohl er das Christentum durchaus ablehnte, hat er sich auf indirekte Polemik beschränkt. Ganz anders verhielt es sich mit seinem begabten Schüler Porphyr (ca. 232–ca. 305), der aus Tyros in Palästina stammte. Er war 262 nach Rom gekommen und wurde Plotins Schüler. Nach dem Tod seines Lehrers gab er dessen Vorlesungen unter dem Titel *Enneaden* heraus. Dieses Werk sicherte die oft schwer zugängliche Gedankenwelt Plotins in übersichtlicher Form für die Nachwelt. Porphyr selbst galt als der beste Philosoph seiner Zeit. Wie auch sein Lehrmeister befaßte er sich eingehend mit religiösen Problemen, trat allerdings im Unterschied zu Plotin offen für die heidnischen Religionen und Kulte ein. Sie sollten zum Gegenstand einer philosophischen Deutung gemacht werden, damit man ihre wahren religiösen und ethischen Werte erkennen könne. In mehreren Arbeiten gab Porphyr eine existenzielle Deutung der heidnischen Kulttraditionen. Dabei war er von dem Wunsch beseelt, die Kritik, die gegen sie erhoben wurde, als völlig unbegründet nachzuweisen. Porphyr war der große Apologet des Heidentums. Als Repräsentant eines henotheistischen Gottesglaubens ermahnte er die Menschen ernsthaft und unermüdlich, sich dem Göttlichen zuzuwenden.

Porphyrs Aufforderung, sich die Wahrheit zu eigen zu machen, die in der althergebrachten griechisch-römischen Religion enthalten war, war von heftigen Ausfällen gegen das Christentum begleitet. Bald ging er zum direkten Angriff über. Um 270 verfaßte er ein großes Werk in fünfzehn Büchern „Gegen die Christen". Von dieser Schrift sind nur Fragmente erhalten. Sie genügen jedoch, um zu zeigen, daß wir es hier mit der bedeutendsten und umfassendsten Kritik am Christentum, die das Heidentum bis dahin hervorgebracht hatte, zu tun haben. In seinem Urteil und in seiner Argumentation stimmt Porphyr völlig mit Kelsos überein. Selbst wenn er der Person Jesu eine positive Einschätzung zuteil werden läßt, betrachtete er Jesu Leben und Verkündigung doch als so jämmerlich und widerspruchsvoll, daß es ihm absurd erschien, in Jesus Gottes Sohn zu sehen. Die Jünger Jesu waren seiner Ansicht nach intellektuell minderwertig und moralisch defekt.

Sie machten sich einer Geschichtsverfälschung großen Ausmaßes schuldig, wenn sie Jesu Person mit Fabeln und Mythen in Verbindung brachten. Den beiden Apostelfürsten Petrus und Paulus widmete sich Porphyr besonders intensiv, um zu zeigen, welch verachtenswerte Kategorie von Menschen die Christen als ihre Führer und leuchtenden Vorbilder betrachteten.

Porphyrs Angriffe beruhten auf einer so eingehenden Kenntnis des Christentums, daß die Christen mit Recht vermuteten, er sei Katechumene gewesen. Er war durchaus vertraut mit den heiligen Schriften der Christen. Diese unterwarf er – und in diesem Punkt ging er weit über Kelsos hinaus – einer kritischen Betrachtung. Obwohl er selbst die griechisch-römischen Mythen allegorisch interpretierte, lehnte er doch die allegorische Schriftauslegung bei den Christen ab. Untersuche man die christliche Bibel nach philologisch-historischen Grundsätzen, sehe man, daß sie nie und nimmer den Anspruch erheben könne, Gottes heiliges und unfehlbares Offenbarungsbuch zu sein. Eine Analyse der Evangelien mache z.B. jedem Unvoreingenommenen deutlich, daß sie weithin ein Gewebe von ungereimten und widerspruchsvollen Behauptungen seien und einander widersprechende Berichte enthielten, die jedem Harmonisierungsversuch Hohn sprächen.

Porphyr gab seiner Zeit *die* Synthese aus Neuplatonismus und althergebrachten Religionen und Kulten, die bis zum endgültigen Untergang des Heidentums die Einstellung des überwiegenden Teils der philosophisch Gebildeten bestimmen sollte. Entscheidend in diesem Zusammenhang ist indessen, daß das Heidentum in ihm einen vortrefflichen Vorkämpfer und das Christentum einen beachtlichen Gegner bekommen hatte. Das griechisch-römische Heidentum war zwar in eine Krise geraten, es war aber keineswegs schon aus dem Felde geschlagen. Es fanden sich Männer, die für seine Erneuerung zu arbeiten bereit waren. Sie waren davon überzeugt, daß das Heidentum Wahrheit und Weisheit aller göttlichen und menschlichen Dinge in sich barg. Sie konnten ihre Sache offensiv verteidigen und wußten, warum das Christentum als der Todfeind der griechisch-römischen Kultur und Zivilisation zurückgewiesen werden mußte. Das Heidentum hatte durch seine Philosophen die christliche Herausforderung angenommen und auf ideologischer Ebene den Grund gelegt für die entscheidende Kraftprobe mit dem Christentum, zu der Diokletian bald die Initiative ergreifen sollte.

Gegen 300 war es Diokletian und seinen Mitregenten gelungen, alle von außen drohenden Gefahren zu bannen und die innenpolitische Entwicklung unter Kontrolle zu bekommen. Die Zeit war reif für den Entscheidungskampf gegen das Christentum, das große Hindernis für die religiöse Einheit des Reiches. Diokletian ließ als erstes eine Säuberung des Heeres und des kaiserlichen Hofes von allen Christen durchführen, indem er verlangte, daß alle an den vorgeschriebenen Opferzeremonien teilnehmen sollten. Wer ablehnte, wurde entlassen, aber im übrigen von weiteren Repressalien verschont.

Für die Hintergründe des direkten Angriffs auf die Kirche sind wir allein auf Laktanz angewiesen, der, obwohl Christ, von Diokletian als Lehrer für Latein an den Hof in Nikomedia berufen worden war. In seiner Schrift „Über den Tod der Verfolger" *(De mortibus persecutorum)* etwa aus dem Jahre 314 – neben der Kirchengeschichte und dem Bericht über die Märtyrer in Palästina von Euseb eine der Hauptquellen für die Jahre 303–313 – berichtet er, wie Diokletian im Winter 302/03 in Nikomedia mit Galerius die Frage einer Verfolgung der Christen erörterte. Galerius, ein leidenschaftlicher Anhänger des Heidentums, soll versucht haben, Diokletian zur Ausrottung des Christentums zu bewegen. Diokletian verhielt sich zurückhaltend und gab zu bedenken, daß eine blutige Christenverfolgung das Imperium erschüttern und nicht viel ausrichten würde, da die Christen den Tod nicht fürchteten. Man beschloß, die Frage den militärischen und politischen Ratgebern vorzulegen. Diese befürworteten eine direkte Bekämpfung der Kirche – einige „aus Haß auf die Chrsiten" als „die Feinde der Götter und die Gegner der offiziellen Religion", andere, um sich nicht mit Galerius zu entzweien. Um jedoch völlig sicher zu gehen, beschloß Diokletian außerdem, die Götter um Rat zu fragen und sandte einen Zeichendeuter *(haruspex)* zum Orakel des milesischen Apollo in Didyma.

Das Orakel entschied positiv, und man begann mit den Vorbereitungen.

Nach Laktanz war es also Galerius, der die Vernichtung der Kirche betrieb und Diokletian zur Aufgabe seiner bisherigen Toleranzpolitik gegenüber den Christen zwang. Laktanz hat hier jedoch das Bild verzeichnet. Es steht zweifellos fest, daß es Meinungsverschiedenheiten zwischen Diokletian und Galerius gab. Dabei ging es jedoch nicht um die Frage, ob es richtig sei, die Kirche auszurotten, sondern darum, wie dabei zu verfahren sei. Galerius wollte mit den Christen kurzen Prozeß machen und war, wenn nötig, auch bereit, blutige Gewalt anzuwenden. Diokletian hatte zwar dasselbe Ziel, wollte aber etwas behutsamer vorgehen, um die innere Ruhe und Ordnung des Reiches nicht aufs Spiel zu setzen. Laktanz hat jedoch recht, wenn er berichtet, daß verschiedene kaiserliche Ratgeber aus persönlicher Überzeugung die Ausrottung der Kirche wünschten – sie ließen sich dabei von der Lehre Porphyrs leiten. Laktanz' Mitteilung darüber, daß der politische Beschluß durch die Antwort des Apollo-Orakels eine göttliche Sanktion erhielt, ist ebenfalls richtig und wird durch andere Quellen bestätigt.

Am 23. Februar 303, dem Festtag des Grenzgottes *Terminus (Terminalia)*, rückte in Nikomedia am frühen Morgen eine Abteilung der kaiserlichen Leibgarde aus und machte die Kirche, die dem Palast gerade gegenüberlag, dem Erdboden gleich. Am folgenden Tag wurde ein Edikt veröffentlicht mit dem Befehl, daß die Kirchen der Christen zu zerstören, ihre heiligen Schriften, liturgischen Bücher und ihr Inventar an die Behörden auszuliefern seien und daß keine Gottesdienste mehr abgehalten werden dürften. Ferner ordnete das Edikt an, daß diejenigen, die sich weiterhin als Christen bekannten, keine Prozesse mehr führen dürften, daß christliche Senatoren, Ritter und Dekurionen Rang und Würden verlieren sollten und daß freigelassene christliche Sklaven, die in kaiserlichen Diensten standen *(palatini)*, wieder in den Sklavenstand zurückzuversetzen seien.

Das Edikt selbst ist nicht erhalten, aber, wie bei der Ausfertigung kaiserlidher Edikte üblich, muß es eine grundsätzliche Erklärung enthalten haben, die die konkreten Bestimmungen begründete. Vieles spricht dafür, daß wir diese Erklärung in dem Edikt finden, mit dem Galerius die Christenverfolgungen im Jahre 311 einstellte[40]. Hier erklärt er, warum der Kaiser es als seine Pflicht ansah, gegen die Kirche einzuschreiten: „Unter den übrigen Dingen, die wir allzeit zu Nutz und Frommen des Staates *(res publica)* verordnet haben, hatten wir früher auch beschlossen, alles in Übereinstimmung mit den alten Gesetzen und der öffentlichen Ordnung *(publica disciplina)* der Römer wieder aufzurichten und dafür Sorge zu tragen, daß auch die Christen, die ihre althergebrachte Lehre *(secta)* verlassen hatten, wieder zu einem gesunden Denken zurückkehren sollten. Ja, aus irgendeinem Grund hat eine so große Eigenwilligkeit diese Christen ergriffen und sich eine so große Torheit ihrer bemächtigt, daß sie den Verordnungen der Alten nicht folgten, Anordnungen, die vielleicht sogar ihre eigenen Väter am Anfang getroffen haben, sondern daß sie nach ihrem eigenen Willen und so, wie es ihnen gefiel, Gesetze, die sie einhalten konnten, für sich selbst machten und an den verschiedenen Orten alle Arten von Menschen versammelten."

Die hier angeführten Gründe stimmen völlig mit denen überein, die Diokletian beim Verbot des Manichäismus anführte. Es ist also anzunehmen, daß das Ziel der Verfolgung in der Rückführung der Christen zu den religiösen Traditionen Roms bestand. Dies sollte allerdings nicht durch blutige Zwangspolitik geschehen. Die konkreten Bestimmungen des Edikts, die ganz dem Edikt Valerians von 257 entsprachen, hatten daher allein die Aufgabe, die Kirche durch Verbot ihres gottesdienstlichen Lebens zu lähmen und die politische und soziale Diskriminierung derjenigen zu bewirken, die sich zum Christentum bekannten. Diese – destruktiven – Maßnahmen sollten indessen von einer Propagandaoffensive begleitet werden, die die Torheit des Christentums enthüllte und die Wahrheit der althergebrachten Religion bewies. Man wollte die Christen auf dem Wege der Überzeugung zur Verehrung der römischen Götter zurückführen. Dieser konstruktive Zug ist das Neue an Diokletians Bekämpfung des Christentums. Er hatte als kluger Staatsmann zweifellos aus früheren Christenverfolgungen gelernt, daß bei Glaubensfragen mit Zwangspolitik nichts zu erreichen war. Der Kampf gegen das Christentum mußte mit geistigen Waffen gewonnen werden. Und er glaubte, in den Vertretern der neuplatonischen Philosophie die Männer gefunden zu haben, die imstande waren, die Christen für die althergebrachte Gottesverehrung zu gewinnen.

So erschienen eben zu der Zeit, als Diokletian mit seinem Angriff auf die Kirche begann, zwei Schriften, die dieser Aufgabe dienten[41]. Die erste entstammte der Feder eines Mannes, der als der führende Philosoph seiner Zeit galt – um wen es sich dabei handelt, wissen wir allerdings nicht. In seinem Vorwort pries er die Kaiser, „deren Frömmigkeit und Voraussicht besonders in ihrer Verteidigung der Verehrung der Götter leuchtend hervorgetreten waren und die schließlich, in menschlichen Angelegenheiten, direkte Maßnahmen zum Zweck der Unterdrückung eines gottlosen Aberglaubens (*superstitio impia*), der alten Weibern wohl angestanden hätte, getroffen hatten. So sollten die Menschen ohne Ausnahme die gesetzmäßigen Kulte wahrnehmen und die Wirkungen des göttlichen Wohlwollens fühlen"[42]. Der Verfasser betrachtete es jedoch als die Pflicht eines Philosophen, „den Verirrten die Hand zu reichen und sie auf den rechten Weg zurückzuführen, nämlich zur Verehrung der Götter, deren majestätischer Wille das Universum lenkt. Man konnte nicht zulassen, daß sie in ihrer Unerfahrenheit gewissen falschen Lehren erlagen oder daß skrupellose Leute ihre Einfalt ausnutzen und davon leben sollten"[43]. Deshalb wolle er „das Licht der Weisheit denen offenbaren, die nicht einsichtig genug seien, um es zu erkennen, um ihnen so zur Rückkehr zu einem gesunden Denken und zugleich zur Verehrung der Götter und zu einer Absage an ihren hartnäckigen Starrsinn zu verhelfen"[44].

Das andere Werk hatte Hierokles geschrieben, der Statthalter von Bithynien, der als einer der persönlichen Ratgeber des Kaisers nachdrücklich zur Vernichtung des Christentums geraten hatte. Es trug den Titel „Ein Wahrheitsfreund an die Christen"[45] und scheint genau die Argumente wiedergegeben zu haben, die Porphyr gegen das Christentum vorgebracht hatte. „Er versuchte", sagt Laktanz, „die Bedeutung der

Wundertaten Christi abzuschwächen, ohne sie jedoch zu leugnen, und wollte zeigen, daß Apollonius [von Tyana] Ähnliches und sogar noch größere Wunder vollbracht habe"[46]. Dies war charakteristisch für die Auseinandersetzung des Heidentums mit dem Christentum. Man beschränkte sich nicht darauf, die christliche Lehre als falsch auszuweisen, sondern man wollte zeigen, daß das Heidentum weit mehr als das Christentum zu bieten hatte. Man wußte, daß dessen Anziehungskraft in dem Glauben an Christus als den göttlichen Erlöser lag. Als Gegengewicht und Gegenstück verwiesen die Fürsprecher des Heidentums auf Apollonius von Tyana. Er habe die wahre Gottesverehrung verkündet und die Fähigkeit besessen, göttliche Wunder zu vollbringen. „Wenn Christus ein Zauberer war, weil er Wunder vollbracht hatte, dann war Apollonius", behauptete Hierokles, „noch tüchtiger, weil er in dem Augenblick, als Domitian beschloß, ihn zu bestrafen, plötzlich aus dem Gerichtssaal verschwand; Christus dagegen wurde gefangengenommen und ans Kreuz geschlagen"[47]. Christus war hochmütig und vermessen, als er sich als Gott ausgab. „Wenn Apollonius nicht als Gott gilt, so gestehe ich nicht zu", sagt Hierokles zu den Christen, „daß dies seine Ursache darin hat, daß er es nicht gewollt hat, sondern in der Absicht, unsere überlegene Weisheit euch besser überstrahlen zu lassen. Wir sind nicht gezwungen, an ihn als Gott zu glauben, trotz der Wunder, die er vollbracht hat. Ihr anderen habt geglaubt, daß euer Christus ein solcher sei auf Grund einiger kleiner Wunder"[48].

Als diese Agitationsschriften an die Öffentlichkeit gelangten, hatte der Kampf gegen die Kirche bereits eine andere Wendung genommen, als von seiten Diokletians beabsichtigt war. Unmittelbar nach der Ausfertigung des ersten Edikts brachen kurz nach einander zwei Brände im kaiserlichen Palast in Nikomedia aus. Man glaubte sogleich zu wissen, daß es sich um einen Racheakt der Christen gehandelt habe. Diese behaupteten hingegen, Galerius habe die Sache inszeniert, um sie verleumden und Diokletian von der Notwendigkeit eines härteren Vorgehens überzeugen zu können. Jedenfalls betrachtete Diokletian die Christen als die Schuldigen und verlangte, daß die Kaiserin Prisca und ihre Tochter Valeria, die dem Christentum Sympathien entgegengebracht zu haben scheinen, gemeinsam mit allen anderen Angehörigen des kaiserlichen Hofes opferten. Da zu gleicher Zeit von Unruhen berichtet wurde, die die Christen in Melitene und Syrien angezettelt haben sollten, nahm Diokletian offenbar an, daß die Kirche sich gegen die Kaiser erhoben hatte. Er reagierte schnell und erließ im Frühsommer 303 ein Edikt, alle Kirchenführer auf unbestimmte Zeit gefangenzusetzen. Damit hoffte er, ohne Blutvergießen jeden Versuch des Aufruhrs von seiten der Christen ersticken zu können.

Dieses Edikt, das nur für den Osten mit seiner großen Zahl von Christen gedacht gewesen zu sein scheint, hatte zur Folge, daß die Gefängnisse mit christlichen Bischöfen und Priestern überfüllt waren. Daher erging im Herbst eine Anweisung, wonach die Gefangenen freigelassen werden konnten, sofern sie den Göttern opferten.

Im folgenden Winter war Diokletian auf Grund einer ernsten Erkrankung völlig arbeitsunfähig. Galerius, der seinen Einfluß nach dem Sieg über die Perser ausgebaut hatte, war jetzt der starke Mann der Regierung. Er scheint die Situation genutzt zu haben, um einen schärferen Kurs den Christen gegenüber durchzusetzen. Anfang 304 wurde ein Edikt veröffentlicht, in dem verlangt wurde, daß alle Bürger des Reiches den Göttern opfern sollten. Wer sich weigerte, dem kaiserlichen Befehl nachzukommen, wurde zum Tode verurteilt oder in die Bergwerke deportiert. Damit hatte man sich einer blutigen Gewaltpolitik zugewandt, die deutlich von der Politik Diokletians abwich. Dieser Umstand erklärt, warum Laktanz Galerius für die treibende Kraft der diokletianischen Verfolgung hielt – tatsächlich stammte nur das letzte Edikt direkt von ihm.

Sämtliche Edikte waren im Namen aller vier Regenten ausgestellt. Von einer einheitlichen Durchführung konnte jedoch keine Rede sein. In Gallien und Britannien beschränkte Konstantius sich darauf, Kirchen niederzureißen; im übrigen ließ er die Christen in Frieden. Der Grund lag wahrscheinlich darin, daß es in diesen Ländern so wenige Christen gab, daß es seiner Ansicht nach überflüssig war, die übrigen Edikte anzuwenden. In Spanien, Italien und im lateinischen Nordafrika ging Maximinian, der ein eifriger Anhänger der römischen Religion war, weit strenger vor. Am besten sind wir über die Verhältnisse in Nordafrika unterrichtet. Hier wurde das erste Edikt bis ins einzelne beachtet. Zahlreiche Priester kamen ohne Zögern dem Verlangen nach Auslieferung der heiligen Schriften und der liturgischen Gefäße nach; in einigen Fällen gelang es, die Behörden mit ketzerischen Schriften zufriedenzustellen. Einige Beamte forderten in diesem Zusammenhang jedoch auch, daß sie opferten, und auch diesem Verlangen beugte sich so mancher. Auf einen sehr hartnäckigen Widerstand stießen die Behörden allerdings bei einem großen Teil der Laien. Diese sahen das Martyrium als christliche Pflicht an und scheuten oft nicht davor zurück, durch eine provozierende Haltung die Aufmerksamkeit auf sich zu lenken. Das Ergebnis waren zahlreiche Martyrien. Durch die konsequente Befolgung des ersten Edikts gelang es, die Kirche lahmzulegen. Das ist zweifellos der Grund, warum man es in Nordafrika nicht mehr als notwendig ansah, die Anordnungen des letzten Edikts auszuführen. Die Verfolgung der Kirche war zwar hart, aber dafür nur von kurzer Dauer. Nach den Quellen zu urteilen war sie Anfang 305 völlig abgeflaut.

Auch im Osten können wir das tatsächliche Ausmaß der Christenverfolgungen nicht mit Sicherheit angeben, da wir die zahlreichen Märtyrerberichte nicht genau datieren können und Euseb, unsere Hauptquelle, die Ereignisse nicht immer in chronologischer Folge berichtet. Darüber, daß die Durchführung der ersten Edikte recht effektiv gewesen ist, kann überhaupt kein Zweifel bestehen. Es kam häufig vor, daß Christen auf Grund von Gehorsamsverweigerungen den Märtyrertod erleiden mußten. Obwohl auch zahlreiche Geistliche, entweder freiwillig oder durch die Folter gezwungen, die verlangten Opfer an die Staatsgötter vollzogen, konnte von einer wirklichen Lahmlegung der Kirche trotzdem nicht die Rede sein. Daran änderte sich auch durch das letzte Edikt nichts, das alle Christen zum Opfer verpflichtete. Der Umstand, daß man offenbar nichts unternahm, um die Christen einzeln aufzusuchen und zur Teilnahme an den Opferhandlungen zu zwingen, bewirkte, daß der überwiegende Teil der Christen unbehelligt blieb. Man schritt nur gegen diejenigen ein, die entweder auf

Grund ihrer sozialen Stellung in der Öffentlichkeit als Christen bekannt waren, oder sich offen und demonstrativ zu ihrem Glauben bekannten. Aber auch da ging man oft recht behutsam vor und ließ es z. B. zu, daß die Christen ihre Opfer durch heidnische Freunde oder ihre Sklaven darbringen ließen.

Euseb nannte die diokletianische Verfolgung „die große Verfolgung". Das hatte seinen Grund darin, daß er und seine Mitchristen Zeugen gewesen waren, wie die standhaften Gläubigen Folterungen, Mißhandlungen und geradezu Massakern ausgesetzt wurden. Man muß jedoch hinzufügen, daß viele Martyrien auf das provozierende Verhalten der Christen selbst gegenüber den Behörden zurückzuführen waren. Es verhielt sich ferner so, daß viele Beamte bei der Durchführung der Edikte keinen allzu großen Eifer an den Tag gelegt zu haben scheinen. Auch die heidnische Bevölkerung zeigte weder besonderen Enthusiasmus noch nutzte sie die günstige Gelegenheit, um die Christen loszuwerden. Es war deutlich, daß die kaiserliche Politik gegenüber der Kirche bei den Bürgern des Römischen Reiches keine breite Zustimmung mehr fand – die meisten hatten praktisch die Christen akzeptiert.

Die kaiserlichen Edikte bedeuteten selbstverständlich eine beträchtliche Behinderung des Gemeindelebens der Kirche und zwangen sie in den Untergrund mit Gefahr für Leib und Leben der Gläubigen. Es kam jedoch keineswegs zu einer Auflösung ihrer Reihen. Wollte man das Christentum vernichten, mußten sehr viel schärfere Maßnahmen als bisher von seiten des Staates ergriffen werden. Daß jedoch so viele Christen freiwillig das Martyrium auf sich genommen hatten, war eine Mahnung, daß es bei dem Versuch, die Christen zur Verehrung der römischen Staatsgötter zu zwingen, sehr hart und blutig zugehen würde.

Die diokletianische Verfolgung hatte ihr angestrebtes Ziel durchaus noch nicht erreicht, als Diokletian am 1. Mai 305 bei einer Truppenparade seinen und Maximinians Rücktritt als Kaiser erklärte. Die Nachfolge als *Augusti* traten die bisherigen *Caesares* an, Galerius im östlichen und Konstantius im westlichen Teil des Reiches. Zur Überraschung der Zeitgenossen überging Diokletian Maximinians Sohn Maxentius und Konstantin, den Sohn des Konstantius, bei der Ernennung der neuen *Caesares*. Galerius bekam als *Caesar* seinen Schwestersohn Maximinus Daia, bei Konstantius erhielt dieses Amt ein illyrischer Offizier namens Severus.

Diokletians wirkliche Motive für seine Abdankung sind uns unbekannt. Vielleicht war er überzeugt, dem Imperium lange genug gedient zu haben, um sich, ganz nach alter römischer Tradition, ins Privatleben zurückziehen und die politische Führung jüngeren Kräften überlassen zu können. Ein Grund für seinen Entschluß war wahrscheinlich der Wunsch, noch zu seinen Lebzeiten Nachfolger einzusetzen, die zur Weiterführung seiner Politik bereit und fähig waren. Wenn er es unterließ, Maxentius und Konstantin zu Caesaren zu machen, lag das vermutlich an seiner Ablehnung der dynastischen Erbfolge – diese führte so leicht dazu, daß Abstammung schwerer wog als militärische und politische Fähigkeit.

Da die neuen Caesaren Galerius sehr nahe standen, war er zum einflußreichsten Mann der neuen Tetrarchie geworden. Es besteht jedoch kein Grund, daran zu zweifeln, daß das durchaus im Sinne Diokletians war. Er sah in Galerius denjenigen, der die Weiterführung seiner Politik zu sichern vermochte. Unvorhergesehene Ereignisse machten allerdings bald alle Berechnungen zunichte und lösten Bürgerkriege aus, die mit dem Zusammenbruch der Tetrarchie endeten.

VIII. Konstantin und der Zusammenbruch der diokletianischen Tetrarchie

Während Konstantius als junger Offizier an der Donaufront Dienst tat, hatte er eine gewisse Helena zur Konkubine, die Schankwirtin gewesen sein soll. Sie gebar ihm, wahrscheinlich um 280, einen Sohn, der den Namen Konstantin erhielt. Als Konstantius wegen seiner politischen Karriere im Jahre 289 Helena verstieß, um Maximinians Tochter Theodora zu heiraten, blieb der Sohn bei seiner Mutter. Der Vater sorgte jedoch dafür, daß Konstantin 293 an Diokletians Hof kam. Er wurde zum Offizier ausgebildet und begleitete Diokletian auf seinen Feldzügen. Aber auch an Diokletians Arbeit bei der Wiederherstellung des Reiches konnte er als Beobachter teilnehmen. Diese militärische und politische Schulung sollte für Konstantin von unschätzbarem Nutzen sein. Er wurde ein hervorragender Feldherr und setzte später die Reformarbeit fort, zu der Diokletian den Grund gelegt hatte. Überhaupt scheint Diokletian einen starken Eindruck auf Konstantin gemacht zu haben. Doch stand er, wie wir noch sehen werden, dessen Maßnahmen in bezug auf die Kirche von Anfang an kritisch gegenüber.

Um 300 fand das Verlöbnis zwischen Konstantin und Maximinians Tochter Fausta statt. Das deutet darauf hin, daß er für einen Platz in der Tetrarchie vorgesehen war. Als er dann bei Diokletians Abdankung im Jahre 305 übergangen wurde, muß das eine große persönliche Enttäuschung für ihn gewesen sein. Er beschloß, seinen Aufenthalt am Hof seines Vaters zu nehmen. Nach Laktanz soll Galerius ihn daran zu hindern versucht haben, aber es gelang Konstantin, zu fliehen und sich seinem Vater anzuschließen. Gemeinsam führten sie einen Feldzug gegen die Pikten, die in das römische Nordengland eingefallen waren. Als Konstantius kurze Zeit darauf in York starb, rief das Heer seinen Sohn am 25. Juli 306 zum *Augustus* aus. Konstantins Loyalität dem verstorbenen Kaiser gegenüber sowie seine militärische Tüchtigkeit und seine gewinnende Persönlichkeit hatten diese Wahl nahegelegt.

Das war der erste Schlag gegen die diokletianische Tetrarchie. Das Heer hatte erneut für sich das Recht in Anspruch genommen, einen Kaiser zu wählen, und war dabei gleichzeitig für das dynastische Prinzip eingetreten. Konstantin wollte jedoch nicht als Usurpator gelten und ersuchte daher Galerius als den obersten *Augustus* um die Anerkennung seiner Kaiserwürde.

Da Galerius erkannte, daß er Konstantin nicht beseitigen konnte, versuchte er, wenigstens die gefährlichen Konsequenzen dieser Kaiserwahl zu neutralisieren. Er erkannte Konstantin als *Caesar* an und ernannte Severus, den *Caesar* des Konstantius, zum *Augustus* für den Westen. Konstantin hielt es für klug, diesen Kompromiß bis auf weiteres zu akzeptieren. Er erhielt die Herrschaft über Gallien und Britannien, während Severus Italien, Spanien und das lateinische Nordafrika regierte.

Severus geriet sogleich in große Schwierigkeiten, als er – zweifellos auf Anordnung von Galerius – Roms althergebrachte Steuerprivilegien beseitigen und die Prätorianergarde auflösen wollte. Das führte zu einem Aufstand, da die Römer nicht gewillt waren, sich ihre bisherige führende Stellung im Imperium nehmen zu lassen. Die Prätorianergarde rief Maxentius, den Sohn Maximinians, zum Kaiser aus (28. Oktober 306). Dank des Ansehens, das sein Vater genoß, schlossen sich ihm sogleich ganz Mittel- und Süditalien und Teile Nordafrikas an. Auch Maxentius ersuchte Galerius um Anerkennung seiner Herrscherwürde, wurde aber abgewiesen. Statt dessen gab Galerius Severus den Auftrag, den neuen Usurpator niederzuwerfen. Maxentius bat umgehend seinen Vater um Hilfe, und dieser, der nur widerstrebend mit Diokletian zusammen abgedankt hatte, sah eine glänzende Gelegenheit, wieder eine politische Rolle zu spielen. Er begab sich nach Rom, wo er sich zum *Augustus* ausrufen ließ. Im Frühjahr 307 rückte Severus gegen Rom vor. Die meisten seiner Soldaten hatten aber unter Maximinian gedient und zogen es vor, für diesen und dessen Sohn zu kämpfen. Severus erlitt eine Niederlage und wurde in Ravenna, wo er Zuflucht gesucht hatte, gefangengenommen.

Wollte Galerius die Einheit des Reiches unter seiner Führung bewahren, mußte er Maximinian und Maxentius unbedingt niederringen. Er beschloß daher, die Angelegenheit selbst in die Hand zu nehmen und traf Vorbereitungen für einen Feldzug nach Italien. Im Gegenzug begab sich Maximinian nach Gallien, um ein Bündnis mit Konstantin zu erwirken. Dieser sollte die Kaiserwürde erhalten im Austausch für die Anerkennung Maximinians als Kaiser, und dieses Bündnis sollte durch die Ehe zwischen Konstantin und Fausta besiegelt werden. Konstantin nahm das Angebot an. Er war jedoch darauf bedacht, sich nicht zu stark an Maximinian zu binden. So ließ er es nicht zu einem offenen Bruch mit Galerius kommen, und zu Maximinians Verdruß unternahm er auch dann nichts, als Galerius im Herbst 307 gegen Rom vorrückte. Als es aber Anzeichen dafür gab, daß das Heer zum Feind übergehen wollte, hielt Galerius es allerdings für ratsam, einen schnellen Rückzug anzutreten – er hegte nicht die Absicht, das Schicksal des Severus zu erleiden.

Dieser mißglückte Kriegszug stärkte die Position des Maxentius. Er war jetzt praktisch Herrscher über ganz Italien, Nordafrika und Spanien. Seinen Vater brauchte er nun nicht mehr und war daher nicht gesonnen, die Regierungsmacht mit ihm zu teilen. Maximian war verbittert und versuchte, Maxentius zu beseitigen. Das schlug fehl, und er mußte nach Gallien fliehen, wo Konstantin ihn mit gebührenden Ehren empfing: der alte Kaiser des Westens war trotz allem eine wichtige Karte, die im politischen Machtkampf bei Gelegenheit ausgespielt werden konnte. Aber Konstantin war sorgfältig darauf bedacht, daß Maximian keine Möglichkeit zu politischer Einflußnahme erhielt.

Die Tetrarchie war zusammengebrochen. Der Westen hatte sich der Regierungsgewalt des Galerius entzogen. Maxentius beherrschte, wie gesagt, Italien, das lateinische Nordafrika und Spanien. Konstantin saß in Gallien und Britannien fest im Sattel, hatte aber auch gezeigt, daß er sich nicht scheute, Intrigen zu spinnen, wenn das seinen politischen Interessen entgegenkam. In dieser Situation wandte Galerius sich an Diokletian und ersuchte ihn, den kaiserlichen Purpur wieder anzulegen: nur seine politische Autorität sei imstande, die

Einheit des Reiches wieder herzustellen. Diokletian lehnte jedoch eine Rückkehr in das öffentliche Leben ab. Er willigte allerdings ein, das Präsidium einer Konferenz zu übernehmen, die im Herbst 308 in Carnuntum (an der Grenze zwischen dem heutigen Österreich und Ungarn) abgehalten wurde mit dem Ziel, das politische Chaos zu beenden. Außer Diokletian nahmen Maximian und Galerius an diesem Treffen teil. Maximian wurde überredet, zum zweiten Mal auf die Kaiserwürde zu verzichten. An Stelle von Severus, der in der Gefangenschaft von Maxentius umgebracht worden war, wurde Licinius, einer der illyrischen Offizierskameraden des Galerius, zum *Augustus* des Westens gewählt. Man übertrug ihm als Regierungsbereich Illyrien und Pannonien; er sollte aber auch über Italien, Spanien und Nordafrika herrschen, sobald er Maxentius diese Länder abgenommen hätte. Konstantin wurde nur als *Caesar* von Gallien und Britannien anerkannt, während Maximinus Daia weiter *Caesar* von Syrien, Palästina und Ägypten blieb.

Beide Caesaren waren verärgert, weil Licinius ohne weiteres *Augustus* geworden war, und verlangten, ebenfalls als „Kaiser" tituliert zu werden. Galerius gestattete ihnen als Kompromiß den Titel „Söhne der Kaiser" *(filii augustorum)*. Aber damit wollten sie sich nicht begnügen. Galerius mußte sich damit abfinden, daß Maximinus Daia sich 320 von seinem Heer zum *Augustus* ausrufen ließ, und gestand ebenso Konstantin das Recht zu, den Kaisertitel zu tragen. Damit war die politische Krise abgewendet. Es gab nun vier legale Kaiser, die sich gegenseitig anerkannten. Maxentius dagegen war endgültig zum Usurpator erklärt worden.

Konstantin hatte in den Jahren seit 306 seine Stellung in Gallien und Britannien gefestigt. An der Rheingrenze hatte er alle germanischen Angriffe zurückgeschlagen und in seinen zahlreichen Kämpfen ein Heer geschaffen, das ihm vollständig ergeben war – das war der Grund, warum sich Galerius trotz Konstantins Allianz mit Maximian dazu bequemen mußte, Konstantin als Mitregenten anzuerkennen. Maximian, der sich in Gallien aufhielt, hatte unterdessen den Wunsch nach einer politischen Machtstellung nicht aufgegeben. In den ersten Monaten des Jahres 310 war Konstantin mit der Niederwerfung der germanischen Brukterer auf der östlichen Seite des Rheins bei Köln beschäftigt. Da sah Maximinianus seine Stunde gekommen. Unter dem Vorwand, Konstantin sei tot, ließ er sich in Arles zum Kaiser ausrufen und brachte die Truppen, die in Südgallien stationiert waren, mit großen Geschenken auf seine Seite. Konstantin brach sofort seinen Feldzug ab und zog mit seinem Rheinheer gen Süden, warf den Aufruhr nieder und nahm Maximian gefangen. Kurze Zeit später starb Maximian; wahrscheinlich wurde er auf Veranlassung Konstantins ermordet.

Beim Abschluß eines erfolgreichen Krieges oder auch am Jahrestag der Machtübernahme des Kaisers war es Brauch, einen Rhetor mit einer Festrede *(panegyricus)* zu beauftragen. Diese hatte die Form einer Huldigungs- und Preisrede, die den Kaiser und seine Wohltaten feierte. Sie diente eigentlich dem Zweck, Propaganda für die kaiserliche Politik zu machen. Mit allen rhetorischen Mitteln wurden die Ansichten des Kaisers über Menschen und Ereignisse dargestellt. Gelegentlich hatte eine solche Rede geradezu den Charakter eines politischen Programms.

Das gilt auch für den *panegyricus*, der im Sommer 310 für Konstantin gehalten wurde. Er schilderte Konstantins politische Laufbahn von der Ernennung zum Kaiser durch das Heer im Jahre 306 bis zur Niederwerfung von Maximians Aufstand. Der Panegyriker hob zunächst eine Tatsache hervor, die den meisten unbekannt war: Konstantin stamme von Claudius II. Gothicus ab, „der als erster die aufgelöste und zerstörte Ordnung des Römischen Reiches wiederhergestellt hat"[49]. Die Kaiserwürde komme ihm kraft seiner Geburt und nicht kraft menschlichen Beschlusses oder als Belohnung dafür zu, daß er sich im Heer durch die Ränge hinaufgedient habe. Daß Konstantin auch in bezug auf Tüchtigkeit und Tugend einen Vergleich mit denen aushalte, die sich aus eigenem Verdienst als des kaiserlichen Purpurs würdig erwiesen hätten, unterstrich der Panegyriker mit großem Eifer. Außerdem habe ihn sein Vater, Konstantius der Fromme *(Constantius Pius)*, mit dem Beifall der Götter zu seinem Nachfolger auf dem Kaiserthron auserwählt. Konstantin herrschte mit göttlichem Recht:

„Durch den Beschluß der himmlischen Götter bist du berufen, das Reich zu erlösen."[50]

Dies letzte Thema wird in anderer Form am Schluß der Festrede wieder aufgenommen. Der Panegyriker berichtet hier, wie Konstantin nach der Niederwerfung des Aufstandes auf seinem Rückweg zur Front am Rhein einem berühmten Apollotempel einen Besuch abstattete und dort eine Vision erlebte: „Du, Konstantin, hast, wie ich glaube, deinen Apollo, begleitet von der Siegesgöttin Victoria, gesehen, der dir Lorbeerkränze reichte, jeder mit einer Inschrift, die dreißig Jahre verhieß... Und du hast dich gesehen und wiedererkannt in seiner Gestalt, du, dem die göttlichen Lieder der Sänger prophezeit haben, daß ihm die Herrschaft über die ganze Welt zukomme. Und dies, meine ich, ist nun endlich geschehen, da du, Kaiser, wie er, jung und heiter und stark und sehr schön bist."[51] Der Text besagt, daß Apollo, der mit der Sonne identifiziert wurde, der Herrscher des Universum sei und daß er hinter Konstantin stehe und ihm eine lange Regierungszeit sichern und durch ihn die verheißene Zeit der Erlösung für das gesamte Imperium verkünden wolle.

Konstantin hatte also den Panegyriker als Sprachrohr benutzt, um sich als den einzigen rechtmäßigen Kaiser zu proklamieren. Kraft seiner Abstammung von Claudius II. besaß er als einziger Anspruch auf die Alleinherrschaft. Damit brach er den Stab über die Tetrarchie: Diokletian und die von ihm ernannten Herrscher hatten keinen legitimen Zugang zur Kaiserwürde. Konstantin brach auch mit der religiösen Grundlage der Tetrarchie, wenn er sich nicht, wie bisher, „der herkulische Kaiser" *(imperator Herculius)* nannte, sondern behauptete, daß der Sonnengott in Gestalt des Apollo ihn dazu berufen habe, das goldene Zeitalter für das Imperium heraufzuführen.

Die Festrede läßt also eindeutig erkennen, daß es Konstantins politisches Ziel war, Alleinherrscher des Imperiums zu werden. Es erhebt sich allerdings die Frage, ob das Bekenntnis zum Sonnengott politisch motiviert oder das Ergebnis eines persönlichen religiösen Erlebnisses war. Verschiedene Forscher haben vermutet, in der Schilderung von Konstantins Besuch im Apollotempel den authentischen Bericht einer

Vision vor sich zu haben, die eine persönliche Bekehrung zum Sonnengott zur Folge hatte. Obwohl der Panegyriker durch das einschränkende „wie ich glaube" vor einer allzu wortgetreuen Interpretation warnt, sagt der Text in seiner vorliegenden Form aus, daß Konstantin in einer Vision Apollo in jenem Tempel als „einen gegenwärtigen Gott" *(praesens deus)*[52] erlebt hat. Hingegen gibt es keinen Anhaltspunkt dafür, daß es sich um eine plötzliche Hinwendung zu Sol-Apollo handelt. Daß der Panegyriker die Formulierung „dein Apollo" wählt, deutet eher darauf hin, daß Konstantin sich damals bereits als besonderer Schützling Apollos empfand. Über den Inhalt der Vision wissen wir nichts Genaues. Die Darstellung ist so weitgehend durch den Panegyriker geformt, daß eine Antwort auf die Frage, inwieweit sie Konstantins persönliche Erlebnisse wiedergibt, nicht mehr möglich ist. Man kann dem Bericht lediglich entnehmen, daß Konstantin für Visionen und Vorzeichen empfänglich war und daß er eine göttliche Sanktion seines politischen Handelns anstrebte. Jetzt wie auch später stellten Religion und Politik für ihn eine Einheit dar. Weitere Schlüsse läßt der *panegyricus* kaum zu.

Einer anderen Überlieferung können wir allerdings entnehmen, daß um das Jahr 310 eine entscheidende Veränderung in Konstantins offizieller religiöser Haltung eingetreten ist. Bis zu diesem Zeitpunkt zeigt die Münzprägung, daß der Kriegsgott Mars Konstantins bevorzugte Gottheit war. Im Jahre 310 aber werden Münzen geprägt, die in Bild und Inschrift verkünden, daß „der unbesiegbare Sol" *(Sol Invictus)* der „Begleiter des Kaisers" *(comes Augusti)* ist. Das bedeutet, daß der Sonnengott als der Weltherrscher Konstantin zu seinem Stellvertreter auf Erden erwählt hat. Der *Sol Invictus* wird damit zum Reichsgott. Konstantin scheint Aurelians Religionspolitik wiederaufgenommen zu haben.

Die Beweggründe für diese religionspolitische Neuorientierung entziehen sich unserer Kenntnis. Es ist jedoch wahrscheinlich, daß Konstantin von seinem Vater beeinflußt worden ist. Konstantius war an religiösen Fragen persönlich sehr interessiert – sein Beiname *Pius* deutet darauf hin. Konstantin hat ihn später als einen Mann dargestellt, der im Gegensatz zu den übrigen Kaisern „die Taten der Milde verrichtet und dadurch mit bewundernswerter Frömmigkeit in allen seinen Handlungen den Erlösergott angerufen hat"[53]. Daß Konstantius den Gott der Christen angebetet habe, ist allerdings nicht richtig. Zwar war ihm das heidnische Opferwesen fremd, und er scheint keineswegs eine ablehnende Haltung gegenüber dem Christentum eingenommen zu haben – er gestattete z. B. einer seiner Töchter, den christlichen Namen Anastasia, der auf die Auferstehung hindeutet, zu tragen –, aber persönlich war er Anhänger des solaren Henotheismus. Wenn Konstantin sich für den Sonnengott entschied, so kann man wohl mit Recht annehmen, daß das unter dem Einfluß seines Vaters und vielleicht auch von Konstantius' Gesinnungsgenossen am Hofe geschah.

Laktanz berichtet, daß sich Konstantin unmittelbar nach der Übernahme der Herrschaft über Gallien und Britannien in erster Linie dafür einsetzte, daß „die Christen zu ihrer Religion und ihrem Gott zurückkehrten. Das war seine erste Verordnung hinsichtlich der Wiederherstellung des heiligen Gottesdienstes"[54]. Nichts stützt jedoch die Richtigkeit dieser Mitteilung. Weder Konstantin selbst noch Euseb, der sonst keine Gelegenheit versäumte, Konstantin als frommen christlichen Kaiser darzustellen, berichten, daß damals ein Edikt erlassen worden wäre, das der Kirche Religionsfreiheit gewährt hätte. Andererseits jedoch scheint Konstantin von Anfang an gegen die diokletianische Verfolgung gewesen zu sein. Er sah den Versuch zur Ausrottung der Kirche als politische Torheit an, die nur zu Unruhen und unnötigem Blutvergießen führe. Konstantin war also aus politischen Gründen zur Tolerierung der Kirche bereit, und diesem Kurs folgte er offenbar in Gallien und Britannien. Obwohl Diokletians Edikte immer noch Gültigkeit besaßen, unternahm er nichts zu ihrer Durchsetzung. De facto genossen die Christen daher Religionsfreiheit; das ist der historische Kern im Bericht des Laktanz. Ob Konstantin den Christen gegenüber auch persönliche Sympathien hegte, wissen wir hingegen nicht.

Daß Maxentius, wie bereits erwähnt, im Oktober 306 durch einen national-römischen Aufstand in der Stadt Rom auf den Thron gelangte, hat seine Politik entscheidend beeinflußt. Rom sollte seine Stellung als Mittelpunkt des Reiches wiedergewinnen, deshalb konnte nur ein Herrscher, der in Rom residierte, den Anspruch erheben, der Kaiser des Römischen Reiches zu sein. In Übereinstimmung mit diesem Programm schloß Maxentius sich den altrömischen Traditionen an. Er bekannte sich zur römischen Staatsreligion, verehrte besonders Mars als den Gründer Roms und pflegte den Kult Roms als der heiligen und ewigen Stadt. Nach römischer Auffassung war er ein frommer Regent, da er sich auf Vorzeichen stützte, die Zeichendeuter *(haruspices)* konsultierte und bei allen wichtigen Entscheidungen bei den sibyllinischen Orakeln Rat suchte.

Trotzdem duldete Maxentius das Christentum. Gleich nach seiner Machtübernahme stellte er die Verfolgung der Christen ein. Die Gemeinde in Rom erhielt die Erlaubnis, einen neuen Bischof zu wählen, da der alte den Märtyrertod erlitten hatte. Wenn Maxentius dann bald darauf diesen wieder absetzte und ebenso dessen Nachfolger, lag das ausschließlich daran, daß sie Anlaß zu heftigen Streitigkeiten innerhalb der Gemeinde gegeben hatten. Auch in Nordafrika und Spanien erhielt die Kirche die Erlaubnis zu freier Religionsausübung. Das Motiv für diese Toleranzpolitik war jedoch nicht Wohlwollen gegenüber dem Christentum, sondern politische Vernunft. Auf Grund seiner prekären Situation konnte Maxentius es sich nicht erlauben, die große Gemeinde in Rom und die zahlenmäßig starke nordafrikanische Kirche anzugreifen, denn er mußte befürchten, sie damit den anderen Herrschern in die Arme zu treiben, die in ihm den Usurpator sahen und nur darauf warteten, ihn beseitigen zu können. Die Kirche hatte in den von ihm beherrschten Ländern sogar bessere Existenzbedingungen als in Konstantins Machtbereich. Allerdings hat er ebensowenig wie Konstantin das Christentum offiziell zu einer *religio licita* erklärt.

Während die Verfolgung im Westen de facto eingestellt war, hatte sie in der östlichen Reichshälfte, wo Galerius und Maximinus Daia als *Augustus* bzw. *Caesar* herrschten, an Umfang und Intensität zugenommen. Wir besitzen keine Quellen, die näher über das Schicksal der Christen auf dem Balkan und in Kleinasien berichten, die Galerius unterstanden. Es kann aber kaum Zweifel darüber bestehen, daß er, seiner heidnischen Überzeugung treu, die Kirche eifrig verfolgt hat und daß sich sein Vorgehen gegen die Christen in nichts von dem des Maximinus Daia unterschied. Über dessen Religionspolitik sind wir dagegen durch Euseb, der Augenzeuge der Ereignisse war, die er in seiner Kirchengeschichte und in der Schrift „Über die Märtyrer in Palästina" *(De martyribus Palaestinae)* von 311 beschrieben hat, verhältnismäßig gut unterrichtet.

Laktanz und Euseb waren nicht zimperlich bei der Schilderung der Kaiser, die als „Gottes Gegner" die heilige und wahre Religion verfolgten. Sie be- und verurteilten sie nicht nur auf dem Hintergrund ihrer Idealvorstellung von einem rechten christlichen Kaiser, sondern sie schrieben ihnen auch alle Charaktereigenschaften und Handlungen zu, die traditionell zum Bild eines *Tyrannen* gehörten – ein Wort, das den Heiden jener Zeit der Inbegriff von Bosheit, brutaler Gewalt und Despotie war. Es ist daher geboten, ihre Darstellungen nur mit Vorbehalt als Quellen heranzuziehen, besonders in bezug auf Maximinus Daia.

Euseb hat Maximinus Daia als Christenverfolger und Tyrannen *par excellence* geschildert – an Bosheit, Ruchlosigkeit, Aberglauben und Despotie habe es nicht seinesgleichen gegeben[55]. Diese Darstellung wird jedoch dem Charakter und dem gesamten Wirken des Maximinus durchaus nicht gerecht. In Wirklichkeit scheint er ein außerordentlich tüchtiger Regent gewesen zu sein, der fähige Mitarbeiter an sich zu binden vermochte. Nicht zuletzt seine Religionspolitik weist ihn als einen Staatsmann aus, der das Problem der religiösen Einheit des Römischen Reiches konstruktiv zu lösen versuchte. Er war in der Tat ein würdiger Gegenspieler für Konstantin.

Maximinus, dessen Vater in Dakien Hirte gewesen sein soll, hatte im Heer Karriere gemacht, bevor er Caesar wurde. Trotz seiner geringen Herkunft hat er allem Anschein nach großes Interesse an literarischen und philosophischen Fragen gehabt und sich mit Literaten und neuplatonischen Philosophen umgeben. Sein Hof scheint geradezu ein Zentrum für das vom Neuplatonismus wiedererweckte Heidentum gewesen zu sein. Persönlich war er ein eifriger Anhänger der heidnischen Götter[56] und hielt alle vorgeschriebenen Kulte genau ein. Er opferte täglich und verlangte das auch von seinem Hofstaat und seinen Beamten[57]. Überzeugt davon, daß nur die Verehrung der Götter das Wohlergehen des Reiches sichern konnte, sah er im Christentum den großen Feind, der den Mächten des Chaos auf Erden den Weg bahnte und den Untergang allen menschlichen Lebens herbeiführte. Das kommt deutlich zum Ausdruck in einem erhaltenen Schreiben an die Stadt Tyrus: „... alles wird von der gütigen Vorsehung der unsterblichen Götter gelenkt und aufrechterhalten... Er [der höchste und größte Zeus] hat gezeigt, wie erhaben und herrlich und heilsam es ist, sich mit der schuldigen Ehrfurcht zur Verehrung der unsterblichen Götter hinzuwenden und ihnen zu opfern... Gibt es jemanden, der so unverständig und so sehr allen Verstandes bar wäre, daß er nicht erkennen würde: der gütigen Sorge der Götter ist es zu danken, daß die Erde den ihr anvertrauten Samen nicht zurückweist, so daß die Hoffnung der Landleute nicht durch eine leere Erwartung enttäuscht wird? Oder daß kein gottloser Krieg unbehindert Macht über die Erde erhält, daß nicht schmutzige Leiber dem Tode entgegensiechen, während die milde Luft des Himmels verpestet wird? Oder daß das Meer nicht, aufgepeitscht von maßlosen Stürmen, zu hohen Wogen sich türmt? Oder daß nicht unerwartet ausbrechende Orkane zerstörende Unwetter bringen? Oder daß nicht die Erde, die Ernährerin und Mutter aller, in ihren tiefsten Tiefen furchtbar erschüttert wird und die Berge, die auf ihr lasten, in den sich öffnenden Abgründen verschwinden? Niemand kann in Unkenntnis darüber sein, daß all dies und Unheil, das noch weit schlimmer ist als dies, früher oft eingetreten sind. All dies geschah auf Grund des verderblichen Irrwahns und der eitlen Torheit jener ruchlosen Menschen [der Christen], da diese Macht bekamen über die Seelen und sozusagen die ganze Erde mit Schmach bedeckten."[58] Überzeugung und Leidenschaft bestimmten Maximinus' Kampf gegen die Kirche. Seine Treue zu den Göttern des Heidentums war so unerschütterlich, daß die Zerschlagung der Kirche eine zwingende Notwendigkeit für ihn war.

Diokletians Opferedikt war allem Anschein nach selbst in den östlichen Provinzen nur in beschränktem Umfang durchgeführt worden. Sobald Galerius und Maximinus als die neuen

Herrscher des Ostens in ihren Gebieten Fuß gefaßt hatten, nahmen sie mit neuer Kraft die Verfolgung der Christen wieder auf. Anfang 306 erließ Maximinus ein Edikt an die Räte der Städte und forderte sie auf, energisch und unter Androhung der Todesstrafe dafür Sorge zu tragen, daß alle ohne Ausnahme den Göttern opferten. Herolde verkündeten das Edikt und ließen alle zu den Göttertempeln vorladen. Es sollten vollständige Bürgerlisten erstellt werden, um kontrollieren zu können, ob alle ihrer Opferpflicht genügt hatten. Da Maximinus als *Caesar* kein selbständiges Gesetzgebungsrecht besaß, muß das Edikt gemeinsam mit Galerius ausgestellt worden sein und Gültigkeit für den gesamten Osten besessen haben. Praktisch war es eine Wiederaufnahme von Diokletians Opferedikt. Neu daran war allerdings, daß man die lokalen Behörden heranzog, um in Zusammenarbeit mit ihnen die Einhaltung des Edikts in vollem Umfang sicherzustellen.

Das Ergebnis waren neue Bedrängnisse für die Kirche in den östlichen Provinzen. Zahlreiche Menschen machten furchtbare Torturen durch und verschmachteten in den Gefängnissen oder wurden hingerichtet, oft auf die grausamste Art und Weise. Bischof Phileas, der selbst den Märtyrertod erlitt, vermittelt uns in einem Brief an seine Gemeinde in Thmuis in Ägypten einen Eindruck von dem, was die Christen dazu bewegte, ohne Rücksicht auf die Folgen den Behörden Trotz zu bieten und standzuhalten: „Da wir alle diese Beispiele, Vorbilder und herrlichen Zeichen in den göttlichen und heiligen Schriften besitzen, zögerten die seligen Märtyrer bei uns keinen Augenblick, sondern richteten das Auge der Seele rein empor zu Gott, der da ist über allem, und hielten, entschlossen zum Tode für den Glauben, unerschüttert an ihrer Berufung fest. Wußten sie doch, daß unser Herr Jesus Christus um unseretwillen Mensch geworden ist, um alle Sünde auszurotten und uns Nahrung für das ewige Leben zu verschaffen, denn ›nicht hielt er es für einen Raub, Gott gleich zu sein, sondern entäußerte sich selbst, indem er Knechtsgestalt annahm; und er ward gleich wie ein anderer Mensch und an Gebärden als ein Mensch erfunden; er erniedrigte sich selbst bis zum Tode, ja zum Tode am Kreuz‹. Daher strebten die Märtyrer, die Christus in sich trugen, nach den größten

Gnadengaben und ertrugen jede Mühe und alle nur denkbaren Leiden..."[59]

Wir kennen nicht die Zahl derer, die für ihren Glauben mit dem Leben büßen mußten, und wir wissen auch nicht, wie groß die Zahl der Abtrünnigen unter den Christen war. Der Wille zum Widerstand war jedoch so stark, daß viele Beamte vor einer konsequenten Durchführung des Edikts zurückschreckten. Es scheint sich durchweg so verhalten zu haben, daß die Christen, die sich der Opferpflicht entzogen, nicht einzeln aufgesucht wurden, um ihr Opfer zu erzwingen. Der Unwille über das unaufhörliche Blutvergießen muß so groß gewesen sein, daß Galerius und Maximinus im Frühjahr 307 beschlossen, die Todesstrafe für die christlichen Bekenner aufzuheben: „Es ist nicht recht, die Städte mit dem Blut der Bürger zu beflecken und die erhabene Regierung der Herrscher, die allen gegenüber wohlwollend und milde war, der Grausamkeit zu beschuldigen. Es ist vielmehr notwendig, die Wohltaten der menschenfreundlichen und kaiserlichen Macht auf alle auszudehnen, indem man nicht länger die Todesstrafe verhängt."[60] Statt mit dem Tode sollten die Widerspenstigen damit bestraft werden, daß man ihnen das rechte Auge ausstach und die Sehnen am rechten Fuß mit Feuer zertrennte, um sie danach zur Sklavenarbeit in die Bergwerke zu schicken.

Die Verfolgung ebbte im Herbst 308 ab, die Ursache dafür kennen wir nicht. Die wahrscheinlichste Erklärung ist wohl, daß Galerius' und Maximinus' Aufmerksamkeit ganz von der verworrenen politischen Situation, für die die Carnuntum-Konferenz Abhilfe schaffen sollte, in Anspruch genommen war, und daß weder der überwiegende Teil der lokalen Beamten noch die Bevölkerung zu einer totalen Verfolgung der Christen wirklich bereit waren.

Die Herrscher des Ostens waren indessen keineswegs gewillt, den Kampf aufzugeben. Zu Beginn des Frühjahrs 310 wurde ein neues Edikt erlassen, in dem angeordnet wurde, daß die verfallenen Göttertempel wieder aufzubauen seien und alle – Männer, Frauen, Kinder und Dienerschaft – Weihrauch- und Trankopfer für die Götter darbringen und vom Opferfleisch essen sollten. Alle Waren, die auf den Märkten feilgeboten wurden, sollten mit Opferwein besprengt werden. Die kaiserlichen Beamten sollten zusammen mit den Gemeinderäten für die Einhaltung des Edikts sorgen. Daß auch die Beamten, die die Bürgerlisten führten *(tabularii)*, mitwirken sollten, läßt darauf schließen, daß man mit ihrer Hilfe kontrollieren wollte, ob alle dem kaiserlichen Befehl nachkamen. Wir wissen nicht, welche Strafe für diejenigen festgesetzt war, die den Gehorsam verweigerten. Wahrscheinlich kamen Strafen zur Anwendung, die für Majestätsverbrechen galten.

Das Edikt zeigt, daß es Galerius und Maximinus jetzt ernsthaft darum ging, alle Untertanen zur Verehrung der unsterblichen Götter zurückzuführen. Einerseits bedeutete das die Restauration des heidnischen Kults durch die Wiedererrichtung der Göttertempel, andererseits, daß sich niemand der Verehrung der Götter entziehen durfte, da sie allein den Fortbestand des menschlichen Lebens und des Staates sicherstellen konnten. Die gesamte kaiserliche Verwaltung sollte zur Lösung dieser Aufgabe eingesetzt werden. Die Beamten und die Gemeinderäte folgten dem kaiserlichen Aufruf. „Ein gewaltiger Sturm erhob sich überall gegen uns", schrieb Eusebius[61], und die Zahl der christlichen Märtyrer stieg an. In welchem Umfang es gelang durchzusetzen, daß die Bestimmungen des Edikts ausgeführt wurden, wissen wir nicht. Zahlreiche Heiden fanden sie jedoch hart und sinnlos, und alles deutet darauf hin, daß das Edikt keineswegs die erhofften Ergebnisse brachte. Die Situation war dennoch ernst genug für die Kirche.

Im April 311 wurde indessen im Namen aller vier Kaiser ein Edikt erlassen, das die Christen in höchste Verwunderung versetzen mußte. Nach einer ausführlichen Begründung dafür, daß die Kaiser es für richtig gehalten hatten, das Christentum zu unterdrücken und die Christen zur Verehrung der Götter des Römichen Reiches zurückzuführen (s. S. 142), heißt es weiter: „Als wir schließlich ein Edikt mit dem Inhalt erließen, daß sie [die Christen] sich den Bräuchen der Alten anschließen sollten, gerieten viele in Gefahr, und viele sind sogar völlig verstört worden. Und da so viele an ihrem Vorsatz festhielten und wir sahen, daß sie den Göttern nicht die Verehrung und Ehrfurcht erwiesen, die ihnen zukamen, und auch nicht den

Gott der Christen verehrten, sind wir auch in Anbetracht unseres außerordentlich milden Wohlwollens und unter Berücksichtigung unserer unveränderlichen Gewohnheit, wonach wir allen Menschen Gnade zu erweisen pflegen, zu der Ansicht gelangt, daß unsere Nachsicht auf die sichtbarste Weise auch diese umfassen soll, weshalb sie wieder Christen sein und ihre Versammlungen ausrichten können *(ut denuo christiani et conventicula sua componant),* jedoch so, daß sie nichts gegen die öffentliche Ordnung *(disciplina)* unternehmen; in einem anderen Schreiben werden wir den Provinzgouverneuren *(iudices)* Anweisungen geben, was sie zu tun haben. Deshalb sollen sie in Übereinstimmung mit unserem Wohlwollen für unser, des Staates und ihr eigenes Heil *(salus)* beten, damit der Staat in jeder Weise unerschüttert bleibe und sie an ihren Plätzen in Sicherheit leben können."[62]

Dieses Edikt war in der Tat überraschend. Kurz und knapp sagt es, daß der Versuch, die Christen zur Verehrung der Götter des Römischen Reiches zu zwingen, richtig gewesen sei. Er sei allerdings fehlgeschlagen. Da die Mehrzahl der Christen die althergebrachten Götter nicht verehren wolle und auch keine Möglichkeit zur Verehrung ihres eigenen Gottes habe, bestehe das Ergebnis der Verfolgung der Kirche nur darin, daß ein Teil der Bevölkerung des Römischen Reiches „gottlos" geworden sei, d.h. er verehre überhaupt keine göttliche Macht. Diese Argumentation impliziert, daß man den Christengott als eine Realität wie die offiziellen Götter des Imperiums auffaßte – es war gefährlich, ihn zu verletzen durch Versäumnis der schuldigen Verehrung. Deshalb wurde das Christentum zu einer *religio licita* erklärt, und die christlichen Gemeinden wurden als *collegia licita* anerkannt unter der Voraussetzung, daß die Christen nicht gegen Gesetz und Ordnung verstießen. Als Gegenleistung sollten sie ihren Gott um Gedeihen und Wohlergehen für Kaiser und Reich bitten.

Viele Forscher haben die Meinung vertreten, daß in diesem sogenannten Toleranzedikt nur von einer klausulierten Anerkennung des Christentums die Rede sei: Die Kaiser hätten damit jederzeit die Möglichkeit zum Widerruf der rechtlichen Anerkennung gehabt; es hätte der Hinweis genügt, die Christen hätten gegen die öffentliche Ordnung verstoßen. Die

Bedingung, die das Edikt stellt, ist jedoch nur so zu verstehen, daß man sich dagegen absichern wollte, daß das Christentum zu einem Deckmantel für Gesetzesübertretungen und konspirative Aktivitäten wurde – dieser Verdacht lastete ja noch immer auf dem Christentum. Wenn man darüber hinaus angenommen hat, daß das Schreiben an die Provinzgouverneure nähere Bestimmungen darüber enthalten haben müsse, unter welchen Bedingungen die Christen ihrer Gottesverehrung nachgehen dürften, beruht das auf reiner Vermutung. Das Schreiben hat ohne jeden Zweifel nur die Vorkehrungen genannt, die für die Durchführung der generellen Bestimmung des Ediktes getroffen werden sollten.

Jedenfalls weist Eusebius direkt darauf hin, daß die Kaiser „mit huldvollen Edikten und sehr milden Verordnungen die hochemporlodernde Flamme der Verfolgung auslöschten"[63]. Die Behörden „führten diejenigen, die sie wegen deren Bekenntnis zum Göttlichen in Gefängnissen eingesperrt hielten, hinaus an das Tageslicht und setzten sie auf freien Fuß. Sie ließen die frei, die zur Bestrafung in die Bergwerke geschickt worden waren"[64]. Überall versammelten sich die Christen und nahmen ihr kirchliches Leben wieder auf. Das schloß selbstverständlich das Recht ein, Kirchen zu errichten und Begräbnisstätten zu besitzen. Dagegen scheint von einer Rückgabe der konfiszierten kirchlichen Besitzungen keine Rede gewesen zu sein.

Mit Recht legten die Christen dem kaiserlichen Edikt epochale Bedeutung bei. Die Zeit der Verfolgungen war zu Ende. Die Kaiser hatten den Gott der Christen neben den römischen Göttern anerkannt, ja, sie hatten ihn offiziell zu den göttlichen Mächten gerechnet, die die Sicherheit des Reiches verbürgten. Der Widerstand der Kirche hatte die Kaiser zur Erfüllung der Forderungen gezwungen, die die Apologeten schon im zweiten Jahrhundert erhoben hatten. Aber der kaiserliche Erlaß machte zugleich deutlich, daß die Religionspolitik der Tetrarchie zusammengebrochen war. Es hatte sich als unmöglich erwiesen, die religiöse Einheit des Reiches unter dem Banner der römischen Götter herbeizuführen. Man hatte seine eigenen Kräfte über- und gleichzeitig den Zusammenhalt und die Stärke der Kirche unterschätzt. Man besaß keine Möglichkeit, den Sieg zu erringen, und in Erkenntnis dieser Tatsache stellte man den Kampf ein und erklärte das Christentum für legal. Die kaiserliche Kehrtwendung traf die Christen, wie gesagt, völlig unvermutet. Sie erklärten sofort Galerius zum Urheber des Edikts. Seit Anfang 310 hatte er unter einem unheilbaren und äußerst schmerzhaften Magenkrebs gelitten – die Christen erkannten darin das Gericht Gottes[65]. Die besten Ärzte der Zeit behandelten ihn, aber als ihre Wissenschaft versagte, suchte er bei einem Apolloorakel und bei Asklepios, dem Gott der Heilkunst, Hilfe. Der Krebs verschlimmerte sich jedoch nur. Gepeinigt von den furchtbarsten Leiden soll er dann beschlossen haben, in sich zu gehen, seine große Schuld Gott gegenüber zu bekennen, dessen Kirche er verfolgt hatte, und so habe er dann das Ende der Verfolgung angeordnet.

Verschiedene Forscher haben diese Darstellung nicht akzeptiert und angenommen, daß Konstantin oder Licinius hinter dem sogenannten Toleranzedikt gestanden haben. Weder Laktanz noch Euseb, der übrigens in den unmittelbar darauf folgenden Jahren auf jede erdenkliche Weise bestrebt war, die Verdienste von Konstantin und Licinius um die Christen zu betonen, geben den geringsten Hinweis darauf, daß sie eine solche Rolle bei der Abfassung des Edikts gespielt hätten. Darüber hinaus hatte sich weder Konstantin noch Licinius derart für das Christentum eingesetzt, daß die schwer geprüfte Kirche des Ostens in ihnen ihre möglichen Retter hätte sehen können. Nur so wird es denn auch verständlich, daß das kaiserliche Edikt für die Christen völlig überraschend kam[66]. Überhaupt ist zu bemerken – und das wird allzu wenig beachtet –, daß das Christenproblem in den politischen Machtkämpfen seit 306 keine besondere Rolle spielte.

Es gibt daher keinen Grund, daran zu zweifeln, daß Galerius auf eigene Initiative die Verfolgung einstellte. Das lag allerdings nicht daran, daß er Christ geworden wäre. Dieser Behauptung widerspricht der Wortlaut des Edikts eindeutig. Andererseits ist es höchst wahrscheinlich, daß religiöse Überlegungen mit hineingespielt haben. Nach heidnischen Vorstellungen bestand ja ein enger Zusammenhang zwischen der Götterverehrung und dem Glück und Gedeihen des Menschen. Der Umstand, daß Galerius trotz seines Eifers für die römischen Reichsgötter dennoch den drohenden Zusammenbruch der Tetrarchie erleben mußte und obendrein selbst von einer schmerzhaften Krankheit geplagt wurde, mußte in Verbindung mit der Widerstandskraft der Kirche die Frage aufwerfen, ob der Gott der Christen nicht eine Macht war, mit der man rechnen mußte, und ob man nicht klug daran tat, die Christen diesen Gott zu Nutz und Frommen des Imperiums verehren zu lassen. Das Edikt war die Antwort auf diese Frage.

IX. Die entscheidende Wende: Die Ereignisse der Jahre 312 und 313

Wenige Tage nach der Veröffentlichung des „Toleranzedikts" starb Kaiser Galerius in seinem Hauptquartier in Serdica, wahrscheinlich Anfang Mai 311. Laktanz berichtet, daß Maximinus auf die Meldung von Galerius' Tod hin sofort von Antiochien in Syrien aufgebrochen sei, um mit seinem Heer ganz Kleinasien zu besetzen. Gleichzeitig sei auf dem Balkan Licinius zum Bosporus vorgerückt. Es sei nun ein Streit zwischen den beiden Kaisern entstanden, deren Heere zu beiden Seiten der Meerenge aufmarschiert gewesen seien. Der drohende Krieg sei jedoch dadurch abgewendet worden, daß Maximinus und Licinius Frieden geschlossen hätten und einen Freundschaftspakt eingegangen seien. Keiner von ihnen sei allerdings gesonnen gewesen, die damit verbundenen Absprachen einzuhalten, erzählt Laktanz[67], der mit diesem Bericht hat sagen wollen, daß Maximinus die kleinasiatischen Provinzen des Galerius an sich gerissen habe, obwohl eigentlich Licinius Anspruch auf sie gehabt habe.

Alle Forscher scheinen Laktanz' Darstellung als historisch korrekt akzeptiert zu haben. Das ist jedoch völlig unbegründet. Kritisch betrachtet ist sie eine Fiktion. Inschriftenfunde legen nahe, daß vor Galerius' Tod eine feste Absprache erreicht worden war, wonach Maximinus der neue *Maximus Augustus* sein und Kleinasien übernehmen sollte, wohingegen Licinius Galerius' Besitzungen auf dem Balkan bekommen sollte. Auch Konstantin trat dem Abkommen bei; dafür wurde ihm wahrscheinlich die Herrschaft über Spanien zuerkannt. Es ist möglich, daß zwischen Maximinus und Licinius gewisse Differenzen entstanden; worum es dabei ging, wissen wir nicht. Jedenfalls wurden sie durch einen Freundschaftspakt beigelegt. Wenn Laktanz sich darüber nicht weiter äußert, so offenbar deshalb, weil es wenig schmeichelhaft für Licinius war, den er im Gegensatz zu dem gottesfeindlichen Maximinus seinen Lesern als christlichen Kaiser schildern wollte. Im Licht der späteren Begebenheiten dürfte allerdings der Schluß berechtigt sein, daß Maximinus in diesem Pakt als *Maximus Augustus* Licinius seine Unterstützung im Kampf gegen Maxentius versprach und damit zugleich bei dem Versuch, Konstantin an neuen eigenmächtigen Eroberungen zu hindern. Jedenfalls konnte Laktanz mit Recht sagen, daß Maximinus sich mit einem Gefühl der Sicherheit *(securus)* auf die Regierung der östlichen Provinzen konzentrieren konnte.

Maximinus hatte – in Übereinstimmung mit dem Edikt des Galerius – sogleich alle gefangenen Christen freigelassen und den Christen freie Religionsausübung gestattet. Die Kirche erholte sich darauf verblüffend schnell. Ihr siegreicher Kampf gegen Kaiser und Staat hatte ihr weiteren Respekt verschafft: „Alle ungläubigen Heiden waren nicht wenig erstaunt darüber. Sie wunderten sich über eine so unbegreifliche Veränderung und riefen, groß und allein wahr sei der Gott der Christen."[68]

Maximinus war jedoch nicht darauf eingestellt, den Kampf gegen das Christentum zu beenden und sein Ziel aufzugeben, die Bevölkerung in einer gemeinsamen Verehrung der Götter des Heidentums zu sammeln. Galerius' Toleranzedikt war für ihn auf längere Sicht ein völlig untauglicher Versuch, die Frage der religiösen Einheit des Imperiums zu lösen. Heidentum und Christentum konnten nicht gemeinsam bestehen. Der Kirche freien Lauf zu lassen, würde den Untergang der Verehrung der heidnischen Götter bedeuten, denn die Christen würden keine Gottheit neben ihrem eigenen Gott tolerieren. Maximinus und seine Ratgeber hatten jedoch aus der fehlgeschlagenen Verfolgung der Kirche gelernt. Sie hatte gezeigt, in wie geringem Maße sowohl die Bevölkerung als auch die Beamten das Heidentum stützten, und damit zugleich, wie schlecht es um das Heidentum stand. Die Verfolgung hatte ferner gezeigt, wie wenig man mit Zwang und Gewalt erreichen konnte. Sollte das Heidentum siegen und für die Bevölkerung des Römischen Reiches wieder zu einer lebendigen Kraft werden, so mußte es erneuert werden. Dazu mußte man bei der Kirche in die Lehre gehen und das Geheimnis ihrer Stärke zu ergründen suchen. Das Heidentum mußte eine

Priesterschaft mobilisieren, die der Sache des Heidentums mit der gleichen Hingabe diente wie die christlichen Bischöfe und Priester ihrer Sache. Es war erforderlich, die heidnische Bevölkerung zu aktivieren und sie im Kampf für die unsterblichen Götter zu einen. Und dies sollte von einem Kampf gegen das Christentum begleitet werden. Dieser aber mußte das Christentum als falschen Glauben enthüllen und mit geistigen Waffen geführt werden, um auf dem Wege der Überzeugung die Christen für die unsterblichen Götter zurückzugewinnen.

Sobald Maximinus seine Stellung gefestigt hatte und die politische Situation in der Hand zu haben glaubte, schritt er zur Durchführung seines neuen religionspolitischen Programms. An allen Tempeln wurden Priester angestellt, und jede Stadt erhielt ihren Oberpriester, der dafür zu sorgen hatte, daß den Göttern täglich geopfert wurde. Außerdem erhielt jede Provinz ihren übergeordneten Oberpriester, der sämtliche Priester der Provinz inspizieren und sie dazu anhalten sollte, daß sie ihren Pflichten nachkamen, und überhaupt dafür Sorge tragen sollte, daß die kaiserliche Religionspolitik Wirklichkeit wurde. Sowohl Priester wie Oberpriester wurden aus den höchsten Gesellschaftsschichten genommen, und es kamen nur solche in Betracht, die sich im Staatsdient ausgezeichnet oder auf andere Weise hervorragende Qualitäten bewiesen hatten. Sogar Eusebius mußte zugestehen, daß „sie sich den Kult der Götter, mit deren Dienst man sie betraut hatte, aufs eifrigste angelegen sein ließen"[69].

Die führenden Beamten stellten sich als überzeugte Heiden hinter Maximinus und arbeiteten an der Erneuerung des Heidentums. Durch ihre Mitwirkung gelang es vielerorts, die Bevölkerung zum Kampf für die heidnischen Götter zu aktivieren. In Gesuchen an den Kaiser wurde darum gebeten, gegen die Christen einzuschreiten. Ein Inschriftenfund in Arykanda in Lykien in Kleinasien zeigt uns die Art einer solchen Bitte. Sie ist vom Provinzrat für das lykische und das phrygische Volk an „die Retter der gesamten Menschheit" gerichtet, an die Kaiser Maximinus, Konstantin und Licinius, und lautet: „Die Götter, die mit Euch eines Geschlechtes sind, unsterbliche Kaiser, haben allezeit durch menschenfreundliche Handlungen denen vergolten, denen ihre Verehrung am

Herzen liegt und die für Euer ewiges Heil beten, unüberwindliche Herrscher. Deshalb haben wir es richtig gefunden, uns an Eure unsterbliche Autorität zu wenden und sie zu ersuchen um Unterdrückung der Christen, die lange Zeit gottlos gewesen sind und die bis auf den heutigen Tag in derselben Krankheit verharren, und um ein Verbot dagegen, daß sie durch ihren dunklen, falschen und neuen Kult den Kult verletzen, der den Göttern zukommt. Dieses Ziel wird erreicht werden, wenn Euer göttlicher und ewiger Wille beschlösse, die Freiheit für den feindlichen Kult der Gottlosen zu unterdrücken und zu verbieten und allen die Verehrung der Götter, die mit Euch eines Geschlechtes sind, aufzuerlegen zum Besten für Eure ewige und unverletzliche Macht. Daß dies im höchsten Maße zum Nutzen für alle Eure Untertanen geschehen muß, ist klar."

Zahlreiche Städte ersuchten den Kaiser um Erlaubnis, die Christen aus ihrem Stadtgebiet zu vertreiben. In einem Antrag des Stadtrates in Antiochia begründete man dies damit, daß das Orakel bei dem vor kurzem errichteten Tempel des Zeus Philios verkündet habe, dieser habe befohlen, daß die Christen vertrieben werden sollten, da die gesamte Stadt ihm gehöre. Es ist uns außerdem ein Reskript überliefert, mit dem Maximinus einem solchen Antrag der Stadt Tyrus in Palästina stattgab[70]. Es ist getragen von siegessicherer Stimmung. Das Christentum sei im Begriff, vernichtet zu werden: „Endlich einmal vermochte die schwächliche Kühnheit des menschlichen Verstandes alle Nacht und allen Nebel der Verführung, der ehedem die Gemüter der nicht so sehr bösen als unglücklichen Menschen verstrickt und gefangen gehalten hatte in dem verderblichen Dunkel der Unwissenheit, abzuschütteln und zu zerstreuen, so daß sie nun erkennen können, daß alles von der gütigen Vorsehung der unsterblichen Götter gelenkt und aufrechterhalten werde." Die Früchte dieser glücklichen Wendung seien nicht ausgeblieben: der Krieg habe aufgehört, und Friede mit wogenden Feldern und Wiesen sei eingetreten. „Alle jene, die vollständig geheilt sind von der blinden Verführung und dem Irrtum und die zur richtigen und guten Einsicht zurückgekehrt sind, mögen sich noch mehr freuen, wie wenn sie von einem unerwarteten Unwetter oder einer ernsthaften Krankheit befreit worden wären und für die Zukunft als Frucht süßen Lebensgenuß geerntet hätten. Aber wenn sie an ihrer verfluchten Torheit festhalten, dann sollen sie Eurem Wunsche gemäß aus Eurer Stadt und deren Umgebung weit entfernt und vertrieben werden, damit Eure Stadt zum Lohn für Euren lobenswerten Eifer gereinigt werden kann von jeder Befleckung und Gottlosigkeit und nach ihrem eigenen ursprünglichen Beschluß mit der schuldigen Ehrfurcht den Opfern für die unsterblichen Götter obliegen kann." Der „gottesfürchtige Beschluß" der Bürger von Tyrus war dem Kaiser so willkommen, daß er ihn mit einem Geschenk nach ihrem Wunsch belohnen wollte; er scheint diskret anzudeuten, daß es im Bau eines Tempels bestehen sollte.

Maximinus verbot das Christentum nicht; Galerius' Toleranzedikt besaß weiterhin Gültigkeit. Er versuchte jedoch, der Abhaltung von Gottesdiensten an den Begräbnisplätzen der Christen Hindernisse in den Weg zu legen; möglicherweise hat er sich dabei darauf berufen, daß auf den öffentlichen Frieden und die öffentliche Ordnung Rücksicht zu nehmen sei. Die Vertreibung der Christen aus den Städten, die die beantragte Erlaubnis dazu erhalten hatten, bedeutete ferner eine ernste soziale und wirtschaftliche Belastung für die Christen. Dazu kam, daß das feindlich gesonnene Heidentum in dem Bewußtsein, beim Kaiser Unterstützung zu finden, mit Hilfe der führenden Beamten sie zu schikanieren und die Ausübung der religiösen und sozialen Funktionen der Kirche zu erschweren vermochte. Wenn man von einer gewissen Übertreibung in der Darstellung absieht, so gibt Euseb zweifellos die Situation korrekt wieder, wenn er schreibt: „Der außerordentliche Aberglaube des Herrschers veranlaßte, um es kurz zu sagen, alle seine Untertanen, Befehlende und Gehorchende, sich alles gegen uns zu erlauben, um seine Gunst zu gewinnen."[71] Christen wurden wieder gefangengenommen, gefoltert und hingerichtet, berichtet Euseb, aber wir besitzen keine Kenntnis darüber, wieviele es waren, und wir wissen auch nicht, mit welcher Begründung die Behörden in den einzelnen Fällen gegen sie einschritten.

Nicht minder ernst für die Christen war die Propagandaoffensive, die man gegen das Christentum startete. Schon zu

Beginn des zweiten Jahrhunderts hatten Christen die *Pilatusakten* verfaßt, die vorgaben, der unparteiische Bericht über den Prozeß gegen Jesus zu sein, den Pilatus an Kaiser Tiberius übersandt habe; ihr Ziel war der Nachweis, daß der Gekreuzigte der göttliche Erlöser sei. Diese Akten müssen mit der Zeit eine so bedeutende Verbreitung gefunden haben, daß die Vorkämpfer des Heidentums es für nötig hielten, als ein polemisches Gegenstück die *Akten des Pilatus und des Erlösers* zu verfassen. Diese Fälschung soll nach Euseb „voll von allerlei Lästerungen gegen Christus"[72] gewesen sein, und man geht kaum fehl in der Annahme, daß sie Porphyrios' Kritik des Christentums wiederholt haben. Diese Schrift wurde auf Maximinus' Befehl der gesamten Bevölkerung bekannt gemacht, indem man sie an öffentlichen Plätzen aushängte und in den Schulen als eine Art antichristlichen Katechismus verwendete. Dieses Vorgehen ist äußerst informativ für die Gründlichkeit, mit der man gegen das Christentum zu Felde zog. Das Schulwesen sollte dem Heidentum dienen und durch seinen Unterricht die jungen Menschen christlicher Einwirkung gegenüber immun machen. Andere Schriften, die ebenfalls überall publiziert wurden, gaben sich als Augenzeugenberichte, die das lasterhafte Leben der Christen schilderten und erzählten, welch schamlose Dinge bei ihren Gottesdiensten vor sich gingen – die alten Anklagen gegen das Christentum bewiesen noch einmal ihr zähes Leben.

Es ist verständlich, daß Euseb schreiben konnte: „So viel wurde in kurzer Zeit von Maximinus, dem Feind des Guten, gegen uns ins Werk gesetzt, daß uns die Verfolgung, die er erregte, viel schlimmer erschien als die frühere."[73] Es ist jedoch irreführend, von einer eigentlichen Verfolgung zu sprechen. Es war z.B. nicht strafbar, sich zum Christentum zu bekennen; von einer blutigen Verfolgung war überhaupt keine Rede. Aber abgesehen davon, war die Situation ernst genug. Maximinus' neue Religionspolitik schien triumphieren zu sollen. Die heidnischen Kulte erlebten eine Renaissance. Die Volksstimmung neigte sich dem Heidentum zu, und dank der beharrlichen Propaganda gegen das Christentum wurde die Kirche in die Defensive gedrängt. Sie war im Begriff, dem Druck zu weichen, und viele gaben ihren christlichen Glauben auf und kehrten zum Kult der heidnischen Götter zurück. In der Kirche breitete sich Unmut aus. Ihre Stellung schien so hoffnungslos, daß sie, menschlich gesprochen, fertig schien. Aber gerade zu diesem Zeitpunkt waren im Westen Ereignisse eingetreten, die bald eine entscheidende Änderung in der Stellung der Christen im Machtbereich des Maximinus herbeiführen sollten.

Maxentius genoß in den ersten Regierungsjahren große Popularität bei der Bevölkerung dank seiner national-römischen Politik. Zur Sicherung seiner Herrschaft mußte er jedoch ein starkes Heer unterhalten. Dies verlangte zusammen mit einer umfassenden Bautätigkeit, die Rom als den strahlenden Mittelpunkt des Imperiums hervorheben sollte, große Geldmengen. Um sie zu beschaffen, führte er eine harte Steuerpolitik, die auch die bisher von Steuern befreiten Senatoren traf. Als sich dann Nordafrika im Jahre 309 losriß, büßte Rom seine Kornkammer ein. Eine furchtbare Hungersnot war die Folge. Im Herbst 310 verlor Maxentius außerdem Spanien, und obwohl es ihm 311 gelang, Nordafrika wiederzuerobern, vermochte dies nichts an der Tatsache zu ändern, daß er politisch geschwächt war und seine Popularität bei der Bevölkerung verspielt hatte. Die Christen hatten unterdessen keinen Grund, sich über ihn zu beklagen. Er führte das Toleranzedikt des Galerius in seinem Bereich durch und trug sogar als der erste der Regenten des Reiches Sorge dafür, daß die Kirche ihr während der großen Verfolgung konfisziertes Eigentum zurückerhielt. Die Christen genossen vollständige Religionsfreiheit – dies galt jedenfalls für Rom, wie wir mit Bestimmtheit wissen. So konnte die römische Gemeinde im Jahre 311 in aller Öffentlichkeit das Osterfest begehen.

Galerius' Tod löste im Westen bald diplomatische und politische Manöver aus, deren Ziele und Einzelheiten in den uns erhaltenen Quellen verschleiert sind. Laktanz berichtet, daß Konstantin mit Licinius Freundschaft geschlossen und dies dadurch besiegelt habe, daß er seine Schwester Konstantina mit ihm verlobte. Maximinus habe dies jedoch als eine gegen ihn persönlich gerichtete Allianz aufgefaßt und im Gegenzug einen Freundschaftspakt mit Maxentius geschlossen, was seinen sichtbaren Ausdruck darin gefunden habe, daß Bilder der beiden Kaiser in ihren jeweiligen Machtbereichen aufgestellt worden seien[74]. Obwohl die Forscher diese Darstellung allgemein akzeptiert haben, scheint sie doch einer kritischen Überprüfung nicht standhalten zu können. Man wird schon mißtrauisch, wenn man bei Eusebius liest: „Der Tyrann des Ostens Maximinus ging heimlich einen Freundschaftspakt mit dem Tyrannen in Rom wie mit einem Bruder in der Schlechtigkeit ein, suchte dies aber lange zu verheimlichen."[75] Im Unterschied zu Laktanz geht hieraus deutlich hervor, daß im Osten niemand Kenntnis von einer solchen Allianz hatte. Es besteht der Verdacht, daß der Gedanke einer Allianz zwischen Maximinus und Maxentius aus dem Wunsch entstanden war, zu zeigen, wie diese beiden gottlosen Tyrannen sich zur Vernichtung von Konstantin und Licinius, den Beschützern des Christentums, verbündet hätten. Dieser Eindruck findet in der Festrede, die im Sommer 313 für Konstantin gehalten wurde, eine Bestätigung. Hier wurde die glänzende politische Karriere Konstantins mit ihrem Höhepunkt, dem Sieg über Maxentius, ausführlich geschildert, aber eine Allianz zwischen Konstantin und Licinius bzw. Maximinus und Maxentius wird nicht einmal auch nur angedeutet.

Man muß ferner fragen, was Maximinus durch eine Allianz mit Maxentius erreichen konnte. Er hatte schon mit Licinius einen Pakt geschlossen und war als *Maximus Augustus* sowohl von diesem als auch von Konstantin anerkannt. Es gibt keinen Hinweis darauf, daß er nach der Alleinherrschaft strebte. Er schien mit den Gebieten, über die er die Herrschaft gewonnen hatte, zufrieden. Maxentius war außerdem als Usurpator abgestempelt, und dies zusammen mit seiner schwachen politischen Stellung würde es zu einer politischen Torheit gemacht haben, ein Bündnis mit ihm einzugehen – und ein politischer Tor war Maximinus in keiner Weise. Er hätte dadurch nur Konstantin und Licinius einander in die Arme getrieben und es ihnen auf Grund der wachsenden Unpopularität des Maxentius leicht gemacht, seine Gebiete zu erobern. Die Darstellungen bei Laktanz und Eusebius stehen also im Widerspruch zu dem, was wir sonst über die politische Situation wissen.

Ein *panegyricus,* der in Rom im Jahre 321 aus Anlaß des

15jährigen Regierungsjubiläums Konstantins gehalten worden ist, enthält allerdings einige Informationen, die die Forschung überhaupt nicht berücksichtigt zu haben scheint. Sein Thema ist die Befreiung Roms vom Joch des Tyrannen Maxentius durch Konstantin. Der Panegyriker Nazarius, ein berühmter Rhetor aus Bordeaux, berichtet aus diesem Anlaß, wie Konstantin dem Maxentius einen Freundschaftspakt *(concordia* und *societas)* angeboten habe, dieser aber abgelehnt worden sei[76]. Obwohl der Rhetor eifrig bemüht ist hervorzuheben, daß dieses Angebot mit dem Ziel gemacht worden sei, Maxentius' Schlechtigkeit einzudämmen, überrascht es doch, daß er eine solche Begebenheit überhaupt erwähnt, da sie doch nur dazu beitragen konnte, Konstantin in ein zweifelhaftes Licht zu setzen. Die Erklärung dafür kann indessen nur sein, daß Konstantin tatsächlich versucht hatte, eine Allianz mit Maxentius zustande zu bringen. Wenn Nazarius die Erwähnung des Angebots für nötig gehalten hat, so ist der Grund dafür in der aktuellen politischen Situation zu finden. Um das Jahr 321 war es nämlich zu einem offenen Bruch zwischen Konstantin und Licinius gekommen, und dieser hat dann in seiner Propagandaoffensive gegen Konstantin dieses ihm bekannt gewordene Ereignis ausgenutzt, um Konstantin zu kompromittieren und ihn als einen skrupellosen, machtsüchtigen Herrscher zu schildern. Es ist die deutliche Absicht des Rhetors gewesen, diesen gefährlichen Angriff durch die Verschleierung der tatsächlichen Ereignisse zu neutralisieren. So viel steht jedenfalls fest: während eine Allianz zwischen Maximinus und Licinius bestand, versuchte Konstantin, eine Allianz mit Maxentius abzuschließen.

Was Konstantin zu diesem Schritt bewogen hat, wissen wir nicht mit Bestimmtheit. Aber man wird zweifelsohne die Ursache dafür in der Tatsache finden, daß Konstantin, obwohl er Maximinus als *Maximus Augustus* anerkannt hatte, den Gedanken, in der Führung des Imperiums eine entscheidende Rolle zu spielen, nicht aufgegeben hatte. Wenn indessen Licinius die Invasion Italiens durchführte, die er lange vorbereitet hatte, um Maxentius niederzuwerfen und dessen Gebiet zu übernehmen, würde er der eigentliche Herrscher im Westen sein. Im Gegenzug versuchte Konstantin folglich, eine Allianz mit Maxentius zustande zu bringen. Aber da dies fehlschlug, beschloß er, Licinius durch eine Invasion Italiens zuvorzukommen.

Die Richtigkeit dieses Verständnisses wird durch einen *panegyricus* bekräftigt, der im Jahre 313 in Trier aus Anlaß des siegreichen Italienfeldzuges Konstantins gehalten wurde. Der Panegyriker berichtet nämlich, daß Maxentius Vorbereitungen für einen Krieg traf, indem er seine Hauptstreitkräfte bei Verona konzentrierte und Truppenverbände bei Aquileia stationierte. Dieser Aufmarsch ist als Vorbereitung eines Angriffskrieges gegen Konstantin verstanden worden[77]. Aber abgesehen davon, daß sich Maxentius bisher auf eine defensive Politik beschränkt hatte und jetzt weit weniger als früher die Möglichkeit zu offensiver Kriegführung besaß, zeigt die Anordnung seiner Truppen, daß damit die Blockade des einzigen Einfallsweges von den Donaugebieten her beabsichtigt war, ebenso wie ein Lager in Aquileia den Weg vom Balkan nach Norditalien beherrschen sollte. Mit anderen Worten: Maxentius wollte die einzigen Wege blockieren, die von Licinius' Landgebieten nach Norditalien führten. Das war sein Gegenzug gegen den Angriff, den Licinius vorbereitete, um sich in den Besitz der ihm *de iure* zukommenden Territorien zu setzen. Umgekehrt hatte – so geht deutlich aus dem *panegyricus* hervor – Maxentius nur ganz wenige Truppen an den Stellen postiert, an denen wie in Susa *(Segusio)* die Verbindungswege über die Alpen zu Konstantins Herrschaftsgebiet verteidigt werden mußten. Er befürchtete nämlich keinen Angriff von dieser Seite – und die Erklärung dafür ist, daß er Konstantin als freundlich gesonnen betrachtete, weil dieser ihm eine Allianz angeboten hatte.

Der Panegyriker behandelt dann ausführlich Konstantins Italienfeldzug, und hier gilt sein primäres Interesse der Eroberung Norditaliens. Er verheimlicht nicht, daß Konstantin sich auf ein reines Glücksspiel eingelassen hatte. Er war zu diesem Zeitpunkt mit einem Krieg gegen die Germanen an der Rheinfront beschäftigt und konnte deshalb nur über ein Viertel seiner gesamten Truppen verfügen. Maxentius' Streitkräfte waren seinen eigenen numerisch überlegen; sie bestanden obendrein aus gut ausgebildeten römischen Truppen unter einer fähigen Führung. Konstantins militärische und politische Ratgeber rieten denn auch inständig von einer Invasion Italiens ab, und sie wurden kräftig unterstützt von den Zeichendeutern *(haruspices)*, die voraussagten, daß der geplante Italienfeldzug in einer Katastrophe enden würde.

Diese Besorgnis seiner Ratgeber mußte unbestreitbar völlig unbegründet erscheinen, sofern eine Allianz zwischen Konstantin und Licinius bestand. Dagegen war sie besonders gut motiviert, wenn Konstantin ganz allein stand; und darum ging es eben. In diesem Falle mußten seine Ratgeber und Zeichendeuter berücksichtigen, daß Konstantin nicht nur gegen Maxentius zu kämpfen hatte, sondern auch mit der Möglichkeit eines offenen Konflikts mit Licinius rechnen mußte; dieser würde ja im Falle einer Invasion in Italien allen Grund haben, Konstantin als Usurpator zu betrachten, der sich an den Gebieten vergriff, auf die er selbst legitimen Anspruch hatte. Konstantin ließ sich jedoch durch diese Warnungen nicht von seinem Entschluß abbringen. Wie wohlbegründet sie auch sein mochten, jetzt oder nie mußte er angreifen, wenn er sich die Möglichkeit, der eigentliche Herrscher des Westens zu sein, bewahren wollte.

In aller Eile sammelte Konstantin die Truppen, die überhaupt aus dem Kampf gegen die Germanen abgezogen werden konnten, und führte sie im späten Frühjahr 312 bei Mont Genèvre über die Alpen. Konstantin handelte so schnell, weil er hoffte, durch einen Überraschungsangriff in Norditalien Fuß fassen und die militärische Initiative gegenüber Maxentius und einem möglichen Gegenzug von Licinius behalten zu können. Diese Taktik hatte Erfolg. Ohne größere Schwierigkeit eroberte Konstantin die Grenzfestung Susa, die den wichtigen Alpenpaß, den einzigen Verbindungsweg zwischen Gallien und Italien, schützen sollte. Der Angriff kam für die relativ schwache Grenzwacht völlig unerwartet, ein klares Zeugnis dafür, daß Maxentius auf eine Auseinandersetzung mit Konstantin nicht gefaßt war. Beim weiteren Vormarsch stieß sein Heer bei Turin auf große Streitkräfte mit einer starken Abteilung der gefürchteten gepanzerten Reiterei; wahrscheinlich war sie von Verona aus geschickt, um ihn aufzuhalten. Durch eine glänzende Taktik gelang es Konstantin, das feindliche Heer aufzureiben. Turins Bürger öffneten die Tore für den Sieger und retteten damit ihre Stadt. Die Differenzen zwischen Maxentius und der Bevölkerung kamen hier Konstantin zugute. Er führte seinen Angriffskrieg unter der Devise, Italien und Rom vom Joch des Tyrannen befreien zu wollen. Dies wirkte auf die Bürger stärker als die Aufforderung des Maxentius, den Kampf gegen Konstantin als den Mörder Maximians aufzunehmen. Damit appellierte Maxentius an sein Heer, in dem ein großes Kontingent von Maximians kampferprobten Truppen diente. Aber als auch Mailand es vorzog, sich ohne Kampf zu übergeben, hatte Konstantin in der Poebene sicher Fuß gefaßt.

Konstantin rückte dann nach Osten vor, nahm nach einem neuen Kampf Brescia ein und machte sich nach einem weiteren Vormarsch an die anspruchsvolle und äußerst risikoreiche Aufgabe, Verona zu erobern. Die Stadt war gut befestigt und wurde obendrein durch Maxentius' beste Offiziere und Soldaten verteidigt. Konstantin war denn auch am Rande einer Niederlage. Aber dank seiner Kühnheit und Entschlossenheit und der großartigen Kampfmoral seiner Truppen gelang es ihm nach hartem Kampf, den Feind zu besiegen und Verona zu erobern. Zugleich nahm er Aquileia ein. Ganz Norditalien war jetzt in seiner Hand.

Wenn man annimmt, zwischen Konstantin und Licinius habe eine Allianz bestanden, so bleibt es ein Rätsel, weshalb Licinius sich passiv verhielt, während Konstantin sowohl sein eigenes Leben als auch das seiner Soldaten aufs Spiel setzte, als er sich an die Eroberung Veronas machte; wenn Licinius gleichzeitig mit Konstantins Angriff von Norden her angegriffen hätte, so hätten sie ohne größere Schwierigkeit Maxentius' Streitkräfte in einer Zangenbewegung vernichten können. Licinius' Verhalten wird jedoch verständlich, wenn man bedenkt, daß Konstantin durch seinen Einfall in Norditalien die Pläne des Licinius durchkreuzt hatte und deshalb zu seinem Gegner geworden war. Wenn Licinius bei der Schlacht um Verona die Rolle des passiven Zuschauers spielte, so geschah das möglicherweise auf Grund seiner Hoffnung, die Truppen von Konstantin und Maxentius würden sich gegenseitig vernichten, so daß er dann ohne Schwierigkeiten Maxentius' Gebiete in Besitz nehmen konnte. Jedenfalls war die Eroberung von Verona und Aquileia für Konstantin von vitaler Bedeutung, da er so einem möglichen Angriff von Licinius Einhalt gebieten konnte. Dies war absolut notwendig, wenn er sich überhaupt Hoffnungen auf die Eroberung Roms machen wollte.

Obwohl Konstantin mit großem Glück ganz Norditalien Licinius vor der Nase hatte wegschnappen und erobern können, so war es doch mehr als gewagt, den Versuch zu unternehmen, die Stadt Rom zu unterwerfen. Eine Quelle will geradezu wissen, daß Maxentius trotz der militärischen Rückschläge in Norditalien guten Mutes war. Und tatsächlich gab es allen Grund zu dem Glauben, Konstantin würde bei einem Versuch, Rom zu erobern, den kürzeren ziehen. Abgesehen davon, daß seine Streitkräfte dezimiert worden sein mußten und nach den harten Kämpfen und Strapazen der vergangenen Monate abgekämpft waren, hatte Maxentius die Stadt für den Fall einer Belagerung mit Truppen und Vorrat versehen; durch die von Hadrian neu errichtete Verteidigungsmauer war sie an sich schon fast uneinnehmbar. Obwohl die Aussichten auf einen Sieg gering waren, hatte Konstantin keine andere Wahl als den Versuch, Rom einzunehmen. Hatte er die Stadt nicht fest in seiner Hand, so war er zwischen Maxentius und Licinius eingeklemmt und riskierte damit, alles zu verlieren.

Konstantin näherte sich schon Rom, als Maxentius plötzlich seinen ursprünglichen Plan änderte. Zweifellos aus Furcht vor Unruhen in der Bevölkerung Roms zog er es vor, Konstantin in einer offenen Schlacht nördlich vom Tiber aufzuhalten, wo ein Felsvorsprung, *Saxa Rubra*, den Weg, auf dem er vorrückte, beherrschte. Eine Tradition will geradezu wissen, daß er, um eines glücklichen Ausgangs sicher zu sein, die sibyllinischen Orakel um Rat gefragt habe. Als diese die Antwort gaben, daß der Feind der Römer fallen werde, verstand er das als eine Siegesverheißung. Jedenfalls rückte er am 28. Oktober mit seinen Streitkräften aus. Er hatte schon den *pons Mullius* zerstören lassen, zugleich aber eine Schiffsbrücke bauen lassen, die in der Mitte abgebrochen werden konnte; dies würde ihm einen Rückzug gestatten und zugleich Konstantin am Überschreiten des Flusses hindern. Bevor er den

Aufmarsch beendet hatte, hatte Konstantin indessen mit seinen Truppen ein Umgehungsmanöver durchgeführt und drohte nun, Maxentius' Truppen zwischen *Saxa Rubra* und Tiber einzuschließen. Diese versuchten unter heftigen Angriffen einen schnellen Rückzug zu unternehmen, aber da die Schiffsbrücke – wahrscheinlich durch Verrat – abgerissen worden war, wurden sie niedergemetzelt oder ertranken bei dem Versuch, den Fluß zu überqueren. Dies Schicksal traf auch Maxentius. Am folgenden Tag konnte Konstantin in einem Triumphzug in Rom einziehen, wo man ihm als dem Befreier der Stadt huldigte. Kurz darauf wurde er von Nordafrika anerkannt. Er war nun Herr über den gesamten Westen.

Konstantin hatte ein hohes Spiel gespielt, und er hatte gewonnen. Entgegen alle Voraussagen hatte er in einer Reihe kühner Schlachten Maxentius' starke Heere niedergerungen. Der heidnische Panegyriker, der im Juli 313 Konstantin huldigte, läßt seine Zuhörer nicht im Zweifel über das Geheimnis seiner verblüffenden Erfolge: „Welcher Gott, welche so nahe Majestät hat dich ermuntert, daß du selbst – während alle deine Begleiter und Heerführer nicht nur schweigend murrten, sondern auch offen Furcht zeigten – trotz der Ratschläge von Menschen und gegen die Prophezeiungen der Zeichendeuter bei dir selbst fühlen konntest, daß die Zeit zur Befreiung der Stadt gekommen war? Du hast tatsächlich ein gewisses Geheimnis mit jenem göttlichen Gedanken *(mens divina)*, der, während die Sorge um uns den geringeren Göttern übertragen ist, sich dir allein zu zeigen für würdig erachtet."[78] Konstantin war mit anderen Worten überzeugt, daß die höchste Gottheit sich ihm als ihrem Auserwählten gezeigt und ihm den Sieg zugesagt hatte[79]; und im Vertrauen darauf hatte er den Kampf gegen den Tyrannen Maxentius aufgenommen und gesiegt. Über diesen Gott erfahren wir, daß er „der Schöpfer und Herr der Welt" *(mundi creator et dominus)* sei[80] und daß man ihm durch Gehorsam gegen seine Gebote *(praecepta)* diene[81]. Er sei die höchste Güte *(summa bonitas)*, er sei gerecht und allmächtig, so daß er seinen Willen zu verwirklichen vermöge. Aber sorgfältig vermeidet der Festredner, ihn mit einer bestimmten Gottheit zu identifizieren. In dem Gebet, mit dem er seine Rede schließt, heißt es denn auch, daß der Schöpfer des Universums „so viele Namen hat, wie es nach deinem Willen Sprachen gibt. Wir können nicht wissen, wie du genannt werden willst, ob in dir eine göttliche Macht oder ein göttlicher Gedanke ist, der du dich, in der ganzen Welt ausgegossen, mit allen Elementen mischst und dich ohne Zwang einer von außen kommenden Kraft durch dich selbst bewegst, oder ob du eine Macht bist, die über jedem Himmel steht und die von der höchsten Zinne der Natur auf dies dein Werk herabsieht"[82].

Durch den Panegyriker hatte Konstantin also verkünden lassen, daß sein Sieg göttlichem Eingreifen zu verdanken sei. Bezeichnenderweise betonte der Festredner, daß der Gott, der hinter dem Italienfeldzug gestanden habe, mit keiner der bekannten Gottheiten identisch sei und daß er nichts mit dem traditionellen Götterkult zu tun habe. Konstantin hatte also die Vision eines Gottes gehabt, der ein anderer als Sol-Apollon war. Seine religiöse Auffassung hatte sich gewandelt.

Dies zeigte sich auch in anderer Hinsicht. In Rom zog Konstantin bei seinem Triumphzug entgegen der Tradition nicht zum Kapitol, um den Göttern zu opfern. Zur Erinnerung an den Sieg über Maxentius ließ der Senat kurz darauf eine riesige Statue Konstantins errichten[83]. Nach Euseb[84] hatte Konstantin angeordnet, daß die Statue in ihrer rechten Hand ein Banner tragen und folgende Inschrift angebracht werden sollte[85]: „Mit diesem einzigartigen Banner *(in singulari signo)*[86], das das Zeichen der wahren Kraft *(virtus)* ist, habe ich die Stadt Rom und den römischen Senat und das römische Volk vom Joch der tyrannischen Herrschaft befreit und sie zu ihrer früheren Freiheit und Größe zurückgeführt." Man hat allen Grund, Eusebius zu vertrauen, wenn er berichtet, daß das, was das Banner auszeichnete, ein christliches Zeichen war; ob es ein Kreuz war, wie Eusebius vermutet, oder ein Christusmonogramm, läßt sich dagegen nicht entscheiden. Jedenfalls wollte Konstantin auf diese Weise deutlich machen, daß der Sieg an der Milvischen Brücke der göttlichen Kraft zu verdanken war, die mit Christus verbunden war. Der Gott der Christen war sein Schutzgott.

In seiner Darstellung des Italienfeldzuges beschränkt sich Eusebius in seiner Kirchengeschichte auf die Mitteilung, daß

Konstantin „in Gebeten den Gott des Himmels anrief und sein Wort, den Erlöser aller, Jesus Christus, den Helfer, und daß er mit seinem gesamten Heer vorrückte, um den Römern ihre von den Vätern ererbte Freiheit zu verschaffen"[87].

Laktanz führt uns einen Schritt weiter. Er berichtet, daß sich in der Nacht vor der Schlacht Folgendes ereignete: „In einem Traum wurde Konstantin aufgefordert, Gottes himmlisches Zeichen auf den Schilden anzubringen und so den Kampf zu beginnen. Er tut, wie ihm befohlen ist, und durch den senkrecht gestellten Buchstaben X mit umgebogener oberster Spitze markiert er Christus auf den Schilden. Bewaffnet mit diesem Zeichen zieht das Heer das Schwert."[88] Das Monogramm müßte hiernach die Form ⁂ gehabt und eine Verbindung von Kreuz und Christusmonogramm gewesen sein[89]. Außer der kurzen Bemerkung darüber, daß „Gottes Hand als Helfer in der Schlacht zur Stelle war", erfahren wir bei Laktanz nichts weiter. Soviel ist jedoch klar: Für ihn hat Konstantin bei der Milvischen Brücke im Namen des Christengottes und mit einem christlichen Symbol als magischem Zeichen gekämpft und gesiegt.

Einen in vieler Hinsicht verwandten Bericht hat Eusebius in seiner Konstantinbiographie *(Vita Constantini)*[90] gegeben, die er unmittelbar nach Konstantins Tod im Jahre 337 ausarbeitete. Als Konstantin seinen Entschluß zur Befreiung Roms von der Knechtschaft unter dem Tyrannen Maxentius gefaßt habe, sei ihm, sagt Eusebius, der risikoreiche Charakter seines Vorhabens bewußt gewesen. Militärisch konnte er es mit seinem Gegner nicht aufnehmen. Er brauchte einen göttlichen Helfer. Aber an welche Gottheit sollte er sich wenden? Die Götter des Heidentums hätten sich als ohnmächtig erwiesen, was an dem tragischen Schicksal derjenigen Kaiser zu erkennen sei, die das Christentum verfolgt hätten. Dagegen habe der Gott seines Vaters zahlreiche und deutliche Zeichen seiner Macht gegeben. Konstantin habe sich in einer geistigen Krise befunden: [Kap. 28] „Er rief nun in seinen Gebeten diesen [Gott] an, flehte zu ihm und beschwor ihn, ihm zu offenbaren, wer er sei, und ihm seine rechte Hand für die kommenden Aufgaben zu leihen. Während der Kaiser darum bat und inständig flehte, erschien ihm das allerunglaublichste Gotteszeichen. Wenn ein anderer dies berichtet hätte, wäre es vielleicht nicht so leicht, es für wahr zu halten. Aber da der siegreiche Kaiser selbst lange Zeit später, als wir die Ehre hatten, ihn zu kennen und bei ihm zu verkehren, uns, die wir in dieser Schrift darüber berichten, die Begebenheit erzählt und die Darstellung mit einem Eid bekräftigt hat, wer wollte da im Zweifel sein und diesem Bericht nicht glauben – zumal auch die folgende Zeit einen wahren Beweis für die Darstellung brachte? Um die Mittagszeit, gerade als der Tag begann zur Neige zu gehen, habe er mit eigenen Augen – sagte er – am Himmel selbst über der Sonne das Zeichen des Kreuzes gesehen, gebildet vom Lichte. Und er habe eine Inschrift gesehen, die hinzugefügt war: ‚Hiermit sollst du siegen.' Und Verblüffung habe sowohl ihn als auch das Heer ergriffen, das ihm gerade auf dem Marsch gefolgt sei und das Wunder geschaut habe [Kap. 29]. Und er sei – sagte er – uneinig mit sich selbst gewesen, was denn das Zeichen bedeuten solle. Während er in langen Überlegungen darüber nachgegrübelt habe, sei die Nacht über ihn hereingebrochen. Da sei ihm Gottes Christus in einem Traum erschienen mit dem Zeichen, das man am Himmel gesehen habe, und habe ihm befohlen, eine Nachahmung des am Himmel gesehenen Zeichens zu machen und es im Kampf gegen die Feinde als Schutz zu gebrauchen."

Am folgenden Tag, setzt Eusebius seinen Bericht fort (Kap. 30–31), ließ Konstantin Künstler zu sich rufen, die nach seinen Anweisungen das sogenannte *labarum*, die kaiserliche Feldstandarte, anfertigten. Es bestand aus einer langen Stange, die zuoberst einen Kranz aus Edelsteinen und Gold trug, in den das Christusmonogramm ☧ eingesetzt war. Eine Querstange trug ein quadratisches, mit Edelsteinen besetztes Tuch. Der Fahnenschaft war geschmückt mit Brustbildern von Konstantin und seinen Söhnen. „Dieses heilbringende Zeichen benutzte der Kaiser jetzt immer als Schutz gegen jede feindliche Macht, die gegen ihn auftrat, und er befahl, daß alle Heere von Nachbildungen dieses Zeichens angeführt werden sollten", fügt Eusebius hinzu.

Und er fährt fort in Kapitel 32: „Während Konstantin zu dem genannten Zeitpunkt über das unglaubliche Gesicht beunruhigt war und es auch nicht richtig fand, einen anderen

Gott anzubeten als den, der sich ihm gezeigt hatte, ließ er die zu sich rufen, die in dessen Worte eingeweiht waren, und fragte sie, wer dieser Gott sei und wie das Gesicht, das er gesehen hatte, zu erklären sei. Sie sagten, daß der Gott der eingeborene Sohn des einen und alleinigen Gottes sei und daß das Zeichen, das sich gezeigt habe, das Sinnbild *(symbolon)* der Unsterblichkeit sei und ein Zeichen für den Sieg über den Tod, den er bewirkt habe, da er auf die Erde herabgekommen sei." Weiter berichtet Eusebius, wie die christlichen Priester Konstantin über die Gründe für die Inkarnation Christi und sein Wirken unter den Menschen belehrten. Konstantin habe diese Belehrung angenommen, und „er war erstaunt über die göttliche Erscheinung *(theophaneia)*, die er hatte sehen dürfen, und indem er das himmlische Gesicht mit der gegebenen Erklärung verglich, wurde er in seinem Gedanken bestärkt und davon überzeugt, daß er von Gott im Verständnis dieser Dinge belehrt worden sei, und von selbst beschloß er, sich den göttlichen Schriften zuzuwenden. Er machte auch Gottes Priester zu seinen Ratgebern und faßte den Entschluß, den Gott, der sich ihm gezeigt hatte, mit jedem Dienst zu ehren. Gestärkt durch die in ihn gesetzten guten Erwartungen, war er seither eifrig darum bemüht, die Drohung des tyrannischen Feuers zu löschen."

Wenn Eusebius behauptet, daß er nur wiedererzähle, was Konstantin ihm selbst erzählt habe, so gibt es keinen Grund an seinen Worten zu zweifeln; er ist immer auf ordnungsgemäße Dokumentation bedacht gewesen. Die meisten Forscher neigen denn auch zu der Auffassung, wir hätten es hier mit der religiösen Interpretation des Italienfeldzuges durch den alternden Konstantin zu tun, und ziehen daraus den Schluß, daß diesem Bericht kein größerer historischer Wert beigemessen werden könne; er repräsentiere eine stark legendarische Umformung dessen, was schon Laktanz zu berichten gewußt habe. Es ist unbestreitbar, daß Eusebius' Darstellung in der vorliegenden Form nicht akzeptiert werden kann. Es ist jedoch eine ernst zu nehmende Frage, ob sie nicht – kritisch betrachtet – Informationen enthält, die die Frage nach Konstantins Verhältnis zum Christentum im Schicksalsjahr 312 zu beleuchten vermögen.

Wenn Eusebius berichtet, daß sich Konstantin im Zusammenhang mit seinem Entschluß, in Italien einzufallen, in einer persönlichen Krise befunden habe, so stimmt das tatsächlich mit dem überein, was wir bei dem heidnischen Panegyriker lesen können. Konstantin stand mit seinem Entschluß völlig allein, und er wußte, daß er den Sieg nicht erringen konnte, wenn ihm nicht eine göttliche Macht beistand. Es besteht auch aller Grund zu der Annahme, daß ihn diese Situation zu Überlegungen darüber veranlaßt hat, welche Gottheit er um Schutz und Sieg anrufen sollte; er handelte und reagierte hier, wie es jeder römische Feldherr in einer kritischen Situation zu jeder Zeit getan hätte. In diesem Zustand persönlicher Spannung und Unruhe sieht er zusammen mit seinem Heer am Himmel ein ungewöhnliches Lichtphänomen. Er versteht das als ein Zeichen, weiß es aber nicht zu deuten. Eusebius schildert nun weiter, wie Christus in der folgenden Nacht Konstantin in einem Traum erschien. Am folgenden Tag ließ Konstantin die kaiserliche Feldstandarte mit dem Christusmonogramm herstellen (Kap. 29–31). Wenn Eusebius erst danach, in Kapitel 32, berichtet, wie Konstantin christliche Priester zu sich rief und sie um eine Deutung des himmlischen Zeichens bat, so wirkt das höchst überraschend. Es ergibt jedoch einen vortrefflichen Sinn, wenn man dieses Kapitel als die unmittelbare Fortsetzung der Darstellung in den Kapiteln 27 und 28 versteht. Eusebius' Darstellung ist also aus zwei Visionsberichten zusammengesetzt. Wir finden sie in den Kapiteln 27–28 und 32 bzw. 29–31.

Aus Kapitel 32 dürfen wir schließen, daß Konstantin christliche Priester an seinem Hof gehabt und daß er schon so sehr unter christlichem Einfluß gestanden hat, daß es nur natürlich für ihn war, sie nach der Bedeutung des Zeichens zu fragen. Auch ist es wahrscheinlich ihnen zu verdanken, daß ihm die heidnischen Götter fremd geworden waren und er von der Existenz des Christengottes überzeugt war. Jedenfalls akzeptierte er die Erklärung der Christen, daß sich ihr Gott durch dieses Zeichen ihm zu erkennen gegeben und ihm seinen Schutz verheißen habe. Im Vertrauen darauf begann er den Italienfeldzug.

Die Schilderung in Kap. 29–31 weist eine auffallende Ähnlichkeit mit Laktanz' Bericht auf. An beiden Stellen erscheint Christus Konstantin in einem Traum und befiehlt ihm, ein Zeichen nachzubilden, das seine Truppen beschützen und ihm den Sieg schenken sollte. Dies läßt den Schluß zu, daß es sich um ein und dieselbe Begebenheit handelt: eine Traumvision in der Nacht vor der Schlacht an der Milvischen Brücke. Was bei Laktanz ganz unvermittelt auftritt, erhält indessen seine natürliche Erklärung durch die Darstellung des Eusebius. Konstantin hatte sich bereits zu Beginn des Italienfeldzuges unter den Schutz des Christengottes gestellt – wir bemerken, daß Eusebius hier völlig mit dem heidnischen Panegyriker übereinstimmt, mit der einen Ausnahme, daß dieser davon Abstand nimmt, Konstantins Schutzgott beim Namen zu nennen. Es bestand also für Konstantin kein Zweifel darüber, wer ihm im Traum erschienen war. Eusebius' Darstellung von der Ausführung des *labarum* in den Kapiteln 30–31 ist dagegen unhistorisch. Das *labarum*, das Eusebius schildert, kann erst nach 317 entstanden sein, als Konstantin seine beiden ältesten Söhne zu Cäsaren ernannte; das war die Voraussetzung, unter der sie mit ihm zusammen abgebildet werden konnten. Aber davon abgesehen scheint der Hinweis trivial, daß kaum Zeit gewesen sein dürfte, eine kaiserliche Feldstandarte der beschriebenen Art herzustellen, bevor der Kampf mit Maxentius begann.

Laktanz' Bericht über Konstantins Traumvision ist oft als legendär verworfen worden. Die Tatsache, daß wir das von ihm geschilderte Monogramm in der folgenden Zeit auf Schilden oder Feldstandarten nicht abgebildet finden – wenige Jahre später treffen wir nur das Christusmonogramm ⳩ auf Feldstandarten und nie auf Schilden –, macht es indessen schwierig, den Bericht als Phantasieprodukt völlig zu verwerfen. Nichts spricht gegen die Annahme, Konstantin habe gemeint, daß ihm unmittelbar vor der Schlacht, die über sein politisches Schicksal entscheiden sollte, Christus in einem Traumgesicht das magische Zeichen offenbart habe – sei es nun das Kreuz oder das Christusmonogramm –, welches ihn und seine Truppen in der Stunde der Gefahr bewahren und ihm den Sieg sichern sollte. Traumgesichter, in denen göttliche Mächte sich Menschen offenbarten, und magische Zeichen, die Glück und Sieg garantierten, waren für die Menschen jener Zeit keine außergewöhnlichen Ereignisse. Daß dem Bericht von Laktanz eine wirkliche historische Begebenheit zugrunde liegt, wird ferner dadurch bestätigt, daß man nur so die Inschrift auf der Konstantinstatue erklären kann. Fragen wir schließlich, woher Laktanz seine Informationen bezogen habe, so spricht vieles dafür, daß er sie von Konstantin selbst erhalten hat – zur Zeit der Abfassung seines Werkes „Über den Tod der Verfolger" befand er sich an dessen Hof als Lehrer der kaiserlichen Söhne.

Wir haben die wichtigsten Quellen herangezogen, die Konstantins religiöse Haltung während des Italienfeldzuges beleuchten können. Seien sie nun heidnisch oder christlich, sie alle bringen zum Ausdruck, daß Konstantins verblüffender Sieg über Maxentius darauf zurückzuführen sei, daß eine Gottheit sich mit ihm verbunden habe. Der heidnische Panegyriker gibt zu verstehen, daß diese nicht mit irgendeinem der heidnischen Götter identisch war, aber seine vagen Erklärungen verraten dennoch, daß er es bewußt vermeidet zu sagen, wer diese Gottheit ist. Laktanz und Eusebius äußern sich hingegen eindeutig: Konstantin hatte sich unter den Schutz des christlichen Gottes gestellt und kraft dieser Tatsache den Sieg über Maxentius errungen. Man hat, wie gesagt, ihre Berichte oft als Legenden ohne historischen Wert verworfen. Dies scheint jedoch unbegründet. Kritisch betrachtet geben sie ein in den Hauptzügen zusammenhängendes Bild, wie Konstantin sich dem Christengott anvertraute. Aber es muß dann auch hinzugefügt werden, daß sie in ihrer jetzigen Form deutlich legendäre Züge aufweisen, und zwar in einer Weise, die es praktisch unmöglich macht, mit völliger Sicherheit den echten historischen Kern von der legendären Ausgestaltung zu trennen.

Wenn man im Zusammenhang mit den Berichten von Laktanz und Eusebius oft von Konstantins „Bekehrung" zum Christentum gesprochen hat, so ist das allerdings nicht zutreffend. Er hat sich dem Christentum nicht als der genähert, der persönliches Heil und Gemeinschaft mit Gott im Jenseits suchte. Er verhielt sich vielmehr zum Gott der Christen ebenso, wie sich ein römischer Feldherr zu den Göttern des

Heidentums verhielt. Er hatte ihn in einer Zwangssituation zu seinem Schutzgott erwählt in der Erwartung, daß er ihm Glück und Sieg verleihen würde. Daß er mit dieser Wahl Erfolg hatte, zeigte der in seinen Augen mirakulöse Sieg über Maxentius, der mit den Göttern Roms ins Feld gezogen war. Der Christengott hatte seinen Teil des Kontraktes eingehalten. Er hatte sich als der stärkere erwiesen und hatte deshalb Anspruch auf die Loyalität Konstantins. Dies war der Kern von Konstantins religiösem Erlebnis im Jahre 312. Konstantin war Christ in dem Sinne, daß er meinte, der Christengott habe sich ihm direkt zu erkennen gegeben und durch einen Beweis seiner Macht gezeigt, daß er hinter ihm und seinem politischen Wirken stand. Auch wenn man Laktanz' und Eusebius' Berichte als völlig unhistorisch ablehnt, steht dies doch als Tatsache fest. Das geht mit aller wünschenswerten Deutlichkeit aus den die Kirche betreffenden Anordnungen hervor, die Konstantin nach seinem Sieg über Maxentius traf.

Konstantin sandte z.B. Ende 312 ein Schreiben an den Prokonsul von Nordafrika, in dem er diesem befahl, dafür Sorge zu tragen, daß die Kirche ihr gesamtes konfisziertes Eigentum zurückerhielt. Geht dies noch nicht über das hinaus, was schon Maxentius angeordnet hatte, so zeigen weitere Maßnahmen deutlich, daß Konstantin die Kirche aktiv zu stützen wünschte. In Rom übertrug er durch Schenkung den Lateran, den Palast der Kaiserin Fausta, an den Bischof der römischen Gemeinde, und an den Bischof Caecilianus von Karthago ließ er eine große Summe Geldes auszahlen mit der Aussicht auf weitere Zuwendungen, wenn sich das zum Nutzen der Kirche als notwendig erweisen sollte.

Der Brief an den Bischof von Karthago, worin Konstantin diesen Beschluß mitteilte, zeigt weiter, daß er über die Streitigkeiten, die damals die nordafrikanische Kirche heimsuchten (vgl. S. 204f.), wohl informiert war und daß er eindeutig für Caecilianus und gegen dessen Widersacher, die „das Volk der katholischen Kirche mit böswilligem Betrug verführen", Stellung bezog. Das erwähnte Geld sollte besonders die Position des Caecilianus stärken. Dieser wurde außerdem darauf hingewiesen, daß er sich ohne Bedenken an die Behörden wenden und deren Hilfe erhalten könne, um die „unruhigen Geister" zur Ordnung zu rufen.

Aus dem Brief geht ferner hervor, daß der Bischof Hosius von Cordoba Konstantins kirchlicher Ratgeber war, auf dessen Urteilskraft er unbedingt vertraute; offenbar hat Hosius ihn über die kirchlichen Zustände in Nordafrika unterrichtet. Das setzt voraus, daß er sich an Konstantins Hof in Gallien befunden und ihn auf dem Italienfeldzug begleitet hat; Eusebius' Mitteilung, schon in Gallien habe es christliche Priester am Hofe gegeben, wird dadurch bestätigt. Die Tatsache, daß Hosius bis hin zum Jahre 325 praktisch als Konstantins kirchenpolitischer Ratgeber auftritt, deutet darauf hin, daß ein persönliches Vertrauensverhältnis zwischen ihnen bestanden haben muß. Das berechtigt vielleicht zu dem Schluß, daß Hosius bei Konstantins Anerkennung des Gottes der Christen eine wesentliche Rolle gespielt hat.

Der Brief an den Bischof Caecilianus zeigt Konstantins lebhaftes Interesse am Wohl und Wehe der Kirche. Ein Schreiben an den Prokonsul Anullinus vom Frühjahr 313 geht noch weiter und befreit den Teil der Geistlichkeit, der Caecilianus anerkannte, von den *munera civilia*, was praktisch Steuerfreiheit bedeutete. Konstantin gibt folgende Begründung für diesen Beschluß: „Es ist aus zahlreichen Tatsachen klar, daß die Geringschätzung des Kultes, in dem die höchste Ehrfurcht für die allerheiligste himmlische Macht bewahrt wird, viele Gefahren für den Staat gebracht hat, daß er aber durch gesetzmäßige Wiederaufnahme und Durchführung das größte Glück und den größen Fortschritt für die römische Macht und einzigartiges Glück für die Angelegenheiten aller Menschen bewirkt hat, indem die göttlichen Wohltaten dies bewirkt haben." Deshalb sollen „diejenigen, die mit der schuldigen Heiligkeit und in Einhaltung dieses katholischen Gesetzes persönlich Diener des göttlichen Kultes sind", vollständig von allen öffentlichen Pflichten befreit werden, so daß sie sich ganz der Wahrnehmung des christlichen Kultes weihen können. „Denn, wenn sie sich der höchsten Verehrung des Göttlichen widmen, werden sie offenbar dem Staat am allermeisten nützen."[91]

In diesem Brief wird in der Tat präzise zusammengefaßt,

was das Jahr 312 für Konstantin und seine Einstellung zur Kirche bedeutet hat. Die Ereignisse – und Konstantin dachte hier vor allem an den siegreichen Italienfeldzug – hatten ihm bewiesen, daß das Römische Reich mit dem Kult der Christen stand und fiel. Ließ man diesen Kult zu, würden die göttlichen Wohltaten dem ganzen Imperium und seiner Bevölkerung zuteil werden. Es ist ferner charakteristisch, daß in Konstantins Augen einzig die Gottesverehrung der Christen den wahren Kult darstellte, der Glück und Fortschritt des Imperiums verbürgte. Deshalb geschah es im wohlverstandenen Interesse von Staat und Gesellschaft, daß die Priesterschaft der Kirche sich ganz den Aufgaben des christlichen Gottesdienstes widmete. Für Konstantin hatte das Christentum den Platz der heidnischen Kulte als das religiöse Fundament des Römischen Reiches eingenommen. Daher war es seine Pflicht als Kaiser, dafür Sorge zu tragen, daß die Kirche ihren kultischen Dienst ausüben konnte.

Konstantin hat sich unmittelbar nach der Einnahme Roms durch den Senat zum *Maximus Augustus* ausrufen lassen. Dadurch stand ihm die gesetzgebende Gewalt für das gesamte Reich zu. Dies Recht benutzte er sogleich, um ein – mit den Worten des Eusebius – „höchst vollkommenes Gesetz auf höchst umfassende Weise für die Christen" zu erlassen[92]. Dieses Edikt hat aller Wahrscheinlichkeit nach folgenden Inhalt gehabt[93]: „In der Erkenntnis, daß die Religionsfreiheit nicht verwehrt werden dürfe, daß es vielmehr einem jeden gemäß seiner Gesinnung und seinem Willen verstattet sein solle, sich nach eigener Wahl religiös zu betätigen, haben wir auch den Befehl erlassen, daß die Christen die Loyalität gegen ihre Lehre und ihren Kult bewahren sollen. Da aber in jenem Gesetz, worin ihnen diese Freiheit zugestanden wurde, viele und verschiedenartige Bedingungen hinzugefügt waren, ließen sich vielleicht manche nach kurzer Zeit von ihrer Einhaltung abdrängen... In vernünftiger und durchaus richtiger Erwägung haben wir deshalb den Beschluß gefaßt, daß keinem Menschen die Freiheit versagt werden solle, den Kult der Christen zu befolgen und zu erwählen... Dies haben wir beschlossen, damit die höchste Gottheit, deren Religion wir mit freiem Herzen folgen, in allem ihre gewohnte Gunst und ihr Wohlwollen gegen uns erweisen könne." Deshalb sollen alle Hindernisse, die den Christen in den Weg gelegt sind, entfernt werden, so daß „jetzt jeder einzelne von denen, die denselben Willen zur Ausübung der Religion der Christen besitzen, sie ohne Störung und Benachteiligung befolgen kann."

Konstantin ordnet also unter Hinweis auf das Galeriusedikt vollständige Freiheit für die Religionsausübung der Christen an. Das entscheidend Neue ist indessen, daß er öffentlich zu erkennen gibt, daß er sich persönlich dafür entschieden hat, den Gott der Christen zu verehren als den, der ihn stützt und der ihm hilft. Darin liegt die wirkliche Begründung für die Energie, ja fast Leidenschaft, mit der Konstantin fordert, daß die Christen ohne jedwede Behinderung ihren Gott verehren können sollen. Niemand konnte nach diesem Edikt daran zweifeln, daß der oberste Augustus mit dem Heidentum gebrochen und sich dem Gott der Christen angeschlossen hatte, dessen Kult er deshalb persönlich Respekt zu verschaffen sich bemühte. Mit diesem Edikt hatte Konstantin das Problem der Anerkennung oder Nichtanerkennung der Kirche an die erste Stelle der politischen Tagesordnung gesetzt. Der Kampf um die politische Herrschaft war von jetzt an unauflöslich mit der Einstellung zum Christentum verknüpft.

Das Edikt, das die Namen aller drei Kaiser trug, wurde sowohl Licinius als auch Maximinus übersandt. Es war jedoch vor allem für Maximinus bestimmt und sollte dem Ziel dienen, der diskriminierenden Behandlung der Christen in dessen Machtbereich ein Ende zu setzen. Das Edikt war in doppelter Hinsicht ein Schlag für Maximinus. Wenn sich Konstantin zum obersten Augustus hatte ernennen lassen, so war das nichts geringeres als eine usurpatorische Handlung und eine offensichtliche Hintansetzung des Maximinus, der seit dem Tode des Galerius der legitime *Maximus Augustus* gewesen war. Hinzu kam, daß Konstantin in dem Edikt eine Religionspolitik proklamiert hatte, die derjenigen des Maximinus vollständig zuwiderlief. Maximinus konnte allerdings nicht an einen Waffengang gegen Konstantin denken. Abgesehen davon, daß der siegreiche Blitzkrieg Konstantins Machtposition kräftig untermauert hatte, war Maximinus' eigene Stellung durch Mißernte und Pest, die seine Provinzen heimgesucht hatten, geschwächt; außerdem war er mit Grenzkämpfen gegen die Armenier beschäftigt.

Maximinus zog es daher vor, sich bis auf weiteres ruhig zu verhalten und Konstantins Forderung nachzugeben, der Religionsausübung der Christen keine Hindernisse in den Weg zu legen. Ein weiteres Motiv war möglicherweise, daß er auf diese Weise meinte, die Christen daran hindern zu können, ihren Blick nach Westen zu richten und in Konstantin den Mann zu sehen, der sie von aller Drangsal befreien konnte.

Ein Schreiben an den Prätorianerpräfekten Sabinus von Ende 312[94] zeigt mit aller wünschenswerten Deutlichkeit das Dilemma, in welchem Maximinus sich befand. Er bekannte sich hierin eindeutig zur Religionspolitik der Tetrarchie: „Da unsere Herrscher, Diokletian und Maximinian [Galerius], unsere Väter, erkannten, daß fast alle Menschen den Kult der Götter aufgegeben und sich dem Volk der Christen angeschlossen hatten, gaben sie mit Recht den Befehl, daß alle Menschen, die den Kult der unsterblichen Götter selbst verlassen hatten, durch öffentliche Zucht und Strafe zur Verehrung der Götter zurückzuführen seien." Da dies allerdings bedeutete, daß viele Christen, die nützliche Bürger der Gesellschaft hätten sein können, Schaden litten, hatte Maximinus es doch für richtig gehalten, alle gewaltsamen Aktionen einzustellen und sie durch Überzeugung für die Götter zu gewinnen; und dieses Vorgehen hatte sich als ein Erfolg erwiesen. Maximinus hatte so weit wie möglich dafür gesorgt, die Christen nicht zu „majorisieren", aber wenn die Städte um Erlaubnis der Vertreibung der Christen aus ihren Gebieten aus Rücksicht auf die Gottesverehrung nachgesucht hatten, dann hatte er es für richtig gehalten, diesem Gesuch zu entsprechen, weil „alle Herrscher seit alter Zeit dieses Prinzip aufrechterhalten hatten und weil es den Göttern wohlgefällig war, jenen Göttern, durch welche alle Menschen und die Regierung des Staates bestehen". Obwohl Maximinus schon früher befohlen hatte, daß die Christen weder Schaden noch Mißhandlungen von irgendeiner Seite erleiden dürften, hielt er es jetzt für richtig, erneut einzuschärfen, daß die Christen ausschließlich „durch gute Worte und Ermunterung dazu zu bringen seien, den Dienst für die Götter anzuerkennen. Wenn sich daher jemand freiwillig zur Anerkennung des Götterdienstes entschließt, so soll man ihn willkommen heißen; wenn aber Leute der eigenen Religion folgen wollen, dann sollst du ihnen ihre Freiheit dazu lassen."

Auf diese Weise glaubte Maximinus, der Forderung Konstantins nachgekommen zu sein. Aber das war unbestreitbar in einer Weise geschehen, bei der er seine eigenen Ansichten nicht preiszugeben brauchte. Wenn Konstantin den Kult der Christen als richtig und notwendig hingestellt hatte, so schilderte Maximinus ihn als eine Anomalie, mit der man sich bis auf weiteres abfinden mußte, die man aber grundsätzlich nicht dulden konnte. Während Konstantins Edikt forderte, daß die Christen uneingeschränkt die Möglichkeit zur Entfaltung ihres religiösen Lebens erhielten, beschränkte sich Maximinus auf die Bestimmung, daß sie keinen körperlichen oder wirtschaftlichen Schaden leiden durften. Er war seiner Überzeugung treu und trat in diesem Schreiben als derjenige auf, der die religiösen Grundsätze der Tetrarchie gegen die umstürzlerische Religionspolitik Konstantins verteidigte. Vor diesem Hintergrund kann es nicht verwundern, daß das Schreiben bei seiner Veröffentlichung in Maximinus' Provinzen von seiten der Christen mit dem größten Mißtrauen aufgenommen wurde. Sie wagten nicht, sich darauf zu verlassen und ihre Religion in der Öffentlichkeit auszuüben, berichtet Eusebius[95].

Mußte Konstantin für Maximinus als Usurpator gelten, so war er dies nicht weniger in den Augen des Licinius. Zorn und Verbitterung müssen Licinius ergriffen haben, als er Zeuge sein mußte, wie Konstantin ihm zuvorkam und sich der Teile des Westens bemächtigte, auf die er rechtlich Anspruch besaß – es ist wohl dieser Umstand, der Eusebius veranlaßte, so stark zu betonen, daß Konstantin seinen Angriff gegen Maxentius erst begann, als es den anderen Herrschern nicht gelungen war, den Tyrannen zu stürzen[96]. Die Situation war in der Tat äußerst prekär für Konstantin. Er mußte mit gutem Grund befürchten, daß Licinius und Maximinus, die immer noch verbündet waren, gemeinsam zu den Waffen greifen würden, um den neuen Usurpator niederzuringen. Wohl hatte sich Konstantin schnell die Gunst der Bevölkerung in seinen neuen Besitzungen durch eine äußerst maßvolle Politik erworben. Dem Senat erwies er allen Respekt, der dieser ehrwürdigen Institution zukam. Er beließ fast alle Beamten des Maxentius auf ihren Posten und sorgte dafür, daß niemand den Fall des Maxentius dazu benutzte, sich persönliche Vorteile zu verschaffen. Ruhe und Ordnung wurden in Italien und Nordafrika schnell wiederhergestellt. Auf der anderen Seite drohte weiterhin eine germanische Invasion in Gallien. Konstantin hatte daher keine besonders günstigen Aussichten, einen möglichen Angriff von seiten seiner Mitregenten abwehren zu können.

Aber charakteristischerweise verhielt Konstantin sich nicht abwartend in der Hoffnung, die Entwicklung würde sich trotz allem für ihn günstig gestalten. Er begab sich unverzüglich auf den Weg der aktiven Diplomatie. Als der oberste *Augustus* besaß er auch das Recht, Konsuln zu ernennen. Davon machte er sogleich Gebrauch und ernannte Maximinus zu seinem Mitkonsul für das Jahr 313. Das bedeutet, daß er trotz der religiösen Divergenzen eine enge Zusammenarbeit mit Maximinus wünschte. Dieser konnte in der gegebenen Situation dies wohl kaum so auffassen, als ob er und Konstantin über den Osten bzw. den Westen herrschen sollten. Konstantin jedenfalls erreichte, was er dringend benötigte: Maximinus verhielt sich ruhig.

Zugleich aber lud Konstantin Licinius zu einer Konferenz nach Mailand ein, oder richtiger: er lud ihn vor[97]. Offiziell sollte die Hochzeit zwischen Konstantins Schwester Konstantia und Licinius gefeiert werden, tatsächlich aber galt das Treffen der Bildung einer politischen Allianz. Obwohl seine politischen Pläne durch Konstantins Sieg über Maxentius durchkreuzt worden waren, hielt Licinius es dennoch für richtig, sich einzufinden.

Die Konferenz fand wahrscheinlich im Februar 313 statt. Auf der rein politischen Ebene mußte Licinius vermutlich klein beigeben und Konstantin als obersten *Augustus* anerkennen sowie ihm das Recht auf den gesamten Westen zugestehen. Was er seinerseits dafür gewann, wissen wir nicht. Möglicherweise wurde ihm die Herrschaft über Kleinasien in Aussicht gestellt.

Daß die religionspolitische Frage an erster Stelle der Tagesordnung der Mailänder Konferenz stand, geht deutlich aus dem Reskript hervor, welches Licinius im Juni 313 an den Statthalter von Bithynien sandte: „Da wir – sowohl ich, Kaiser Konstantin, als auch ich, Kaiser Licinius – glücklich in Mailand zusammengekommen waren und alles erörterten, was Wohlergehen und Sicherheit des Staates betraf, haben wir gemeint, daß unter all den Dingen, die nach unserer Auffassung der Mehrheit nützen würden, in erster Linie ein Beschluß über die Dinge gefaßt werden sollte, die die Anbetung der Gottheit *(divinitatis reverentia)* angingen..."[98]

Wie wir wissen, hatte Konstantin bereits ein Edikt erlassen, das die vollständige Religionsfreiheit für die Christen mit der Begründung verordnete, daß der Kult des Gottes der Christen, dem er sich angeschlossen hatte, dem Imperium dienlich sein würde. Konstantin hat allem Anschein nach von Licinius die unbedingte Anerkennung dieses Gesetzes gefordert – und erhalten. Licinius gab seine Zustimmung auch dazu, daß das konfiszierte kirchliche Eigentum, gleichgültig ob es in staatlichem Besitz verblieben oder in private Hände übergegangen war, unverzüglich zurückgegeben werden sollte. Der Beschluß der beiden Kaiser wurde in einem Edikt veröffentlicht, das auch den Namen des Maximinus trug. Eine historische Analyse zeigt hier, daß es mit Konstantins vorausgegangenem Gesetz identisch war; nur eine Bestimmung über die Rückgabe des konfiszierten Besitzes der Kirche war hinzugefügt worden[99].

Konstantins Religionspolitik hatte gesiegt: Der christliche Kult war an die Stelle der heidnischen Kulte getreten als der Kult, der allein die Hilfe und den Beistand der höchsten Gottheit für das römische Imperium sicherte. Daß dies die offizielle kaiserliche Überzeugung war, zeigt ein liturgisches Gebet[100], das wahrscheinlich auf der Konferenz von Mailand entstanden oder jedenfalls dort von den beiden Kaisern akzeptiert worden ist:

Höchster Gott *(summe deus)*, wir bitten dich!
Heiliger Gott *(sancte deus)*, wir bitten dich!
Wir übertragen dir die Sorge für alle Gerechtigkeit,
Wir übertragen dir die Sorge für unser Heil *(salus)*,
Wir übertragen dir die Sorge für unsere Herrschaft *(imperium)*,
Durch dich leben wir, durch dich sind wir Sieger und glücklich.
Höchster, heiliger Gott, erhöre unsere Gebete!
Wir strecken unsere Arme aus zu dir:
Erhöre uns, heiliger, höchster Gott!

Der Inhalt dieses Gebetes brachte auf jeden Fall Konstantins religiöse Einstellung genau zum Ausdruck, so wie sie durch die Ereignisse im Jahre 312 geformt wurde. Alles spricht daher dafür, daß das Gebet von ihm und seinen kirchlichen Ratgebern formuliert sein muß.

Über Licinius' religiöse Einstellung bis zur Konferenz von Mailand wissen wir sehr wenig. Er muß die christenfeindliche Politik des Galerius gebilligt haben, da dieser ihn 308 zum *Augustus* ernannt hatte. Andererseits haben wir keine Zeugnisse über eine Verfolgung der Christen in seinen eigenen Provinzen. Dies könnte allerdings damit zusammenhängen, daß die Anzahl der Christen auf dem Balkan so gering war, daß sie für den Staat kein ernstes Problem darstellten. Licinius glaubte wie jeder andere in dieser Zeit, Heide oder Christ, an das Eingreifen göttlicher Mächte, aber da ihm jede philosophische Schulung fehlte und er überhaupt philosophischem Denken gegenüber feindlich eingestellt war, war seine Religiosität durchtränkt von magischen Vorstellungen. Sowohl im Gegensatz zu Konstantin wie auch zu Maximinus Daia scheinen religiöse Fragen kein persönliches Anliegen für ihn gewesen zu sein. Es fiel ihm daher nicht schwer, seine Religionspolitik zu ändern, vorausgesetzt, daß dadurch seine politische Stellung gestärkt werden konnte.

Vor diesem Hintergrund kann man Licinius' anscheinend völlig vorbehaltlosen Anschluß an Konstantins neue prochristliche Religionspolitik verstehen. Es gibt zwar allen Grund zu der Vermutung, daß der Beweis für die Kraft und

Stärke des Christengottes, mit dem Konstantin ihn konfrontiert haben muß, Eindruck auf ihn gemacht hat. Aber ebenso schwer müssen rein politische Rücksichten gewogen haben. Für Licinius war eine Allianz mit Konstantin notwendig, wenn er die Hoffnung nicht aufgeben wollte, sich politisch behaupten zu können – und seine einzige Expansionsmöglichkeit waren hier Maximinus' östliche Provinzen. Deshalb mußte er auf die unerläßliche Bedingung Konstantins eingehen und dessen Religionspolitik zustimmen. Dazu kam noch, daß Licinius durch diesen Schritt bei den Christen im Regierungsbereich des Maximinus Sympathien für seine Person erwerben konnte. Obendrein brauchte er die Heiden nicht abzustoßen, da das Bekenntnis zum *summus deus,* dem höchsten Gott, auch von der henotheistischen Religiosität des Heidentums akzeptiert werden konnte. Abgesehen von den Motiven trat Licinius auf der Mailänder Konferenz jedenfalls als ein christlicher Kaiser in der konstantinischen Bedeutung des Wortes auf.

Maximinus muß das Edikt von Mailand zusammen mit dem Ergebnis der Verhandlungen zwischen Konstantin und Licinius bald erhalten haben. Er erkannte sogleich die Bedeutung der Allianz, die zwischen Konstantin und Licinius geschlossen worden war. Für ihn mußte es so aussehen, als sei er das Opfer eines doppelten Spiels von seiten Konstantins geworden[101]. Konstantin hatte ihm die Hand zur Freundschaft gereicht und zugleich Licinius auf seine Seite gezogen. Und Licinius seinerseits hatte das Angebot einer Allianz angenommen trotz des Freundschaftspaktes, den er mit ihm eingegangen war. Maximinus war politisch isoliert worden. Ferner machte das Edikt von Mailand deutlich, was das Heidentum zu erwarten hatte: seine Götter und Kulte sollten durch den Gott und den Kult der Christen verdrängt werden. Weder aus politischen noch aus religiösen Gründen konnte er sich passiv verhalten. Er mußte zur Offensive übergehen, um Konstantin und Licinius an der Ausführung ihrer Pläne zu hindern[102]. In diesem Entschluß wurde er von den heidnischen Priestern und Zeichendeutern kräftig unterstützt. Sie versicherten ihm, daß die Götter ihm beistehen und den Sieg schenken würden[103]. Für Maximinus hatte der Kampf gegen Licinius daher den Charakter eines Religionskrieges. Er kämpfte nicht nur um die politische Macht, sondern auch für die Götter des Heidentums.

Als Maximinus und Licinius verbündet gewesen waren, hatte es keiner von ihnen für nötig befunden, größere militärische Kräfte an den Grenzen zu postieren, die ihre jeweiligen Herrschaftsbereiche trennten; der größte Teil von Licinius' Heer war zweifellos weiterhin an der norditalienischen Grenze stationiert. Maximinus hatte daher allen Grund zu glauben, daß er durch einen Blitzkrieg den Balkan erobern könne, bevor Licinius genügend Truppen für einen Gegenstoß sammeln konnte. Sein Heer befand sich in Syrien, aber trotz des andauernden strengen Winters trieb er es, unter großen Verlusten infolge von Kälte und unzureichender Versorgung, im Eiltempo durch Kleinasien. Ohne auf irgendwelche Hindernisse zu stoßen, konnte er eine bedeutende Heeresmacht über den Bosporus bringen. Der geplante schnelle Vormarsch wurde jedoch verzögert, da die zahlenmäßig geringen Truppen in den belagerten Städten Byzanz und Herakleia erst nach längerem Kampf aufgaben. Die Nachricht von Maximinus' Angriff überrumpelte Licinius völlig. Mit in aller Eile aufgestellten Truppen rückte er vor, um Maximinus' weiteren Vormarsch aufzuhalten; sein Plan war, Zeit zu gewinnen, um eine größere Streitmacht sammeln und Maximinus eine wirkliche Schlacht liefern zu können.

Ende April 313 standen sich die Heere der beiden Kaiser bei Adrianopel gegenüber. Maximinus war siegessicher, und zwar mit gutem Grund. Während Licinius nach Auskunft von Laktanz, der über die einzelnen Phasen dieses Bürgerkrieges ungewöhnlich gut unterrichtet ist, über etwa 30 000 Mann befehlen konnte, verfügte sein Widersacher über etwa 70 000 Soldaten. Maximinus hatte außerdem den Soldaten des Licinius große Belohnungen in Aussicht gestellt, wenn sie zu ihm überliefen – es war bekannt, daß Licinius mit den Soldzahlungen äußerst geizig war, eine Tatsache, die bei seinen Truppen schon Unzufriedenheit hervorgerufen hatte. Schließlich hatte Maximinus dem Gott Jupiter das Gelübde gegeben, daß er im Falle eines Sieges „die Christen *(nomen christianorum)* vernichten und mit Stumpf und Stiel ausrotten wolle"[104]. In Erkenntnis der geringen Siegesaussichten sah Licinius keinen anderen Ausweg, als Verhandlungen mit Maximinus einzuleiten. Dieser aber lehnte das Angebot einer Einigung ab. Licinius beschloß daraufhin anzugreifen. Der Angriff kam so überraschend, daß es ihm gelang, das Heer des Maximinus aufzureiben. Während ein Teil auf dem Schlachtfeld fiel, ergriff der Rest die Flucht. Maximinus entkam, als Sklave verkleidet, nach Kleinasien.

Wenn Licinius trotz seiner zahlenmäßigen Unterlegenheit hat siegen können, so war das seinen Fähigkeiten als Feldherr sowie der Kampfmoral seiner Soldaten zu verdanken. Er hatte umso leichteres Spiel, als die Soldaten des Maximinus durch das Bewußtsein ihrer zahlenmäßigen Überlegenheit sich in Sicherheit wiegten; außerdem waren sie wohl auch durch den anstrengenden Gewaltmarsch durch das kleinasiatische Hochland erschöpft. Licinius' Sieg wurde allerdings dem Christengott zugeschrieben. Laktanz berichtet nämlich, wie ein Engel Gottes in der Nacht vor dem Kampf Licinius im Traum erschienen sei und „ihm befahl, sich schnell zu erheben und gemeinsam mit dem gesamten Heer zu dem höchsten Gott *(summus deus)* zu beten: der Sieg sollte ihm zufallen, wenn er dies täte"[105]. Der Engel habe ihm dann ein Gebet an den höchsten Gott (s. S. 195 f.) diktiert. Licinius habe es aufzeichnen und an seine Soldaten verteilen lassen: „Ihr Mut wuchs, da sie glaubten, daß ihnen vom Himmel der Sieg verkündet worden sei."[106] Auf diese Weise habe Gott dem Licinius den Sieg geschenkt[107].

Es kann kein Zweifel darüber bestehen, daß Laktanz hier die offizielle Darstellung wiedergibt: Ganz wie Konstantin durch das Eingreifen des Christengottes Maxentius besiegt habe, so habe Licinius über Maximinus triumphiert. Die Zuverlässigkeit des Berichts, Licinius habe vor der Schlacht sein Heer ein Gebet an den höchsten Gott richten lassen, braucht man nicht zu bezweifeln. Die Aussichten auf einen Sieg über Maximinus waren, wie gesagt, nicht groß, und in dieser Situation war es keineswegs merkwürdig, daß Licinius zu diesem Gebet an den Christengott wie zu einer Beschwörungsformel seine Zuflucht nahm, welche den Sieg für ihn und seine Truppen herabrufen sollte. Konstantins Beispiel kann ihm hier den Weg gewiesen haben! Wenn man aber bedenkt, daß Licinius kurze Zeit später zu erkennen gibt, daß er selbst kein Christ ist, fällt es schwer, ihm das christlich inspirierte Gebet zuzuschreiben. Wie bereits erwähnt, muß es von Konstantin und seinem kirchlichen Ratgeber herrühren. Trotzdem kann Licinius nach der Schlacht ohne weiteres davon gesprochen haben, daß ihm das Gebet in einem Traumgesicht offenbart worden sei. Das konnte dem Ziel dienen, die Christen in Maximinus' Provinzen für sich zu gewinnen durch den Nachweis, daß er mit der Hilfe ihres Gottes gesiegt habe. Jedenfalls wurde die offizielle Version akzeptiert: Licinius habe im Namen des Christengottes gekämpft und gesiegt.

Nach dem Sieg bei Adrianopel konnte Licinius schnell Kleinasien besetzen. In Nikomedia ließ er am 13. Juni ein Reskript an den Statthalter von Bithynien bekanntmachen. Dieses Schreiben wiederholte mit Änderungen und Zusätzen das Edikt von Mailand. Laktanz konnte deshalb mit Recht in diesem Dokument eine Beendigung der Verfolgung im Osten sehen[108]. Es war jedoch deutlich, daß Licinius bemüht war, sich nicht mit den Anhängern des Heidentums anzulegen: diese mußten sich ja notwendigerweise dem Maximinus verpflichtet fühlen, der obendrein der legitime Kaiser des Ostens war. Deshalb betonte Licinius, daß die Religionsfreiheit uneingeschränkt für alle Religionen und Kulte gelten sollte; einen christlichen Rachezug würde es nicht geben. Um einer möglichen Unzufriedenheit unter denen, die Kirchenbesitz zurückgeben sollten, zuvorzukommen, versprach er ihnen Schadenersatz. Überhaupt konnte ein Heide, der das Reskript las, den Eindruck gewinnen, Licinius huldige persönlich dem *summus deus*, dem höchsten Gott, er teile aber keineswegs den Gottesglauben der Christen.

Maximinus hatte unterdessen den Kampf bei weitem nicht aufgegeben. Er war zum Taurusgebirge gekommen und versuchte hier, an dem Bergpaß, der „Kilikischen Pforte", die die Einfallswege nach Syrien, Palästina und Ägypten beherrschte, eine Verteidigungslinie aufzubauen. Die Möglichkeit, den Gang der Entwicklung zu seinem Vorteil zu wenden, war in hohem Maße gegeben. Er konnte mit der Unterstützung der heidnischen Bevölkerung rechnen. Der Umstand, daß Konstantin ihn weiterhin als *Augustus* anerkannte, bot eine

Chance, sich zu verständigen. Maximinus kalkulierte ganz richtig, daß Konstantin, wenn es darauf ankam, nicht allzu interessiert daran war, Licinius als Alleinherrscher im Osten zu sehen. Um Konstantins Gunst und Unterstützung zu gewinnen, erließ er ein Edikt, das in seinen konkreten Bestimmungen dem Mailänder Edikt genau entsprach, indem es vollständige Religionsfreiheit garantierte und die Herausgabe des konfiszierten kirchlichen Besitzes anordnete.

Eusebius betrachtete dieses Edikt mit Recht als einen absoluten Freiheitsbrief für die Christen. Nach seiner Meinung lag der Grund des Erlasses in der bitteren Enttäuschung des Maximinus, daß er von den heidnischen Göttern und ihren Priestern und Wahrsagern im Stich gelassen worden war; gegen sie ging er nun mit Härte vor[109]. Daß dies *auch* ein Grund für den Erlaß gewesen ist, darf man mit Recht vermuten. Der Mann, der so energisch und tüchtig für das Wiederaufleben des Heidentums gearbeitet hatte, wurde im entscheidenden Augenblick von dessen Göttern im Stich gelassen. Eine Reaktion war unvermeidlich. Maximinus, der wie jeder Heide überzeugt war, daß die Fürsorge und der Schutz der Götter an dem zeitlichen Glück, das ihre frommen Anbeter erlebten, abzulesen waren, scheint den Glauben an seine Sache aufgegeben zu haben. Das ist jedenfalls die Stimmung, die aus seinem Edikt spricht. Fast resigniert stellte er den Kampf gegen die Christen ein. Maximinus war keineswegs Christ geworden[110], es ist jedoch verständlich, daß sich unter den Christen in kürzester Zeit die Überzeugung verbreitete, er sei auf seinem Todeslager von Reue über seine Verfolgung der Kirche ergriffen worden und habe sich zu Christus bekannt[111].

Es war Maximinus nicht vergönnt, sich der neuen Lage anzunehmen. Unmittelbar nach der Veröffentlichung des Edikts erlitt er einen äußerst qualvollen Tod, vermutlich als Opfer einer Pestepidemie. Damit brach aller Widerstand gegen Licinius zusammen. Ohne einen Schwertstreich konnte er den gesamten Orient besetzen: Syrien, Palästina und Ägypten. Von einem Zustand fast völliger politischer Ohnmacht hatte er sich im Laufe nur weniger Monate eine Machtposition im Imperium geschaffen, die einen Vergleich mit der Konstantins durchaus nicht zu scheuen brauchte. Er strebte jedoch nach mehr. Er wollte Alleinherrscher des Imperiums werden, ein Wunsch, der ihn sehr bald in Konflikt mit Konstantin bringen sollte.

Aber vorläufig jubelte die Kirche. Licinius ließ eine drastische Säuberung vornehmen, die die höchsten Beamten in der Verwaltung des Maximinus einschloß; denn gerade sie waren es ja gewesen, die ihn in seinem Kampf gegen die Kirche energisch unterstützt hatten. Gott war, so sagt Eusebius bei der Einweihung einer Kirche etwa im Jahre 314 in Thyrus, seiner bedrängten und geprüften Kirche zu Hilfe gekommen, hatte alle seine Feinde und Widersacher vernichtet und seine Freunde erhöht, „so daß jetzt, was noch nie zuvor geschehen ist, die über allen erhabenen Kaiser [Konstantin und Licinius] im Bewußtsein der von ihm empfangenen Würde den toten Götzen ins Gesicht speien, die unheiligen Kultbestimmungen der Dämonen mit Füßen treten und den alten, von den Vätern ererbten Betrug verspotten und den, der ihr und aller gemeinsamer Wohltäter ist, als den einen und alleinigen Gott anerkennen und bekennen, daß Christus, Gottes Sohn, der allmächtige König aller Dinge ist"[112].

X. Konstantins christliches Kaisertum

Konstantin hatte während des Italienfeldzuges die Überzeugung gewonnen, daß der Gott der Christen als der höchste Gott in sein Leben eingegriffen und ihm den Sieg geschenkt habe. Diese Gewißheit blieb für alle Zeit die Grundlage seiner religiösen Einstellung. Allerdings machte sie in den folgenden Jahren – ohne Zweifel unter dem Einfluß christlicher Theologen – eine Entwicklung durch, die eine Annäherung an das kirchliche Christentum der Zeit bedeutete.

Konstantins persönliche Erfahrung der Macht und Kraft des Christengottes war mit den der römischen Religion eigentümlichen Vorstellungen verbunden gewesen. Er betrachtete ihn als den Gott, den allein man verehren sollte, wenn der Staat und das Leben der Menschen erhalten bleiben sollten. Versäumte man dies, würden Chaos und Untergang hereinbrechen. Es war charakteristisch, daß Konstantin das Christentum als *lex catholica,* d.h. die allgemein gültige Kultordnung, bezeichnete. Die Kirche war für ihn eine sakrale Institution, deren Aufgabe im Dienst des wahren Gottes bestand. Der Christengott war an die Stelle der römischen Götter getreten, weil er allein – im Gegensatz zu ihnen – imstande war, das Heil des Reiches zu sichern.

Konstantin gab nie die Überzeugung auf, daß der christliche Gott der Menschheit seine Wohltaten schenken würde, wenn man die von ihm vorgeschriebenen Kulthandlungen vollzog. Aber dieser Gott stellte sich ihm zugleich als ein persönlicher Gott dar, der Gehorsam gegenüber seinem Willen forderte. Er hatte nicht nur die wahre Kultordnung verkündet, sondern auch die Wahrheit offenbart, der die Menschen folgen sollten. Er war der Herr und Richter aller Menschen, dem sie für ihre Handlungen Rechenschaft abzulegen hatten. Konstantin konnte so im Jahre 314 in einem Schreiben an die katholischen Bischöfe des Westens sagen: „Die ewige und unbegreifliche heilige Frommheit unseres Gottes läßt das Menschengeschlecht in keiner Weise länger in der Finsternis in die Irre gehen und läßt auch nicht zu, daß die verhaßte Bosheit gewisser Menschen in dem Maße die Oberhand gewinnt, daß sie nicht von neuem den Weg des Heils mit dem strahlendsten Licht erleuchten und ihnen die Möglichkeit zur Umkehr zu der Regel der Gerechtigkeit *(regula iustitiae)* geben sollte. So habe ich es an vielen Beispielen erkannt, und so habe ich es an mir selbst erfahren. Denn früher gab es in mir Dinge, die der Gerechtigkeit entbehrten, und ich dachte, die höchste Macht sehe nicht, was ich heimlich in meinem Herzen bewegte... Aber der allmächtige Gott, der in dem hohen Himmel wohnt, schenkte mir, was ich nicht verdiente. Sicher läßt sich weder sagen noch aufrechnen, was er mir, seinem Diener *(servus)*, in seiner himmlischen Gnade geschenkt hat."[113]

Diesen Vorstellungen entsprechend betrachtete Konstantin die Kirche bald nicht mehr ausschließlich als eine Kultinstitution. Sie hatte die Aufgabe, Menschen aus der Finsternis des Götzendienstes zur wahren Gotteserkenntnis und zu einer Gott wohlgefälligen Lebensführung zu geleiten. Die Kirche war an sich eine Gemeinschaft, die von Frieden, Eintracht und brüderlicher Liebe geprägt war. Schnell zog Konstantin die politisch-soziale Konsequenz aus dieser neuen Einsicht. Die Kirche sollte also nicht nur durch ihren Kult dem Römischen Reich die Hilfe und den Beistand des Christengottes sichern; sie hatte auch die Aufgabe, durch die Verkündigung ihrer Lehre der Bevölkerung des Imperiums die Gotteserkenntnis zu vermitteln, welche die Tugenden hervorbrachte, mit denen Ungerechtigkeit und Haß in einer zerrütteten Gesellschaft überwunden werden konnten. Die Kirche sollte dem Kaiser helfen, eine harmonische Gesellschaft zu schaffen. Persönliche religiöse Überzeugung und Staatsräson – bei Konstantin allzeit untrennbar miteinander verbunden – verlangten gleichermaßen, daß die Kirche das religiöse und ethische Fundament des römischen Imperiums sein sollte.

So gesehen war die Kirchenspaltung im lateinischen Nordafrika eine unerfreuliche Überraschung für ihn. Hier hatte die diokletianische Verfolgung einen bisher kaum beachteten Gegensatz zwischen Rigoristen und Gemäßigten zum Ausbruch kommen lassen. Die Rigoristen betrachteten es als christliche Pflicht, den Behörden offen zu trotzen und auf keine Weise dem Martyrium entgehen zu wollen; die Gemäßigten dagegen meinten, daß dies ein Ausdruck mißverstandenen christlichen Eifers sei, und hielten es für berechtigt, wenn man sich, indem man floh und sich versteckte oder statt der Bibel – wie gefordert – ketzerische Schriften übergab, dem Arm des Gesetzes entzog. Bischof Mensurius von Karthago hatte sich den Zorn der Rigoristen durch seine Ablehnung ihrer kompromißlosen Forderungen zugezogen, und als nach seinem Tode 311 sein enger Mitarbeiter und Gesinnungsgenosse, der Erzdiakon Caecilianus, sein Nachfolger wurde, wählten sie umgehend ihren eigenen Bischof. Als Begründung führten sie an, der Geistliche, der Caecilianus geweiht habe, sei ein *traditor,* der durch die Auslieferung der heiligen Schriften dem Glauben abtrünnig geworden und dessen Sakramentsverwaltung deshalb ungültig sei. Von Karthago aus verbreitete sich die Kirchenspaltung bald über das ganze lateinische Nordafrika. Mit Bischof Donatus erhielten die Rigoristen einen tatkräftigen Führer, der sie in einer gut organisierten Kirche zu sammeln vermochte. Von ihren Gegnern wurde sie deshalb die donatistische Kirche genannt, sie selbst aber verstand sich als die alleinige wahre Kirche, deren Geistlichkeit kraft ihrer Reinheit die Sakramente allein verwalten konnte.

Auf den Rat von Hosius hatte Konstantin Caecilianus unterstützt (s. S. 188f.). Die Donatisten protestierten dagegen mit der Begründung, daß Caecilianus kein rechtmäßiger Bischof sei, und sie baten Konstantin um eine unparteiische Untersuchung der Angelegenheit. Diesem Gesuch gab er statt. Er ließ eine Untersuchungskommission von Bischöfen einsetzen, die jedoch nur die Donatisten verurteilten. Diese appellierten von neuem an Konstantin, der trotz seiner Überzeugung, die Donatisten seien halsstarrige Unruhestifter und Schismatiker, darin einwilligte, daß die Angelegenheit auf einer Synode in Arles, zu der er im Jahre 314 alle Bischöfe des Westens lud, zur Verhandlung und Entscheidung vorgelegt wurde.

Die Kirchenspaltung in Nordafrika war für Konstantin eine offensichtliche Leugnung des Wesens der Kirche: „Eben jene, die einträchtige und brüderliche Gesinnung zeigen sollten, sind in schmählicher, ja abscheulicher Weise uneins miteinander und geben den Menschen, deren Seelen dem heiligsten

Kult ferne stehen, Anlaß zum Gespött."[114] Konstantin hatte überdies die Erfahrung machen müssen, daß die Kirche selbst nicht, wie er gehofft und erwartet hatte, ihr Haus rein halten und nach ihrer Bestimmung leben konnte. In dieser Situation fühlte Konstantin sich zum Eingreifen berufen: „Ich bekenne vor deiner Würde", schreibt er 314 an Celsus, den Vikar im prokonsularischen Afrika, „meine Ansicht, daß es überhaupt nicht zulässig ist, daß wir diese Art von Streitigkeit und Zank ungeahndet lassen, durch welche die höchste Gottheit *(summa divinitas)* möglicherweise in Zorn nicht nur gegen das Menschengeschlecht, sondern auch gegen mich selbst versetzt werden kann, dessen Fürsorge sie durch ihren himmlischen Willen alle irdischen Dinge anvertraut hat, und daß sie in ihrem Zorn auf andere Weise weitergehende Beschlüsse fassen kann. Denn erst dann werde ich wirklich und vollständig sicher sein und auf die glücklichsten und besten Dinge aus dem allerbereitwilligsten Wohlwollen des stärksten Gottes *(potentissimus deus)* hoffen können, wenn ich wissen werde, daß alle durch den schuldigen Dienst der katholischen Religion in einträchtiger Brüderlichkeit des Gehorsams den heiligsten Gott ehren."[115]

Hier stehen wir vor einer Programmerklärung des christlichen Kaisertums, wie Konstantin es auffaßte. Der Gott der Christen hatte ihm die Lenkung des Imperiums anvertraut, und deshalb war er ihm gegenüber für seine Amtsführung verantwortlich. Konstantin war Kaiser von Gottes Gnaden. Seine vornehmste Aufgabe als Kaiser war es, Sorge dafür zu tragen, daß dem höchsten Gott die schuldige Verehrung erwiesen würde – damit stand und fiel sowohl das Imperium als auch seine Stellung als Kaiser. Im Grunde brauchte er nur sicherzustellen, daß die Kirche die Freiheit und die Möglichkeit erhielt, ihre für das Imperium lebenswichtigen Funktionen auszuüben. Die kaiserliche Macht und die Kirche sollten auf diese Weise in harmonischer Zusammenarbeit das Römische Reich in ein christliches Imperium verwandeln. Versagte allerdings die Kirche auf Grund inneren Streites und innerer Uneinigkeit, war Konstantin als Gottes auserwähltes Werkzeug dazu verpflichtet, die Verhältnisse in Ordnung zu bringen: das hatte ihn die Kirchenspaltung in Nordafrika gelehrt.

In der Institution der Synode, die sich im Laufe des dritten Jahrhunderts in der gesamten Kirche durchgesetzt hatte, fand Konstantin ein geeignetes Instrument, um kaiserliche und kirchliche Aufgaben und Tätigkeiten zu koordinieren. Auf den Synoden, zu denen die Bischöfe zusammenkamen, um alle Angelegenheiten von gemeinsamem kirchlichem Interesse zu behandeln und zu entscheiden, konnten sie selbst in den kirchlichen Fragen Entscheidungen fällen, und gleichzeitig konnte Konstantin durch ihre Einberufung und die Unterstützung ihrer Beschlüsse sicherstellen, daß die Entwicklung die von ihm gewünschte Richtung nahm. Und dies war genau das, was auf der Synode von Arles und den anderen in seiner Regierungszeit abgehaltenen Synoden geschah. In Arles traten die Teilnehmer der Synode nicht nur für Caecilianus ein, sondern sie faßten auch eine Reihe von Beschlüssen, die auf eine Integration der Kirche in die römische Gesellschaft zielten. Z. B. bestimmte man, daß christliche Soldaten zu exkommunizieren seien, wenn sie sich zum Verlassen des Militärdienstes entschlossen, und man gestattete Christen – wenn auch mit einem gewissen Zögern –, führende Regierungsposten zu bekleiden, obwohl damit die Teilnahme an den vorgeschriebenen heidnischen Kultzeremonien verbunden war.

Obwohl Konstantin jederzeit die Synoden als das beste Organ zur Lösung der kirchlichen Probleme vorzog, sah er es doch als sein Recht und seine Pflicht an, selbst einzugreifen, wenn die Verhältnisse das erforderlich machten. Als etwa die Donatisten sich dem Urteil der Synode von Arles nicht beugen wollten und die Auseinandersetzungen in Nordafrika fortdauerten, faßte er den Entschluß, selbst dorthin zu ziehen und die streitenden Parteien zur Ordnung zu rufen – der Plan wurde allerdings nicht ausgeführt. „Ich will diesen Menschen zeigen", schreibt er aus diesem Anlaß um 315 an Celsus in Nordafrika, „mit welchem Kult man der Gottheit dienen soll. Denn ich glaube, ich lade die schwerste Schuld auf mich, wenn ich Unrecht ungeahndet durchgehen lasse. Welche wichtigere Aufgabe habe ich denn auf Grund meines kaiserlichen Amtes, wenn nicht die Ausrottung aller Fehlentscheidungen, die Entfernung aller Anmaßungen und die Sorge dafür, daß alle dem allmächtigen Gott den wahren Dienst entgegenbringen in einträchtiger Einfalt und angemessenem Respekt?"[116] Die Männer der Kirche hatten einen neuen Herren bekommen, der es kraft seiner göttlichen Berufung als seine Aufgabe ansah, sie darüber zu belehren, was Christentum eigentlich bedeutete, und dafür zu sorgen, daß sie danach handelten.

Konstantin erlitt bei seinem Versuch, die nordafrikanische Kirchenspaltung zu überwinden, Schiffbruch. Nachdem alle Verhandlungsmöglichkeiten ausgeschöpft waren, sah er keinen anderen Ausweg, als die Donatisten durch Zwangsmaßnahmen niederzuzwingen. Ihre Führer sollten vertrieben und ihre Kirchen geschlossen und konfisziert werden. Sie setzten sich jedoch so kräftig zur Wehr, daß Konstantin aufgeben und sie in Frieden lassen mußte mit der Begründung, daß Gott, dem allein Rache gehört, zu seiner Zeit das Urteil über die aufrührerischen, gotteslästerlichen Menschen fällen würde. Es sagt allerdings einiges über die Kraft der persönlichen Überzeugung Konstantins aus, daß er trotz dieser Enttäuschungen den Glauben nicht aufgab, daß die Kirche die Institution sei, die allein dem römischen Imperium eine religiöse und ethische Grundlage zu geben vermochte.

Zur gleichen Zeit, in der Konstantin mit den kirchlichen Problemen in Nordafrika beschäftigt war, hatte er sich darum bemüht, der Kirche gute Arbeitsmöglichkeiten und einen festen Platz in der Gesellschaft zu verschaffen. Die Befreiung von den *munera civilia* (vgl. S. 189) wurde bald auf alle Priester und Bischöfe im Westen ausgedehnt. 321 erhielt die Kirche das Recht, testamentarische Schenkungen entgegenzunehmen, was bald dazu führte, daß sie zur Wahrnehmung ihrer gottesdienstlichen und philanthropischen Aufgaben über umfangreiche Mittel verfügen konnte. Schon 318 hatte Konstantin verordnet, daß zivilrechtliche Klagen an die bischöflichen Gerichtshöfe verwiesen werden konnten, die die Befugnis erhielten, rechtskräftige Urteile zu fällen. Die Kirche erhielt ebenso das Recht, Sklaven in die Freiheit zu entlassen, was bis dahin allein der kaiserlichen Macht vorbehalten gewesen war. Schließlich bestimmte ein Gesetz aus dem Jahre 321, daß „der Tag der Sonne" ein Ruhetag sein solle; nur Landarbeiter durften zur Erntezeit, falls notwendig, an diesem Tag arbeiten. Obwohl der Erlaß den Ausdruck „Tag der Sonne" enthält, ist dieses Gesetz doch offensichtlich von der Liturgie des christlichen Gottesdienstes bestimmt, wonach der Abendmahlsgottesdienst der Gemeinde am „Tag des Herrn", dem ersten Tag der Woche, begangen wurde – und das heißt: am Sonntag. Wenn es auch nicht direkt zum Ausdruck kommt, so war Konstantins Anordnung eines wöchentlichen Ruhetages doch auch von dem Wunsch geleitet, die besondere Bedeutung des christlichen Kultes hervorzuheben, außerdem sollten die Menschen nicht durch weltliche Verpflichtungen gehindert werden, an ihm teilzunehmen.

Konstantin war von dem unüberbrückbaren Gegensatz von Christentum und Heidentum überzeugt. Die Götter des letzteren waren Dämonen, die ihr Spiel damit trieben, die Menschen zu verführen und sie vom wahren Gottesglauben fernzuhalten. Er unterstützte daher vorbehaltlos die missionarische Arbeit der Kirche. Allerdings wünschte er durchaus nicht, das Heidentum durch Zwangsmaßnahmen zu unterdrücken. Der wesentlichste Grund dafür war wahrscheinlich, daß das Heidentum noch stark genug war, um vielleicht einen Bürgerkrieg auslösen zu können, auf jeden Fall die politische Stellung des Kaisers zu bedrohen, wenn er es mit Gewalt auszurotten versucht hätte. Konstantin wollte gegenüber dem Heidentum nicht den politischen Fehler wiederholen, den die christenfeindlichen Kaiser bei ihren Christenverfolgungen begangen hatten. Er verlor allerdings nie das eigentliche Ziel aus den Augen: das Christentum als die einzige offizielle Religion des Reiches einzusetzen. Aber er besaß genügend Feingefühl und Gewandtheit, um einzusehen, daß es sich hierbei nur um ein langfristiges Programm handeln konnte. Er mußte sich zunächst darauf beschränken, der Bevölkerung des Römischen Reiches zu zeigen, daß er persönlich für den Christengott eintrat, und im übrigen die Stellung der Kirche im Imperium zu stärken. Gegenüber dem Heidentum galt es, alle unnötigen Provokationen zu vermeiden und einen Kurs zu verfolgen, der für die politische Loyalität seiner Anhänger keine Belastung bedeutete.

Vor diesem Hintergrund muß man Konstantins Religionspolitik in den Jahren nach der Schlacht an der Milvischen Brücke verstehen. Sie enthält einige Züge, die – isoliert betrachtet –

den Eindruck erwecken können, als sei Konstantin immer noch ein Anhänger des Sonnenhenotheismus gewesen und habe den römischen Göttern gehuldigt. Er behielt weiterhin das Amt des *Pontifex Maximus* und war damit der höchste Beamte des heidnischen Staatskults. Als er im Jahre 315 nach althergebrachtem Brauch sein zehnjähriges Regierungsjubiläum *(decennalia)* in Rom feierte, ließ der römische Senat einen Triumphbogen errichten, der ihm als dem Befreier Roms *(liberator urbis)* huldigte. Der Bilderschmuck zeigt deutlich den Sonnengott als Konstantins Schutzgott. Die Inschrift hingegen nennt den Namen des Sonnengottes nicht, sondern sagt mit knappen Worten lediglich aus, daß er sein Amt „mit der Inspiration der Gottheit, mit Größe der Gesinnung" *(instinctu divinitatis, magnitudine mentis)* ausgeübt habe. Diese Zweideutigkeit ist wahrscheinlich beabsichtigt. Konstantin hat dem römischen Senat, der über die Traditionen des Heidentums weiterhin eifrig wachte, zugestanden, seine religiöse Überzeugung im Zeichen des Sonnenhenotheismus zu schildern. Daß dessen Symbolsprache auch für eine christliche Interpretation offen war, machte es nur umso leichter, die Darstellung des Senats zu akzeptieren. Das Entscheidende lag indessen in der Geste gegenüber dem Senat, mit dem in Konflikt zu geraten immer noch ein gefährliches Unterfangen war.

Auch die Münzprägung weist eine verwirrende Zweideutigkeit auf. Im Jahre 315 wurde aus Anlaß des Regierungsjubiläums in Ticinum ein Silbermedaillon geprägt, das Konstantin mit einem Christusmonogramm sowie mit einem Helm, einem kreuzförmigen Szepter und dem Globus in der linken Hand zeigt – demnach war es Christus, unter dessen Schutz Konstantin stand und der ihm die Weltherrschaft geschenkt hatte. Die traditionellen Götterdarstellungen erschienen jedoch auch weiterhin auf den Münzen. Sie verschwanden allerdings in den folgenden Jahren und wurden durch Symbole mit neutralem religiösen Inhalt ersetzt. Nur der Sonnengott wurde immer noch abgebildet, und die dazugehörigen Inschriften wiesen ihn als den „Begleiter des Kaisers" *(comes Augusti)* aus.

Die Münzprägung, die ja auch darauf gerichtet war, die

kaiserliche Politik der Bevölkerung nahezubringen, läßt also erkennen, daß Konstantin gesonnen war, dem Heidentum gegenüber vorsichtig vorzugehen. Er wollte ein Kaiser sowohl der Heiden als auch der Christen sein.

Um 320 setzte allerdings eine Änderung ein. Konstantin trat nun in ganz anderer Weise offiziell als der Fürsprecher des Christentums auf, und entsprechend verschärfte sich die kritische Einstellung dem Heidentum gegenüber. Mit Ausnahme einer einzigen Münzserie aus Sirmium in Illyrien verschwindet jetzt auch der Sonnengott von den Münzen; sie haben von jetzt an so gut wie ausschließlich entweder einen rein neutralen oder oft auch einen christlichen Inhalt.

319 wird den Zeichendeutern *(haruspices)* unter Androhung schwerer Strafen verboten, ihre Tätigkeit in privaten Häusern auszuüben. Dieses Verbot hatte wahrscheinlich vor allem den Grund, der Gefahr politischer Konspirationen zu begegnen, die oft im Umkreis der *haruspices* florierten. Das Interessante ist aber, daß ihre Tätigkeit als eine Auswirkung des Heidentums beschrieben wird, welches Konstantin ohne Umschweife als „Aberglauben" *(superstitio)* zurückweist. Dies mußte in Verbindung mit der Tatsache, daß in eben demselben Zeitabschnitt eine Reihe von die Kirche offensichtlich begünstigenden Gesetzen erlassen wurde, für alle deutlich machen, daß seine Religionspolitik eine Absage an das Heidentum bedeutete. Diese immer eindeutigere Stellungnahme hing selbstverständlich mit Konstantins immer klarerer Erkenntnis der Unvereinbarkeit von Christentum und Heidentum zusammen. Möglicherweise war sie auch davon beeinflußt, daß Licinius sich zu eben dieser Zeit offen für das Heidentum erklärt hatte.

Mit seinem Sieg über Maximinus Daia hatte Licinius seine politische Handlungsfreiheit wiedergewonnen. Konstantin befürchtete, daß Licinius seine wieder erstarkte Macht zu einem Entscheidungskampf nutzen würde. Diese Befürchtung war nicht unbegründet. Licinius hegte größtes Mißtrauen gegenüber Konstantin und rechnete seinerseits damit, daß dieser danach trachtete, die Alleinherrschaft im Imperium zu erobern, sobald sich eine Möglichkeit dazu bot. Konstantin war jedoch auf Zusammenarbeit eingestellt und schlug mit diesem Ziel vor Augen eine Neuordnung der Regierungsführung vor. Dieser Vorschlag wurde von Licinius jedoch abgelehnt, und als dieser sich obendrein als Anstifter eines Plans zum Aufruhr gegen Konstantin erwies, entschloß sich Konstantin zum Krieg. 316 zog er gegen Licinius zu Felde und fügte ihm im ersten Treffen eine ernste Niederlage zu. Als sich die Gegner im zweiten Waffengang als ebenbürtig erwiesen, schlossen sie Anfang 317 Frieden unter folgenden Bedingungen: Konstantin konnte Pannonien und Moesien seinem Machtbereich einverleiben, mußte dafür aber Licinius das Recht der unabhängigen Gesetzgebung zugestehen – damit war das Imperium, genau genommen, in zwei unabhängige Staaten gespalten. Der Friede im Römischen Reich war allerdings bis auf weiteres gesichert.

Auch Licinius hatte sich zu der „höchsten Gottheit" bekannt, meinte damit jedoch den *Jupiter Optimus Maximus*, was aus seinen Münzprägungen deutlich hervorgeht. Den Christen wurde gestattet, in völliger Freiheit ihrer Überzeugung gemäß zu leben. Mit der Zeit trat allerdings eine Veränderung ein. Sie war vor allem politisch bedingt. Die Friedensvereinbarungen von 317 hatten das gegenseitige Mißtrauen zwischen Konstantin und Licinius nicht beseitigt. Konstantin hatte sich seitdem fast ausschließlich auf dem Balkan aufgehalten, um einem eventuellen Angriff des Licinius begegnen zu können, und dieser, der seinerseits befürchtete, Konstantin könne ihn angreifen, reagierte mit erhöhter Verteidigungsbereitschaft. Früher oder später mußte das gespannte Verhältnis zu einem Krieg führen. Licinius verdächtigte die Christen nicht ohne Grund, ihre Sympathien Konstantin zugewandt zu haben; dessen Begünstigung der Kirche war ja mit der Zeit für jedermann immer deutlicher geworden. So wandte Licinius sich den heidnischen Göttern zu, um sie und ihre Anhänger für seine Sache zu mobilisieren. Dies geschah um 320.

Die Christen bekamen sogleich die Auswirkungen der neuen Religionspolitik des Licinius zu spüren. Er entfernte die Christen vom Hofe, aus dem Heer und aus der Verwaltung und verlangte von seinen Beamten und Soldaten, daß sie den heidnischen Göttern opferten. Ohne die Religionsfreiheit für die Christen direkt aufzuheben, versuchte er durch verschiedene Maßnahmen, dem kirchlichen Leben Hindernisse in den Weg zu legen. Unter dem Vorwand der Sorge um die öffentliche Gesundheit ordnete er an, daß die Christen ihre Gottesdienste nicht in ihren Kirchen, sondern nur draußen im Freien außerhalb der Stadtmauern abhalten durften. Im Namen der Moral verbot er, daß sich Männer und Frauen gemeinsam zu Gottesdiensten versammelten, und den Bischöfen gestattete er nicht, Frauen zu unterweisen; diese sollten ihre eigenen weiblichen Katecheten haben. Schließlich erließ er ein Verbot, Bischofssynoden abzuhalten, in der Hoffnung, daß dies zu einem Chaos innerhalb der Kirche führen würde. Zugleich machte dieses Verbot die Weihe neuer Bischöfe unmöglich, da diese nach geltendem Brauch bei den Nachbarbischöfen zu geschehen hatte. Die Beamten scheinen die christenfeindliche Politik des Licinius loyal unterstützt zu haben. Bei der Durchführung der kaiserlichen Verordnungen kam es zu zahlreichen Zwischenfällen, was vermutlich in den meisten Fällen daran lag, daß die Christen die erlassenen Verordnungen nicht befolgten. Jedenfalls wurden zahlreiche Kirchen zerstört und die Christen in großen Scharen vertrieben und in die Bergwerke geschickt. Auch die Todesstrafe wurde gelegentlich verhängt und vollstreckt.

Eusebius, der diese Ereignisse selbst miterlebt hat, berichtet, daß Licinius eine umfassende Christenverfolgung plante[117]. Es gibt keinen Grund, an der Zuverlässigkeit dieser Nachricht zu zweifeln. Die Maßnahmen des Licinius konnten nur dazu beitragen, daß die Christen noch stärker ihre Hoffnung auf Konstantin setzten und Gott darum baten, sie mit dessen Hilfe aus ihrer Not zu befreien. Dies mußte wiederum Licinius' Abneigung verstärken und ihn auf den Gedanken bringen, die Verfolgung der Christen sei das einzige Mittel zur Sicherung seiner Herrschaft.

Eusebius weist sicher auch auf etwas Richtiges hin, wenn er weiter schreibt, daß Licinius an der Durchführung der geplanten Verfolgung dadurch gehindert wurde, daß Konstantin beschloß, der Christenheit des Ostens zu Hilfe zu kommen und sie vor dem drohenden Untergang zu retten. Zugleich kann Licinius' Behandlung der Christen nur dazu beigetragen haben, den Gegensatz zu Konstantin zu verschärfen. Letzterer war davon überzeugt, daß ihm die Herrschaft über das Imperium vom Gott der Christen anvertraut worden war. Das schloß an und für sich nicht aus, daß er einen Mitregenten haben konnte. Voraussetzung dafür war allerdings, daß dieser ihn in seiner Religionspolitik unterstützte. Wenn sich Licinius aber offen für die heidnischen Götter erklärt hatte und den Untergang der Kirche betrieb, war Konstantin zum Eingreifen verpflichtet. Seine göttliche Berufung und die Rücksicht auf Glück und Wohlergehen des Römischen Reiches verlangten, daß er gegen den gotteslästerlichen Herrscher des Ostens antrat. Man darf dabei jedoch nicht unterschlagen, daß Konstantin gewiß auch von dem Wunsch beseelt war, durch eine entscheidende Auseinandersetzung mit Licinius einen gefährlichen Rivalen zu beseitigen, wodurch er Alleinherrscher des Reiches werden konnte; Politik und Religion gingen für ihn überdies jederzeit ineinander über. Als wesentlich ist jedoch hervorzuheben, daß der Machtkampf schließlich den Charakter eines Religionskrieges hatte. Der Ausgang der Auseinandersetzung um die Alleinherrschaft entschied zugleich darüber, ob Christentum oder Heidentum das religiöse Fundament des Reiches bilden sollte.

Bereits kurz nach dem Jahre 320 waren alle Verbindungen zwischen Konstantin und Licinius abgebrochen. Jeder der Gegner sammelte starke Streitkräfte und baute eine Flotte. Als Konstantin 323 durch die Grenzgebiete des Licinius marschierte, um eine Invasion der Goten zurückzuschlagen, war dies der Tropfen, der das Faß zum Überlaufen brachte. Licinius betrachtete diese Gebietsverletzung als direkte Provokation und nahm den Fehdehandschuh auf. Zeichendeuter und Orakel verkündeten ihm den Sieg; er opferte den Göttern, um sich ihres Beistands zu versichern, und gelobte feierlich in einem Götterhain, daß er im Falle seines Sieges einen Ausrottungskrieg gegen die „gottlosen" Christen beginnen wolle.

Aber auch Konstantin konnte unter göttlichem Schutz kämpfen. Zweifelsohne im Blick auf den kommenden Krieg gegen Licinius hatte er eine kaiserliche Feldstandarte anfertigen lassen mit dem Christusmonogramm (vgl. S. 183f., 186) als dem magischen Zeichen, das ihm den Sieg schenken sollte.

Er hatte ferner ein transportables Gebetszelt herstellen lassen, in dem christliche Bischöfe ihren Gott um den Sieg anrufen sollten. Auch die gemeinen Truppen sollten religiös motiviert werden. Es ist anzunehmen, daß Konstantin zu diesem Zeitpunkt die Regelung einführte, nach der christliche Soldaten für die Teilnahme am Gottesdienst sonntags vom Dienst befreit wurden. Die heidnischen Soldaten dagegen wurden abkommandiert, um ein Gebet von eindeutig monotheistischem Zuschnitt zu sprechen: „Dich allein erkennen wir als Gott! Dich bekennen wir als König! Dich rufen wir als Helfer an! Durch Dich haben wir über unsere Feinde gesiegt, Dir danken wir für die Wohltaten der Vergangenheit, und von Dir erhoffen wir Wohltaten in der Zukunft. Dich flehen wir alle an, und wir bitten Dich, erhalte uns unseren Kaiser Konstantin und seine gottgeliebten Söhne lange, sicher und siegreich."[118]

Konstantin, dessen Strategie immer der Angriffskrieg gewesen war, rückte im Frühjahr 324 mit seinem Heer nach Adrianopel vor, wo Licinius in stark befestigten Stellungen mit seinen Truppen Aufstellung genommen hatte. Die Situation war keineswegs günstig für Konstantin. Licinius war ein fähiger Feldherr, der über gut ausgebildete Soldaten verfügte, die überdies Konstantins Truppen zahlenmäßig überlegen waren. Durch ein kühnes Manöver gelang es Konstantin jedoch, die feindlichen Streitkräfte aus ihrer Stellung zu locken, sie einzukreisen und einen großen Teil von ihnen zu vernichten.

Licinius floh nach Byzanz, das er als Brückenkopf halten wollte, bis es ihm gelungen wäre, neue Truppen an sich zu ziehen, um einen Gegenangriff unternehmen zu können. Dieser Plan wurde jedoch vereitelt, als Konstantins Sohn Crispus die bei weitem stärkere Flotte des Licinius besiegte und sich die Herrschaft über den Bosporus erzwang. Konstantin brachte sogleich an der kleinasiatischen Küste Truppen an Land, und bei Chrysopolis kam es am 18. September erneut zu einer Schlacht, aus der Konstantins Heer wiederum siegreich hervorging. Licinius mußte seine endgültige Niederlage eingestehen und sich der Forderung auf Abdankung als Kaiser beugen. Als Aufenthaltsort wurde ihm Thessalonich angewiesen, aber schon im folgenden Jahr ließ Konstantin ihn und seinen Sohn umbringen: nach der offiziellen Version soll Licinius versucht haben, mit der Hilfe germanischer Stämme seine Herrschaft wiederzugewinnen. Jedenfalls hatte Konstantin sich als Alleinherrscher des Reiches durchgesetzt, und da er zugleich das dynastische Prinzip eingeführt hatte, war die diokletianische Tetrarchie definitiv begraben.

Konstantin hatte den Krieg gegen Licinius im Namen des Christengottes geführt. Deshalb war es selbstverständlich, daß eine seiner ersten Regierungshandlungen als Alleinherrscher des Reiches in der Verkündung eines Gesetzes bestand, das alle Auswirkungen der Repressalien des Licinius gegen die Christen beseitigen sollte[119]. Interessant ist hier die ausführliche Einleitung, die die konkreten Bestimmungen des Gesetzes begründet. Konstantin schildert hier, wie sich diejenigen, die sich gegen den Gott der Christen, der „allein und wirklich Gott ist und in alle Ewigkeit die Macht besitzt", gestellt und die Christen verfolgt hätten, sich selbst ins Unglück gestürzt und dem Reich bitterste Not und schwerstes Leid zugefügt hätten. Gott habe jedoch das Reich durch Konstantin, sein Werkzeug, gerettet. „Da nun eine so große und so drückende Gottlosigkeit die Menschen niederhielt, da völlige Auslöschung den Staat bedrohte wie durch eine pestartige Krankheit und da Heilung und Hilfe nötig waren, welche Linderung und Rettung aus dem Unglück hat da die Gottheit ersonnen?... Es ist absolut keine Prahlerei, wenn ein Mensch die Wohltaten preist, die er von Gott empfangen hat. Meinen Dienst hat Gott gefordert und als geeignet angesehen für die Ausführung seines Willens. So habe ich am Meer bei Britannien begonnen, wo die Sonne nach dem Gesetz der Natur untergeht, und mit göttlicher Kraft die Schrecknisse vertrieben, die auf allen lasteten, damit das Menschengeschlecht, durch meinen Dienst belehrt, zurückkehren kann zum Gehorsam gegen das heiligste Gesetz und damit der glückseligste Glaube zugleich unter der starken Führung des Höchsten ausgebreitet werden kann."[120] Da Konstantin persönlich Gott und seinen Wohltaten alles verdankte, war es seine Pflicht, dafür zu sorgen, daß die Spuren der Verfolgung, deren Opfer die Christen gewesen waren, völlig ausgelöscht wurden. Folglich sollten alle Urteile und Beschlüsse annulliert werden, die den Christen Rang und Vermögen aberkannt und sie zu Exil oder Sklaverei verurteilt hatten. Alle sollten in ihre früheren Stellungen wiedereingesetzt werden und ihre verlorenen Rechte zurückerhalten. Wer aus dem Heer entfernt worden war, konnte zwischen dem Wiedereintritt und dem ehrenvollen Abschied mit reicher Pension wählen. Aller Besitz, der den Christen oder der Kirche genommen worden war, sollte umgehend zurückerstattet werden; für persönliche Verluste wurde Schadensersatz in Aussicht gestellt. Das Edikt schloß mit einem Hinweis darauf, wie der allmächtige Gott durch Konstantin das Menschengeschlecht gerettet und damit die uneingeschränkte Freiheit hergestellt habe, „in geziemender Weise und in aller Ehrfurcht dem göttlichen Gesetz zu dienen und denen, die sich diesem Dienst geweiht haben, die ihnen gebührende Ehre zu erweisen"[121].

Viele hatten erwartet, daß Konstantin nach seinem Sieg über Licinius die heidnischen Kulte verbieten würde. Diese Erwartung enttäuschte er jedoch, indem er gleichzeitig mit dem Restitutionsedikt ein weiteres Edikt erließ, das auch den Heiden freie Religionsausübung zusicherte[122]. Es war an die Bevölkerung der östlichen Hälfte des Reiches gerichtet und ist so abgefaßt, daß man es leicht für eine Fälschung halten könnte, wenn seine Echtheit nicht durch einen im wesentlichen gleichlautenden Text auf einem gleichzeitigen ägyptischen Papyrus gesichert wäre. Das Edikt hatte ganz unverhüllt das Ziel, die Heiden für die wahre Gotteserkenntnis zu gewinnen. Konstantin brach hier völlig den Stab über seine Vorgänger auf dem Kaiserthron, weil sie, mit Ausnahme seines Vaters, die Christen mit den grausamsten Peinigungen und Strafen verfolgt hätten – dies sei eine ewige Schande für das römische Volk. Konstantin wandte sich darauf Gott zu und rief ihn um Gnade und Barmherzigkeit für die Bevölkerung des Ostens an, „denn unter Deiner Leitung habe ich meine Maßnahmen für die Rettung der Menschen begonnen und vollendet, und indem ich allezeit Dein heiliges Zeichen vor mir getragen habe, habe ich das Heer zu strahlenden Siegen geführt"[123]. Auf Grund der Liebe zu Gott und der Ehrfurcht vor Gott und seiner Macht war es seine Aufgabe, die Kirche, „das heiligste Haus", aufzubauen. Aber diejenigen, die es vorzogen, die Wahrheit, die von Anfang an existiert und die Christus für die verirrte Menschheit wieder offenbart hat, zu verachten, und die die „Tempel des Betrugs" bevorzugten, sollten dies ungehindert tun können. Da der Glaube eine freiwillige und persönliche Sache sei, dürfe man die Menschen nicht mit Gewaltanwendung dazu zwingen, die Lüge aufzugeben und den wahren Gottesglauben anzunehmen. Wäre es allein nach Konstantin gegangen, dann hätten die Tempelkulte und die Macht der Finsternis beseitigt werden sollen. Dies war jedoch unmöglich, da „der verderbliche Irrtum, der sich gewaltig erhebt und der dem allgemeinen Besten zum Schaden gereicht, in den Herzen vieler Menschen unendlich tief verwurzelt ist"[124].

Ganz und gar unmißverständlich hatte Konstantin in diesen beiden Edikten seine Religionspolitik dargelegt. Seine Bindung an den Gott der Christen und die Rücksicht auf das Imperium machten ihm die Wiedererrichtung der Kirche zur Pflicht. Da das Heidentum im Gegensatz zur Kirche die Finsternis des Irrtums repräsentiere, habe es von Konstantin keine Unterstützung zu erwarten. Ihm wurde das Existenzrecht allein deswegen zugestanden, weil viele sich weiterhin an seine Kulte hielten. Niemand konnte daran zweifeln, daß diese Religionsfreiheit für das Heidentum in den Augen Konstantins nur vorläufig war. Für das Heidentum gab es im christlichen Imperium Konstantins grundsätzlich keinen Platz mehr. Es sollte ausgelöscht werden, sobald sich das praktisch durchführen ließ, ohne daß die Einheit und der Zusammenhalt des Reiches in Gefahr gerieten. Diese Voraussetzungen zu schaffen war das Ziel von Konstantins Religionspolitik. Ohne Gewalt und Zwang sollten das Heidentum geschwächt und die Kirche gestärkt werden. Auf diese Weise sollte der Weg für die Annahme des Christentums durch die Bevölkerung freigemacht werden.

Konstantin hatte gehofft, mit Hilfe der östlichen Kirche die nordafrikanische Kirchenspaltung aus der Welt schaffen zu können. Er sollte aber bald erfahren, daß der Osten in Hinsicht auf Streitigkeiten und Spaltung Nordafrika nicht nachstand. Die ägyptische Kirche hatte sich über der Frage zerstritten, wie man die während der diokletianischen Verfolgung abtrünnig Gewordenen behandeln sollte. Bischof Petrus von Alexandria hatte sich für eine milde Behandlung der Abtrünnigen eingesetzt, während Bischof Meletius die Partei der Rigoristen anführte. Er begann sogar, Bischöfe zu weihen, was bis dahin das exklusive Recht des alexandrinischen Bischofs gewesen war. Obwohl Petrus 311 den Märtyrertod erlitten hatte, bestanden die Gegensätze weiter und führten zur Gründung einer selbständigen Kirche unter der Leitung des Meletius. Gleichzeitig war die ägyptische Christenheit in ihrer Einstellung zu Arius uneins, einem angesehenen Geistlichen und Theologen in Alexandria, und diese Spaltung breitete sich schnell über den gesamten Osten aus.

Die östliche Kirche war im dritten Jahrhundert, inspiriert von Origenes, Schauplatz starker theologischer Aktivitäten gewesen. Es hatten sich verschiedene theologische Richtungen herauskristallisiert, die vor allem in der Auffassung des Verhältnisses zwischen Gott als dem Vater und Christus als dem Sohn voneinander abwichen. Lukian von Samosata, der Lehrer des Arius, meinte, um am Monotheismus und der Bedeutung Christi als moralischen Vorbildes festhalten zu können, müsse man davon ausgehen, daß der Sohn dem Vater untergeordnet sei. Diese Position verfocht Arius mit streng logischer Konsequenz. Der Vater und der Sohn waren in seinen Augen so artverschieden, daß der Sohn – als aus dem Nichts geschaffen – von anderer Natur war, weshalb er das Wesen des Vaters nicht erkennen konnte. Diese Auffassung fand weitgehende Unterstützung, sie rief aber auch Unruhe und Kritik hervor. Die Kritiker des Arius forderten, daß Bischof Alexander von Alexandria eingreifen solle. Dieser berief etwa 318 eine Synode ein, die Arius und seine Anhänger exkommunizierte.

Arius wollte sich dem Urteil aber nicht beugen, da dies die Anerkennung von Alexanders, in seinen Augen unchristlicher Lehre bedeutet hätte. Denn dieser hatte ihm gegenüber behauptet, daß Christus seit Ewigkeit Gottes Sohn gewesen sei und an der göttlichen Natur teilgehabt habe, deshalb sei er imstande, den Menschen Gott zu offenbaren und ihnen das göttliche Leben zu schenken. Arius nahm statt dessen den

Kampf gegen seinen Bischof auf. Er appellierte an die übrigen Bischöfe des Ostens und fand Zustimmung bei dem kirchenpolitisch erfahrenen Eusebius von Nikomedia und dem gelehrten Kirchengeschichtler Eusebius von Caesarea. Auf einer Synode stellten sie sich hinter Arius und forderten Alexander auf, ihn wieder in die Kirche aufzunehmen. Dieser hatte seinerseits seine Mitbischöfe über die Verurteilung des Arius unterrichtet und bei vielen Unterstützung gefunden. Die gesamte Kirche des Ostens war in zwei Lager geteilt, die Arius bzw. Alexander unterstützten und sich heftig befehdeten.

Als Konstantin davon erfuhr, erkannte er sofort, daß ein Eingreifen dringend notwendig war: seine Religionspolitik verlangte eine einige, funktionstüchtige Kirche. Er schickte einen Brief an Alexander und Arius[125], in dem er sich als Mittler anbot. Trotz des freundlichen Tones, in dem der Brief abgefaßt war, enthielt er doch eine eindringliche Belehrung der Adressaten darüber, wie falsch und sinnlos ihr Streit sei, und eine ebenso dringliche Aufforderung, Frieden zu schließen. Es gehe doch nur um subtile theologische Spekulationen, mit denen man sich im Grunde überhaupt nicht zu befassen brauche und die man auch lieber für sich behalten und nicht der breiten Masse des Volkes zur Kenntnis bringen solle. Solche theologischen Meinungsverschiedenheiten könnten jedenfalls ohne weiteres bestehen, wenn man sich nur, wie es ja bei Alexander und Arius der Fall war, über die Grundlagen der christlichen Lehre einig sei: über den Glauben an Gott und seine Vorsehung, über die ihm gebührende Ehrfurcht und den Dienst für ihn im Gehorsam gegen sein offenbartes Gesetz.

Bischof Hosius überbrachte den Friedensappell, der jedoch ohne Wirkung blieb. Konstantin wurde nun durch seinen kirchlichen Ratgeber darüber aufgeklärt, daß es sich bei den Meinungsverschiedenheiten um das Wesen der christlichen Offenbarung handele und daß sie deshalb nicht ohne weiteres als spitzfindige Wortklaubereien beiseite geschoben werden könnten. Er beschloß daraufhin, sämtliche Bischöfe des Ostens zu einer Synode nach Ankyra zu bitten. Die Synode sollte sowohl über das melitianische Schisma als auch über den arianischen Streit beraten und entscheiden. Die Antiarianer hatten indessen gemeinsam mit Hosius, der sich ihnen angeschlossen hatte, auf einer Synode in Antiochia zu Anfang des Jahres 325 der dogmatischen Entscheidung der kommenden Synode durch eine Verurteilung des Arianismus vorgreifen wollen. Aber Konstantin hatte inzwischen so viel Einsicht in die kirchliche Parteipolitik gewonnen, daß er sich wohl davor zu hüten wußte, die Männer der Kirche selbst den Lauf der Dinge bestimmen zu lassen. Sein Gegenzug war eine Vorladung aller Bischöfe des Reiches zu einer Synode in Nizäa. Wenn die Synode von Ankyra nach Nizäa verlegt werde, so habe das – schrieb er in der Einberufungsorder an die Bischöfe[126] –, abgesehen von dem gesünderen Klima, seinen Grund darin, daß er selbst dadurch die Möglichkeit habe, den Verhandlungen beizuwohnen und an ihnen teilzunehmen. Die Synode sollte unter seiner Oberaufsicht die innere Einheit der Kirche wiederherstellen und zugleich Leben und Organisation der Kirche im ganzen Imperium einheitlich gestalten.

Die Teilnehmer der Synode hatten, wie bei der Synode von Arles, den Bescheid bekommen, daß sie das kaiserliche Transportwesen unentgeltlich benutzen könnten und Gäste des Kaisers seien. Etwa 250 Bischöfe waren der kaiserlichen Einladung gefolgt. Fast alle kamen aus den östlichen Provinzen. Der Westen war nur durch sechs Teilnehmer vertreten. Am 25. Mai 325 trat die Synode im kaiserlichen Palast selbst zusammen. Konstantin fand sich in vollem kaiserlichen Ornat ein, um so den hochoffiziellen Charakter der Synode zu unterstreichen. Nach einer Eröffnungsansprache, in der Konstantin den Synodalen die Notwendigkeit von Frieden und Einigkeit innerhalb der Kirche einschärfte, ging man zu den Verhandlungen über, die sich über mehrere Monate erstreckten. Konstantin führte selbst den Vorsitz, was ihm nach römischer Senatstradition die Möglichkeit gab, den Gang der Verhandlungen aktiv zu bestimmen.

Die dogmatischen Gegensätze brachen bald auf und gaben der Synode einen oft stürmischen Verlauf. Konstantin wünschte die Annahme eines Glaubensbekenntnisses, das jeder Bischof bei seiner Amtsübernahme unterschreiben sollte. Unter dem Einfluß des Hosius war er zu der Auffassung gelangt, daß die Lehre des Arius falsch sei und das eigentliche Hindernis für die Wiederherstellung der kirchlichen Einheit im Osten darstelle. Um diese Lehre mit Erfolg zurückweisen zu können, hat er aller Wahrscheinlichkeit nach direkt vorgeschlagen, man solle feststellen, daß der Sohn „vom selben Wesen" („*homoousios*") wie der Vater sei. Theologischer Berater war auch hierbei Hosius, der mit dem gesamten orthodoxen Westen in der lateinischen Entsprechung *consubstantialis* eine genaue Bestimmung des Verhältnisses zwischen dem Vater und dem Sohn sah. Beinahe alle östlichen Theologen betrachteten dagegen diesen philosophischen und in sich selbst sehr zweideutigen Begriff mit dem größten Mißtrauen – der Begriff war außerdem auf einer Synode im dritten Jahrhundert als ketzerisch verworfen worden. Trotzdem fand er Aufnahme in das Glaubensbekenntnis, welches bei den dogmatischen Verhandlungen als Ergebnis herauskam. Es war zustande gekommen, indem man ein bereits vorhandenes Glaubensbekenntnis, das wahrscheinlich in Jerusalem in Gebrauch gewesen war, um Formulierungen erweiterte, die unmißverständlich feststellten, daß der Sohn kraft seiner ewigen Geburt an der göttlichen Natur des Vaters teilhatte. Dazu gesellte sich eine direkte Verurteilung der arianischen Lehre.

Obwohl das Nizäische Glaubensbekenntnis also keineswegs wiedergab, was sowohl die Arianer als auch die entscheidende große Mehrheit von Nicht-Arianern über das Verhältnis zwischen dem Vater und dem Sohn dachten, wurde es von den Teilnehmern der Synode fast ausnahmslos angenommen, zweifellos aus Respekt vor der kaiserlichen Autorität, die als Retter und Helfer der Kirche auftrat. Konstantin hatte persönlich in Fragen des Glaubens und der Lehre der Kirche eingegriffen und eine dogmatische Entscheidung durchgesetzt.

Die Synode beschäftigte sich auch mit dem melitianischen Schisma und der novatianischen Kirche, entstanden in der Mitte des dritten Jahrhunderts aus Protest gegen die schonende Behandlung, die nach der decischen Verfolgung den Abtrünnigen zuteil geworden war. Konstantins Einfluß war auch hier in den Beschlüssen spürbar, die die Synode faßte, um die Schismatiker in die Großkirche zurückführen zu können – ihnen wurde alle schuldige Rücksichtnahme erwiesen. Auch liturgische und kirchenrechtliche Probleme wurden behandelt. Man beschloß, daß die Kirche überall Ostern feiern sollte, das große Fest der Kirche, am ersten Sonntag nach dem 14. Nisan, an dem die Juden ihr Osterfest begingen. Man fand ferner eine gemeinsame Regelung für die Behandlung der während der diokletianischen Verfolgung abtrünnig Gewordenen. Schließlich befaßte man sich mit der kirchlichen Organisation und beschloß, daß sich die Bischöfe der einzelnen Gemeinden einer Provinz auf Provinzsynoden unter dem Vorsitz des Bischofs der Provinzhauptstadt, der den Titel eines Metropoliten erhielt, versammeln sollten. Die kirchlichen Provinzen sollten mit den Reichsprovinzen identisch sein. Diese kirchenorganisatorische Neuordnung entsprach den Wünschen Konstantins, der Kirche eine wirkungsvolle Organisation zu geben und sie zugleich in das Imperium zu integrieren.

Auf der Synode von Nizäa hatte Konstantin in Wahrheit die Kirche unter seine Fittiche genommen. Er hatte diese Synode nicht nur einberufen, sondern mit aller schuldigen Reverenz gegenüber den Bischöfen auch ihre Tagesordnung bestimmt und die Verhandlungen zu dem von ihm gewünschten Resultat geführt. Konstantin veröffentlichte auch die Beschlüsse, die somit die Rechtskraft von kaiserlichen Gesetzen erhielten. Formell bestand das Recht der Kirche, die eigenen Angelegenheiten selbst zu entscheiden, in Wirklichkeit lag dieses Recht jedoch beim Kaiser. Aber die Synode von Nizäa war zugleich eine machtvolle Bestätigung der Überzeugung Konstantins, daß Kaiser und Kirche die Grundpfeiler des Reiches waren. Dies kam darin zum Ausdruck, daß der Kaiser zum Abschluß der Synode alle Teilnehmer zur Feier seines zwanzigjährigen Regierungsjubiläums (*vicennalia*) einlud. Dies war ein offener Bruch mit der Tradition, die verlangte, daß der Kaiser bei einem Regierungsjubiläum die römischen Götter mit einem Dank für die erwiesenen Wohltaten und einem Bittgebet um Frieden und Glück für das Reich ehrte. Der Gott der Christen war an die Stelle der römischen Götter getreten.

Durch den Gewinn der Alleinherrschaft erhielt Konstantin sehr viel mehr Möglichkeiten als früher, die Stellung der Kirche im Reich zu stärken. Die Gesetze, die er als Kaiser des Westens zum Vorteil der Kirche erlassen hatte, erhielten umgehend Gültigkeit für das gesamte Reich. Er ergriff ferner die Initiative zu umfassenden Kirchenbauten. Unmittelbar nach seinem Sieg über Licinius sandte er ein Schreiben an die Bischöfe, in dem er ihnen vorhielt, daß es unter der Würde der Kirche sei, sich mit den verfallenen und unansehnlichen Gebäuden, wie man sie bisher benutzt habe, zu begnügen. Die Kirche müsse gerüstet sein, um die großen Scharen zu empfangen, die infolge seines siegreichen Wirkens zum Christentum übertreten würden: „Da jetzt [der Kirche] die Freiheit zurückgegeben und der Drache [Licinius] durch die Fürsorge des höchsten Gottes und meine Mitwirkung aus der Staatsführung vertrieben worden ist, sollte die göttliche Macht wohl auch allen offenbar geworden sein, und alle, die entweder aus Furcht oder aus Aberglauben gefehlt haben, werden das wahrhaft Seiende erkennen und sich der wahren und guten Lebensführung zuwenden."[127] Deshalb sollten die Bischöfe alle Energie darauf verwenden, die bestehenden Kirchen wieder herzurichten, zu erweitern und neue zu bauen, wo es sich als notwendig erwies. Alles, was zur Durchführung dieses Kirchenbauprogramms erforderlich war, konnten sie bei den kaiserlichen Beamten anfordern, die schon Anweisung erhalten hatten, sie dabei zu unterstützen.

Der Errichtung einer Reihe von Kirchen widmete Konstantin seine besondere Aufmerksamkeit. Das betraf z.B. die Auferstehungskirche oder – wie sie später genannt wurde – die Grabeskirche in Jerusalem. Kaiser Hadrian hatte an der Stelle, wo Christus nach Meinung der Christen begraben worden war, einen Aphroditetempel errichten lassen. Als Konstantin davon erfuhr, befahl er, daß dieser abgerissen und an seiner Stelle „eine Basilika [errichtet werde], heiliger als alle anderen, wo immer sie sich befinden, und daß sie so ausgestattet werde, daß dieses Bauwerk die schönsten Gebäude in jeder anderen Stadt überhaupt überstrahlt"[128]. Dies verdiente der „wundervollste Ort der Welt", wo Christi heiliges Leiden stattgefunden hatte. Konstantin ließ ebenso eine Kirche bei der Eiche Mamres errichten, wo „Gott, der Herr der Welt, sich Abraham offenbart und auch mit ihm gesprochen hat; dort hat also der Dienst an dem heiligen Gesetz seinen ersten Anfang genommen"[129]. Auch Konstantins Mutter, die Kaiserin Helena, die von ihrem Sohn für das Christentum gewonnen worden war, wirkte im Heiligen Land. Sie ließ in Bethlehem über der Grotte, in der Christus nach der Überlieferung geboren worden war, und auf dem Ölberg an der Stelle, wo Christus gen Himmel gefahren sein sollte, Kirchen erbauen.

In Rom hatten die Christen etwa 170 auf dem Abhang der Vatikanhöhe an der Stelle, an der der Apostel Petrus nach seiner Hinrichtung während der neronischen Verfolgung im Jahre 64 begraben worden sein soll, eine Erinnerungskapelle aufgeführt. Wahrscheinlich um 326 beschloß Konstantin, eine Prachtbasilika bauen zu lassen, deren Zentrum jene alte Erinnerungskapelle bilden sollte. Dieses Projekt machte nicht nur gigantische Planierungsarbeiten notwendig, sondern erforderte auch, obgleich nach römischer Tradition die Grabesruhe unverletzlich war, die Beseitigung eines Begräbnisplatzes mit Mausoleen vornehmer römischer Familien. An dem fertigen Bauwerk ließ Konstantin an einem Triumphbogen folgende Inschrift anbringen: „Weil die Welt unter Deiner [Christi] Führung sich im Triumph zu den Sternen erhoben hat, habe ich, Konstantin, der Sieger, Dir diese Hochburg *(aula)* geschaffen"[130].

Konstantins aktives Interesse am Kirchenbau entsprang nicht nur seinem Wunsch, die Kirche mit zeitgemäßen gottesdienstlichen Räumen auszustatten. Da die Kirche an die Stelle der heidnischen Kulte treten sollte, brauchte sie Kirchenbauten, die die heidnischen Tempel an Pracht und Herrlichkeit übertrafen. Es mußte für alle sichtbar zum Ausdruck gebracht werden, daß für Konstantin und für das gesamte Imperium die Verehrung des Gottes der Christen das einzige Fundament war. Daher war es auch eine Verpflichtung, Prachtbauten überall dort zu errichten, wo der allmächtige Gott sich zum Heil der Menschheit offenbart hatte.

Konstantins Forderung nach einer Monumentalarchitektur war etwas radikal Neues für die Kirche. Die vorkonstantinische Kirche hatte im bewußten Gegensatz zur sakralen Architektur und Kunst des Heidentums besonderen Wert darauf gelegt, nur einfache und mit dem Notwendigsten ausgestattete

Räume für den Gottesdienst zu besitzen. Gott, dem Schöpfer des Himmels und der Erde, sollte man im Geist und in der Wahrheit dienen – er brauchte keine kostspieligen Bauten, die von Menschenhand errichtet waren. Da die Kirche schon hier auf Erden mit dem Blick auf das Kommen Christi zum Heil und zum Gericht lebte und als das heilige Gottesvolk in ihrem Gottesdienst bereits am himmlischen Gottesdienst teilhatte, war für sie Gestaltung und Ausstattung des irdischen Gottesdienstraumes ohne jede Bedeutung. Die Kirche hatte daher keine selbständige sakrale Architektur entwickelt, sondern hatte sich der vorhandenen Haustypen bedient, die dann so eingerichtet wurden, daß sie den liturgischen und sozialen Aufgaben gerecht wurden.

Die konstantinischen Kirchenbauten trugen alle die Bezeichnung *basilica* und beruhten auf dem gleichen Grundriß. Durch einen mit Säulen geschmückten Vorhof *(atrium)* gelangte man in die eigentliche Kirche, die aus einem Hauptschiff mit durch Säulen abgetrennten Seitenschiffen bestand. Das Mittelschiff wurde von einer Apsis abgeschlossen, in der sich der Thron des Bischofs *(cathedra)* befand. In zur Erinnerung an Christus, an Apostel oder an andere große Heilige errichteten Kirchen, den sogenannten *memoria*-Kirchen, gab es außerdem besondere Räume, z. B. als Querschiff *(transept)*, die dazu bestimmt waren, die Menschenmassen aufzunehmen, die an dem heiligen Ort zusammenkommen würden.

Es besteht im wesentlichen Einigkeit darüber, daß diese basilikale Grundform nicht von den vorkonstantinischen Kirchenbauten, die ja kein festes Muster aufweisen, hergeleitet werden kann. Sie muß deshalb von ausgebildeten Architekten entwickelt worden sein. Dagegen ist stark umstritten, nach welchem Vorbild die altkirchliche Basilika angelegt ist. Die Bezeichnung *basilica* selbst kann hierbei nicht weiterführen, da sie in dieser Zeit für eine ganze Anzahl unterschiedlicher Bauten verwandt wurde, von großartigen Marktbasiliken bis hin zu kleineren Gebäuden für gottesdienstliche Zwecke. Man hat allerdings eine große Ähnlichkeit zwischen konstantinischen Kirchengebäuden und den kaiserlichen Audienzräumen nachgewiesen. Die letzteren bestanden aus einem großen säulengeschmückten Vorraum, der zu dem eigentlichen

Thronsaal führte. Dieser, der ebenso *basilica* genannt wurde, war durch Säulen in ein Hauptschiff und Seitenschiffe unterteilt. Der Längsverlauf des Schiffes sollte den Blick auf den kaiserlichen Thron *(cathedra)* hin ausrichten, der sich in einer apsisförmigen Nische befand. Hier residierte der Kaiser, im kaiserlichen Ornat, das ganz wie das Hofzeremoniell selbst den Kaiser als göttlich darstellen sollte. Weil er – von der Gottheit auserwählt und von göttlicher Kraft durchdrungen – über die übrige Menschheit erhaben war, war der kaiserliche Palast heilig *(palatium sacrum)*.

Die Übereinstimmung zwischen den kaiserlichen Audienzräumen und der altkirchlichen Basilika war sicher kein Zufall. Der Schluß liegt nahe, daß Konstantin seinen Architekten aufgetragen hat, eine Monumentalarchitektur zu entwerfen, die den liturgischen Bedürfnissen der Kirche gerecht wurde, zugleich aber auch ein vollkommenes Gegenstück zum Thronsaalkomplex im kaiserlichen Palast bildete. Es ist denkbar, daß er auf diese Weise der Bevölkerung des Römischen Reiches einprägen wollte, daß beide, die kaiserliche Macht und die Kirche, die Werkzeuge des allmächtigen Gottes zur Wiedererrichtung und Erhaltung des römischen Imperiums seien.

Die Zahl der Kirchenbauten, die direkt auf Konstantins Initiative und auf seine Kosten aufgeführt wurden, können wir nicht mit Bestimmtheit angeben. Sie war aller Wahrscheinlichkeit nach recht bedeutend. Nach ihrer Fertigstellung wurde den Kirchen zudem nicht selten Grundbesitz übereignet, dessen Erträge die Versorgung der Priester und die Instandhaltung der Gebäude sicherstellen sollten. Überhaupt war Konstantin der Kirche gegenüber nicht kleinlich. Er und auch die Kaiserin Helena schenkten ihr kostbares liturgisches Gerät und stellten ihr bedeutende Mittel für die karitative Arbeit zur Verfügung. Durch diese staatliche Unterstützung sollte die Kirche die Möglichkeit erhalten, ihre doppelte Aufgabe zu lösen: dem wahren Gott zu dienen und die Bevölkerung des Imperiums zum Glauben und zum Gehorsam gegenüber Gott und das von ihm offenbarte Gesetz zu führen.

Konstantin sah es als seine Pflicht an sicherzustellen, daß die Kirche von „einem einzigen Glauben, einer aufrichtigen Liebe und einer einträchtigen Anbetung des allmächtigen

Gottes" erfüllt sei[131]. Deshalb konnte er Häretiker und Schismatiker, die sich von der orthodoxen Großkirche losgesagt hatten, nicht dulden. Unmittelbar nach der Synode von Nizäa begann er gegen sie vorzugehen. Er erließ ein Edikt, in dem er Ketzer und Schismatiker eindringlich darüber belehrte, wie sie das Licht der Wahrheit verleugneten und Menschen in das Verderben und den ewigen Tod führten. Es sei unmöglich, solche Verbrechen zu dulden: „Unsere große Nachsicht bewirkt ja nur, daß auch die Gesunden wie von einer Pest angesteckt werden. Warum sollten wir dann nicht durch öffentliche Strafen so schnell wie möglich dies große Übel mit der Wurzel ausrotten?"[132] Er verbot Ketzern und Schismatikern daher, sich zu versammeln und Gottesdienste abzuhalten, und ordnete die Konfiskation ihres Eigentums an. Die Gotteshäuser sollten umgehend der katholischen Kirche übergeben werden, die übrigen Besitzungen an die Staatskasse fallen. Da es sich bei den häretischen und schismatischen Kirchen nur um kleine Minderheiten handelte, konnte Konstantin ohne die Gefahr politischer Unruhen befürchten zu müssen, Maßnahmen zu ihrer Ausrottung ergreifen.

Auch die Juden bekamen zu spüren, daß das Reich einen christlichen Kaiser erhalten hatte. Konstantin betrachtete sie in Übereinstimmung mit den Christen seiner Zeit als ein Volk von Mördern, die ihre Hände durch die Kreuzigung Christi befleckt hatten[133]. Er schränkte das bisher für alle Juden geltende Recht auf Befreiung von den *munera civilia* ein: nur die Leiter der Synagogen durften künftig dieses Privileg genießen. Es wurde den Juden unter Strafandrohung verboten, ihre Sklaven beschneiden zu lassen, und wer jemanden an der Annahme des christlichen Glaubens hinderte, sollte dem Feuer übergeben werden. Obwohl die Juden ihre Religion weiterhin frei ausüben konnten, zeigten Konstantins Judengesetze doch eine Tendenz, die einen entschiedenen Bruch mit der judenfreundlichen Politik der heidnischen Kaiser bedeutete.

In seinem Friedensappell an Bischof Alexander und an Arius hatte Konstantin diesen mitgeteilt, daß er es als sein vorrangiges Ziel betrachte, „aller Völker Trachten und Streben nach dem Göttlichen nach und nach zu ordnen und zu vereinen"¹³⁴. Er fühlte sich Gott gegenüber persönlich verantwortlich, daß die Bevölkerung des Römischen Reiches in der wahren Gotteserkenntnis und dem wahren Kult geeint werde. So konnte er auf einer Versammlung von Bischöfen sagen, ganz wie *sie* von Gott als Bischöfe (Aufseher) für die Gläubigen in der Kirche eingesetzt seien, so sei er Bischof für die Menschen außerhalb der Kirche¹³⁵. Dementsprechend liebte er es, sich „Mitdiener" der Bischöfe zu nennen. Sowohl die Kirche als auch der Kaiser standen im Dienste des höchsten Gottes und hatten die Aufgabe, das Römische Reich in ein christliches Imperium zu verwandeln. Konstantin ging dabei sehr geschickt vor. Es kam darauf an, das Heidentum zu verdrängen, ohne die offene Opposition herauszufordern. Deshalb setzte er in solchen Bereichen an, in denen er souveräne Handlungsfreiheit besaß.

Wir haben gesehen, wie Konstantin schon um 320 sein Heer zu christianisieren versucht hatte, indem er es unter der kaiserlichen Feldstandarte mit dem Wunder vollbringenden Christusmonogramm kämpfen und die Soldaten ein Gebet an den höchsten Gott – den Christengott – richten ließ. Das Heer wurde auf diese Weise offiziell von allen Spuren des Götzendienstes gereinigt. Daß dies allem Anschein nach auf keinen Widerstand stieß, hatte seinen Grund, abgesehen von dem Respekt und der Bewunderung der Soldaten für ihren mutigen, tatkräftigen und siegreichen Feldherrn, vielleicht auch darin, daß der größte Teil des Heeres aus Germanen bestand, die nicht im gleichen Maße wie die Illyrer, die bis dahin die Elitetruppen gestellt hatten, romanisiert waren.

Seinen Palast verwandelte Konstantin, nach Aussage des Eusebius, in „eine Art Kirche"¹³⁶. Er versammelte seine Hofleute zu Gebet und Bibellesung und ergriff oft selbst das Wort zu einer Predigt. Überhaupt interessierte sich Konstantin mit den Jahren immer mehr für theologische Fragen und erörterte sie gern mit den christlichen Bischöfen, mit denen er sich zu umgeben liebte. Der weitaus größte Teil der Beamten bestand zwar aus Heiden, aber Konstantin bemühte sich, so weit wie möglich die Christen in die Verwaltung hineinzuziehen und dadurch das christliche Element zu stärken. Als er nach seinem Sieg über Licinius dessen führende Beamte entließ, konnte er einen großen Teil der Statthalterposten mit Christen besetzen.

Konstantin war, ganz wie seine heidnischen Vorgänger auf dem Kaiserthron, von der von Gott verliehenen Bestimmung des römischen Imperiums überzeugt: es vertrat die von Kultur und Zivilisation geprägte Menschheit. Rom hatte allerdings aufgehört, das politische und administrative Zentrum des Reiches zu sein. Die Kaiser hatten seit dem dritten Jahrhundert ihre Hauptquartiere an Orten aufgeschlagen, die ein schnelles Eingreifen an bedrohten Grenzen zuließen. Auf diese Weise waren Trier, Serdika und Nikomedia kaiserliche Residenzstädte geworden. Der Entscheidungskampf mit Licinius hatte Konstantin die Augen für die strategische Bedeutung von Byzanz geöffnet. Die Stadt beherrschte den Bosporus und lag im Zentrum des Reiches mit schnellen Verbindungen zum Donaugebiet und zur persischen Grenze, wo die Gefahr von Angriffen immer akut war.

Aber auch religiöse Gründe waren maßgebend für den Beschluß Konstantins, eine neue Kaiserstadt, Konstantinopel, bei Byzanz zu gründen. Er hatte nach seinem Sieg über Maxentius dem Senat und Rom den größten Respekt erwiesen. Sein Bekenntnis zu dem Gott der Christen hatte jedoch schrittweise zu einem Gegensatz geführt, der seinen Höhepunkt erreichte, als er sich 326 in Rom bei seinem *vicennalia*-Fest weigerte, an den heidnischen Opferzeremonien teilzunehmen. Er mußte erkennen, daß das Heidentum in Rom noch so stark war, daß dort in absehbarer Zeit nichts zu erreichen war. Diese Einsicht bestärkte ihn in seinem Entschluß, Konstantinopel zum christlichen Gegenpol Roms zu machen.

Die neue Kaiserhauptstadt, die am 17. Mai 330 eingeweiht wurde, war in jeder Beziehung eine Kopie Roms. Mit ihrem grandiosen Kaiserpalast, ihren Regierungsgebäuden, Märkten, Parkanlagen und Thermen, die mit den erlesensten Kunstschätzen des gesamten Ostens geschmückt wurden, sollte sie mit dem alten Rom an Pracht und Schönheit wetteifern. Die Stadt erhielt ihren eigenen Senat, und die Bevölkerung empfing die gleichen Vergünstigungen und Privilegien wie die Bevölkerung Roms. Eusebius berichtet, daß kein heidnischer Kult in Konstantinopel stattfinden durfte[137]. Obwohl einige der heidnischen Tempel des alten Byzanz stehenblieben und einige Tempel für Roms und Konstantinopels Schutzgöttin Fortuna errichtet wurden, hat Eusebius insoweit recht, als die Stadt ein entschieden christliches Gepräge hatte. Über dem Haupteingang zum kaiserlichen Palast stellte ein Bild Konstantin und seine Söhne dar, wie sie auf eine Schlange traten, während ein Kreuz über ihren Häuptern abgebildet war. Eine Inschrift verkündete, daß Christus dem Kaiser auf Grund seines beharrlichen, frommen Dienstes für das Göttliche geholfen habe, das Feuer des Tyrannen zu löschen, und daß er ihm die Herrschaft über die Welt geschenkt habe. Unter den vielen Gebetskapellen und Kirchen, die man errichtete, waren die bedeutendsten die „Friedenskirche" und die „Kirche der heiligen Apostel". Während die erstere das christliche Gegenstück zu dem „Friedensaltar" des Augustus in Rom war, sollte die letztere daran erinnern, daß die Stadt unter der Fürbitte und dem Schutz der Apostel stand.

Wie sehr Konstantin daran gelegen war, seine neue Hauptstadt zu einer christlichen Stadt zu machen, geht aus einem Brief an Bischof Eusebius hervor: „In der nach uns benannten Stadt haben sich unter der Mitwirkung der Vorsehung des Erlösergottes die Menschen in Scharen der heiligsten Kirche angeschlossen, so daß es angesichts des starken Zuwachses völlig angemessen scheint, dort auch mehr Kirchen zu bauen."[138] Eusebius erhält den Befehl, für diese Kirchen fünfzig kostbar ausgestattete Bibeln auf Pergament anfertigen zu lassen. Niemand sollte daran zweifeln, daß Konstantinopel nicht nur dem Namen nach, sondern auch in Wirklichkeit ein Denkmal des Sieges für das neue christliche Kaisertum sein sollte. Deshalb war es für Konstantin auch ganz selbstverständlich, daß er in der Mitte der Apostelkirche ein Mausoleum errichten ließ, in dem er nach seinem Tode beigesetzt werden wollte.

Eusebius berichtet, Konstantin habe unmittelbar nach seinem Sieg über Licinius ein Gesetz erlassen, das den Götzendienst im Römischen Reich verbot[139]. Das ist jedoch nicht richtig. Vielmehr befreite er einerseits christliche Beamte von der Pflicht, an den Opferzeremonien teilzunehmen, die traditionell mit einem Staatsamt verbunden waren, und verbot andererseits all seinen höchsten Beamten ohne Ausnahme, den Göttern die traditionellen Opfer darzubringen, mit denen man sich ihre Hilfe für Kaiser und Reich sichern wollte. Außerdem verbot er, daß sein Bild in den Tempeln aufgestellt wurde. Damit zeigte er deutlich, daß er sich nicht als göttliche Person betrachtete, der man opfern und bei der man einen Eid ablegen konnte. Im übrigen scheint er jedoch nicht in die heidnischen Kulte eingegriffen zu haben.

Konstantin hatte offiziell verkündet, daß er das Heidentum für einen betrügerischen Aberglauben hielt, und die Bürger des Reiches nachdrücklich aufgefordert, diesem den Rücken zu kehren. Er unterstrich dies mit großzügigen Belohnungen für alle, die den Gott der Christen wählten. So erlangten die Bewohner von Gaza in Palästina infolge ihres Glaubenswechsels den sehr begehrten Status einer *urbs*, und dieses Beispiel wirkte vielerorts ansteckend. Es war offenischtlich, daß Konstantins persönliche Einstellung sowie seine Politik großer Vergünstigungen gegenüber den Christen der Kirche viele neue Anhänger brachte. Dies scheint ihn in seinen letzten Jahren zu einem schärferen Vorgehen gegen das Heidentum ermutigt zu haben.

Konstantin hatte vielen Tempeln rücksichtslos ihre Kunstschätze genomnen, um seine neue Hauptstadt damit zu schmücken. Anfang der dreißiger Jahre ernannte er zwei Kommissare, wahrscheinlich Christen, und beauftragte sie, die Tempel zu inspizieren und Verzeichnisse über ihren Besitz anzulegen. Dieser Tempelbesitz wurde dann Gegenstand einer fast systematischen Plünderung. Tempelbauten und Götterstatuen wurden allen edlen Metalls beraubt, und der Grundbesitz der Tempel wurde nicht selten eingezogen. Das unmittelbare Ziel war die Beschaffung finanzieller Mittel: Konstantin hatte durch seine großzügigen Geschenke und die teure Baupolitik die Staatskasse geleert. Er wandte zwar hier nur eine Methode an, von der auch die heidnischen Kaiser vor ihm Gebrauch gemacht hatten. Aber die Rücksichtslosigkeit und der Eifer, mit denen die kaiserlichen Kommissare vorgingen, mußten in der Bevölkerung den Eindruck erwecken, es handle sich um einen „Tempelsturm". Dieser Eindruck wurde dadurch verstärkt, daß viele Tempel dem Erdboden gleichgemacht wurden. Während die Zerstörung der Aphroditetempel in Aphaka und Heliopolis unter Hinweis auf die dort geübte Tempelprostitution an und für sich noch nicht als ein Angriff auf das Heidentum aufgefaßt zu werden brauchte, weil auch viele Heiden die sakrale Prostitution als eine Abscheulichkeit betrachteten, verhält sich die Sache bei der Zerstörung des berühmten Asklepiostempels in Aegae in Kilikien anders. Möglicherweise war der Grund, daß man Asklepios, den Wunder vollbringenden Heilgott, als einen gefährlichen Konkurrenten Christi empfand.

Konstantins Plünderungen waren eine schwere wirtschaftliche Belastung für die Tempel und haben wohl in vielen Fällen die Aufrechterhaltung der kostspieligen Opferkulte erschwert. Noch schlimmer war indessen der gewaltige Prestigeverlust, der damit verbunden war. Eusebius schätzt zweifellos die Situation richtig ein, wenn er sagt, infolge der konstantinischen Konfiskationspolitik seien die heidnischen Götter zum Gegenstand von Verachtung und gleichgültiger Geringschätzung geworden und viele Menschen hätten statt dessen das Christentum angenommen[140]. Möglicherweise hat dies Konstantin zu der Überlegung veranlaßt, durch ein generelles Opferverbot den entscheidenden Schlag gegen die heidnischen Kulte zu führen. Inwieweit er allerdings ein solches Edikt erließ, läßt sich nach unseren Quellen nicht mit Sicherheit entscheiden. Der Heide Libanius behauptete um 370, Konstantin habe die Tempel ruiniert, aber im übrigen den Kult nicht angetastet. Im Jahre 341 erließ Konstantins Sohn Konstantius ein Edikt, das mit einem direkten Hinweis auf das von seinem Vater erlassene Opferverbot die Einstellung der heidnischen Kulte forderte. Festzustellen ist jedenfalls, daß das Verbot der heidnischen Kulte die folgerichtige Konsequenz der Religionspolitik Konstantins war: das Christentum sollte im römischen Imperium die einzige Religion sein.

Mehrere Forscher haben behauptet, Konstantins Ablehnung des Heidentums sei keineswegs klar und eindeutig gewesen, in Wirklichkeit sei er fast bis an sein Lebensende Heide geblieben. Man hat darauf hingewiesen, daß er sich auch mit heidnischen Philosophen wie dem Neuplatoniker Sopatros umgeben habe. Es ist unbestreitbar, daß Konstantin, der ganz allgemein

Kunst und Wissenschaft zu fördern wünschte, an der Philosophie interessiert war. Seine religiöse Einstellung, wie sie sich in seinen Briefen und Edikten zeigt, verrät immer einen starken philosophischen Einschlag und kann auch in seinen letzten Lebensjahren nicht als orthodox kirchlich bezeichnet werden. Das schließt jedoch nicht aus, daß er die Einstellung der Christen zum Heidentum teilte. Konstantins Interesse am Neuplatonismus war nicht sehr ausgeprägt. Als er 331 Sopatros, der der Beschäftigung mit schwarzer Magie angeklagt war, hinrichten ließ, verbot er zugleich alle Bücher, die Porphyr, der „Feind der Religion", gegen das Christentum geschrieben hatte: diese gottlosen Schriften sollten eingezogen und verbrannt werden[141].

Eine Inschrift, die 1733 in Umbrien gefunden worden ist, hat mit Recht in der Diskussion über Konstantins Verhältnis zum Heidentum eine wichtige Rolle gespielt. Sie enthält ein Gesuch der Bürger der umbrischen Stadt Hispellum an Konstantin mit der Bitte, ihre Stadt nach Konstantins Geschlecht benennen und einen Tempel für ihn errichten zu dürfen, dessen Priesterkollegium berechtigt sei, jährliche Schauspiele und Gladiatorenkämpfe zu veranstalten. Die Inschrift enthält auch Konstantins Reskript: Das Gesuch wird bewilligt, allerdings unter der ausdrücklichen Bedingung, daß „das Gebäude, das unserem Namen geweiht wird, nicht mit dem Betrug durch einen ansteckenden Aberglauben befleckt wird" *(ne aedis nostro nomini dedicata cuiusquam contagiosae superstitionis fraudibus polluatur).* Dies ist nur als ein Verbot der mit dem Kaiserkult verbundenen blutigen Opfer für die Götter zu verstehen[142]. Mit anderen Worten: Konstantin wollte zwar das im Kaiserkult aufrechterhalten, was den kaiserlichen Absolutismus stärken konnte, aber er versuchte, ihn von allem zu reinigen, was ihn mit der Gottesverehrung des Heidentums verband. Deshalb war es für ihn selbstverständlich, daß weiterhin Feste und sportliche Wettkämpfe durchgeführt wurden, die traditionell am Geburtstag des Kaisers stattfanden, und die Priesterkollegien weiterbestanden. Ihr Aufgabenbereich sollte jedoch nur noch die Ausrichtung der Feste umfassen.

Konstantins Antwortschreiben an die Bürger von Hispellum war überhaupt typisch für seine Auffassung von der Stellung des Kaisers im Römischen Reich. Es stand für ihn fest, daß der Kaiser nicht göttlich war; er war Gott verantwortlich für seine Amtsführung und durfte daher nicht zum Gegenstand der Anbetung gemacht werden. Andererseits war der Kaiser weit erhaben über die übrige Menschheit. Gott hatte ihn auserwählt, seinen Willen auf Erden · durchzuführen, und dies begründete die absolute Macht des Kaisers. Alles, was am Kaiserkult der Hervorhebung seiner Sonderstellung dienen konnte, machte Konstantin sich zunutze. So behielt er die kaiserlichen Insignien und den kaiserlichen Ornat als ein äußeres Zeichen dafür, daß der Kaiser im Gegensatz zu seinen Untertanen in einer besonderen Beziehung zu Gott stand, bei. Selbst das kaiserliche Hofzeremoniell erhielt durch ihn eine noch reichere Ausgestaltung als unter seinen Vorgängern. Konstantin führte also den Kaiserkult weiter, allerdings mit dem entscheidenden Unterschied, daß er jede Vergottung seiner Person ablehnte und die mit dem Kaiserkult verbundenen heidnischen Opferzeremonien abschaffte. Der Kaiser war jedoch weiterhin die Instanz, die der Menschheit in einzigartiger Weise die göttlichen Wohltaten vermittelte. Er nannte sich allerdings seit 324 nicht mehr *Invictus* („der Unüberwindliche"), sondern nur *Victor* („Sieger") und ließ sich auch nicht mehr mit einem Strahlenkranz abbilden, da dies die Deutung nahegelegt hätte, er sei das Abbild des Sonnengottes und dessen Vertreter auf Erden[143].

Da Konstantin auch die Kirche und ihre Bischöfe als von Gott eingesetzt betrachtete, hatte er indessen eine Instanz anerkannt, die ebenfalls Anspruch darauf erhob, mit geistlicher Vollmacht in Gottes Namen zu handeln. Ob Konstantin jemals aufgegangen ist, welche Folgen das im Falle von Konflikten nach sich ziehen konnte, wissen wir nicht. Die Entwicklung nach der Synode von Nizäa war jedenfalls ein Fingerzeig dafür, daß nicht alle Männer der Kirche gesonnen waren, sich dem Kaiser zu fügen, wenn sie überzeugt waren, eine solche Haltung würde die offenbarte Wahrheit, zu deren Wächter sie berufen waren, kompromittieren.

Konstantin hatte die Synode von Nizäa in der festen Überzeugung entlassen, daß die kirchliche Einheit wiederhergestellt sei. Bald aber mußte er erkennen, daß er sich bitter geirrt hatte. Die dogmatischen und kirchenpolitischen Gegensätze machten sich weiterhin stark bemerkbar, und die Auseinandersetzungen wurden dadurch noch verwickelter und erbitterter, daß die Bischöfe im Osten zu gleicher Zeit um den entscheidenden Einfluß in der Kirche kämpften. Bald durch Überredung, bald durch Drohungen versuchte Konstantin, die streitenden Parteien zu befrieden. Er gelangte schnell zu der Einsicht, daß seine Friedenspolitik sich nicht durchführen ließ, wenn er sich auf die Antiarianer stützte, da sie nur eine Minderheit ausmachten. Er näherte sich der Gegenseite und geriet in Konflikt mit dem kompromißlosen Athanasius, der 328 Alexander auf dem Bischofsstuhl in Alexandria gefolgt war. Die Gegner des Athanasius hatten diesen als den eigentlichen Unruhestifter bezeichnet, und da er sich allen Aufforderungen Konstantins, Arius wieder in die Kirche aufzunehmen, entschieden widersetzte, ließ der Kaiser ihn schließlich nach Trier in Gallien verbannen.

Trotz dieser Streitigkeiten, bei denen die Männer der Kirche sich durch wahre Meisterschaft in Ränkespiel und persönlicher Unverträglichkeit auszeichneten, gab Konstantin seine Überzeugung nicht auf, daß die kaiserliche Macht und die Kirche von Gott zur Schaffung eines christlichen Imperiums berufen seien. Sein dreißigjähriges Regierungsjubiläum sollte eine strahlende Demonstration dieser Erwartung sein. Es wurde 335 in Jerusalem zusammen mit der Einweihung der Auferstehungskirche begangen. Hier huldigten christliche Panegyriker wie Eusebius von Caesarea der Frömmigkeit und göttlichen Sendung Konstantins. Es wurden Gottesdienste mit Fürbitten für den Kaiser und das Reich abgehalten, und die Bischöfe legten den christlichen Glauben für alles versammelte Volk aus. Die *Tricennalia* wurden mit größtem Pomp und aller Pracht gefeiert; Beköstigung und Geschenke wurden an die zusammengeströmten Massen in großen Mengen ausgeteilt.

Konstantins persönliches Verhältnis zur Kirche war nicht eindeutig. Auf der einen Seite gewährte er ihr uneingeschränkte Unterstützung in der Überzeugung, daß sie die rechte Gottesverehrung und Gotteserkenntnis besaß, und versuchte, die Bevölkerung des Römischen Reiches in jeder

Weise dazu zu bringen, sich der Kirche anzuschließen. Auf der anderen Seite trat er der kirchlichen Gemeinschaft nicht durch die Taufe bei. Der Grund lag wohl vor allem darin, daß er sein Verhältnis zum Gott der Christen, der ihm persönlich seine Macht und Kraft offenbart hatte, als ein besonderes empfand. Dies gab ihm die Vollmacht, selbst der Bevölkerung des Römischen Reiches den wahren Gottesglauben zu verkünden und, wenn nötig, die Bischöfe über ihre Pflichten und Aufgaben zu belehren. Aber im Frühjahr 337 während der Vorbereitungen für einen Feldzug gegen die Perser, die sich unter dem starken Schapur II. wieder zu rühren begonnen hatten, wurde Konstantin in Helenopolis ernstlich krank. Als er fühlte, daß der Tod nahte, verlangte er nach der Taufe, damit er „seine Seele von allem reinigen könne, was er in seiner Schwachheit begangen habe, durch die Kraft der geheimnisvollen Worte und das heilbringende Bad". So erklärt Eusebius – allem Anschein nach richtig – Konstantins Motiv für den Entschluß, sich taufen zu lassen[144]. Konstantin wurde, nachdem er seine Sünden bekannt hatte, zum Katechumenen geweiht, erhielt dann Unterricht in den Geheimnissen *(mysteria)* des christlichen Glaubens und wurde bald darauf in Nikomedia getauft. Gekennzeichnet mit dem Siegel der Unsterblichkeit starb er hier wenige Tage später.

Konstantins Leichnam wurde nach Konstantinopel in den kaiserlichen Palast gebracht und dort prunkvoll aufgebahrt, wie es einem römischen Kaiser gebührte. Ebenfalls der Tradition gemäß zogen die höchsten militärischen und zivilen Beamten und die Gefolgschaft des Kaisers an dem Toten vorbei und huldigten dem verstorbenen Herrscher mit einem Kniefall *(adoratio);* außerdem erklärte man ihn in einem Weiheakt für göttlich *(divus)*. Anschließend wurde der aufgebahrte Leichnam von den Christen zur Apostelkirche gebracht und in einer kirchlichen Totenfeier in dem Porphyrsarg bestattet, den Konstantin mitten in der Kirche hatte aufstellen lassen. Der Sarg war von zwölf Stelen flankiert, die „wie heilige Säulen zur Ehre und Erinnerung an die Schar der Apostel"[145] errichtet waren.

Eusebius gibt zu verstehen, daß Konstantin mit dieser Aufstellung den Wunsch verfolgte, in die Gebete eingeschlossen zu werden, die man zu Ehren der Apostel darbrachte, und weist darauf hin, daß es in der Kirche einen Altar gab, an dem man einen Gottesdienst halten konnte[146]. Manche Forscher haben diese Erklärung als unvollständig angesehen. Sie haben auf Grund der Ähnlichkeit zwischen dem konstantinischen Mausoleum der Apostelkirche und demjenigen Teil der Auferstehungskirche, der das Grab Christi umgab, gemeint, Konstantin habe sich wie Christus für göttlich gehalten. Diese Deutung ist jedoch mehr als zweifelhaft. Dagegen kann man wohl mit Recht sagen, daß Konstantin durch die Aufstellung seines Sarkophags in der Mitte des Apostelkreises den Wunsch zum Ausdruck gebracht hat, wie die Apostel geehrt und in der Erinnerung bewahrt zu werden, ja, er war als „apostelgleich" (griechisch: *isoapostolos*) der dreizehnte Apostel. Was Konstantin dabei im Sinne hatte, können wir nur erraten. Vielleicht hat er darauf hinweisen wollen, daß er als ein von Gott Berufener die Arbeit weitergeführt habe, welche die Apsotel begonnen hatten: die Menschheit aus der Finsternis des Betrugs und des Götzendienstes zur Erkenntnis und zum Dienst des wahren Gottes hinzuführen. Jedenfalls war dies das Leitmotiv seiner Religionspolitik, die nach seinem Sieg über Maxentius im Jahre 312 immer deutlichere Züge annahm.

XI. Der Sieg des Christentums über das Heidentum

In jeder Darstellung Konstantins muß seine Religionspolitik zwangsläufig einen hervorragenden Platz einnehmen. Nicht nur er selbst räumte ihr in seinem politischen Handeln den Vorrang ein, sondern er leistete auch auf *diesem* Gebiet eine Arbeit, die für die weitere Geschichte des Römischen Reiches und ganz Europas bestimmend wurde. Aber darüber hinaus darf man nicht vergessen, daß er sich auch auf anderen Gebieten als energischer und tatkräftiger Herrscher erwies. Seine außergewöhnliche Arbeitskraft erlaubte ihm, das Reich mit fester Hand zu regieren. Er führte – zum Teil in Fortsetzung der Politik Diokletians – umfangreiche Reformen in Heer, Verwaltung und Finanzpolitik durch. Sowohl zu seiner Zeit als auch in der Nachwelt hat es nicht an Stimmen gefehlt, die darauf hingewiesen haben, daß seine Reformarbeit keine wirkliche Lösung der militärischen, administrativen und wirtschaftlichen Probleme des Reiches herbeizuführen vermocht habe. Doch das Ergebnis war auf jeden Fall, daß dem Römischen Reich ein relativ gesicherter Frieden und Stabilität für die nächsten fünfzig Jahre beschieden waren. Dadurch waren die äußeren Voraussetzungen für die Weiterführung der christlichen Religionspolitik Konstantins geschaffen.

Konstantin hatte darauf hingearbeitet, daß ihm seine Söhne auf dem Kaiserthron folgen sollten. Mit diesem Ziel vor Augen hatte er sie zu Cäsaren gemacht und ihnen militärische und administrative Verantwortung in verschiedenen Teilen des Imperiums anvertraut. Nicht zuletzt hatte er es sich angelegen sein lassen, ihnen eine christliche Erziehung zu geben und sie in den Pflichten und Aufgaben eines christlichen Kaisers zu unterweisen. Konstantin wollte eine christliche Kaiserdynastie schaffen, und dank der Loyalität des Heeres – das dynastische Prinzip fand bei den Soldaten immer weitgehende Unterstützung – konnten Konstantins drei Söhne, Konstantinus, Konstans und Konstantius, die Leitung des Imperiums bei seinem Tod im Jahre 337 übernehmen.

Es kam indessen bald zu einem Bürgerkrieg zwischen Konstans und Konstantinus. Der letztere fand 340 den Tod, und Konstans war damit Herr über den ganzen Westen. Er hatte als einziger von Konstantins Söhnen die Taufe empfangen, und er war entschlossen, das Christentum zur einzigen Religion des Reiches zu machen, und dafür fand er nachdrückliche Unterstützung bei christlichen Bischöfen und Theologen. Er suchte die Stellung der Kirche im Römischen Reich auf jede Weise zu fördern. 341 erließ er ein Gesetz mit der kategorischen Forderung, daß „der Aberglaube aufhören und der Wahnsinn der Opfer abgeschafft werden solle" *(cesset superstitio, aboleatur sacrificiorum insania)*. Diese Verordnung bedeutete in ihrer Konsequenz einen tiefen Eingriff in das Leben der Bevölkerung. Im Zusammenhang mit den religiösen Festen hatten die Tempel oft Wettkämpfe und Theatervorstellungen veranstalten lassen, die einen wesentlichen Platz im Alltagsleben der römischen Bürger einnahmen. Mit der Schließung der Tempel mußten auch diese Feste aufhören. Abgesehen von den rein religiösen Interessen war dies an und für sich schon genug, um Widerspruch hervorzurufen. Er muß so stark gewesen sein, daß Konstans sich zum Rückzug genötigt sah. Im folgenden Jahr veröffentlichte er einen neuen Erlaß, der festlegte, daß der Kampf gegen den Aberglauben weitergehen solle, daß aber die Tempel außerhalb der Mauern Roms nicht stillzulegen seien und daß die Bevölkerung nicht der Feste beraubt werden dürfe, die mit den Tempeln verbunden waren. Das Heidentum war mit anderen Worten im Westen immer noch so stark und in einem solchen Maße in das Leben des Imperiums integriert, daß es sich nicht durch einen kaiserlichen Machtspruch beseitigen ließ.

Konstans war ein fähiger Herrscher, aber die Rücksichtslosigkeit seiner Politik machte ihn bei der Bevölkerung verhaßt. Deshalb konnte ein hochstehender gallischer Offizier mit Namen Magnentius sich im Jahre 350 gegen ihn erheben und fast den gesamten Westen für sich gewinnen; Konstans selbst wurde ermordet, als er in einer Kirche in Spanien Zuflucht suchte. Der neue Kaiser des Westens, der selbst Heide war, gab sogleich die Erlaubnis zur Feier der althergebrachten Opferkulte. Er sicherte sich dadurch das Wohlwollen der heidnischen Bevölkerungsteile, legte aber keinen Wert auf eine Beschränkung der Religionsfreiheit für die Christen. Seine Toleranzpolitik war zweifellos Ausdruck einer richtigen Einschätzung des Kräfteverhältnisses zwischen Christen und Heiden. Beide Seiten waren etwa gleich stark, und der Entschluß, die eine zugunsten der anderen unter Druck zu setzen, wäre daher eine gefährliche Politik gewesen.

Die Herrschaft des Magnentius war jedoch nur von kurzer Dauer. Er wurde von Konstantius niedergerungen mit dem Ergebnis, daß dieser 353 Alleinherrscher des Reiches wurde; die Loyalität des Heeres gab wiederum den Ausschlag. Konstantius war ein überzeugter und eifriger Christ, der aufrichtig der Meinung war, daß „der Staat mehr durch die Religion als durch Ämter und die Arbeit des Körpers und unseren Schweiß bewahrt werde"[147]. In der Nachfolge des Vaters fühlte er sich als das zur Weltherrschaft auserwählte Werkzeug des Christengottes. Mit größter Pflichttreue arbeitete er an der Verwirklichung des christlichen Kaisertums. In jeder Hinsicht entsprach seine Religionspolitik der seines Bruders Konstans. Ob und in welchem Umfang er gleichzeitig mit diesem das Heidentum verboten hat, wissen wir nicht. Jedenfalls erließ er am 19. Februar 356 ein Gesetz, das das Opfer und die Anbetung von Götterbildern unter Androhung der Todesstrafe verbot. Auf dieses Gesetz folgte gegen Ende des Jahres ein weiteres, wonach alle Tempel umgehend zu schließen waren und allen der Zugang zu ihnen verwehrt werden sollte, „damit die verlorenen Menschen keine Möglichkeit zum Sündigen mehr haben". Todesstrafe und Vermögenskonfiskation sollten alle Gesetzesübertreter treffen, und die Statthalter erhielten ausdrücklich den Befehl, dafür zu sorgen, daß die Bestimmungen des Gesetzes eingehalten würden.

Im Frühjahr 357 machte Konstantius seinen ersten und einzigen Besuch in Rom. Die ewige Stadt mit ihren zahlreichen Tempeln und Denkmälern soll nach Auskunft des heidnischen Geschichtsschreibers Ammianus Marcellinus[148] einen unauslöschlichen Eindruck auf den Kaiser gemacht haben. Möglicherweise hat ihn der Aufenthalt in Rom erkennen lassen, daß das Heidentum unter der Führung des Senats in Rom noch so stark war, daß es politisch gefährlich gewesen wäre, auf einer konsequenten Durchführung der Gesetze gegen die heidnischen Kulte zu beharren. Jedenfalls wurden sie zurückgestellt, und der Kaiser fuhr fort, den Tempeln staatliche Zuschüsse zu gewähren. Nur Gesetze gegen Zauberei und Wahrsagerei wurden mit Strenge angewandt, wahrscheinlich vor allem, um der Gefahr von politischen Verschwörungen zu begegnen.

Das Heidentum hatte so seine Stärke unter Beweis gestellt und das christliche Kaisertum gezwungen, den Versuch zur Abschaffung der heidnischen Kulte aufzugeben. Aber trotzdem war die Lage auf längere Sicht für das Heidentum sehr ernst. Seit Konstantins Eroberung der Alleinherrschaft hatte die Kirche die Zahl ihrer Anhänger stark vermehrt, während das Heidentum in der Bevölkerung entsprechend an Ansehen eingebüßt und an Boden verloren hatte.

Die Kirche wußte ihre neue Freiheit zu gebrauchen. Sie hielt es weiterhin für ihre wichtigste Aufgabe, die Menschen von der Knechtschaft unter den Götzen zu befreien und sie dem wahren Gottesglauben zuzuführen. Durch das Katechumenat und das gottesdienstliche Leben, das im vierten Jahrhundert immer großartiger ausgestaltet wurde, war sie vorzüglich gerüstet, Menschen durch das Christentum zu prägen. Die Kirche verfügte jetzt über so bedeutende finanzielle Mittel, daß sie einen Klerus besolden konnte, der imstande war, seine Kräfte ganz in den Dienst der kirchlichen Arbeit zu stellen; ebenso konnte man Kirchen errichten, die dem religiösen Leben einen zeitgemäßen Rahmen zu geben vermochten. Die Botschaft der Kirche hatte ihre Wirkung und ihre Anziehungskraft besonders auf die Menschen nicht verloren, die unter der harten Bürde des Lebens litten und sich nach Erlösung und Befreiung von irdischer Mühsal und Vergänglichkeit sehnten. Die Tatsache, daß das Bekenntnis zum Christentum keine soziale Diskriminierung mehr zur Folge hatte, führte dazu, daß sich Menschen, deren Fragen das Heidentum nicht zufriedenstellend beantworten konnte, zunehmend der Kirche zuwandten.

Die moralische und finanzielle Unterstützung, die die Kirche durch die kaiserliche Macht erhielt, erleichterte ihre missionierende Arbeit sehr. Auf Grund der kaiserlichen Gesetze gegen die heidnischen Kulte wurden in Gebieten, in denen das Christentum überwog, viele Tempel geschlossen, und dem Opferkult wurde Einhalt geboten. Nicht selten kam es bei den Christen, von den Behörden ungehindert, zu Übergriffen auf Tempel und Götterbilder – für viele Menschen ein handgreiflicher Beweis für die Ohnmacht der heidnischen Götter.

Ein starker Ansporn, sich der Kirche zuzuwenden, lag auch darin, daß das Christentum die persönliche Religion der christlichen Kaiser war – das wirkte beispielhaft. Nicht minder wichtig war, daß seit Konstantin alle Kaiser die Christen stark begünstigt hatten. Sich als Christ zu bekennen, war ein sicheres Mittel, kaiserliche Gunst und politische und soziale Vorteile zu erlangen. Selbst Eusebius konnte die kritische Bemerkung nicht unterdrücken – im übrigen die einzige Andeutung von Kritik in seiner Konstantinbiographie –, daß Konstantin gegenüber all den vielen, die sich am Hofe gern als Christen ausgaben, viel zu gutgläubig war[149]. Und dies wurde unter seinen Nachfolgern keineswegs besser. Rein weltliche Motive spielten jetzt eine sehr viel größere Rolle als früher, wenn es sich um die Einstellung der Menschen zum Christentum handelte. Es konnte sich lohnen, als Christ aufzutreten, wie es sich zuvor oft ausgezahlt hatte, den heidnischen Göttern zu huldigen.

Das Heidentum hatte unter den konstantinischen Tempelkonfiskationen sehr gelitten. Sie hatten für viele Tempel den wirtschaftlichen Ruin bedeutet, so daß sie nicht länger die Mittel besaßen, ihre kostspieligen Opfer darzubringen. Viele Tempel wurden, wie bereits erwähnt, infolge der kaiserlichen Gesetze gegen die heidnischen Kulte geschlossen. Zahlreiche heidnische Opferpriester verloren ihre Existenzgrundlage und gerieten ins Elend. Andererseits wurden die höchsten Priester der Kirche ebenso besoldet wie die höchsten Beamten des Staates und waren ihnen im Rang gleichgestellt. Diese Entwicklung konnte nur dazu beitragen, das Ansehen des Christentums in den Augen derer zu erhöhen, die, wie es im Heidentum üblich war, die Wahrheit und den Wert einer Religion und eines Kultes am Glück und Wohlstand ihrer

Anhänger maßen. Die Tendenz, vom Heidentum zur Kirche überzuwechseln, wurde immer stärker.

Das Heidentum war in die Defensive gedrängt, aber noch stellte es keineswegs eine Größe dar, die man ungestraft vernachlässigen konnte. Es fand weiterhin Unterstützung in den obersten Gesellschaftsschichten, die durch Erziehung und Bildung gemeinsame kulturelle Ideale hatten. Das Christentum gewann auch noch im vierten Jahrhundert die meisten seiner neuen Anhänger aus den unteren Bevölkerungsschichten. Der christliche Glaube wirkte auf den überwiegenden Teil der Gebildeten nach wie vor abstoßend. Man betrachtete ihn als barbarischen Aberglauben, der Kultur und Zivilisation des Römischen Reiches vernichten würde, und war davon überzeugt, daß die Zunahme des Christentums den Untergang des Imperiums mit sich bringen würde: dessen Größe stand und fiel mit der Verehrung der römischen Götter.

Obwohl der größte Teil der sozial, wirtschaftlich und kulturell führenden Gesellschaftsschichten die Kirche völlig ablehnte, kam es doch nicht zu einer geschlossenen Opposition gegen die Religionspolitik der christlichen Kaiser. Eine wesentliche Ursache dafür war wohl, daß das Bewußtsein von der Notwendigkeit aktiver politischer Verantwortung und aktiven politischen Handelns in diesen Kreisen nicht mehr lebendig war. Das absolutistische Kaisertum hatte sich so weit durchgesetzt, daß niemand mehr Recht und Befugnis der kaiserlichen Macht zur Leitung des Imperiums anzweifelte. Da sich außerdem das Heer der konstantinischen Dynastie verpflichtet fühlte, sah es keinen Anlaß, einen neuen – heidnischen – Kaiser auszurufen. Hinzu kam, daß es Konstantin und seinen Söhnen gelungen war, den inneren und äußeren Frieden zu wahren und damit auch einen relativen wirtschaftlichen Wohlstand zu fördern. Der Gedanke an einen Bürgerkrieg mit all seiner Not und all seinen Leiden war ein Alptraum für hoch und niedrig. Doch bestand immer noch die Möglichkeit, mit Hilfe der Verwaltung auf die kaiserliche Religionspolitik einzuwirken.

Wenn auch dies nicht geschah, so lag das an der strukturellen Veränderung der führenden Gesellschaftsschichten, die sich seit Diokletian bemerkbar gemacht hatte. In Rom dominierten zwar weiterhin die alten Senatorenfamilien, die sich zur Aufrechterhaltung der religiösen Traditionen Roms verpflichtet fühlten. Aber Rom und der Senat standen nicht mehr im Zentrum der Ereignisse. Die politischen Entscheidungen wurden im Westen in den kaiserlichen Hauptquartieren in Trier, Mailand und Serdika, im Osten in Konstantinopel getroffen. Hier rekrutierten sich die Beamten vorzugsweise aus dem Ritterstand und der Mittelklasse. Daher waren sie keineswegs im gleichen Maß wie die römischen Beamten in den alten aristokratischen Traditionen verankert, sondern weit mehr von einer Mobilität gekennzeichnet, die auf religiösem Gebiet in der Annahme des Christentums ihren Ausdruck fand. Da das christliche Kaisertum außerdem bewußt darauf hinarbeitete, Christen in die zentrale Verwaltung zu bringen, konnte im großen und ganzen mit der Loyalität der Beamten bei der Durchführung der kaiserlichen Religionspolitik gerechnet werden.

Es bestand jedoch immer noch die Möglichkeit, die öffentliche Meinung zugunsten des Heidentums zu beeinflussen, um auf diese Weise den Kaiser unter Druck zu setzen. Sowohl bei Konstantin wie auch bei seinen Söhnen hatte sich gezeigt, daß sie von der Durchsetzung ihrer christlichen Religionspolitik absahen, sobald offene und direkte Konfrontation mit dem Heidentum zu befürchten war. Wenn sich dessen Anhänger, statt sich gemeinsam zu widersetzen, trotzdem der unverhohlenen Begünstigung des Christentums durch die christlichen Kaiser beugten, so kann man sich fragen, ob das nicht an mangelndem Willen zum Kampf für ihre Sache lag. Dies ist kaum zu bestreiten, obwohl man – objektiverweise – hinzufügen muß, daß es bei der Vielfalt des Heidentums nicht leicht war, eine geschlossene Front zu bilden gegenüber einer Kirche, die genau wußte, was sie wollte, und die von Anfang an daran gewöhnt war, von denen, die sich für sie entschieden hatten, etwas zu verlangen und zu fordern. Schließlich liegt wohl ein Teil der Erklärung für die verblüffende Passivität darin, daß in den führenden Gesellschaftsschichten die Überzeugung von der geistigen Armut des Christentums so stark war, daß man ihm in Wirklichkeit die Rolle eines ernst zu nehmenden Konkurrenten für das Heidentum nicht zutraute.

Die heidnischen Götter ließen sich nicht verspotten, früher oder später würden die Menschen schon begreifen, wem das Römische Reich seine Existenz verdanke. Mit Roms großen Traditionen im Rücken glaubten die intellektuell und wirtschaftlich Mächtigen, den Dingen mit Gelassenheit entgegensehen zu können und so zu tun, als ob das Christentum gar nicht existierte.

Erst allmählich wurden sie aufmerksam und begriffen den Ernst der Lage. Die Kirche hatte jetzt so stark an Boden gewonnen, daß die Zukunft des Heidentums ganz offensichtlich auf dem Spiel stand, sofern man sich nicht zu seiner Verteidigung zusammenschloß. Der Erfolg beim Besuch des Kaisers Konstantius in Rom gab neue Hoffnung. Dies zeigte, daß eine offene Meinungsäußerung durchaus nicht ohne Wirkung blieb: das Heidentum erhielt von dem christlichen Kaiser eine Bestätigung seiner althergebrachten Rechte. Gewiß hatte es die erste Runde im Kampf gegen die Kirche verloren, aber es war immer noch eine offene Frage, ob die heidnischen Götter oder der Christengott für die offizielle Religion des Reiches verantwortlich sein sollten. Die Christen waren im Westen immer noch eine Minderheit, und im Osten konnte die Kirche höchstens die Hälfte der Bevölkerung zu ihren Anhängern zählen. Die Situation schien sich obendrein völlig zugunsten des Heidentums zu verändern, als Julian 361 Kaiser des Reiches wurde.

Julian (332–363) war ein echter Kaisernachkomme, seine Großeltern waren Konstantius Pius und Kaiserin Theodora. Er entging nur mit knapper Not einem Massaker, dem im Jahre 337 alle seine nächsten Angehörigen zum Opfer fielen. Julian erhielt eine christliche Erziehung, wurde getauft und war möglicherweise sogar für ein Amt in der Kirche vorgesehen. Seine christlichen Lehrer vermittelten ihm eine vorzügliche Ausbildung, die auch die Kenntnis der großen Autoren der Antike umfaßte. Dadurch wurde seine Begeisterung für die griechisch-römische Kultur geweckt. Als er von Konstantius die Erlaubnis zu einem Aufenthalt in Pergamon erhielt – er stand immer unter Aufsicht –, begegnete er einem Kreis von Schülern des Jamblichos (ca. 250–ca. 325).

Jamblichos war den Spuren des Porphyrios gefolgt und hatte es als seine Aufgabe angesehen, eine Theologie zu schaffen, die die neuplatonische Philosophie mit dem Götterglauben und den Mythen des Heidentums vereinte. Die höchste Gottheit manifestierte sich seiner Meinung nach in den übrigen Göttern, die als Emanationen seines Wesens zu betrachten waren. Die Seele des Menschen war selbst eine Ausstrahlung dieser Gottheit und bestimmt, in sie zurückzukehren. Diese Wiederkehr setzte voraus, daß der Mensch das Wesen der Gottheit und der Welt erkannt hatte. Sie war jedoch zugleich unlösbar mit der Gottesverehrung des Heidentums verknüpft. Denn das Gebet zu den Göttern führte den Menschen zur Betrachtung des höchsten guten Gottes, und indem man sich den Riten der Mysterienreligionen unterzog und sich der magischen Kunst bediente, konnte man die Vereinigung mit dem Göttlichen hier auf Erden erleben.

Mit Begeisterung eignete sich Julian die Synthese des Jamblichos von Philosophie und Religion an. Sie vereinte den Respekt vor den Göttern der Väter mit philosophischer Erkenntnis und gab zugleich Aufschluß darüber, wie der Mensch von der irdischen Vergänglichkeit befreit werden und das göttliche Leben erlangen kann. Was er im Kreis der Jamblichosanhänger fand, befriedigte somit sowohl seinen Intellekt als auch sein Verlangen nach Erlösung. Er begann, das Christentum zu verachten und zu hassen, und ließ sich bald in die eleusinischen Mysterien und den Mithraskult einweihen. Man hat Jamblichos' Religiosität oft als ein Degenerationsphänomen charakterisiert, bei dem phantastische Spekulationen mit Magie und Aberglauben verbunden seien. Die „Bekehrungsgeschichte" des hochbegabten Julian lehrt uns jedoch, daß das Heidentum immer noch imstande war, sowohl intellektuelle als auch religiöse Menschen in seinen Bann zu ziehen, und das Verdienst dafür kommt im vierten Jahrhundert in hohem Maße Jamblichos zu.

Julian wurde nie müde zu betonen, daß er Jamblichos alles verdanke. Aber seine eigene religiöse Lebensauffassung war trotzdem durch seine christliche Vergangenheit geprägt. Christliche Problemstellungen bestimmten oft seine eigenen theologischen Erörterungen, ebenso wie sein Verständnis von

Funktion und Aufgabe des Heidentums unmerklich von dem beeinflußt war, was er durch seine christliche Ausbildung in sich aufgenommen hatte. Und nicht zuletzt zeigt sich der christliche Einfluß in der Forderung nach zielstrebiger Entschlossenheit und ständiger Opferbereitschaft, die seinen Kampf für die Sache des Heidentums kennzeichnen. Dies macht ihn zu einer der großen Gestalten in der Religionsgeschichte der Spätantike.

355 ernannte Konstantius Julian zum Cäsar mit der besonderen Aufgabe, Gallien zu sichern, das von neuen germanischen Einfällen heimgesucht wurde. Julian, der sich bis dahin ausschließlich mit philosophischen und theologischen Problemen beschäftigt hatte, erwies sich bald als ein vortrefflicher Feldherr, der die Germanen in mehreren Schlachten zurückzuwerfen vermochte. Obwohl er persönlich mit dem Christentum gebrochen hatte, trat er nach außen hin als ein loyaler Christ auf – er wollte dem allezeit mißtrauischen Konstantius keine Gelegenheit bieten, ihn aus dem Weg zu räumen. Während seiner Jahre in Gallien entwickelte er wahrscheinlich sein politisches Programm. Es stellte sich ihm als eine Notwendigkeit dar, das Imperium entsprechend den großen Traditionen Roms wieder zu errichten – Marc Aurel war sein politisches Vorbild. Dies bedeutete vor allem, daß das Heidentum seine führende Stellung wiedergewinnen mußte. Ohne den Dienst an den römischen Göttern konnte das Reich nicht bestehen; um des Imperiums willen mußten daher die „gottlosen" Christen verschwinden.

Aus Anlaß eines Feldzuges gegen den Sassanidenkönig Schapur II. verlangte Konstantius, daß gallische Truppen in den Osten überführt würden. Diese revoltierten jedoch und wählten Julian zum Kaiser. Er selbst hatte die Kaiserwürde nicht begehrt, fühlte sich aber von den Göttern dazu getrieben, sie anzunehmen; Zeus hatte ihn direkt dazu aufgefordert, indem er ihm ein Zeichen gegeben hatte. Julian versuchte durch Verhandlungen, sich mit Konstantius zu einigen, der aber wollte kurzen Prozeß mit ihm machen. Julian hatte keine andere Wahl, als den Kampf gegen ihn aufzunehmen. Die Aussichten, in einer militärischen Auseinandersetzung mit Konstantius den Sieg davonzutragen, waren allerdings äußerst gering. Konstantius, im Begriff, Streitkräfte für seinen Kampf gegen Julian zu sammeln, starb jedoch plötzlich im November 361. Julian war damit Alleinherrscher des Reiches.

Julian sah in dieser überraschenden Entwicklung ein Eingreifen der Götter: „Aber die Sonne, die ich vor allen anderen um Hilfe bat, und der Herrscher Zeus sind meine Zeugen, daß ich nie gewünscht habe, Konstantius zu töten, sondern eher das Gegenteil. Warum bin ich dann ausgezogen? Weil die Götter es mir direkt befahlen, indem sie mir Heil und Sicherheit verhießen, wenn ich ihnen gehorchte."[150] Die Götter hatten ihn nicht im Stich gelassen, und er wußte, was er ihnen schuldig war. „Wir verehren offen die Götter", schrieb er in einem Brief unmittelbar nach der Nachricht von Konstantius' Tod, „und das gesamte große Heer, das mir folgt, ist gottesfürchtig. Wir haben den Göttern viele Hekatomben und Dankopfer gebracht. Die Götter befehlen mir, alles in Reinheit zu vollbringen, und ich gehorche ihnen auch mit bereitwilligem Sinn, und sie verheißen, daß sie die Arbeit mit reicher Frucht vergelten werden, wenn ich nicht versage"[151].

Julian erwies sich als tüchtiger Administrator. Er führte eine unbedingt nötige Einsparungspolitik im kaiserlichen Haushalt durch und versuchte, der Korruption am Hof und in der Verwaltung Herr zu werden und den Städten wieder aufzuhelfen, damit sie von neuem das Rückgrat des Imperiums bilden konnten. Im Zentrum seiner Politik stand jedoch das Bemühen um Erfüllung dessen, was die Götter ihm befohlen hatten: die Wiederbelebung des religiösen Lebens nach der römischen Tradition.

Schon gegen Ende des Jahres 361 erließ er ein Edikt, das allen Bürgern des Imperiums volle Religionsfreiheit zusicherte und anordnete, daß alles, was den heidnischen Tempeln und den schismatischen und häretischen christlichen Kirchen genommen worden war, wieder an sie auszuliefern sei. Dies Edikt, das also Konstantins Gesetze gegen das Heidentum wieder aufhob, entsprach praktisch – wenn auch mit entgegengesetzter Absicht – in allem dem sogenannten Edikt von Mailand. Julians Gesetz über Religionsfreiheit war jedoch, ganz wie das Konstantins, taktischen Ursprungs. Es war Julian von Anfang an klar, daß das Ziel die Alleinherrschaft des

Heidentums sein mußte, und die Vernichtung des Christentums war die einzige logische Konsequenz daraus. Er glaubte allerdings, dies ohne Zwang und Gewaltanwendung erreichen zu können. Wenn das Heidentum nur die Erlaubnis zur Betätigung in völliger Freiheit erhalte, werde es gewiß in der Lage sein, die Menschen für sich zu gewinnen.

Diese Erwartung war keineswegs unberechtigt. Es gab guten Grund zu der Hoffnung auf eine Renaissance des Heidentums angesichts des Hasses und der Verbitterung, welche sich durch die Religionspolitik der christlichen Kaiser in weiten Kreisen der heidnischen Bevölkerung angestaut hatten. Und wenn man allen christlichen Kirchen und Sekten volle Religionsfreiheit gab, schien das nur zu bedeuten, daß man ihnen freien Raum gab, sich gegenseitig durch inneren Streit und Zwiespalt zu vernichten. Darauf konnte man mit Gewißheit rechnen angesichts der gewaltigen theologischen und kirchenpolitischen Gegensätze und Auseinandersetzungen, die das kirchliche Leben seit Konstantin geprägt hatten. Die kirchlichen Kombattanten hatten ja in den letzten Jahrzehnten kein Mittel im Kampf gegeneinander gescheut, und sie hatten nicht gezögert, sich gegenseitig als schlimmer denn die Heiden zu bezeichnen. Um die kirchliche Verwirrung und Spaltung noch zu steigern, hatte Julian im übrigen befohlen, daß die Bischöfe, die infolge der rücksichtslosen „arianischen" Kirchenpolitik des Konstantius vertrieben worden waren, zurückkehren konnten; ebenso erwies er – nicht ohne Hintergedanken – den christlichen Schismatikern und Häretikern seine besondere Gunst.

Die Privilegien, die die christlichen Kaiser der Kirche und ihren Geistlichen hatten zuteil werden lassen, wurden widerrufen. Statt dessen suchte Julian auf jede erdenkliche Weise, das Heidentum zu fördern. Das Heer wurde von christlichem Einfluß gesäubert, indem die alten heidnischen Feldzeichen an die Stelle der kaiserlichen Feldstandarte mit dem Christusmonogramm traten. Sowohl im Heer als auch in der Verwaltung wurden bei jeder Gelegenheit die Heiden den Christen vorgezogen. Aus der Münzprägung wurden die christlichen Symbole entfernt und heidnische Götterbilder zeigten sich von neuem. Der Staat gab Zuschüsse zur Wiedererrichtung der zerstörten und verfallenen Tempel. Städte, die dem Christentum abschworen und zum Dienst der althergebrachten Götter zurückkehrten, erhielten große Auszeichnungen als Belohnung. Julian trieb also, wenn auch mit umgekehrtem Vorzeichen, genau die gleiche Religionspolitik wie die christlichen Kaiser.

Aber Julian verfolgte höhere Ziele als die Rückführung des Imperiums zum Kult der alten Götter. Er wollte, daß das Heidentum für die Bevölkerung des Reiches wieder zur lebendigen Wirklichkeit würde. Für diese Aufgabe war es in seinen Augen jedoch schlecht gerüstet. Sein geistiger Verfall war offensichtlich. Die altehrwürdigen göttlichen Gesetze waren seinen Anhängern gleichgültig und keineswegs verpflichtende Macht ihres persönlichen Lebens. Der Glaubenskraft der Juden und Christen hatten die Heiden nichts entgegenzusetzen. Es mußte zu einer Erneuerung des Heidentums kommen, damit die Menschen in Glauben und Gehorsam erfüllen konnten, was ihnen die Götter offenbart hatten. Als *Pontifex Maximus*, dem die Verantwortung für die Gottesverehrung des Imperiums anvertraut war, sah Julian es als seine Pflicht und Aufgabe an, sich selbst an die Spitze der Bemühungen um die geistige Wiedergeburt des Heidentums zu stellen.

In erster Linie war es notwendig, eine geistige Führungselite zu schaffen, die wußte, was sie zu glauben und zu tun hatte, und die von wirklicher Opferbereitschaft beseelt war. Deshalb begann Julian mit einer Reorganisation der heidnischen Priesterschaft. Wie seinerzeit Maximinus Daia setzte er in jeder Provinz einen obersten Priester ein, der die Verantwortung für das gesamte religiöse Leben wahrnehmen sollte. An die Priester sandte er, gewissermaßen in der Form von pastoralen Handbüchern, detaillierte Anweisungen darüber, wie sie ihr Amt zu verwalten und was sie zu tun hätten, um das Heidentum mit neuem Leben zu erfüllen.

Julian legte größten Wert auf die Qualifikationen der Priester. Priester konnte nur werden, wer wirkliche Frömmigkeit bewiesen und durch untadelige Lebensführung seine Besorgtheit um die Mitmenschen hatte erkennen lassen; ob sie aus den oberen oder den unteren Gesellschaftsschichten stammten, spielte keine Rolle, solange sie die auf ihre Person gerichteten Bedingungen erfüllten. Da sie für die religiöse und moralische Belehrung des Volkes verantwortlich waren, mußten an ihre Amtsführung auch die höchsten Anforderungen gestellt werden. Sie sollten den Kult der Götter mit dem größten Respekt und der größten Ehrerbietigkeit und unter genauer Einhaltung der Rituale verrichten, und dies sollte in dem Bewußtsein geschehen, daß die Götter selbst gegenwärtig waren. Sie sollten sich in persönlicher Frömmigkeit üben, indem sie auch privat zu den Göttern beteten und über die göttlichen Wahrheiten meditierten. Sie waren verpflichtet, die Lektüre aller Autoren zu meiden, die obszöne Dinge verbreiteten oder das Göttliche in den Schmutz zogen. Die Studien der Priester sollten sich auf die Philosophie konzentrieren, aber sie durften sich nur mit „solchen Philosophen" beschäftigen, „die die Götter zu Führern ihrer persönlichen Bildung (gr. *paideia*) erwählt hatten wie Pythagoras, Platon, Aristoteles und die Schüler des Chrysippos und Zenon. Denn wir brauchen weder auf alle [Philosophen] noch auf alle ihre Lehren zu achten, sondern allein auf *die* und die Lehren *derer*, welche Gottesfurcht hervorrufen und die erstens lehren, daß die [Götter] existieren, zweitens, daß sie für alles hier auf Erden Sorge tragen und daß sie den Menschen oder einander überhaupt nichts Böses antun aus Mißgunst, Neid und Feindschaft"[152].

In der Zeit, in der die Priester den Tempeldienst zu versehen hatten, sollten sie in sexueller Enthaltsamkeit leben. Aber auch außerhalb der Tempel sollten sie ein Leben führen, das von ihrer heiligen Berufung Zeugnis ablegte. Sie sollten in Gedanken, Worten und Taten ein Vorbild sein. So war es z. B. mit ihrer Stellung unvereinbar, Theater zu besuchen, die in ihren Schauspielen die Götter schmähten; das gleiche galt für den Umgang mit Leuten vom Theater oder Leuten, die an Wettkämpfen oder den rauhen und blutigen Kämpfen in den Arenen teilnahmen. Vor allem mußten sie Nächstenliebe üben und bereit sein, mit denen, die Not litten, alles zu teilen.

„Es geziemt sich für uns", machte Julian geltend, „nicht nur die Götterbilder anzubeten, sondern auch die Tempel und Tempelbezirke und die Altäre. Es ist aber auch Vorschrift, die Priester als die Beamten und Diener der Götter zu ehren. Sie leisten gegenüber den Göttern einen Dienst zu unserem Nutzen, und sie verleihen uns Stärke, die guten Gaben der Götter zu erhalten, denn sie opfern und beten für uns alle. Es ist also richtig, ihnen nicht geringere Ehre zu erweisen, sondern im Gegenteil, größere Ehre als den Lenkern des Staates."[153] Die Priester waren also als heiliger Stand an die höchste Stelle im Imperium gerückt, nur Julian als ihrem *Pontifex Maximus* unterstellt. Diese hohe Stellung nahmen sie ein, weil ihnen die große Verantwortung anvertraut war, durch ihren priesterlichen Dienst und ihr persönliches Beispiel die Bevölkerung des Imperiums zu lehren, die Götter zu ehren und anzubeten. Besudelten sie ihr heiliges Amt durch Säumigkeit oder Gleichgültigkeit oder durch lasterhafte Lebensführung, so sollte der oberste Priester seine Aufsichtspflicht wahrnehmen und sie zur Ordnung rufen. Half das nicht, so sollten sie abgesetzt werden.

Die Priester sollten durch Predigt und Seelsorge die Liebe und Fürsorge der Götter für die Menschheit verkünden und den Menschen einschärfen, daß sie zur Einhaltung der göttlichen Gesetze und zur Nachfolge des frommen Lebens der Priester verpflichtet waren. Nicht zuletzt war Julian daran gelegen, daß seine Priester Nächstenliebe (gr. *philanthropia*) übten, „denn aus ihr folgen viele andere Güter, als das beste und größte Gut aber das Wohlwollen der Götter"[154]. Eine der Ursachen dafür, daß das Heidentum das Vertrauen der Bevölkerung verloren hatte, war nach Julians Überzeugung eben die, daß es unterlassen habe, die Werke der Nächstenliebe zu üben, und das habe die Kirche geschickt auszunutzen gewußt und sich damit viele Anhänger erworben[155]. Daher stellte er den höchsten Priestern der Provinzen Mittel zur Verfügung, mit denen sie Armen und Notleidenden helfen konnten, ebenso wie er verlangte, daß Herbergen für Reisende und Bettler errichtet würden. Die Tempel mit ihren Priestern sollten Einrichtungen sein, an denen die Menschen jederzeit auf geistige und materielle Hilfe rechnen konnten, und es sollte dabei kein Unterschied zwischen „Glaubenden" und „Nicht-Glaubenden" gemacht werden.

Julian wollte mit seinem großen Reformprogramm eine heidnische Kirche schaffen, die in jeder Hinsicht mehr zu bieten hatte als die christliche Kirche. Zugleich mußte er jedoch eine Propagandaoffensive beginnen, die den heidnischen Gottesglauben gegenüber Angriffen sowohl von philosophischer als auch von christlicher Seite zu begründen und zu verteidigen hatte. Er selbst ging mit gutem Beispiel voran und verfaßte scharfe Streitschriften gegen die Epikureer, die nach seiner Auffassung den Glauben an die Götter der Vorväter untergruben. In der Hymne an König Helios (Sonne) und in der Hymne an Kybele, die Mutter der Götter, versuchte er aufzuzeigen, welche philosophischen und religiösen Werte das Heidentum in sich barg. In seinen allegorischen Mythenauslegungen bemerkt man immer wieder, wie stark er von der christlichen Theologie beeinflußt war. Es ging ihm um den Nachweis, daß die heidnischen Götter der Welt und der Menschheit eine Fürsorge zuteil werden ließen, die derjenigen des schaffenden und erlösenden Gottes der Christen in nichts nachstand.

Die Besinnung auf das geistige Erbe des Heidentums mußte für Julian von einer direkten Polemik gegen das Christentum begleitet werden – allzu lange hatten sich die Christen nach seiner Auffassung in den Vordergrund gedrängt, ohne auf offenen Widerstand zu stoßen. Auch hier wies er den Weg mit einer umfassenden Schrift „Gegen die Galiläer"[156]. „Es scheint mir richtig", schreibt er gleich in der Einleitung, „vor allen Menschen die Gründe darzulegen, die mich zu der Überzeugung gebracht haben, daß die den Galiläern eingefallene Lehre eine Erfindung ist, die von Menschen in Bosheit geschaffen worden ist. Obwohl sie nichts Göttliches enthält, hat sie sich des Teils der Seele bemächtigt, der Mythen liebt und kindlich und unverständig ist, und die Menschen zu dem Glauben gebracht, dieses abergläubische Gerede sei die Wahrheit."[157] Sowohl intellektuell und religiös als auch moralisch sei das Christentum minderwertig und deshalb ein gefährliches Krebsgeschwür für die Menschheit. Die Christen verkündeten „nichts von dem Guten oder Nützlichen, das von uns Hellenen oder von den Hebräern stammte, die es von Moses erhalten haben, sondern von beiden haben sie das gesammelt, was als tödliche Krankheit diesen Völkern eingepflanzt war, die Gottlosigkeit von der jüdischen Selbstgerechtigkeit und ein schlechtes und ausschweifendes Leben von der Schlappheit und Vulgarität bei uns, und dies sollte nach ihrem Willen die beste Gottesverehrung heißen"[158]. Die von Julian ins Feld geführten Argumente gegen das Christentum entsprachen völlig dem, was bereits Kelsos und Porphyrios angeführt hatten – Julian macht gerade von dessen Streitschrift gegen das Christentum fleißigen Gebrauch. Aber seine Arbeit hat ihren eigenen selbständigen Charakter. Durch seine christliche Erziehung war er mit der Bibel, der Schriftauslegung der christlichen Theologen und ihrer apologetischen Arbeit vertraut. Und er vermochte dieses Wissen in seiner Kritik des Christentums mit großem Geschick auszunutzen.

Trotz ihres scharfen Tones ist die Schrift Julians im Grunde von dem ernsthaften Wunsch beseelt, die Christen zum heidnischen Gottesglauben zu bekehren. Es ist ein eifriger Missionar, der hier das Wort führt. Es ging ihm darum zu zeigen, daß die Götter des Heidentums der gesamten Menschheit die großartigsten Gaben in Form von Kultur und Zivilisation schenkten und zugleich versprächen, daß der Mensch ihrer Gemeinschaft und damit der Unvergänglichkeit und Schau des wahren Seins teilhaftig werden würde. Aber die größte aller Gaben der Götter sei, daß sie einen Erlöser gesandt hätten: „Denn Zeus gebar unter den intelligiblen Wesen aus sich heraus den Asklepios, auf Erden aber trat er durch das schaffende Leben des Helios [der Sonne] hervor. Er, der den Weg vom Himmel auf die Erde zurückgelegt hatte, zeigte sich auf einfache Weise in Menschengestalt in Epidauros, danach aber vervielfältigte er sich und durch seine Erscheinungen reichte er der gesamten Welt seine erlösende Hand. Er kam nach Pergamon, nach Jonien, danach nach Tarent, und später kam er nach Rom. Und er kam nach Kos und von dort nach Aegae. Seither befindet er sich überall, auf dem Lande und auf dem Meer. Er besucht nicht jeden einzelnen von uns, und dennoch richtet er Seelen auf, die von Sünde heimgesucht sind, und Leiber, die krank sind."[159] Das Heidentum hatte also nicht nur ein reineres Gottesverständnis, es besaß auch seinen inkarnierten Logos und Erlöser, der jedoch im Unterschied zu Christus allgegenwärtig war und allen Erlösung sowohl des Leibes als auch der Seele schenkte.

Das Christentum war für Julian ein von Grund auf kulturloser Aberglaube und hatte seinem gesamten Wesen nach nichts mit der griechisch-römischen Kultur gemein. Dies war jedoch in seinen Augen durch die Tatsache verschleiert worden, daß im vierten Jahrhundert Christen in bedeutender Zahl an heidnischen Schulen als Lehrer wirkten. Es focht die Christen nicht weiter an, daß der Unterrichtsstoff die griechischen und lateinischen Klassiker umfaßte, bei denen die Göttermythen einen hervorragenden Platz einnahmen. Das lag einerseits daran, daß der Unterricht nur zum Ziel hatte, die Schüler zu befähigen, ein formvollendetes klassisches Griechisch oder Latein zu schreiben und zu sprechen, er sollte keine religiösen oder philosophischen Erkenntnisse vermitteln; andererseits betrachteten die Christen wie alle anderen die Göttermythen als reine Fabeln ohne jede religiöse Bedeutung. Und das war auch der Grund, warum christliche Eltern, die ihren Kindern eine Ausbildung geben wollten, diese ohne Bedenken in heidnische Schulen schickten; die Kirche verfügte ja über kein eigenes Schulwesen.

Am 17. Juni 362 erließ Julian ein Gesetz, wonach in den Schulen nur unterrichten durfte, wer im Besitz der rechten moralischen Qualifikationen war. Die Stadträte sollten über die Eignung der Bewerber entscheiden, die Ernennung jedoch bedurfte – Rom ausgenommen – der Bestätigung durch den Kaiser. Der Sinn dieses Gesetzes ging aus einem Begleitschreiben deutlich hervor. Julian präzisierte hier, daß jeder rechte Unterricht die Formung der Persönlichkeit zur Aufgabe habe, so daß der Schüler zur Einsicht und wahren Erkenntnis des Guten und Bösen gelange. Dieses Wissen war als Geschenk der Götter in den Werken niedergelegt, die dem Unterricht als Grundlage dienten: „Für Homer, Hesiod, Demosthenes, Herodot, Thukydides, Isokrates und Lysias waren die Götter Stifter allen Wissens. Glaubten nicht einige von ihnen selbst, daß sie Priester des Hermes, andere, daß sie Priester der Musen seien?"[160] Um diese Autoren richtig zu verstehen und auszulegen, müsse man folglich ihren Glauben an die Götter teilen. Leugne man ihn aber, so mache man sich der Verstellung und Unaufrichtigkeit schuldig, was den Untergang jeder wahren Erziehung bedeute. Es müsse Übereinstimmung herrschen zwischen Denken und Handeln. Die christlichen Lehrer wurden daher vor folgende Wahl gestellt: „Entweder nicht das zu unterrichten, was sie nicht für wertvoll halten, oder, wenn sie unterrichten wollen, zuerst ihre Schüler durch die Tat davon zu überzeugen, daß weder bei Homer noch bei Hesiod noch irgendeinem anderen, den sie auslegen, im Hinblick auf die Götter von Gottlosigkeit, Unverstand und Irrtum die Rede sein kann, wie sie selbst erklärt haben."[161] Die Christen sollten damit ganz und gar nicht ihrer Ansicht über die Götter des Heidentums beraubt werden, bemerkt Julian nicht ohne Sarkasmus, nur wenn sie sie beibehielten, dann müßten sie sich „zu den Kirchen der Galiläer [verfügen] und Matthäus und Lukas auslegen, deren Gesetz ihr folgt, wenn ihr der Überzeugung seid, daß man sich der Tempelopfer enthalten soll"[162]. Die christlichen Kinder jedoch wollte Julian nicht von den heidnischen Schulen ausgeschlossen wissen. Denn sie erhielten auf diese Weise die Möglichkeit, von der christlichen „Krankheit" geheilt und zu den althergebrachten Traditionen zurückgeführt zu werden.

Julians Schulgesetz traf die Christen hart. Das eigentliche Ziel war indessen die Mobilisierung der Schule im Kampf für das Heidentum. Er wünschte ein Schulwesen, das die Kinder zum rechten Gottesglauben erziehen konnte. Es war kein Zufall, daß er in seinem Reskript eindeutig verneinte, daß der Unterricht nur die Aufgabe habe, die Schüler zu lehren, sich im gesprochenen und geschriebenen Wort formvollendet auszudrücken. Julian hat als Erster den Gedanken eines konfessionalistischen Schulwesens entwickelt, das moralische und religiöse Persönlichkeiten hervorbringen sollte.

Die judenfeindliche Haltung, die schon in Konstantins Gesetzgebung zu spüren war, hatte sich unter seinen Nachfolgern nur noch verstärkt. Die Juden, die ihre Glaubensgenossen daran hinderten, zum Christentum überzutreten, sollten den Tod auf dem Scheiterhaufen erleiden. Dieselbe Strafe traf jeden Christen, der sich zum Judentum bekehrte. Unter Androhung der Todesstrafe wurde die Ehe zwischen Juden und Christen verboten. Julian hob die judenfeindlichen Gesetze aller seiner Vorgänger auf. Der Grund lag jedoch nicht nur in dem Widerwillen, den er gegen die Kirche empfand, als er sich gegen deren Judenfeindschaft wandte. Er besaß ehrlichen Respekt vor den Juden. Wohl hatten sie im Gegensatz zu den Griechen keine Kultur hervorgebracht, und sie hatten ganz offenbar unrecht, wenn sie behaupteten, daß der Judengott der einzige wahre Gott sei: „Wir denken edler über ihn [den Schöpfer der Welt] als sie, und er hat uns größere Güter geschenkt als ihnen sowohl im Blick auf das Seelische als auch im Blick auf das Körperliche."[163] Julian erkannte jedoch den Judengott als einen der Götter an, die der höchste Gott als Beschützer der einzelnen Völker und Städte eingesetzt habe und die daher Anspruch auf deren Verehrung hätten. Abgesehen von dem exklusiven Monotheismus bestand für ihn eine völlige Übereinstimmung zwischen Juden und Heiden, beide hatten Tempel, Heiligtümer, Altäre, Reinigungsriten und ganz bestimmte Kultvorschriften. Und die Juden verdienten obendrein vor dem Heidentum das große Lob, daß sie mit dem größten Eifer die Gesetze befolgten, die der Schutzgott ihres Volkes ihnen offenbart hatte. Folglich war es ungerecht und falsch, wenn sie die ihnen vorgeschriebenen Opfer in Jerusalem nicht darbringen konnten. Deshalb gab Julian ihnen die Erlaubnis, ihren Tempel in Jerusalem wiederaufzubauen. Zugleich konnte er durch diesen Schritt die Kirche treffen. Für die Christen war seit der Zerstörung des Tempels im Jahre 70 dieses Ereignis ein Zeugnis dafür gewesen, daß Gott das Volk der Juden verworfen und kundgetan habe, daß der Glaube des neuen Bundes an die Stelle des jüdischen Glaubens treten solle. Wurde allerdings der Tempel wiedererrichtet, waren die Christen eines starken Arguments für die Überlegenheit ihres Glaubens beraubt. Der Bau des Tempels war schon recht weit fortgeschritten, als ein starkes Erdbeben alles wieder zerstörte. Sowohl Julian als auch die Juden mußten auf eine Fortführung der Bautätigkeit verzichten.

Julians Religionspolitik gab den Anhängern des Heidentums neue Hoffnung und neuen Mut. Ihr angestauter Zorn über das Unrecht der vergangenen Jahrzehnte entlud sich häufig in gewalttätigem Vorgehen gegen die Christen. Es kam zu Pogromen, bei denen Christen auch ihr Leben lassen mußten. Julian protestierte zwar gegen derartige Übergriffe, unternahm im übrigen aber nichts in dieser Angelegenheit. Die Verbitterung bei den Christen wurde durch sein Schulgesetz nur verstärkt, sie empfanden mit Recht, daß es ein wohl geplanter Schritt in dem Versuch war, die Christen im Imperium zu isolieren und sie sowohl kulturell als auch sozial zu Bürgern zweiter Klasse zu machen. Das allerschlimmste war jedoch, daß die Tempel wieder erstarkten und zu wirken begannen und daß Julians offene Förderung der Heiden dazu führte, daß es vielen Christen als opportun erschien, neuerlich den Göttern des Heidentums zu dienen.

Julian hoffte, wie oben gesagt wurde, daß die Kirche, wenn sie erst einmal sich selbst überlassen wäre, sich in inneren Streitigkeiten und Unruhen schnell auflösen werde. Das geschah nicht. Die Besorgnis, das Heidentum könnte wieder die Oberhand gewinnen, spornte ganz im Gegenteil die Christen an, die internen Streitigkeiten beizulegen und zusammenzuhalten. Als Julian im Juni 362 seine Residenz in Antiochia aufschlug, um auf den Spuren Alexanders des Großen einen großen Feldzug gegen die Perser vorzubereiten, gab die vorwiegend christliche Bevölkerung der Stadt deutlich ihr Unbehagen und ihren Unwillen gegen ihn zu erkennen. Es wurde ihm klar, daß es unmöglich sei, die Christen durch Überzeugung für das Heidentum zurückzugewinnen. Er mußte im Gegenteil auf einen immer massiveren Widerstand von seiten der Christen gefaßt sein. Er beschloß daher einen direkten Angriff auf die Kirche, wenn der Perserfeldzug glücklich beendet sein würde; war doch die Entfernung des Christentums aus dem Imperium die Aufgabe, die die Götter ihm auferlegt hatten.

Nachdem Julian im März 363 seine umfassenden Kriegsvorbereitungen vollendet hatte, fiel er mit großen Streitkräften in Mesopotamien ein. In einer Schlacht am 26. Juni wurde er lebensgefährlich verletzt und starb in der darauffolgenden Nacht. Als sich die Nachricht vom Tode Julians verbreitete, jubelten die Christen. Gottes Strafe hatte den gotteslästerlichen Kaiser ereilt, und kirchliche Schreiber waren bald emsig damit beschäftigt, seine vermessenen Taten zu schildern. Er war ein abscheulicher Abtrünniger, der sich jedoch auf seinem Todeslager bekehrte und Christus mit den Worten anerkannte: „Du hast gesiegt, Galiläer!" Die Anhänger des Heidentums waren dagegen wie gelähmt. Sie meinten, Verrat sei Ursache seines Todes: ein christlicher Soldat habe seinen Speer gegen den Kaiser geschleudert. Wie sonst könne man sich Julians trauriges Ende erklären? Er hatte doch den Göttern, die die Größe des Römischen Reiches geschaffen und ihm ferner den Sieg über die Perser, den alten Erbfeind der Römer, verheißen hätten, mit frommem Eifer gedient. Für sie war es selbstverständlich, ihn Julian den Großen zu nennen, weil er gegen den Abfall Konstantins und seiner Söhne von der Religion der Väter aufgetreten war. Um der Darstellung Julians durch die Christen zu begegnen, sammelten sie bald seine nachgelassenen Briefe und Schriften und versuchten, sein Leben möglichst ausführlich darzustellen. Deshalb sind wir über ihn so gut wie nur über wenige andere Persönlichkeiten der Antike unterrichtet.

Niemand kann sich mit Julian beschäftigen, ohne von der leidenschaftlichen Aufrichtigkeit beeindruckt zu sein, mit der er sich für die Götter des Heidentums einsetzte. Er hatte sich ein großes Ziel gesetzt, für dessen Verwirklichung er alle seine Kräfte anspannte. Er ist eine Gestalt, die Respekt verlangt – darüber ist sich die Forschung heute einig. Dagegen hat man sein religiöses Reformprogramm mit bedeutend größeren Vorbehalten beurteilt. So bestand die Neigung, es als ein wirklichkeitsfernes romantisches Unterfangen abzuwerten. Richtig ist daran, daß Julians Pläne für die Wiedergeburt des Heidentums nicht eine Rückkehr zu den göttlichen Gesetzen, die für ihn in den überkommenen Traditionen enthalten waren, bedeuteten. *Sein* Verständnis des Heidentums war von den neuplatonischen Religionsphilosophen geprägt und war der Mehrzahl derer, die an den alten Kulten festhielten, fremd. Aber damit ist keineswegs alles gesagt. In Wahrheit ist sein Reformprogramm Ausdruck einer klaren und nüchternen Einsicht in die Situation des Heidentums. Er erkannte genau, warum es sich nicht länger durchzusetzen vermochte. Wie sehr er auch die Kirche und ihren Glauben haßte und verachtete, so war er doch vorurteilsfrei genug, um zu sehen, wo ihre Stärke lag und warum sie imstande war, Menschen für sich zu gewinnen. Er wollte sich belehren lassen und alles nutzen, was der Wiederaufrichtung des Heidentums dienen konnte. Die christliche Kirche war weitgehend Vorbild für seine Reformpläne. Julian wußte, daß mit der Errichtung von Tempeln und der Wiederbelebung der alten Kulte noch nicht alles getan war. Das Heidentum konnte sich im Kampf gegen die Kirche nur behaupten und den Sieg erringen, wenn es der Kirche in jeder Hinsicht überlegen war. Deshalb mußte seine heidnische Kirche ein klares und verpflichtendes Glaubensbekenntnis und eine Priesterschaft haben, für die die Gottesverehrung ein die ganze Persönlichkeit forderndes, existenzielles Anliegen war. Deshalb mußte die Bevölkerung unter Leitung der Priester dazu aktiviert werden, die göttlichen Gesetze zu verstehen und zu halten.

Julian war der große Reformator des Heidentums im vierten Jahrhundert. Sein Reformprogramm zielte darauf ab, dem Heidentum die innere Sammlung zu geben, die es so bitter nötig hatte. Inwieweit ihm die Realisierung des Programms bei einer längeren Regierungszeit gelungen wäre, ist schwer zu sagen. Es scheint jedoch zweifelhaft. Letztlich stand Julian mit seiner Einschätzung der Situation und den sich daraus ergebenden Forderungen allein. Er erkannte nicht, daß sein Reformprogramm dem Christentum mehr verdankte als dem Heidentum und deshalb den Anhängern des letzteren im Grunde völlig fremd war. Im Kampf für die Wiedergeburt des Heidentums war er ein General ohne Heer. Das war das wirklich Tragische an der Religionspolitik Julians. Zugleich aber verrät uns sein Reformprogramm, worin die Stärke der Kirche lag und warum sie allen inneren theologischen und kirchenpolitischen Gegensätzen zum Trotz das Heidentum aus dem Feld zu schlagen und die siegreiche Religion im Imperium zu werden vermochte.

Mit Julian starb die konstantinische Dynastie aus. Das römische Expeditionsheer in Persien, in dem alte orientalische Truppen des Konstantius dominierten, wählte den Pannonier Jovianus zum Kaiser. Er war Christ und hob umgehend alle Gesetze und Beschlüsse Julians gegen die Christen wieder auf, z. B. erhielten sie wieder das Recht, in den heidnischen Schulen zu unterrichten. Die Kirche erhielt erneut Unterstützung vom Kaiser, und die Priesterschaft bekam ihre verlorenen Privilegien zurück. Von einer Unterdrückung der heidnischen Kulte war allerdings auch keine Rede. Es sollte völlige Religionsfreiheit im Reich herrschen. Diese Politik wurde von seinen Nachfolgern, Valentinianus I. (364–375) und seinem Bruder Valens (364–378), die im Westen bzw. Osten Kaiser waren, fortgeführt. Auch sie waren Christen, ließen aber das Heidentum in Frieden. Sie beschränkten sich auf das Verbot von Haruspicien und nächtlichen Opfern, aber das war wiederum vor allem von der Furcht vor politischen Verschwörungen diktiert. Die Heiden konnten ohne Schwierigkeiten bis in die höchsten Stellungen im Heer und in der kaiserlichen Verwaltung gelangen.

Fast zwanzig Jahre lang herrschte praktisch Religionsfriede im Imperium. Christentum und Heidentum standen jedoch weiterhin in schroffem Gegensatz zueinander, der Kampf ging weiter, wurde aber hauptsächlich mit geistigen Waffen geführt, und in dieser Auseinandersetzung gewann die Kirche die Oberhand. In diesen Jahrzehnten fiel die Entscheidung über die religiöse Zukunft des Imperiums.

Im Osten nahmen die Christen nach Julians Tod sogleich tatkräftig Rache für die Behandlung, der sie unter seiner Regierung von seiten der Heiden ausgesetzt gewesen waren. Es kam zu gewaltsamen Zwischenfällen, die zeigten, daß es gefährlich war, als Vorkämpfer für das Heidentum aufzutreten. Nach der Absetzung der prominentesten Heiden war der Beamtenstand entweder christlich, oder er verhielt sich wohlwollend neutral dem Christentum gegenüber. Nur bei der Mehrheit der Philosophen konnte von einer direkt ablehnenden Haltung gegenüber der Kirche die Rede sein. Aber aus ihren Reihen traten keine Führer hervor, die eine gemeinsame heidnische Front schaffen wollten oder konnten. Sie schienen sich damit abgefunden zu haben, daß das Christentum gekommen war, um zu bleiben, und sie waren nur daran interessiert, Freiheit zur Pflege ihrer philosophischen und religiösen Interessen zu erhalten, die wie bisher der intelektuellen Elite vorbehalten waren. Niemand fühlte sich berufen, an Julians religiösem Reformprogramm weiterzuarbeiten. Es wurde mit seinem Urheber zu Grabe getragen.

Im Westen schien das Heidentum dagegen ganz andere Möglichkeiten zur Selbstbehauptung zu haben. Nicht nur waren die westlichen Provinzen weit weniger christianisiert als die östlichen, sondern das Heidentum besaß hier auch in dem römischen Senatsadel eine feste Bastion. In den fünfziger Jahren hatten die großen Senatorenfamilien die bedrohte Stellung des Heidentums erkannt. Als Reaktion auf die verstärkte Ausbreitung des Christentums schlossen sie sich bewußt um die althergebrachten Kulte zusammen und pflegten eifrig die Mysterienreligionen, die jetzt von allen als ein integrierender Bestandteil der heidnischen Gottesverehrung akzeptiert waren. Rom wurde in der zweiten Hälfte des vierten Jahrhunderts zum Zentrum einer neuen Blüte des Heidentums. Untrennbar verbunden damit war die intensive Beschäftigung mit der Vergangenheit der Stadt und des Staates. Man pflegte das klassische Latein und die großen lateinischen Dichter und Historiker und gab nach deren Vorbild historische Darstellungen heraus, die der Bewahrung der ruhmvollen Geschichte Roms für die eigene Zeit und die Nachwelt dienen sollten. Dieser kulturellen Renaissance verdanken wir übrigens zu einem nicht geringen Teil, daß uns die klassische lateinische Literatur erhalten geblieben ist.

Wir sind über die geistige Haltung des römischen Senatsadels in dieser Zeit verhältnismäßig gut unterrichtet. Eins fällt dabei sofort auf: Man scheint sich mehr für Roms große Vergangenheit als für die brennenden Probleme der Gegenwart interessiert zu haben: den Erfolg des Christentums und den ständig wachsenden Druck der Germanen auf die Grenzen des Reiches. Dies tritt umso deutlicher hervor, wenn man sieht, wie ausgesprochen eng und standesbezogen die Interessen und Sorgen des römischen Adels für die Dinge des Alltags waren. Es ist unbestreitbar, daß ihre Beschäftigung mit den Traditionen Roms für sie ein Mittel des Protestes gegen eine Entwicklung war, die ihre Lebensform und ihre soziale Position bedrohte. Ihre eigenen Standesinteressen wogen in der Tat ebenso schwer, ja oft viel schwerer als Wohl und Wehe des Imperiums. Im übrigen waren Standesinteressen und Staatswohl für sie keine Gegensätze: sie waren überzeugt, daß sie weiterhin das geistige Rückgrat des Reiches bildeten, da sie die Traditionen hüteten, die die Größe des Imperiums geschaffen hatten. Ihre Beschäftigung mit der Geschichte Roms diente jedenfalls dem Ziel, die geistigen und religiösen Kräfte aufzudecken, die in ihren Augen die einzigen waren, die alles das Römische Reich bedrohende Unheil und alle Gefahren abwenden konnten. Man richtete den Blick auf die Vergangenheit, um die Gegenwart zu retten. Hierin unterschied sich die römische Aristokratie von Julian, der die Mängel und Schwächen des Heidentums seiner Zeit deutlich erkannte und alles daran setzte, um durch ein konstruktives Reformprogramm die Situation zu verbessern. Im Vergleich damit war der Kampf des römischen Senatsadels für das Heidentum schwärmerisch und wirklichkeitsfern. Seine Vertreter bildeten eine kleine geschlossene Gruppe, die trotz ihrer starken sozialen und kulturellen Position den Fortschritt des Christentums höchstens verzögern, aber keineswegs zum Stillstand bringen konnte.

Obwohl die Kirche auch weiterhin von theologischen und kirchenpolitischen Gegensätzen und Streitigkeiten heimgesucht wurde, festigte und erweiterte sie in diesen Jahrzehnten ihre Stellung im Imperium. Sie konnte jetzt umso leichter Zugang zu den breiten Schichten des Volkes finden, als sie viele religiöse Bräuche des Heidentums übernommen hatte. So setzte sich z.B. der Heiligen- und Reliquienkult in der zweiten Hälfte des vierten Jahrhunderts mit voller Kraft durch. Die Menschen konnten nun auch in der Kirche die wundertätige Hilfe in allen Lebenslagen finden, welche sie früher bei den Göttern des Heidentums und in ihren Kulten gefunden hatten. Mit den vielen kirchlichen Festtagen, die in diesem Jahrhundert hinzukamen, und mit ihrem reichen gottesdienstlichen Leben konnte die Kirche die Konkurrenz mit den heidnischen Festen und Kultzeremonien aufnehmen. Man minderte auch aus rein praktischen Gründen die strengen Forderungen der vorkonstantinischen Kirche nach Entsagung und Buße als Bedingung für ein christliches Leben. Man wurde als Christ angesehen, wenn man sich in das Katechumenat aufnehmen ließ – auch wenn dies nicht mit dem unmittelbaren Wunsch verbunden war, die Taufe zu empfangen. Durch die großen Scharen, die sich um die Kirche drängten, war sie im

Begriff, eine Volkskirche zu werden, in der die Grenze zwischen Christentum und Heidentum oft fließend war.

Aber zugleich war zu Beginn des vierten Jahrhunderts in Ägypten eine asketische Erweckungsbewegung entstanden, die sich in kurzer Zeit über die gesamte Christenheit ausbreitete. Ihre Anhänger hatten der Welt entsagt und sammelten sich in Einsiedlerkolonien und Klöstern, um durch Entsagung und Selbstverleugnung ein Leben mit Gott zu verwirklichen. Ihre bloße Existenz war ein unmißverständlicher Protest gegen die Verweltlichung, die in das kirchliche Leben eingedrungen war. Die asketische Erweckung ergriff allerdings nicht nur die eigentlichen Mönche und Nonnen, auch Priester und Laien konnten sich ihr nicht entziehen. Von größter Bedeutung war, daß zahlreiche Bischöfe von den Idealen dieser Bewegung beeinflußt waren. Dadurch erhielt die Kirche eine Führungselite von religiösem und sittlichen Format, eine Elite, um die sich Julian bei der Erneuerung des Heidentums vergeblich bemüht hatte.

Christliche Denker hatten schon in der vorkonstantinischen Kirche gegen die Behauptung protestiert, das Christentum sei kulturfeindlich. Außerdem waren viele von ihnen der Überzeugung, daß die griechische Philosophie eine göttliche Gabe sei, die bei der Darstellung und Begründung des christlichen Glaubens eine Hilfe bieten konnte. Diese Anschauung setzte sich immer stärker durch, je tiefer die Kirche im Römischen Reich Wurzeln schlug. Nicht zuletzt in der zweiten Hälfte des vierten Jahrhunderts gingen Christen bei heidnischen Rhetoren und Philosophen in die Lehre und eigneten sich das Wissen der Zeit an. Intellektuell konnten sie sich mit den besten Vertretern des Heidentums messen. Aber der christliche Glaube war für sie Orientierungspunkt und kritischer Maßstab; er entschied darüber, was sie von der Philosophie ihrer Zeit gebrauchen konnten. Für sie war es z. B. selbstverständlich, daß die philosophische Arbeit der Liebe zu dem einen wahren Gott, dem Schöpfer und Erlöser der Menschheit, und der Liebe zu den Menschen, die zum Glauben und Gehorsam gegenüber Gottes Willen geführt werden sollten, zu dienen habe. Dies gab ihrem Denken eine außerordentliche Zielstrebigkeit und zugleich eine Offenheit nach außen, die in deutlichem Gegensatz zu der introspektiven Exklusivität der neuplatonischen Philosophen stand. In der Tat hatten die christlichen Theologen auf intellektueller Ebene eine Gedankenarbeit geleistet, die in ihrer Einfachheit und Geschlossenheit die Religionsphilosophie des Heidentums als eine widerspruchsvolle Größe erscheinen ließ. Es war allerdings charakteristisch für die Situation, daß die Gebildeten unter den Vorkämpfern des Heidentums diese intellektuelle Herausforderung nicht annahmen. Auch sie schienen in ihrer Begeisterung für die großen philosophischen Traditionen der Vergangenheit die gegenwärtige christliche Herausforderung unbeachtet zu lassen. Auch hier ist der Gegensatz zu Kaiser Julian augenfällig. Das in diesem Zusammenhang Entscheidende ist allerdings, daß es den Denkern der Kirche gelungen war, einen Keil zwischen die Gottesverehrung des Heidentums und die Philosophie zu treiben. Die Vertreter des Heidentums konnten nicht mehr mit Fug und Recht behaupten, Kultur und Zivilisation der Spätantike stehe und falle mit der Bewahrung der alten Traditionen.

Die große Trumphkarte des Heidentums war gewesen, darauf hinweisen zu können, daß Rom zur Zeit, als es den römischen Göttern diente, eine Weltmacht geworden war. Wer die Teilnahme an der Verehrung dieser Götter verweigerte, war folglich ein Feind des Römischen Reiches. Gegen diese Auffassung hatten die christlichen Apologeten seit dem zweiten Jahrhundert energisch Einspruch erhoben. Der Kaiser hatte auch in den Augen der Christen sein Herrscheramt von Gott erhalten und deshalb Anspruch auf Gehorsam. Man war ebenso davon überzeugt, daß das Römische Reich von Gott dazu ausersehen war, ein Bollwerk gegen alle Mächte der Barbarei und Zerstörung zu sein. Viele Christen waren außerdem der Ansicht, die *Pax Augusta,* die Sammlung und Einheit des Reiches unter Kaiser Augustus, sei Ausdruck der Vorsehung Gottes und die notwendige Voraussetzung gewesen, damit das Christentum zu allen Völkern gelangen konnte. Lediglich das Beharren der Kaiser auf dem Götzenkult war der große Stein des Anstoßes, der die Christen an der bedingungslosen Parteinahme für das Römische Reich hinderte. Man hat dem Kaiser daher unter Androhung der ewigen

Verdammnis vorgehalten, es sei seine Pflicht, die Götzen zu verwerfen und an ihrer Stelle den wahren Gott anzubeten, hegte aber im übrigen nicht die geringste Hoffnung, daß das auch geschehen würde.

Das Unerwartete geschah indessen mit Konstantin. Die Christen betrachteten ihn bald als den neuen Moses, den Gott gesandt hatte, damit er sein Volk aus der Knechtschaft unter gottlosen Tyrannen in die Freiheit führe. Daß sich der Kaiser dem wahren Gott zuwandte, empfand man als einen entscheidenden Wendepunkt in der Geschichte der Menschheit. Bischof Eusebius von Caesarea läßt dies in seiner Kirchengeschichte und in seiner Konstantinbiographie deutlich erkennen. Zugleich aber entwickelte er hier in Weiterführung der Ansätze bei früheren christlichen Denkern wie zum Beispiel Origenes eine Deutung der heilsgeschichtlichen Aufgabe des Römischen Reiches, die im vierten Jahrhundert für fast die gesamte Kirche maßgebend war.

Nach Eusebius hatte Gott seit Ewigkeit beschlossen, sich ein heiliges Volk zu schaffen. In der Bibel wird berichtet, wie Gott diesen Plan schrittweise verwirklicht. Daß Christus zur Zeit der Errichtung der *Pax Augusta* auf Erden erschien, bedeutete für Eusebius, daß die biblische Heilsgeschichte in der Geschichte des Römischen Reiches ihre Fortsetzung finden sollte. Die politische Einigung unter Augustus war die Voraussetzung dafür, daß die Menschheit in einem gemeinsamen Glauben und in einem gemeinsamen Gottesdienst vereint werden konnte. Wie Christus im Namen Gottes handelte, so war der Kaiser berufen, im Namen Christi hier auf Erden zu handeln. Er war Stellvertreter Christi und hatte von ihm Gnade und Kraft erhalten, die Völker der Erde für das kommende Reich Gottes bereit zu machen. Im Bewußtsein, daß Christus hinter ihm stand und ihn beschützte, sollte er alles bekämpfen und beseitigen, was sich der Verwirklichung der ewigen Bestimmung der Menschheit hindernd in den Weg stellte. Das Römische Reich unter der Führung des Kaisers war somit ein Abbild des himmlischen Reiches Gottes, und es bahnte zugleich den Weg für sein Kommen. *Civitas Romana* und *civitas Christiana* waren identisch: das Römische Reich war die Existenzform des christlichen Gottesvolkes hier auf Erden.

In Eusebius' Konzeption von der göttlichen Sendung des Römischen Reiches ist der Eindruck von der Religionspolitik Konstantins verschmolzen mit der heidnischen sakralen Kaiserideologie und der alttestamentlichen Auffassung vom König als dem Führer des auserwählten Gottesvolkes. Aber wieviel er auch vom heidnischen politischen Denken der Spätantike übernommen hatte, es kommt bei ihm doch zu einem neuen dynamischen Verständnis von der Berufung und der Aufgabe des Römischen Reiches. Das Wesen des Reiches war nicht durch die althergebrachten Traditionen bestimmt, zu denen es deshalb zurückzukehren gegolten hätte. Seine Zielsetzung lag außerhalb seiner selbst bei dem Gott, der die Geschichte lenkte, um seinen Erlösungswillen zu verwirklichen. Deshalb sollte man mit dem Blick auf die Zukunft gerichtet leben, befreit von den Traditionen der Vergangenheit, die das Römische Reich an der Erfüllung seiner von Gott gesetzten Bestimmung hinderten. Auch auf der Ebene des politischen Denkens hatten die Sprecher des Christentums also eine Alternative zur Auffassung des Heidentums vom unverbrüchlichen Zusammenhang zwischen dem römischen Imperium und der Verehrung der römischen Götter entwickkelt.

378 ereignete sich eine militärische Katastrophe, die das gesamte Imperium erschütterte. Von den Hunnen, einem ostasiatischen Nomadenvolk, bedrängt, fielen die Westgoten in den Balkan ein und rieben bei Adrianopel das zahlenmäßig weit stärkere römische Heer auf, das gegen sie ausgerückt war. Kaiser Valens, der das Heer anführte, fiel im Kampf. Gratian, der Kaiser des Westens, erkannte, daß er allein nicht imstande war, die verzweifelte Situation zu bewältigen. Deshalb ernannte er im Januar 379 den Spanier Theodosius zum Kaiser des Ostens. Theodosius schuf sich in kurzer Zeit eine starke Machtbasis, so daß *er* in Wirklichkeit das gesamte Imperium regierte und alle entscheidenden politischen Beschlüsse faßte. Und dies galt auch für die Religionspolitik.

Theodosius war ein aufrichtiger und eifriger Christ, der sich von Anfang an das Ziel gesetzt hatte, das Christentum zur einzigen zugelassenen Religion des Reiches zu machen. Dies war allerdings ein Langzeitprogramm, da das Heidentum immer noch recht stark war. Ferner war eine kraftvolle und einige Kirche die unabdingbare Voraussetzung, um das Ziel zu erreichen. Theodosius nahm deshalb als erstes die Wiederherstellung der kirchlichen Einheit in Angriff. Alle Christen mußten sich unter *einem* gemeinsamen Glauben und Bekenntnis sammeln, und wer davon abwich, sollte wegen Gotteslästerung bestraft werden. In einem Gesetz vom 27. Februar 380 heißt es: „Wir wollen, daß alle Völker, die unsere huldvolle Regierung lenkt, in der Religion leben, die der göttliche Apostel Petrus den Römern überliefert hat, so wie es die von ihm dargelegte Religion bis jetzt dartut, und die Pontifex Damasus und Petrus, der Bischof von Alexandria, ein Mann von apostolischer Heiligkeit, offensichtlich befolgen. Das will heißen, daß wir nach der apostolischen Unterweisung und der evangelischen Lehre an die göttliche Einheit des Vaters und des Sohnes und des Heiligen Geistes in der gleichen Majestät und der heiligen Dreifaltigkeit glauben. Wir befehlen, daß diejenigen, die diesem Gesetz folgen, Anspruch auf den Namen ‚katholische Christen' haben, daß aber die übrigen, die wir als Wahnsinnige und Verrückte ansehen, die Schande der ketzerischen Lehre tragen, daß ihre Versammlungsstätten den Namen Kirche nicht führen dürfen und daß sie vor allem von der göttlichen Strafe heimgesucht werden, dann aber auch von der Strafe unseres Eingreifens, das uns durch himmlisches Urteil übertragen worden ist. Denn wer die Heiligkeit des göttlichen Gesetzes durch Unwissenheit verwirrt und Gewalt gegen es übt und es durch Unwissenheit verletzt, begeht damit eine Gotteslästerung." Dieses Gesetz ist vor allem als ein kirchenpolitisches Programm anzusehen, aber Theodosius wußte es auch in die Praxis umzusetzen. Er berief 381 eine Synode der Bischöfe aus der östlichen Reichshälfte nach Konstantinopel ein. Sie beschloß das sogenannte nicäno-konstantinopolitanische Glaubensbekenntnis, das bald darauf von der gesamten Kirche akzeptiert wurde. Damit fanden die dogmatischen Streitigkeiten ihren Abschluß, die seit dem Konflikt zwischen Arius und Bischof Alexander von Alexandria die

Kirche in Unruhe versetzt hatten. Gleichzeitig gelang es Theodosius, die kirchenpolitischen Gegensätze aus der Welt zu schaffen. Die Wiederherstellung der Einheit der Kirche wurde begleitet von einem verschärften Kurs gegenüber den Ketzern. Ihre Gottesdienste wurden verboten und ihre Kirchengebäude konfisziert.

In seinem Verhältnis zum Heidentum beschränkte sich Theodosius zunächst darauf, Ende 381 ein Gesetz zu erlassen, das alle mit Zeichendeutung verbundenen Opfer verbot. Niemand durfte solche Orakeltempel aufsuchen. „Man soll Gott durch geziemende Gebete ehren und ihn nicht durch eine gotteslästerliche Kultpraxis herausfordern", lautete die kaiserliche Begründung. Die Folge dieses Gesetzes war die Schließung einer Reihe von Tempeln. Um von einem Rückfall in das Heidentum abzuschrecken, ordnete Theodosius 383 an, daß Zeugenaussagen von Abtrünnigen vor Gericht ohne Gültigkeit seien und daß diese weder selbst erben noch über die Erbfolge ihrer Besitzungen testamentarisch verfügen könnten.

Im Westen war der junge Gratian in seinen ersten Regierungsjahren der Toleranzpolitik seines Vaters gefolgt. Er war jedoch unter den Einfluß der beiden starken Kirchenführer des Westens, Bischof Damasus von Rom (366–384) und Bischof Ambrosius von Mailand (374–397), geraten. Sie hatten ihm eingeschärft, daß eine Tolerierung des Heidentums mit der Pflicht eines christlichen Kaisers unvereinbar sei. Das erste Zeugnis eines geänderten Kurses war, daß Gratian 382 den Titel eines *Pontifex Maximus* ablehnte.

Ohne Genaueres sagen zu können, waren es wahrscheinlich auch Damasus und Ambrosius, die hinter dem wohldurchdachten Angriff standen, den Gratian im Herbst 382 gegen das Heidentum in Rom richtete. Er schaffte jede staatliche Unterstützung für den heidnischen Kult ab, hob die Privilegien der Vestalinnen und der römischen Priesterkollegien auf, konfiszierte ihren gesamten Grundbesitz und verbot ihnen die Annahme von Erbschaften. Schließlich verlangte er die Entfernung des *Victoria*-Altars aus der *Curia*, dem Sitz des römischen Senats.

Das Geschickte an diesem Vorgehen war, daß man die Verehrung der römischen Götter und die Abhaltung der damit verbundenen Feste keineswegs verbot. Aber man erschwerte die Aufrechterhaltung des Kults, indem man die bisherige öffentliche Unterstützung einstellte und die Vermögensmasse der Kultstätten beschlagnahmte. Zugleich hatte Gratian mit diesem Schritt zu verstehen gegeben, daß die Verehrung der heidnischen Götter reine Privatsache war, für die der Kaiser keinerlei Verantwortung übernehmen konnte. Das Imperium hatte sich damit in der Gestalt des Kaisers von jedweder Verbindung mit den römischen Göttern losgesagt.

Roms heidnischer Senatsadel war empört. Die kaiserlichen Beschlüsse bedeuteten eine schwere wirtschaftliche Belastung: sollten die aufwendigen heidnischen Kulte weiterbestehen, mußten von jetzt an seine Mitglieder die Kosten aus ihren privaten Mitteln bestreiten. Die große heidnische Mehrheit der Senatsmitglieder war entrüstet darüber, daß man auf diese Weise die althergebrachten Traditionen, die Grundlage der Existenz des Römischen Reiches, mit Verachtung belegte. Die Forderung nach Entfernung des *Victoria*-Altars war für sie ein Symbol dieser gottlosen Aktion; hatte der Senat doch von alters her an diesem Altar vor Beginn einer jeden Sitzung Weihrauch geopfert; und solange er in der *Curia* stand, würde die Siegesgöttin dem Imperium ihre Gunst schenken, davon war man überzeugt.

Die heidnischen Mitglieder des Senats beschlossen sogleich, bei Gratian zu protestieren. Zu ihrem Sprecher wählten sie Symmachus, eines der führenden Mitglieder der römischen Aristokratie. Er war ein hochgebildeter Mann, dem die Wahrung der römischen Traditionen am Herzen lag. Ihm wurde jedoch der Zugang zum kaiserlichen Hauptquartier in Mailand verwehrt.

Auf das kaiserliche Vorgehen reagierte Roms heidnischer Adel, indem er sich noch bewußter um die althergebrachten Kulte scharte und die Kosten für ihre Fortführung selbst trug. Die Götter schienen auch nicht gesonnen, die Lästerung über sich ergehen zu lassen. 383 gab es Mißernten und Hungersnot, und der in den Augen der Heiden vermessene Gratian wurde während eines Aufruhrs getötet. Nachfolger wurde sein jüngerer Bruder, der zwölfjährige Valentinianus II. (383–392). Die heidnischen Senatsmitglieder hielten die Gelegenheit für günstig, sich von neuem an den Kaiser zu wenden und um Widerruf der Beschlüsse Gratians zu bitten. Und diesmal gelang es der Senatsdelegation mit Symmachus an der Spitze, am kaiserlichen Hof in Mailand vorgelassen zu werden. Mit seiner ganzen Überzeugungskraft plädierte Symmachus hier für seine Sache. Seine uns erhaltene Rede[164] ist äußerst informativ für das Verständnis der religiösen Haltung des römischen Senatsadels. „Wir bitten um Wiederherstellung der religiösen Verhältnisse *(status religionis)*, die so lange für den Staat von Nutzen waren." Jedes Volk habe seine Schutzgeister, deren Kult nützlich sei. Niemand könne durch seine Vernunft zu klarer Einsicht in das Göttliche gelangen, aber die Götter könnten doch erkannt werden durch das Glück und die Herrlichkeit, die sie in irdischen Angelegenheiten schenkten. Roms Geschichte habe durch die Jahrhunderte hindurch Existenz und Nutzen der römischen Götter bewiesen, und deshalb müsse die Treue zu ihnen auch in Zukunft unangetastet bleiben: „Wir müssen den Vätern folgen, die auf glückliche Weise ihren Vätern gefolgt sind." Symmachus läßt Rom selbst auftreten und den Kaiser persönlich um die Freiheit bitten, der Religion folgen zu dürfen, die die Stadt bewahrt und ihre Größe geschaffen habe. Rom sei zu alt für einen Wechsel des Kults: „Also bitten wir um Frieden für die althergebrachten Götter, für die nationalen Götter *(di patrii, di indigetes)*. Es ist recht und billig, daß wir das als eine Einheit auffassen, der alle dienen. Wir haben dieselben Sterne, der Himmel ist uns gemeinsam, und dieselbe Welt umgibt uns. Was bedeutet es da, mit welchem Wissen *(prudentia)* ein jeder das Wahre sucht? Auf nur einem Wege kann man nicht zu einem so großen Geheimnis gelangen *(uno itinere non potest perveniri ad tam grande secretum)*." Da die höchste Gottheit, die in sich selbst verborgen und unzugänglich sei, durch die vielen untergeordneten Götter mit den Menschen in Verbindung trete, könne kein Kult den Anspruch erheben, der einzige und wahre zu sein.

Symmachus' Appell und Gesuch um die Erlaubnis zur Verehrung der römischen Götter unter den bisherigen Bedingungen machten einen tiefen Eindruck. Als es so aussah, als wollte Valentinian dem Ersuchen des heidnischen Senatsadels entsprechen, griff Bischof Ambrosius ein. In einem Brief wies er ihn auf die Pflichten eines christlichen Kaisers hin: „Wenn alle Menschen, die unter der römischen Herrschaft leben, für Euch Kaiser und Herrscher der Welt kämpfen sollen, so müßt Ihr selbst für den allmächtigen Gott und den heiligen Glauben kämpfen. Denn es kann kein uneingeschränktes Glück und Heil *(salus tuta)* geben, wenn nicht ein jeder aufrichtig dem wahren Gott dient, das heißt dem Gott der Christen, der alles regiert... Wer diesem wahren Gott dient und ihn annimmt, um ihn mit der innerlichsten Liebe anzubeten, täuscht keine Unwissenheit vor, übt keine Nachsicht, sondern er legt den Eifer des Glaubens und der Frömmigkeit an den Tag. Und wenn dies so ist, dann darf er auf keinen Fall erlauben, daß man den Göttern opfert und daß man die gottlosen Kulte der Heiden wahrnimmt."[165] Handele Valentinian nicht wie ein rechter Christ, indem er das Verlangen der römischen Senatsmitglieder abweise, so solle er wissen, daß er exkommuniziert werde. Der Kaiser folgte seinem Bischof. Gratians Verordnungen bezüglich des Heidentums in Rom blieben in Kraft.

Kurze Zeit später fiel Ambrosius ein Exemplar von Symmachus' Antrag an den Kaiser in die Hände. Er hielt die Veröffentlichung einer Gegenschrift für nötig, in der er Symmachus Punkt für Punkt widerlegte[166]. Für Ambrosius war es eine Geschichtsfälschung, wenn man behauptete, die römische Religion habe Rom beschützt und erhalten. Daß die Stadt eine Weltmacht geworden sei, liege ganz einfach an dem Mut und der Tüchtigkeit ihrer Soldaten. Es sei ferner völlig irreführend zu behaupten, daß man nicht zur Gotteserkenntnis gelangen könne: „Wie kann ich Euch glauben, die Ihr zugebt, keine Kenntnis von dem zu haben, dem Ihr dient?... Wovon Ihr keine Kenntnis habt, das haben wir durch die Stimme Gottes erkannt. Was Ihr durch Vermutungen sucht, das haben wir aus Gottes Weisheit und Wahrheit erfahren. Eure Auffassungen stimmen also nicht mit den unsrigen überein. Ihr bittet den Kaiser um Frieden für Eure Götter, wir bitten Christus um Frieden eben für den Kaiser."[167]

Den Appell der Senatoren an den Kaiser, wieder öffentliche Unterstützung für die traditionellen Kulte zu gewähren, betrachtete Ambrosius lediglich als Ausdruck einer unziemlichen Begünstigung: „Während wir stolz sind auf das Blut, das wir vergossen haben, sind die nur gekränkt wegen des Geldes, das man ihnen genommen hat. Die Armut, die wir als eine Ehre betrachten, sehen sie als eine Kränkung an. Wir meinen, daß die Kaiser zu keinem Zeitpunkt ihre Wohltaten mehr an uns verschwendet haben denn, als sie uns schlagen und töten ließen. Gott hat uns einen Lohn dafür gegeben, den sie als eine Strafe betrachten. Wir sind durch ungerechte Behandlung, durch Entbehrung, durch Todesstrafe gewachsen; jene meinen, daß ihre Kulte *(ceremoniae)* ohne die Staatskasse nicht existieren können."[168] Die Klage der Senatoren sei überhaupt völlig unangemessen. Niemand habe ihnen das Recht verweigert, die Götter so zu verehren, wie sie es selbst wünschten. Es sei nur dies geschehen, daß man ihnen den Grundbesitz genommen habe, dessen Erlös nicht zu religiösen Zwecken verwandt werde, ihr Protest, so unterstellte Ambrosius, sei vor allem durch persönliche wirtschaftliche Interessen motiviert. Sie sollten hier dem Beispiel der Kirche folgen und ein Leben unter deren Existenzbedingungen akzeptieren: „Nichts besitzt die Kirche für sich selbst – ausgenommen den Glauben. Diese Einnahmen, diese Früchte wirft der Glaube ab. Der Besitz der Kirche ist die Annahme der Armen. Laßt sie aufrechnen, wieviele Gefangene die Tempel freigekauft haben, wievielen Armen sie Speise gegeben haben, wievielen Verbannten sie die Mittel für eine Existenz verschafft haben!"[169]

Die Berufung auf die Unverletzlichkeit der überkommenen Traditionen war für Ambrosius völlig absurd: „Wenn Rom an den alten Kulten *(ritus veteres)* Gefallen gefunden hat, warum hat es dann fremde Kulte übernommen?... Warum haben sie [die Römer] – um dem Hauptpunkt ihrer Klage entgegenzutreten – fremde Religionen nachgeahmt, indem sie die Götterbilder eroberter Städte, besiegte Götter und ausländische Kulte aufgenommen haben?"[170] Überhaupt sei es völlig vernunftwidrig, sich auf die Vergangenheit festlegen zu wollen. Sowohl die Welt als auch die Menschheit befänden sich im Wachstum und in der Entwicklung. Dies gelte von der Kultur, aber auch die Geschichte der Kirche selbst sei das deutlichste Zeugnis dafür, da ihr Glaube und ihre Gnadengaben sich nun über alle Völker ausgebreitet hätten. Daß Rom sich schämen solle, seinen altehrwürdigen Kult aufzugeben, war Ambrosius völlig unbegreiflich: es könne doch niemals eine Schande sein, sich zu etwas Besserem zu bekehren: „Warum sucht Ihr Gottes Stimme in toten Tieren? Kommt und lernt hier auf Erden den himmlischen Kriegsdienst!"[171]

Symmachus' Appell an Kaiser Valentinian und Ambrosius' Gegenschrift sind zwei Dokumente, die auf großartige Weise den Gegensatz zwischen Heidentum und Christentum am Ende des vierten Jahrhunderts beleuchten. Symmachus steht für ein Heidentum, das in die Defensive gedrängt ist und nur noch darum bittet, seine Traditionen beibehalten zu dürfen. Ambrosius hingegen vertritt eine Kirche, die sich ihrer Sache sicher und die sich dessen gewiß ist, daß sie den Sieg über das Heidentum davontragen wird. Sie glaubt, den Menschen etwas geben zu können, was das Heidentum nicht zu geben vermochte, und deshalb läßt sie nicht nach, bis sie das Heidentum überwunden hat.

Es war der Kirche gelungen, dem Heidentum in Rom mit Hilfe des Kaisers eine ernste Niederlage zuzufügen. Zur gleichen Zeit war es im Osten zu einem verschärften Kampf gegen das Heidentum gekommen. Theodosius' offizielle Politik bestand zwar immer noch lediglich in der Forderung auf Schließung jener Tempel, deren blutige Opfer mit Zeichendeutung im Zusammenhang standen; so war es weiterhin erlaubt, den Göttern Wein und Weihrauch zu opfern. 386 beauftragte er jedoch Cynegius, einen seiner höchsten Beamten, die östlichen Provinzen zu bereisen und dafür zu sorgen, daß das Gesetz über das Verbot blutiger Opfer eingehalten werde. Cynegius, der als Christ von der Abscheulichkeit des Heidentums von Herzen überzeugt war, ging mit einem Eifer ans Werk, als ob der Kaiser die Schließung aller Tempel verordnet hätte. Seine Mission scheint die Christen vielerorts ermuntert zu haben, selbst zum Angriff auf die Tempel zu schreiten. Diese Aktionen wurden von Mönchen inszeniert, für die es selbstverständlich war, daß die Heimstätten der Gottlosigkeit vernichtet und die Menschen zur Annahme des christlichen Glaubens gezwungen werden sollten. Ihr Vorgehen war so gewalttätig, daß es häufig in lokale Religionskriege ausartete. Die Behörden scheinen nicht eingegriffen zu haben; das Ergebnis war die Zerstörung zahlreicher Tempel.

Die Situation des Heidentums war zum Schluß so ernst, daß der sonst so vorsichtige Libanios, der bedeutendste Rhetor seiner Zeit, sich hervorwagte und bei Theodosius protestierte. Das geschah 390 in der Schrift „Zur Verteidigung der Tempel" *(pro templis)*[172], die man mit Recht die Verteidigungsschrift des östlichen Heidentums nennen kann. Libanios schildert darin drastisch, wie die Mönche, die für ihn schlicht und einfach Freßsäcke und Säufer waren, die Tempel verheerten und plünderten und deren kostbare Kunstwerke zerstörten. Die formale Begründung, daß nämlich in diesen Tempeln geopfert werde, bestritt Libanios entschieden. Er war entrüstet über die Unterstützung dieser Räuberbanden durch die Behörden. Ihre Aktionen fänden in den Städten statt, doch seien vor allem die ländlichen Gebiete ihre Operationsbasis. Die Mönche und ihre Helfer sollen nach Libanios' Darstellung systematisch vorgegangen sein, und es soll ihnen gelungen sein, allen heidnischen Widerstand zum Schweigen zu bringen und viele zur Annahme des Christentums zu zwingen. Aber solche Methoden führten nicht zu dauerhaften Erfolgen, betonte Libanios vor dem Kaiser. Das gewalttätige Auftreten habe im Gegenteil viele nur dazu veranlaßt, sich noch enger an ihre alten Kulte zu klammern. Wenn die Mönche behaupteten, sie hätten viele zum Christentum bekehrt, so solle der Kaiser sich davon nicht beeindrucken lassen. Es könne nur von Schein die Rede sein, sie handelten, als seien sie Christen, aber in Wirklichkeit seien sie ebenso große Heiden wie vorher: „Welchen Vorteil hat man von einem Bekenntnis, das nur in Worten und nicht in Taten besteht? Denn in solchen Fragen muß man überzeugen und nicht Zwang ausüben. Wenn man nicht zu überzeugen vermag, sondern Zwang gebraucht, richtet man nichts aus, auch wenn man selbst daran glaubt."[173] Der Gedanke, die Menschen auf dem Wege der Überzeugung ohne Gewaltanwendung zu gewinnen, sei ja außerdem vom Christentum selbst gefordert. Libanios war hier eifrig darum bemüht zu betonen, daß er damit nur Theodosius' eigener Auffassung Ausdruck verliehen habe: „Wenn man durch

Tempelstürmen Menschen bekehren könnte, dann wären die Tempel schon längst auf Deinen Befehl hin zerstört worden. Denn diese Bekehrung hättest Du schon seit langem gerne gesehen."[174]

Wenn die Tempelstürmer behaupteten, die Vernichtung der Tempel sei nützlich und vorteilhaft für die Welt und die Menschheit, so hielt Libanios das für ausgesprochen verkehrt. Welchen Göttern verdankten die Römer denn ihre Macht und die großen Dinge, die sie vollbracht hätten, obwohl sie doch von geringer und armer Abstammung seien? Dem Gott der Mönche oder den Göttern, die Tempel und Altäre besäßen und die durch Auguren vorschrieben, was man tun und lassen solle? Die Antwort könne nicht schwer sein. Die Götter hätten das Römische Reich errichtet und erhalten: die größeren Götter beschützten Rom, die kleineren Götter die einzelnen Städte und Landgebiete. Es sei daher gefährlich, die traditionellen Kulte anzurühren. Libanios schlug in diesem Zusammenhang Töne an, die geeignet sein mußten, auf einen Kaiser Eindruck zu machen, dessen Finanzen von der Ertragfähigkeit der Landwirtschaft abhängig waren: „Auf *sie* [die Tempel] setzen die Bauern ihre Hoffnungen für sich selbst, für ihre Frauen, für ihre Kinder, für ihr Vieh, für die besäte und bepflanzte Erde. Ein Landdistrikt, der dies [Zerstörung der Tempel] erlitten hat, ist ein verlorenes Landgebiet, und der Mut der Bauern ist dahin, mit dem Verlust dessen, worauf sie ihre Hoffnungen gesetzt hatten. Denn sie denken, sie würden vergebens arbeiten, wenn sie erst der Götter beraubt wären, die ihrer Arbeit ein gutes Ergebnis gebracht haben. Der Boden ist nicht mehr Gegenstand der gleichen Pflege, der Erlös geringer als früher. Unter solchen Verhältnissen ist der Landwirt ärmer als bisher, und die Steuer leidet darunter. Denn selbst wenn die Bauern es von ganzem Herzen wünschten, so ist es doch unmöglich für sie, ihre Abgaben zu entrichten."[175]

Libanios hatte in seinem Aufruf an den Kaiser den Eindruck vermittelt, als habe dieser keinerlei Verantwortung für das aggressive Vorgehen seiner Beamten und der Tempelstürmer gegen das Heidentum. Deshalb bat er Theodosius, sie zur Ordnung zu rufen und seinem Willen Respekt zu verschaffen, da er ja um der Gewissensfreiheit willen eine Verfolgung der

Heiden nicht wünsche. Geschehe dies nicht, warnte der Rhetor seinen Kaiser, so würden Unruhen ausbrechen.

Theodosius war sich schon damals klar darüber, daß die Bekämpfung des Heidentums im Begriff war, seiner Kontrolle zu entgleiten. Als Cynegius 388 starb, wurde seine Stelle mit einem Heiden besetzt. Und wahrscheinich als Ergebnis von Libanios' Aufruf verbot er in einem Edikt vom September 390 den Mönchen, ihren Aufenthalt in den Städten zu nehmen, sie sollten sich, entsprechend den wahren Traditionen des Mönchtums, ausschließlich in verlassenen Gebieten aufhalten. Aus Furcht, eine heidnische Reaktion könne zu politischen Unruhen führen, schien Theodosius also gesonnen, einen gemäßigten Kurs gegenüber dem Heidentum zu steuern. Deshalb mußte er einerseits alle christlichen Hitzköpfe im Zaum halten, und andererseits konnte er ohne Bedenken Heiden im Dienste der Regierung verwenden.

Maximus, der Führer des Aufruhrs, der 383 Gratian zu Fall brachte, hatte seine Herrschaft über Britannien, Gallien und Spanien gefestigt. Der übrige Westen war dem jungen Valentinian II. überlassen. Erst als Maximus seine Herrschaft auf Italien ausdehnen wollte, hielt es Theodosius für erforderlich, dem Usurpator entgegenzutreten. Er rang ihn 388 nieder und war nun faktisch Herrscher des gesamten Reiches. Er schlug sein Hauptquartier in Mailand auf, wo er mit Bischof Ambrosius einen lebhaften Gedankenaustausch begann.

Wie schon sein Aufruf an Valentinian anläßlich der Symmachus-Angelegenheit zeigte, war Ambrosius der Auffassung, daß der Kaiser wie jeder andere Christ der bischöflichen Oberhoheit unterstellt sei; die Bischöfe besäßen die geistliche Vollmacht, Gottes Willen zu verkünden und die erlösende Gnade zu vermitteln oder Menschen von ihr auszuschließen. Dies galt auch für Theodosius, und das gab Anlaß zu Konflikten. Als Theodosius 388 die Christen bestrafen wollte, die sich in Callinicum am Euphrat an Juden und Häretikern vergriffen hatten, zwang Ambrosius ihn unter Androhung der Exkommunikation, die Sache fallen zu lassen.

390 kam es zu einem neuen Zwischenfall zwischen dem gebieterischen Bischof von Mailand und Theodosius. In Anwendung eines Gesetzes gegen die Knabenliebe ließ der

militärische Oberbefehlshaber in Illyrikum einen populären Rennfahrer in Thessalonich festnehmen. Die Bevölkerung empörte sich und ermordete den Befehlshaber. Theodosius reagierte seinem gewalttätigen Temperament gemäß und ließ eine große Menschenmenge, die aus vielen Tausenden bestanden haben soll, im Zirkus der Stadt versammeln und schonungslos niedermetzeln. Ambrosius verlangte in einem privaten Brief, daß Theodosius für diese Untat Buße tun solle – andernfalls müsse er ihm das Abendmahl verweigern. Der Kaiser, der seine Handlungsweise schon bereut hatte, ging auf Ambrosius' Forderung ein. Er unterwarf sich der Kirchenbuße, und nachdem er Weihnachten 390 in der Kirche öffentlich seine Sünde bekannt hatte, gewährte Ambrosius ihm den Zugang zum Abendmahl. Dieses Ereignis hatte wahrscheinlich zur Folge, daß Ambrosius der kirchenpolitische Ratgeber des Theodosius wurde. Jedenfalls beschloß Theodosius bald, ohne Rücksicht auf die politischen Konsequenzen einen direkten Angriff auf das Heidentum einzuleiten.

Rom war das erste Ziel dieser Aktion. Am 24. Februar 391 erging ein Edikt an den Präfekten der Stadt[176], das kategorisch jedes Opfer, jeden Besuch der Tempel und jede Anbetung der Götterbilder verbot. Wer dagegen verstieß, sollte „göttlichen und menschlichen Strafen" anheimfallen. Beamte, die das Gesetz nicht befolgten, sollten zu hohen Geldstrafen verurteilt werden. Die Absicht des Gesetzes zielte auf den römischen Senatsadel, der eifrig an der althergebrachten Gottesverehrung festhielt. Ein ähnliches Edikt erging wenige Monate später für Ägypten, wo in Alexandria offene Kämpfe zwischen Heiden und Christen ausgebrochen waren. Die Krönung der Gesetzgebung des Theodosius gegen das Heidentum war ein am 8. November 392 erlassenes Gesetz[177]. Es galt ausnahmslos allen Bürgern des Reiches und suchte durch seine detaillierten Bestimmungen alle Formen der heidnischen Kulte zu treffen. So wurde verboten, im eigenen Haus zu opfern, Feuer für die Laren anzuzünden und den Penaten Weihrauch und Blumen darzubringen. Alle Tempel und ihre Besitzungen sollten der Staatskasse zufallen. Schwere Strafen wurden den Gesetzesbrechern in Aussicht gestellt. Nicht zuletzt die Beamten und Dekurionen der Städte mußten hart büßen, wenn sie den Vorschriften des Gesetzes nicht nachkamen.

Mit Theodosius' letztem Gesetz hat ein christlicher Kaiser dem Heidentum den endgültigen Todesstoß versetzt. Jede Form von Götterdienst war von jetzt an im Römischen Reich verboten. Gleichzeitig hob Theodosius das Gesetz auf, das den Mönchen den Aufenthalt in den Städten verbot. Sie konnten infolgedessen uneingeschränkt ihre Übergriffe auf die heidnischen Tempel wieder aufnehmen. Es besteht kein Zweifel, daß es dabei oft erbittert und blutig zugegangen ist. Das Ergebnis der vereinten Bemühungen von Beamten und Mönchen war, zumindest in den östlichen Provinzen, daß das Heidentum bald vollständig verdrängt wurde.

Die politische Situation im Westen hatte sich indessen dahingehend entwickelt, daß die Vertreter des Heidentums erneut Mut und Hoffnung schöpfen konnten. Der fränkische General Arbogastes hatte sich auf Grund seiner militärischen Erfolge an der Rheingrenze eine starke Stellung im Westen geschaffen. Als Valentinian II. 392 starb, ließ der Franke Eugenius, einen ehemaligen Professor der Rhetorik, zum Kaiser ernennen. Dieser versuchte, zu einer Verständigung mit Theodosius zu gelangen, wurde aber abgewiesen. Obwohl er Christ war, trieb dieser Mißerfolg ihn in das Lager des heidnischen römischen Senatsadels. Ohne das Heidentum offiziell zur Staatsreligion zu erklären, erfüllte er alle an ihn herangetragenen Wünsche. Das römische Heidentum erhob wieder sein Haupt. Tempel wurden instandgesetzt und wiedereröffnet und heidnische Kulte und Feste in ihrer alten Pracht neu zu beleben versucht. Das Blatt schien sich zu wenden, Christen begannen, wieder den heidnischen Göttern zu dienen.

Theodosius, der wünschte, daß seine Söhne Honorius und Arcadius ihm als Kaiser des Römischen Reiches nachfolgen sollten, konnte Eugenius nicht tolerieren. Er beschloß, mit militärischen Mitteln gegen ihn vorzugehen. Da aber das römische Heidentum sich voll hinter Eugenius gestellt hatte, war diese politische Auseinandersetzung zugleich ein Religionskrieg. Die Gegner wußten, daß es sowohl für das Heidentum wie auch für das Christentum um Leben oder Tod ging. Während die Streitkräfte des Eugenius ihr Vertrauen auf

Jupiter setzten, kämpften Theodosius' Truppen im Namen des Christengottes. Der Ausgang war höchst unsicher. Bei den Pässen in den Julischen Alpen stießen die Heere im September 394 aufeinander. Das Kriegsglück wechselte, bis in der entscheidenden Schlacht der Zufall Theodosius' Soldaten zu Hilfe kam. Ein gewaltiger Nordwind peitschte den Gegnern ins Gesicht und lähmte ihre Kampfkraft. Sie wurden quasi hingemetzelt. Theodosius konnte als Sieger in Italien einrükken. Der Christengott hatte wieder einmal über die heidnischen Götter triumphiert. Das Christentum war von jetzt an die einzige zugelassene Religion im Imperium.

Als Theodosius bald danach (17. Januar 395) starb, gaben die Christen ihm den Beinamen „der Große". Das war aus ihrer Sicht gerechtfertigt, denn er hatte die politischen Entscheidungen getroffen, die dem Christentum den Sieg als Staatsreligion sicherten. Damit war jene Entwicklung zum Abschluß gebracht, die unter Konstantin dem Großen begonnen hatte. Ausgehend von einem persönlichen Erlebnis hatte Konstantin einer Religionspolitik Gestalt gegeben, die zum Ziel hatte, das Christentum als das religiöse Fundament des römischen Imperiums an die Stelle des Heidentums zu setzen. Daß dies schließlich gelang, hatte seinen Grund nicht nur darin, daß seine Nachfolger, mit Ausnahme Julians, die Religionspolitik verfolgten, die er vorgezeichnet hatte. Ebensosehr war es der Tatsache zu verdanken, daß die Kirche diese Situation auszunutzen verstanden hatte. Das Verbot des Heidentums durch Theodosius war nur die politische Konsequenz der Tatsache, daß die Kirche große Teile der Bevölkerung für sich gewonnen und das Heidentum in die Defensive gedrängt hatte. Es war allerdings keineswegs völlig überwunden, als Theodosius starb. Es vergingen noch Jahrhunderte, bis die gesamte Bevölkerung des Römischen Reiches für den christlichen Glauben gewonnen war. Das Heidentum vermochte jedoch nicht mehr, als eine Macht aufzutreten, die die Entwicklung beeinflussen konnte. Die Zukunft stand im Zeichen des Christentums.

Als Staatsreligion war das Christentum imstande, die weitere Geschichte Europas entscheidend mitzubestimmen und mit zu prägen. Will man aber die ungeheure Bedeutung verstehen, die diese Umwälzung auf religiösem und kulturellem Gebiet mit sich gebracht hat, dann muß man sich den Kampf und die Auseinandersetzung der Kirche mit dem Kaiser und dem Heidentum im Römischen Reich vergegenwärtigen. Denn aus diesem Zusammenstoß entwickelten sich Lebensformen und -inhalte, die bis heute die Grundlage der europäischen Kultur und Zivilisation bilden.

Anmerkungen

[1] Annales, 15,44.
[2] Sueton, Vitae Caesarum 16,2.
[3] Origenes, Contra Celsum 4,14. Origenes hat in dieser Schrift gegen Kelsos (s. S. 83 ff.) große Partien aus dessen Schrift „Die wahre Lehre" zitiert. Kelsos Werk ist im übrigen nicht erhalten.
[4] Contra Celsum 1,14.
[5] 8,69.
[6] 8,68.
[7] 8,72.
[8] Scriptores historiae Augustae (ed. E. Hohl) I, S. 251–305.
[9] Apologeticum 24,9–10.
[10] 32,2–3.
[11] Ad nationes 2.
[12] Vgl. Contra Celsum 8,72.
[13] 2,30.
[14] Ebenda.
[15] 2,79.
[16] 8,68.
[17] 8,69.
[18] Dio Cassius 52,36.
[19] Vgl. Eusebius, Historia ecclesiastica [H. e.] 6,28: „Da dieser ungehalten darüber war, daß die Familie Alexanders mehrere Gläubige zählte, ordnete er eine Verfolgung an, befahl jedoch, nur die Führer der Kirche als die Urheber der evangelischen Lehre hinrichten zu lassen."
[20] H. e. 6,41,9.
[21] Contra Celsum 8,44.
[22] 3,15.
[23] H. e. 6,41,11–13.
[24] H. e. 7,11,6–11.
[25] Acta proconsularia I (Cypriani opera III, X, ed. Hartel).
[26] Acta proconsularia III.
[27] Vgl. H. e. 7,13.
[28] Scriptores historiae Augustae II, S. 148–86.
[29] Vita Aureliani 4,2.
[30] 25,3: „subito vi numinis... hortante quadam divina forma."
[31] 25,5: „verum illic eam formam numinis repperit, quam in bello sibi faventem vidit".
[32] Auch Aurelian hatte eine Bekehrung erlebt, als er Tyana erobert hatte und die Zerstörung der Stadt plante. Apollonius von Tyana erschien ihm in diesem Augenblick und sagte: „Aurelian, wenn du siegen willst, dann darfst du nichts von dem, was du dir für meine Bürger ausgedacht hast, ausführen.

Aurelian, wenn du herrschen willst, halte dich fern vom Blut der Unschuldigen. Aurelian, zeige Milde, wenn du leben willst" (24,4). Auf Grund dieser Offenbarungsvision blieb die Stadt Tyana verschont.

[33] So schrieb schon Tertullian um 200, daß manche Heiden „die Sonne als den christlichen Gott ansehen, weil bekannt geworden ist, daß wir in der Richtung der aufgehenden Sonne beten und uns am Tag der Sonne der Freude hingeben – wenn auch aus einem ganz anderen Grunde als der religiösen Anbetung der Sonne" (Ad nationes 1,13).

[34] De mortibus persecutorum 6,1. Eusebius schreibt etwa um die gleiche Zeit: „Durch den Rat einiger Leute wurde er [Aurelian] angespornt, eine Verfolgung gegen uns zu beginnen, und alle sprachen viel darüber. Aber als er zur Tat schreiten sollte und sozusagen im Begriff war, die Akten gegen uns zu unterschreiben, traf ihn die göttliche Strafe" (H. e. 7,30,20–21).

[35] H. e. 8,1,1–6.

[36] Ad nationes 1,24.

[37] 1,25.

[38] So schildert Arnobius die Einstellung der heidnischen Opposition in Ad nationes 1,2.

[39] 1,1.

[40] Das Edikt wird von Lactanz mitgeteilt in De mortibus persecutorum 34 und findet sich außerdem in griechischer Übersetzung bei Eusebius, H. e. 8,17.

[41] Diese Schriften sind nicht erhalten, werden aber von Lactanz in seinen Divinae institutiones erwähnt.

[41] Divinae institutiones 5,2.

[43] Ebenda.

[44] Ebenda. Nicht nur der Gedankengang, sondern auch die Formulierungen weisen eine weitgehende Übereinstimmung mit dem auf, was Galerius später in dem Edikt von 311 anführte.

[45] Vgl. 5,2: „Er schrieb zwei Bücher, die er nicht ›Gegen die Christen‹ betitelte – denn er wollte nicht den Eindruck erwecken, daß er sie wie Feinde verfolge –, sondern ‚An die Christen', indem er sich so die Rolle eines menschlichen und wohlwollenden Ratgebers zulegte."

[46] 5,1.

[47] 5,2.

[48] 5,1.

[49] Panegyricus Constantino dictus cap. II (ed. E. Galletier: Panégyriques latins II, Paris 1952).

[50] 7: „caelestibus suffragiis ad salutem rei publicae vocaberis."

[51] 21.

[52] Ebenda.

[53] Eusebius, Vita Constantini 2,49.

[54] De mortibus persecutorum 24,9.

[55] Vgl. H. e. 8,14,8–12. Eine nähere Begründung für die folgende Schilderung des Maximinus enthält meine Arbeit: C. Galerius Valerius Maximinus. Studier over politik og religion i romerriget 305–13 (Festkrift udgivet af Københavns Universitet i anledning auf Hendes Majestaet Dronningens fødselsdag 16. april 1974. København 1974) (dänisch).

[56] Vgl. Eusebius' Beschreibung von Maximinus' religiöser Haltung: „Er war furchtsam über die Maßen und durch und durch abergläubisch und legte dem Irrtum bezüglich der Idole und Dämonen größte Bedeutung bei. Ja, ohne Götterspruch und Orakelwort wagte er nicht, sozusagen einen Finger zu rühren" (H. e. 8,14,8).

[57] Vgl. De mortibus persecutorum 37: „... jeden Tag opferte er in seinem Palast. Und er hatte auch als erster erfunden, daß alle Tiere, die er aß, nicht von Köchen geschlachtet werden sollten, sondern von Priestern an den Altären, und überhaupt daß nichts auf den Tisch kommen sollte, außer wenn etwas davon den Göttern gegeben oder wenn es geopfert oder mit Opferwein übergossen war, so daß ein jeder, der zu einer Mahlzeit bei ihm eingeladen war, befleckt und unrein wieder davongehen mußte."

[58] H. e. 9,7,3–9.
[59] H. e. 8,10,2–3.
[60] H. e. 8,12,9. Die angeführten Worte hat Eusebius wahrscheinlich dem Edikt selbst entnommen.
[61] De martyribus Palaestinae 9.
[62] De mortibus persecutorum 34 (vgl. Anm. 40).
[63] H. e. 8,16,1. Dies wird durch ein Schreiben bestätigt, das Sabinus, Maximinus' praefectus praetorio, an die Provinzgouverneure in dessen Hoheitsgebiet sandte (H. e. 9,1,3–6). Es wiederholt den Hauptgedanken des „Toleranzediktes" und sagt, Sabinus habe den Befehl erhalten, „an deine Einsicht zu schreiben, daß du einen Christen, der in der Betätigung der Religion seines eigenen Volkes betroffen wird, vor Belästigung und Gefahr beschützest und niemanden aus solcher Ursache als strafbar erachtest..." Obwohl Eusebius das Schreiben anders deutet, stellt es wahrscheinlich die Anordnung dar, die nach dem „Toleranzedikt" an die Provinzgouverneure geschickt werden sollte.
[64] H. e. 9,1,7.
[64] Vgl. De mortibus persecutorum 33 und H. e. 8,16–17,1.
[66] Vgl. H. e. 8,16,1.
[67] De mortibus persecutorum 36,2.
[68] H. e. 9,1,8.
[69] H. e. 9,4,2.
[70] H. e. 9,7,3–14.
[71] H. e. 9,4,3.
[72] H. e. 9,5,1.
[73] H. e. 9,6,4.
[74] De mortibus persecutorum 43,3.
[75] H. e. 8,14,7.
[76] Vgl. Nazarii Panegyricus Constantino Augusto dictus 6, 9 und 10.
[77] So Lactanz (De mortibus persecutorum 43,3) und Zosimus (2,14,1), ein heidnischer Geschichtsschreiber aus der zweiten Hälfte des 5. Jahrhunderts.
[78] IX Panegyricus Constantino dictus 2.
[79] Vgl. 3: „non dubiam te, sed promissam divinitus petere victoriam."
[80] 13.
[81] Vgl. 4.
[82] 26.

[83] Vgl. 25.
[84] H. e. 9,9,10–11.
[85] Der originale Text der Inschrift findet sich wahrscheinlich in Rufins lateinischer Übersetzung der Kirchengeschichte des Eusebius.
[86] Signum muß in diesem Zusammenhang ein militärisches Feldzeichen bezeichnen, aller Wahrscheinlichkeit nach ein Banner.
[87] H. e. 9,9,2.
[88] De mortibus persecutorum 44.
[89] Manche Forscher ziehen eine andere Übersetzung vor: „Mit einem X, das von einem Buchstaben durchschnitten ist [I], dessen oberste Spitze umgebogen ist." in diesem Falle handelt es sich unzweideutig um das Christusmonogramm ☧. Diese Übersetzung läßt sich jedoch aus sprachlichen Gründen kaum aufrechterhalten.
[90] 1,26–32.
[91] Eusebius hat das Schreiben in griechischer Übersetzung wiedergegeben: H. e. 10,7,1–2.
[92] H. e. 9,9,12. Eusebius schreibt zwar, daß das Gesetz von Konstantin und Licinius „mit einem Willen und mit einem Sinn" erlassen worden sei. Man hat oft gemeint, Eusebius denke hier an das sogenannte Edikt von Mailand (s. S. 195, 200). Da dies jedenfalls erst Anfang 313 erlassen ist, soll Eusebius einen Fehler gemacht haben, als er es in die Zeit unmittelbar nach der Eroberung Roms verlegt habe. Ein Reskript von Ende 312 von Maximinus Daia an Sabinus war indessen durch dieses Gesetz veranlaßt und beweißt somit, daß Eusebius' Zeitangabe korrekt ist. Da der oberste Augustus Gesetze immer im Namen sämtlicher Kaiser erließ, haben die Namen sowohl von Licinius als auch von Maximinus in dem Edikt gestanden. Weil Licinius sich bald der christenfreundlichen Politik Konstantins anschloß, durfte Licinius bei Eusebius die Ehre für dieses Gesetz mit diesem teilen. Es war jedoch ausschließlich Konstantin zu verdanken. Abgesehen davon, daß Licinius sich zu diesem Zeitpunkt in Pannonien befand, kam es, wie wir sehen werden, erst in den ersten Monaten des Jahres 313 zu einer politischen Allianz zwischen ihm und Konstantin.
[93] Eusebius hat das Edikt nicht wiedergegeben, was wahrscheinlich damit zu erklären ist, daß es in das Reskript eingefügt ist, das Licinius erlassen hat und das in H. e. 10,5,2–14 wiedergegeben ist. Eine kritische Analyse sollte beweisen können, daß wir hier in 5,2–3 und 15,5 dieses Edikt wiederfinden. Für eine ausführlichere Behandlung siehe meinen Aufsatz: Det såkaldte Milanoedikt [Das sog. Edikt von Mailand; dänisch], Dansk teologisk Tidsskrift Bd. 37 (1974), 81ff.
[94] H. e. 9,9a,1–9.
[95] Vgl. H. e. 9,9,11.
[96] Vgl. Vita Constantini 26.
[97] Eine relativ verläßliche heidnische Quelle von etwa 400, Epitome de Caesaribus, verwendet den Ausdruck: „Licinio Mediolanum accito" („als Licinius nach Mailand vorgeladen worden war"), 41,4.
[98] De mortibus persecutorum 48,2.
[99] Siehe meinen Aufsatz: Det såkaldte Milanoedikt (Anm. 93), S. 108ff. und 125.

Anmerkungen

¹⁰⁰ De mortibus persecutorum 46,6.

¹⁰¹ Wahrscheinlich um dieses Ränkespiel von seiten Konstantins zu vertuschen, verbreitete die offizielle Propaganda schnell das Gerücht, das Laktanz und Eusebius wiedergeben, nämlich daß Maximinus mit Maxentius ein Bündnis geschlossen habe. Das geschah ihm, mit anderen Worten, mit Recht, er war selbst in die Grube gefallen, die er für andere gegraben hatte!

¹⁰² Wenn Eusebius sagt, Maximinus habe „die Vereinbarung gebrochen, die er mit Licinius getroffen habe, und einen unversöhnlichen Krieg begonnen" (H. e. 9,10,2), so ist das die offizielle Version. Recht besehen war es Licinius, der das Abkommen verletzte, indem er sich mit Konstantin alliierte; Maximinus' Gegenzug war die Eröffnung des Krieges.

¹⁰³ Vgl. H. e. 9,10,6.

¹⁰⁴ De mortibus persecutorum 46,2.

¹⁰⁵ 46,3.

¹⁰⁶ 47,7.

¹⁰⁷ Vgl. 47,3. 48 und H. e. 9,10,3.

¹⁰⁸ Vgl. De mortibus persecutorum 48,13.

¹⁰⁹ Vgl. H. e. 9,10,6: „Mit solcher Schande bedeckt, kehrte der Tyrann in seine Gebiete zurück. Hier ließ er zunächst in wütendem Zorn zahlreiche Priester und Propheten der Götter, die er einst bewundert hatte, hinrichten – durch deren Orakelsprüche hatte er sich hinreißen lassen, den Krieg zu beginnen. Er beschuldigte sie, Schwindler und Betrüger zu sein und namentlich seine Sicherheit verraten zu haben. Danach gab er dem Gott der Christen die Ehre und schenkte diesen durch ein Gesetz die vollkommenste und unbeschränkteste Freiheit."

¹¹⁰ Das Edikt wurde nicht mit der Notwendigkeit des christlichen Kultes begründet. Daß die Christen völlige Religionsfreiheit erhielten, war eine Folge davon, daß „wir auf jegliche Art unablässig auf das Wohl der Bewohner unserer Provinzen bedacht sind und ihnen bereitwillig alles gewähren, was das Interesse der Allgemeinheit in besonderer Weise fördert und zu ihrem gemeinschaftlichen Nutzen und Vorteil gereicht und zwar so, daß es dem Wohle des Volkes in seiner Gesamtheit entspreche und auch die Wünsche des einzelnen erfülle" (H. e. 9,10,7).

¹¹¹ Vgl. H. e. 9,10,15 und De mortibus persecutorum 49,6.

¹¹² H. e. 10,4,16.

¹¹³ H. von Soden: Urkunden zur Entstehungsgeschichte des Donatismus (Kleine Texte 122, 2. Aufl. 1950), Nr. 18.

¹¹⁴ H. e. 10,5,22 (Brief an Bischof Chrestus von Syrakus).

¹¹⁵ H. von Soden: Urkunden Nr. 14.

¹¹⁶ Nr. 23.

¹¹⁷ Vita Constantini 2,2–3.

¹¹⁸ 4,20.

¹¹⁹ Es wurde offiziell in zwei Schreiben verkündet, die – sowohl in lateinischer als auch in griechischer Sprache – an die Christen bzw. die Heiden adressiert waren. Eusebius gibt das Schreiben an die Heiden in seiner Vita Constantini 2,24–42 wieder.

¹⁰² 2,28.

¹²¹ 2,42.

[122] Wiedergegeben 2,48–60.
[123] 2,55.
[124] 2,60.
[125] Wiedergegeben 2,66–71.
[126] 3,6.
[127] 2,46.
[128] 3,31 (Brief an Bischof Makarios von Jerusalem).
[129] 3,53 (Brief an Bischof Makarios und die übrigen palästinensischen Bischöfe).
[130] „Quod duce te mundus surrexit ad astra triumphans / Hanc Constantinus Victor tibi aulam."
[131] 3,17 (Brief an die Kirchen über den Beschluß der Synode von Nizäa zum Zeitpunkt der Begehung des Osterfestes).
[132] 3,64.
[133] Vgl. 3,17–18.
[134] 2,65.
[135] 4,24. Eusebius verwendet die Formulierung „episkopos tōn ektōn", was auch bedeuten kann „Aufseher über das Äußere". Der Zusammenhang fordert jedoch die Wiedergabe mit „Aufseher über die außerhalb [der Kirche] Stehenden".
[136] 4,17.
[137] Vgl. 3,48.
[138] 4,36.
[139] 2,45.
[140] 3,57.
[141] Athanasius: De decretis Nicaenae synodi, Kap. 39.
[142] Es ist ebenso bezeichnend, daß Konstantin statt „templum" das neutrale „aedis" gebraucht und davon spricht, daß das Gebäude seinem „nomen" und nicht seinem „numen" geweiht werde.
[143] Man hat gemeint, Konstantin sei weiterhin Anhänger des Sonnenkultes gewesen und habe sich als „Sonnenkaiser" darstellen lassen. Zur Begründung hat man darauf hingewiesen, daß er in Konstantinopel eine Apollon-Helios-Statue aus Troja auf dem Forum Constantini auf einer hohen Porphyrsäule habe aufstellen lassen. Die Statue habe seine Gesichtszüge getragen, und man habe eine Inschrift darauf lesen können: „Für Konstantin, der wie die Sonne strahlt" (Vgl. Hal Koch: Konstantin den Store [dänisch], Kopenhagen 1961, S. 26). I. Karayannopulos hat dagegen in seiner Abhandlung: Konstantin der Große und der Kaiserkult (Historia V, S. 341–57) nicht nur betont, daß die Nachricht über diese Inschrift aus dem Anfang des 11. Jahrhunderts stamme, sondern auch aufgezeigt, daß sie im Widerspruch zu anderen Nachrichten stehe. Wir können in Wirklichkeit nichts Bestimmtes über die von Konstantin aufgestellte Statue sagen, weshalb sie folglich aus der Diskussion ausscheiden muß.
[144] Vita Constantini 4,61.
[145] 4,60.
[146] Ebenda.
[147] Codex Theodosianus XVI, 2,16 (361): „scientes magis religionibus quam officiis et labore corporis vel sudore nostram rem publicam contineri."

[148] Rerum gestarum libri 16,10.
[149] Vita Constantini 3,54.
[150] Epistula 9 (382 B).
[151] 8 (415 C–D).
[152] Epistula 20 (300 D–301 A) an Theodoros, den obersten Priester der Provinz Asien.
[153] Ebenda (296 B–C).
[154] Ebenda (289 B–C).
[155] Vgl. Epistula 9 (305 B–C): „Denn als es geschah, daß die Priester sich nicht der Armen annahmen, die auf diese Weise übersehen wurden, bemerkten es nach meiner Meinung die ungläubigen Galiläer und gaben sich sogleich mit Philanthropie ab und haben das Schlimmste an ihren Taten durch den schönen Charakter dieser Unternehmungen befestigt. Denn es ist wie mit denen, die mit einem Kuchen Kinder betrügen: drei- und viermal halten sie den Kuchen hin und überreden sie so dazu, ihnen zu folgen, und dann, wenn sie weit von der Familie fort sind, werfen sie die Kinder an Bord eines Schiffes und verkaufen sie. So wird zu lebenslanger Bitterkeit, was für kurze Zeit süß schien. Genau so beginnen sie [die Christen] mit ihrem sogenannten Liebesmahl (gr. agape) und ihrer Gastlichkeit und ihren Gastmählern... und sie haben wahrhaftig viele in die Gottlosigkeit geführt."
[156] Die Schrift ist nicht erhalten. Als die Christen siegten, sorgten sie für die Beseitigung dieser Arbeit, da „oberflächliche und leicht beeinflußbare Menschen meinen, Julian habe die heiligen und göttlichen Schriften genau gekannt, und da die Heiden, die seine Sophistereien nachplapperten, sie für unwiderlegbar halten." Die Worte stammen von Bischof Kyrillos von Alexandria (gest. 444), der es für nötig hielt, eine Widerlegung der Arbeit Julians zu schreiben. Kyrill war jedoch nicht der einzige, der Widerspruch erhob, und das zeigt deutlich, wie gefährlich die Waffe war, die Julian den Gegnern des Christentums in die Hände gegeben hatte. Da Kyrill in seiner Gegenschrift umfangreiche Abschnitte aus Julian bringt, können wir uns eine Vorstellung von dessen Argumenten machen.
[157] Gegen die Galiläer 39 A–B.
[158] 43 A–B.
[159] Epistula 200 A–B.
[160] 422 B–423 A.
[161] 423 A–B.
[162] 423 D.
[163] Gegen die Galiläer 141 D.
[164] Relatio 3, S. 280–83 (ed. Otto Seeck).
[165] Epistula 17.
[166] 18.
[167] 18,7–8.
[168] 18,11.
[169] 18,16.
[170] 18,30.
[171] 18,21.
[172] Oratio 30 (Libanii opera III, rec. Richard Foerster, S. 87–118).
[173] 30,29.

[174] Ebenda.
[175] 30,10.
[176] Codex Theodosianus XVI, 10,10.
[177] XVI, 10,12.

Literaturverzeichnis

Die wichtigsten Quellen in Übersetzung:
Eusebius, Historia ecclesiastica, in den Jahren 311–325 in griechischer Sprache geschrieben. Deutsche Übersetzung von Philipp Haeuser, hg. von Heinrich Kraft, München 1967.
Eusebius, Vita Constantini. Deutsche Übersetzung in: Bibliothek der Kirchenväter Bd. 9.
Lactantius, De mortibus persecutorum. Deutsche Übersetzung in: Bibliothek der Kirchenväter Bd. 36.

Literatur:
Aus der umfangreichen wissenschaftlichen Literatur bringt das folgende Verzeichnis nur eine kleine Auswahl. Es will die Interessierten auf andere und umfassendere Darstellungen aufmerksam machen. Das Verzeichnis enthält auch Werke, die andere Gesichtspunkte haben als dieses Buch.
Adcock, Frank Ezra, Andreas Alföldi u. a.: Römisches Weltreich und Christentum (Historia Mundi 4), München 1956.
Alföldi, Andreas: Zu den Christenverfolgungen in der Mitte des 3. Jahrhunderts, in: Klio 31, 1938, S. 323–348; auch in: Studien zur Geschichte der Weltkrise des 3. Jahrhunderts nach Christus, Darmstadt 1967, S. 285–311.
–: The Conversion of Constantine and Pagan Rome. Aus dem Ungarischen von H. Mattingly, Oxford 1948.
Batiffol, Pierre Henry: La Paix Constantinienne et le catholicisme, Paris 1914.
Bayet, Jean: Histoire politique et psychologique de la religion romaine, Paris 1957.
Baynes, N. H.: Constantine the Great and the Christian Church, in: Proceedings of the British Academy 1929, S. 341–442.
Beaujeu, J.: La religion romaine à l'apogée de l'empire, Paris 1955.
Besnier, M.: L'Empire romain de l'avènement des Sevères au Concile de Nicée, Paris 1937.
Bidez, Jean: La vie de Porphyre, Gent 1913.
–: La vie de l'empereur Julien, Paris 1930.
Boissier, G.: Fin du paganisme I–II, Paris 1891.
Burckhardt, Jacob: Die Zeit Constantins des Großen (Ges. Ausg. 2), Stuttgart 1929.

Christensen, Torben: C. Galerius Valerius Maximinus. Studier over politik og religion i romerriget 305–13 (Festkrift udgivet af Københavns Universitet i anledning auf Hendes Majestaet Dronningens fødselsdag 16. april 1974), København 1974.
–: Det såkaldte Milanoedikt, in: Dansk Teologisk Tidsskrift 37, 1974, S. 81–129.
Cumont, Franz: Les religions orientales dans le paganisme romain, 4. Aufl. Paris 1929.
Dibelius, Martin: Rom und die Christen im ersten Jahrhundert, in: Sitzungsber. der Heidelberger Akad. der Wissenschaften, Phil. Hist. Kl. 11,2, 1941/42, S. 1ff.
Dörries, Hermann: Das Selbstzeugnis Kaiser Konstantins (Abhandl. der Akad. der Wissenschaften in Göttingen, Phil.-hist. Kl. 3. Folge Nr. 34), Göttingen 1954.
–: Konstantin der Große, Stuttgart 1958.
Frend, W. H. C.: The Donatist Church, a Movement of Protest in Roman North Africa, Oxford 1952.
–: Martyrdom and Persecution in the Early Church, Oxford 1965.
Freudenberger, Rudolf: Das Verhalten der römischen Behörden gegen die Christen im 2. Jahrhundert – dargestellt am Brief des Plinius an Trajan und den Reskripten Trajans und Hadrians, München 1967.
Geffcken, Johannes: Der Ausgang des griechisch-römischen Heidentums, Heidelberg 1920.
Grégoire, Henri: La „conversion" de Constantin (Revue de l'Université de Bruxelles 36), Brüssel 1931.
Instinsky, Hans Ulrich: Die Alte Kirche und das Heil des Staates, München 1963.
Jones, A. H. M.: Constantine and the Conversion of Europe, London 1948.
Knipfing, J. R.: The Edict of Galerius (311 A.D.) Reconsidered, in: Revue belge de philologie et d'historie I, 1922, S. 693–705.
Koch, Hal: Konstantin den Store, Kopenhagen 1961.
Kraft, Heinz: Kaiser Konstantins religiöse Entwicklung (Beiträge zur historischen Theologie 20), Tübingen 1955.
Labriolle, Pierre de: La réaction païenne, Paris 1934.
Lietzmann, Hans: Geschichte der alten Kirche I–IV, Berlin 1953; 4./5. Aufl. 1975 (in einem Band).
Molthagen, Joachim: Der römische Staat und die Christen im 2. und 3. Jahrhundert, 2. Aufl. Göttingen 1975.
Momigliano, A. (Hg.): The Conflict Between Paganism and Christianity in the Fourth Century, Oxford 1963.

Nesselhauf, Herbert: Das Toleranzedikt des Licinius, in: Historische Zeitschrift 78, 1955, S. 44–61.
Noethlichs, Karl-Leo: Die gesetzgeberischen Maßnahmen der christlichen Kaiser des 4. Jahrhunderts gegen Häretiker, Heiden und Juden, Phil. Diss. Köln 1971.
Piganiol, André: L'Empereur Constantin, Paris 1932.
–: L'Empire Chrétien, 2. Aufl. Paris 1972.
Rahner, Hugo: Kirche und Staat im frühen Christentum, München 1961.
Schoenebeck, Hans von: Beiträge zur Religionspolitik des Maxentius und Constantins (Klio, Beiheft 30), Leipzig 1939.
Seston, William: Dioclétien et la Tétrarchie. Guerres et réformes I, Paris 1946.
Sherwin-White, A. N.: Roman Society and Roman Law in the New Testament, Oxford 1963.
Stade, Kurt: Der Politiker Diokletian und die letzte große Christenverfolgung, Wiesbaden 1926.
Stein, Ernst: Geschichte des spätrömischen Reichs I: Vom römischen zum byzantinischen Staate (284–476 n. Chr.), Wien 1928.
–: Histoire du Bas-Empire I, édition augmentée par S.-R. Palanque, Paris 1959.
Vogt, Joseph: Die Bedeutung des Jahres 312 für die Religionspolitik Konstantins des Großen, in: Zeitschrift für Kirchengeschichte 61, 1942, S. 171–190.
–: Vom Reichsgedanken der Römer, Leipzig 1942.
–: Constantin der Große und sein Jahrhundert, 2. Aufl. München 1960.
Wlosok, Antonie: Rom und die Christen, Stuttgart 1970.

Namenregister

Alexander von Alexandria 219f., 236, 269f.
Alexander der Große 8, 12, 26, 75, 259
Alexander Severus 80f., 93
Ambrosius von Mailand 270, 272ff., 278f.
Ammianus Marcellinus 241
Antoninus Pius 73
Antonius 14, 18, 20
Anullinus 189
Apollonius von Tyana 78f., 144
Arbogastes 280
Ardaschir 92f.
Arius 219–222, 236, 269f.
Aristoteles 252
Arnobius 135f.
Athanasius 236
Augustus 14ff., 22ff., 32, 37, 40, 45, 77, 88, 97f., 266
Aurelianus 115ff., 125

Caecilianus von Karthago 188f., 205, 207
Caesar 14f., 18, 23, 45
Caracalla 75, 126
Carausius 123, 126
Celsus 207
Chrysippus 252
Claudius II. Gothicus 114f., 153f.
Commodus 74, 77f., 82
Crispus 215
Cynegius 275, 278
Cyprian von Karthago 109f.

Damasus von Rom 269f.
Decius 50f., 101ff., 106f., 131
Dio Cassius 97f., 102
Diokletian 122ff., 140ff., 147ff., 151f., 154, 192, 239, 244

Dionysius von Alexandria 99, 105, 109
Domitian 48f.
Donatus 205

Elagabal 79ff.
Eugenius 280
Euhemeros von Messene 16
Eusebius von Caesarea 138ff., 156, 158, 164f., 171f., 174, 181ff., 190, 201, 220, 230f., 233, 236ff., 243, 267f.
Eusebius von Nikomedia 220

Fausta 149, 151, 188

Gaius Minucius Fundanus 52
Galerius 123, 126, 132, 140f., 144f. 147ff., 150ff., 157, 161f., 165ff., 173, 196
Gallienus 107f., 111ff., 114, 132, 137
Gallus 106f.
Gordianus III. 98, 101
Gratian 268, 270f.

Hadrian 52, 73
Hannibal 7f., 11
Helena 149, 224f., 227
Hierokles 143f.
Hosius von Cordoba 189, 205, 220ff.

Jamblichos 246f.
Jesus von Nazareth 40f.
Jovianus 261f.
Julia Domna 78ff.
Julia Maesa 78ff.
Julia Mamaea 79ff., 84
Julia Somnia 79

Namenregister

Julianus 246 ff., 265 f., 281

Kelsos 67 ff., 75 f., 83 ff., 87 ff., 138, 255
Klemens von Alexandria 84, 87
Konstans 239 f.
Konstantia 173, 194
Konstantin 118, 147 f., 149 ff., 158, 165, 169 f., 173 ff., 199 ff., 203 ff., 239 f., 242–245, 249, 257, 260, 267 f., 281
Konstantinus 239 f.
Konstantius Chlorus 123 f., 126, 145, 147, 149, 153, 155 f., 182
Konstantius (Sohn Konstantins) 233, 239 ff., 246, 248 f., 250

Laktanz 121, 140 f., 143 f., 145, 149, 156, 158, 165, 167, 173 f., 182, 184, 185 ff., 198 f., 200
Libanius 233, 276 ff.
Licinius 152, 165, 167, 169 f., 173 ff., 177 f., 191, 193–199, 211 ff., 224, 231
Lukian von Samosata 219

Maecenas 97
Magnentius 240 f.
Mani 130
Marcinus 79
Marcus Aurelius 73 f., 77, 248
Maxentius 118, 147 f., 150 ff., 156 f., 173 ff., 181 ff., 187 f., 193 f.
Maximianus 123–126, 145 f., 150–153, 178, 192
Maximinus Daia 147, 152, 158 ff., 167 ff., 174 ff., 191 ff., 194 f., 197 ff., 211, 251
Maximinus Thrax 93, 98, 104
Maximus 278
Meletius 219
Mensurius von Karthago 205

Nero 46 ff.

Octavianus s. Augustus

Odaenathus 113
Origenes 81, 84 f., 87 ff., 98 ff.
Otacilia Severa 98
Paulus 43 ff., 139
Petrus (Apostel) 139, 225, 269
Petrus von Alexandria 219, 269
Phileas von Thmuis 160
Philippus Arabs 98–102
Philostrat 78 f.
Platon 29, 252
Plinius d. J. 49 f.
Plotin 113, 137 f.
Pompejus 13 f.
Pontius Pilatus 41, 171 f.
Porphyrios 138–141, 143, 172, 247, 255
Prisca 144 f.
Pythagoras 252

Sabinus 192
Septimius Severus 74 f., 78, 91, 93
Severus 148, 150 f.
Schapur I. 92
Schapur II. 237, 248
Sopatros 233 f.
Stephanus 41 f.
Suetonius 46
Symmachus 271 ff., 275, 278

Tacitus 46
Tertullian 83 f., 86 f.
Theodora 149, 246
Theodosius 268 f., 275 ff.
Tiberius 172
Titus 47
Trajan 23, 49–52, 102

Valens 268
Valentianus II. 271 ff., 278, 280
Valeria 144 f.
Valerianus 107 ff., 131

Xystus 111

Zenobia 115, 117
Zenon 252

Robert M. Grant
Christen als Bürger im Römischen Reich

Aus dem Amerikanischen von Marianne Mühlenberg
(Sammlung Vandenhoeck). 234 Seiten, Paperback

Robert M. Grant rekonstruiert das Leben der Christen im Alltag der antiken Gesellschaft. Er zeigt, wie Christen auf die Fragen und Probleme reagierten, die ihnen als Bürgern des mächtigsten Staates ihrer Zeit Tag für Tag begegneten, und wie sie sie zu lösen versuchten. Die Frage des Bevölkerungswachstums, der Staatsform, des Verhältnisses von Staat und Kirche, der Organisation der Kirche, der Steuern und Dienstverpflichtungen, der Finanzierung der kirchlichen Arbeit durch Spenden, Abgaben und staatliche Zuschüsse, aber auch die Frage der Arbeitsethik, der sozialen Stellung und der Sklaverei, des Privateigentums sowie des Grundbesitzes und Vermögens der Kirche werden behandelt.

„Das Buch ist mit einer solchen Fülle hochinteressanter Angaben gespickt, daß es ein Vergnügen ist, sich mit ihm zu beschäftigen. Es kann auch zu einem fruchtbaren Nachdenken über das heutige Verhältnis von Staat und Kirche beitragen." *Kirchliches Amtsblatt der Evang. Kirche von Westfalen*

Vandenhoeck & Ruprecht · Göttingen und Zürich